普通高校人文素质教育通用教材

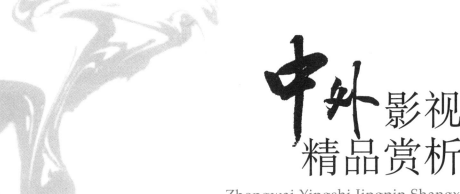

中外影视精品赏析

Zhongwai Yingshi Jingpin Shangxi

李亦中 主编

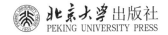

图书在版编目(CIP)数据

中外影视精品赏析/李亦中主编. —北京:北京大学出版社,2009.1
(普通高校人文素质教育通用教材)
ISBN 978-7-301-12448-2

Ⅰ.中… Ⅱ.李… Ⅲ.电影-鉴赏-世界-高等学校-教材 Ⅳ.J905.1

中国版本图书馆 CIP 数据核字(2007)第 087030 号

书　　　名：中外影视精品赏析
著作责任者：李亦中　主编
责 任 编 辑：闵艳芸　任丽婷
标 准 书 号：ISBN 978-7-301-12448-2/J·0175
出 版 发 行：北京大学出版社
地　　　址：北京市海淀区成府路 205 号　100871
网　　　址：http://www.pup.cn
电　　　话：邮购部 62752015　发行部 62750672　编辑部 62750673
　　　　　　出版部 62754962
电 子 邮 箱：minyanyun@163.com
印　刷　者：三河市博文印刷有限公司
经　销　者：新华书店
　　　　　　890 毫米×1240 毫米　A5　13.125 印张　322 千字
　　　　　　2009 年 1 月第 1 版　2022 年 8 月第 9 次印刷
定　　　价：32.00 元

未经许可,不得以任何方式复制或抄袭本书之部分或全部内容。
版权所有,侵权必究
举报电话：010-62752024　电子邮箱：fd@pup.pku.edu.cn

只用专业知识教育人是很不够的,通过专业教育,他可以成为一种有用的机器,但是不能成为一个和谐发展的人,要使学生对人生价值有所了解,并且产生热烈的感情那是基本的。他必须获得对美和道德上的鲜明辨别力。否则,他运用他的专业知识只能像一条受过很好训练的狗,而不像一个和谐发展的人。

——爱因斯坦

总　序

汤一介

中国传统文化对人文精神是特别重视的。我国古老的经典《周易》说:"观乎人文以化成天下。"(《贲·彖辞》)意思是说,观察人类文明的进展,就能用人文来教化天下。可见我们的老祖宗已经非常注重对人的人文精神的教化了。所谓人文教化就是用人文精神来教育人。那么,人文精神从何而来呢?照《周易》看,它是在人类文明的发展中积累起来的,也就是说,它是在历史发展过程中形成的。在我国历史的长河中积累了许多宝贵的人文精神教化的经验,例如我国伟大的思想家、教育家孔子所说:"德之不修,学之不讲,闻义不能徙,不善不能改,是吾忧也。"(《论语·述而》)不修养德行,不讲究学习,听到符合道义的话而不能跟着做,有了过错而不能改正,这些都是孔子所忧虑的。孔子的这段话可以说是对我国古代"人文教化"的很好的总结。我们的人文精神是什么?我想,就是要讲道德,讲学习,要使自己的行为符合道义,要勇于改正自己的错误。

在当今科学技术高度发达的情况下,我们必须看到,科学技术虽能造福人类社会,但也可能严重地损害人类社会。今天,许多事实已经证明科技的发展并不一定都是造福人类的;那么,我们如何引导科学技术的发展呢?就是要用人文精神来引导人们的思想和行为,也就是孔子说的,我们应该努力做到"修德"、"讲学"、"改过"、"向善"。"修德"并不容易,那必须有崇高的理想,有为人类长远利益考虑的胸怀。"讲学"同样不容易,它不但要求要天天提高自己,而且要担起人文教育的责任。"改过",人总是会犯这样那样的错误,问题是要勇于改正错误,这样才可以不断前进。"向善"是说人生在世,应日日向着善的方面努力,提高自己的品德,做到"日日新,又日新",每天都有新的进步。只有做到这些,科学技术才不会脱离为人服务的根本目的,走到邪路上去。因此,我们应该看到,科学技术越是发展,越是需要用人文精神来加以引导。

在当今人类社会进入经济全球化的时代,经济上的竞争无疑是十分激烈的。我们的国家要坚强地立于世界民族之林,就必须有强大的经济实力。但中国自古以来,都强调"取之有道",也就是说做生意、赚钱应该合乎道义。可是面对我们国家的现实,有些人往往为了赚钱,取得高额利润,见利忘义,不顾及社会福祉,不讲信义,甚至做出坑害人民的事。为什么会发生这样的情况呢?除了制度上的不健全外,最主要的就是缺少一种可贵的关怀人的精神,缺乏关怀人的精神的教育。我们做一切事都应"以人为本"。为什么要发展经济?最根本的目的就是为了绝大多数人民的利益,离开这一点,发展、赚钱都是不可取的。如果说发展经济应"以人为本",那么,在我们发展经济的过程中,就应处处考虑到老百姓的利益,这就需要有一种关怀人的人文精神,并对全社会进行关怀人的教育。

现在,北京大学出版社将出版一套《普通高校人文素质教育通用教材》,这是一件非常有意义的事。大学生是建设富强、繁荣的中国的生力军,我们国家未来的健康、合理地发展就要靠这批大学生,因此,使他们受到良好的人文素质教育尤其必要。我们的大学生当然要掌握最先进的科学技术,当然要担当促进我国经济快速发展的重任,但千万不要忘记了所有这一切都是为了人,为了人的幸福。首先应关怀人,关怀千千万万普通老百姓,做一个有理想,讲道德,能继承和发扬我国优秀民族传统,有人文关怀的人。我相信这套教材一定能在大学生成长的人生道路上起着良好的引导作用。

前　言

　　五年前,我与吴贻弓先生应北京大学出版社之邀,主编了一本《影视艺术鉴赏》,此书至今已经第十次印刷,为许多院校所采用,我们觉得非常高兴。这次又为这套《普通高校人文素质教育通用教材》主编一本《中外影视精品赏析》,期望能满足修读影视课程的大学生研习之需。

　　《中外影视精品赏析》适应面宽,教学内容涉及两种类别的课程:既可作为普通高校非影视类专业学生选修相关课程的教材,也可备影视传媒本科专业开课之用。全书精选44部中外影视精品,选片数量取折中路线。我们认为,教材必须考虑学生"一册在手"的客观需求,这样就不宜编撰几大卷、几大册的丛书,也不宜收入总量过少的作品。目前按一个学期常规课时量计,大致可安排15部次影片赏析,我们编写时放大了两倍,达44部,为任课教师选择合适片目,为学生课外自学留下了一定余地。

　　本教材体例设计新颖,分为6个单元,即"大师经典"、"类型佳构"、"艺术影苑"、"国片精粹"、"纪录菁华"、"卡通园地"。每一篇由影片内容、影片鉴赏、影片剧照(海报)三部分组成:内容梗概力求不失原片精华;鉴赏文字侧重评析影片艺术特色,解读影像表意,介绍影片创作背景及主创人员;剧照与海报提供银幕造型参照,亦使教材版式图文并茂、生动活泼。在入选片目上,我们兼顾经典影片与现代影片、艺术影片与商业影片、中国影片与外国影片、故事片与其他片种的比例,帮助学生全面拓宽观影视野,扎扎实实提高影视艺术素养。

　　本书由上海交通大学电影电视系教师倾力编写,团队成员均承担过"影视精品赏析"多轮次授课,教学经验丰富,善于从视听层面、制作层面、文化层面着手,引导学生用"电影的"眼睛看电影,用"电影化"思维去求索。此外,我们特意组织几名研究生参与撰稿,引入"80后"学子的审美视角,体现影视经典代代相传。

这里特别要提及,著名电影艺术家谢晋导演一向重视电影人才培养,他不仅在上海师范大学创办谢晋影视艺术学院,亲自执教,对上海其他高校开展影视教育也不吝点拨,几乎有请必到。2007年10月,中国金鸡百花电影节在苏州举行期间,我有机会向谢晋老师汇报编写这本教材的构想,提出要把他早年撰写的《〈罗马11时〉学习札记》列为影片赏析范文选录在书中,谢晋老师一口允诺。使人倍感遗憾的是,本书未及付梓,谢晋先生便离别人世去了天堂,他为我们留下的这篇文字就更显珍贵了。

中国是一个影视大国,中国影视业做大做强的前提之一,便是集聚起更多热爱影视艺术、更多自觉提升影视文化素养的人。修读影视课程的大学生朋友,你认同这种说法吧?

李亦中

2008年金秋

目 录

大师经典

摩登时代   3
偷自行车的人   11
生之欲   18
后窗   27
野草莓   36
精疲力尽   44
放大   53

类型佳构

一夜风流   63
正午   71
Z   84
寅次郎的故事·柴又恋情   97
东方快车谋杀案   108
莫扎特   122
小猪宝贝   130
我的野蛮女友   138
后天   145

艺术影苑

伊万的童年   155
老枪   163
希望与光荣   169
阿甘正传   182
小鞋子   190

俄罗斯方舟	197
通天塔	206
十二怒汉	213

国片精粹

一江春水向东流	225
假凤虚凰	233
我这一辈子	245
南征北战	253
城南旧事	261
风柜来的人	271
黄土地	277
红高粱	291
阳光灿烂的日子	298
无间道	305
云水谣	313
狗小的自行车	322

纪录菁华

北方的纳努克	333
迁徙的鸟	341
华氏9·11	348
筑梦2008	354

卡通园地

三个和尚	365
谁陷害了兔子罗杰	372
海底总动员	379

赏析范本

《罗马11时》学习札记	389

中外影视精品赏析 | **大师经典**

摩登时代

卓别林影片公司　1936 年出品
编导:查理·卓别林
主演:查理·卓别林
　　　宝莲·高黛

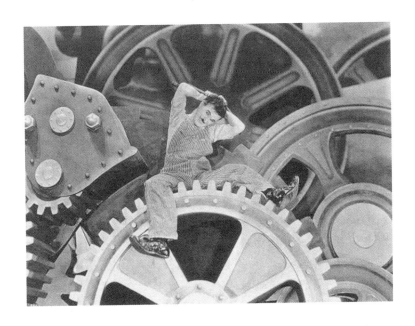

【影片内容】

　　查理是个钳工,他的工作就是从早到晚不停地拧流水线上的螺丝。虽说这是一项简单的活儿,但一年到头重复相同的动作,已使他变得像机械扳手一样呆板。

　　老板为了尽可能榨取劳工的价值,不断加快流水线的运转速度,时刻监视员工的工作进程,即使查理抽空去吸支烟,也会被老板责骂。某天,推销商来向老板推荐一种最新研制的"自动喂饭机",可以大大缩短工人们的进餐时间。老板挑选查理来做实验,当查理正"享受"机器快速喂饭、喂汤、拭嘴等一道道程序时,这台摩登机器突然失控,查理狼狈不堪,任凭"喂饭机"频频抽打自己的嘴巴!

　　下班之前,老板再次下令加快流水线的速度,工人们简直没有喘息的机会。为驱赶一只叮在脸上的蚊子,查理瞬间就积压下了一大堆未拧的螺丝。为赶上流水线的运转,他急得纵身一跃跳上传送带,尽管身体被卷入巨大的机械齿轮之中,查理仍神经质地拧动着螺丝。面对工友的不满和老板的责骂,查理精神开始失常,竟然将一切圆形物体都当成螺丝去拧动,随之产生了一系列荒唐举动:用扳手拧工友的鼻子、拧老板女秘书衣裙上的纽扣……搅得车间乱糟糟。结果,查理被送进疯人院。

　　当查理出院时,正逢经济大萧条,大批工人失业,纷纷走上街头游行抗议。查理在大街上闲逛,无意中捡到从卡车上掉下的一面小红旗,不料警察阴错阳差地把他当作"罢工领袖"投进了监狱。在监狱里,查理遭遇一群匪徒劫狱,他和匪徒进行搏斗,最后制服罪犯,解救了警察。查理因此被报纸和广播尊为英雄,并受到警察局的特别礼遇,得以赦免出狱。由于丢掉了原先那份工作,查理央求警长让自己继续留在这里混口饭吃。警长将他推荐到船厂打工,可查理屡屡出错,导致一艘未竣工的新船滑落水中,结果又失业了。

本片女主人公是个20岁出头的孤儿,靠偷东西维持生计。一天,她在食品店偷面包时被人发现,奔逃中恰与查理撞在了一起。查理灵机一动"承认"面包是自己偷的,指望警察把他重新抓回监狱去过"衣食无忧"的日子。但由于路人的指认,查理的计划落空了。查理不甘心,特意选择一家饭店美美地吃了一顿,因无钱付款,被警察抓住送往监狱。在警车上,查理又遇见那个偷面包的姑娘,趁警车行驶途中撞车,两人一合计打昏警察后携手逃跑了。

同是天涯沦落人,查理与姑娘很快坠入爱河,虽然他俩没有房子、没有工作、没有食物,但依然对美好的生活充满幻想。为此,查理决定再次寻找工作。他当上了一家百货商场的门卫,却因放纵"劫匪"白吃商场里的食品而遭到解雇;他又到一家工厂寻活儿干,一不小心将老板送入机器齿轮闯了大祸;眼看走投无路,查理总算幸运地在一家餐厅求得侍者一职。

在餐厅工作,查理依然麻烦不断,制造了一连串滑稽事件。餐厅老板几乎对他绝望了,无奈之下给他最后一次机会,要他上台救场把一首歌唱好。查理稀里糊涂地登上歌台,表演时不慎将事先抄有歌词的衣袖甩了出去,只能依靠即兴发挥来圆场。岂料查理歪打正着,他别具一格的演唱赢得餐厅顾客的阵阵喝彩!欣喜之下,老板答应雇用查理了。

查理与姑娘对新生活充满无限憧憬。偏偏便衣警察赶到了,要将姑娘送回孤儿院。他俩被迫踏上逃亡之路,携手向前途莫测的远方走去……

【影片赏析】

著名喜剧大师查理·卓别林1889年出生于英国伦敦

一个贫民区,他的表演艺术获得全世界观众的喜爱,由此成为电影史上一位里程碑式的人物,对世界电影艺术产生了重要影响。

拍摄于1936年的《摩登时代》是他最后一部默片,也是他的喜剧电影即将告别流浪汉查理这一形象,迈向更加成熟的境界的标志。尽管有声电影早在1927年已经面世,但卓别林仍决定运用无声的形体语言,为贫民观众大声呐喊。他的辛辣犀利的讽刺手法、精湛绝伦的演技、温馨感人焕发人性光辉的爱情故事,都使得这部影片至今依然焕发出不朽的魅力。卓别林特有的头戴破礼帽、脚蹬破皮鞋、手拿细手杖、迈着企鹅步子的经典形象,令广大观众过目不忘。《摩登时代》是卓别林最优秀、最具影响力的代表作之一,因为这部影片超越了单纯的悲剧性主题,敢于触及当时社会的弊端,也是一部被美国右翼政治家视为带有某种"红色共产倾向"的危险作品。该片以一个生存在社会底层的普通劳动者的视角,从四个层面来表现"摩登时代"的种种社会现象,即人与机械的冲突、大众与精英的矛盾、劳动者的生存现状,以及他们对生活的憧憬。

《摩登时代》的开头首先设置了人与机械的冲突。影片背景是20世纪30年代处于工业革命时期的美国,当时的科技发明尤其是各种机械的涌现颠覆了传统的手工业生产。这种变革一方面预示着美国进入工业化时代,机械的拥有者们为之兴奋不已,因为借助机械的力量他们能够得到更加丰厚的利润;另一方面,工业化时代造成大批工人失业,即使那些有幸能留在工厂里干活的工人,也几乎成为机械的奴隶。为了突出这一主题,卓别林以一大群羊作为第一组镜头,然后切换到拥挤的上班人群,以强烈的隐喻手法向观众暗示劳工的社会角色其实与任人宰割的羊群别无两样。紧接着,影片又用一组镜头来表现车间流水线上工人们操作的场景:在拧螺丝的机械传送带两边,节奏单调的刻板操作,使工人身心完全处于麻木状态。为了跟上流水线的超速运转,卓别林扮演的钳工查理被迫跳上传送带,即使被卡在巨大的机器齿轮缝隙中也习惯性地拧着螺丝。在这个堪称经典的桥段中,卓别林通过夸张、滑稽的肢体动作,将资本家对工人的残酷榨取表现得淋漓尽致,带给观众一种"含泪的笑"。为了突出机械化时代人被异化成机械的奴隶,影片中还插入商家推销"自动喂饭机"选择查理当实验品的噱头,对摩登时代资产阶级对机器的滥用进行了辛辣嘲讽。在这场戏中,卓别林饰演的主角被绑定在"喂饭机"上,只能通过五官表情来表现对"喂饭机"从好奇、欣喜、吃惊直到恐惧的变化过程,其精湛的演技令人叫绝。

  影片第二个层面揭示人与机械冲突的背后,实际上是工业化时代存在的一种社会病理现象,即大众与精英的矛盾。20世纪30年代,机械化引发的工业革命不仅改变了美国等西方国家的工业生产模式,也对社会各个阶层产生了深刻的影响。民主、自由、平等的理念开始弥漫在社会底层劳动者的思维中,他们不再认为自己命里注定就该充当资本家的奴隶,而是有权反抗非人性的工作环境,有权争取平等的生存机会,有权追求美好的生活。从社会学视角着眼,这个时期被有些学者描述为"人类社会进入了大众社会的分界点"。当时社会中某些"精英"站在贵族立场上,声称"大众是一群具有原子式结构的无视理性和法律的暴徒"。持这种观点的代表性人物是西班牙哲学家奥特伽,他认为,工业革命和大众传播造成了一种缺乏历史感、自我意识和义务意识,只有强烈的欲望和权利意识的平庸者的集合体"大众",而"大众"的崛起将会导致对有理性、有创造力的少数社会精英的压迫,从而引起道德的颓废和国家的没落。

  卓别林为讽刺精英们的趾高气扬以及对大众的歧视,在影片中巧妙设计了这样一段情节:查理在监狱中面对一群匪徒劫狱,毫不畏惧地和匪徒进行搏斗,最后制服罪犯,解救了警察。他被舆论称为英雄,并得到警方提前将其释放的待遇。在监狱长办公室,查理遇到一位随丈夫来办事的贵妇,两人同坐在一条长凳上喝饮料。由于饮料的作用,查理肚里发出一阵阵异响,他紧张地捂住肚子;坐在一旁的贵妇人立刻朝他投以轻蔑的眼光,不一会儿,她的肚子也开始发出响声,顿觉非常难堪。卓别林以此表达的是,尽管在物质上,大众与精英之间存在着距离,但就人的生理本性而言,两者并无差别。换言之,人人生来是平等的。

影片第三个层面也是贯穿全片的主题:人们津津乐道的工业化摩登时代,只不过是当时社会精英的天堂,对普通劳动者而言,他们的生活状况并没有得到改善。他们要为生计四处奔波,没有自己的房屋,没有足够的食品,没有生存的安全感。全片情节主线围绕查理一次次失业、一次次求职次第展开:查理先后当过生产流水线拧螺丝的钳工、造船厂工人、百货商场门卫,最终落脚在餐厅当侍者。透过查理动荡的生活经历,折射出当时普通劳动者艰难的生存境遇。

影片的后半段出现了由宝莲·高黛(卓别林的第三任妻子)扮演的女主人公,并将她的出场亮相设计为"正在船上偷香蕉的小偷"。随着镜头的推移,人们看到了女主人公的生活境遇:一间低矮破旧的小屋,父亲失业,两个尚未成年的妹妹需要抚养,而后父亲在一次罢工中死去了,她们姐妹三人从此成为了孤儿,"偷"实在是女主人公的一种无奈之举。正是在一次偷面包被人发现时,女主人公撞见了查理,两人从此结下了情缘。

影片第四个层面表现查理与女主人公双双坠入情网,以及他俩对未来生活的美好憧憬,体现那个时期社会底层普通大众的生活观。诚如美国著名心理学家马斯洛所指出的,人的需要是从低层次到高层次逐级得到满足的。在高层次的需要出现之前,低层次的需要必须得到适当的满足。

马斯洛还强调说:"如果所有需要都不满足的话,那么,有机体就会被生理需要所支配,而其他的需要简直变成不存在了,或者倒退到隐蔽地位。这时,可以简单地用'饥饿'二字来反映整个有机体的特征,人的意识几乎完全被'饥饿'所优先支配。全部能量都置于满足食物的需要上,而这些能量的组织,也几乎完全被追求食物这一目标所支配。现在,感受器官和反应器官,智力、记忆、习惯这一切简直都可以称为消除饥饿的工具。"马斯洛对人性生存需要的这段精辟论述,被《摩登时代》表现得淋漓尽致。当查理与女主人公在警车上第二次相遇后一同逃跑,途中两人坠入爱河,虽然没有一点物质基础,但依旧对美好生活充满了幻想——他俩住在一间大屋子里,查理一伸手就可以从窗前摘苹果和葡萄吃,一挥手就有头乳牛过来挤奶喝……两人关于美好、幸福生活的想象是以食物的充盈为前提展开的,既令人忍俊不禁,又倍感辛酸。

卓别林的喜剧风格,幽默夸张而不乏苦涩之感。他一向关注小人物的命运,将人道主义精神与社会批判融入喜剧情节之中,使其作品具有了一般以搞笑为目的的喜剧电影难以企及的思想深度。卓别林的影片大都由他自编、自导、自演、自己配乐,他称得上是一位"全能大师"。他既擅长表演粗放荒诞的滑稽场面,又善于表演微妙细腻的讽刺情节。在《摩登时代》结尾处,卓别林有一段长达 5 分钟的演唱,这是观众破天荒第一次在银幕上听到卓别林本人的声音!他在商场里那段滑旱冰的精彩表演,也使我们见识了卓别林的多才多艺。

卓别林一生主演了 80 多部喜剧影片,主要代表作有《寻子遇仙记》、《巴黎一妇人》、《淘金记》、《马戏团》、《城市之光》、《摩登时代》、《大独裁者》、《凡尔杜先生》、《一个国王在纽约》、《舞台生涯》等。他的影片总是寄同情于普通平民,百般嘲弄自命不凡的富人,抨击恶势力,因而深受世界各国大众的喜爱。

1977年12月25日圣诞节,凌晨4点钟,卓别林在瑞士平静地离开人世。人们以各种方式表达对他的敬仰。

诗人阿拉贡赞叹:"这些影片曾经像是我们这一世纪的光明,是整整一个世界,也是我们时代的历史。我不知道可曾有一个人有他那样的眼睛,能使我们同时看到最丑恶的灵魂和最温柔的目光。"

苏联电影大师爱森斯坦说:"在《摩登时代》中,卓别林帮助大家看到了我们时代的新纪元。"

(彭玲)

偷自行车的人

意大利影片　1948 年摄制
导演：德·西卡
编剧：柴伐梯尼、德·西卡等
主演：马奇奥拉尼(饰安东)
　　　斯塔尤拉(饰布鲁诺)

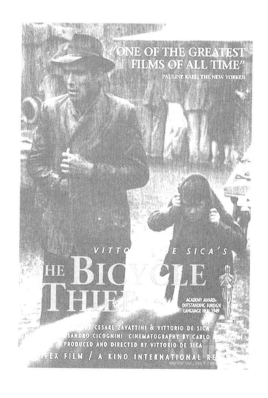

【影片内容】

第二次世界大战结束后，失业和贫困笼罩着罗马。职业介绍所人满为患，每个人都要为生存而艰辛拼搏。这天，安东幸运地得到一份张贴海报的工作，附加条件是要自备一辆自行车。安东又喜又忧，因为自己的自行车早已进了当铺。为保住这份得来不易的工作，他妻子将家里所有的床单打包拿去典当，这才勉强赎回了那辆自行车。

次日清晨，安东的儿子布鲁诺早早起来擦好了车，妻子准备好早餐，安东穿上工作服，在全家人的喜悦中离家上班去了。他领到一大捆电影海报，骑着自行车到大街上张贴。不料厄运骤降，正当他专心致志地爬上墙头干活时，一个盗窃团伙盯上了他停靠在墙脚的自行车，其中一人偷了他的车飞快地骑车离去，另一个人阻挡安东的视线有意拖延时间。安东追了几步，眼睁睁看着偷车贼消失在车水马龙中。

安东立刻去警察局报案，警察告知他，警局不可能为了一辆自行车失窃而出动警力，让他自己设法寻找。失望至极的安东只好请朋友们帮忙，他们直奔罗马城里最大的旧货市场，因为那里是自行车买卖的中心，结果一无所获。安东带着布鲁诺又转到另一个露天市场碰运气，但一场阵雨冲散了自行车交易。父子俩站在屋檐下躲雨，突然，安东发现那个偷车贼在街对面和一个老乞丐交谈。安东冒雨冲了过去，偷车贼赶紧溜之大吉。安东不肯罢休，一路盯住那个老乞丐盘问，要他说出偷车贼的下落，对方却守口如瓶。

父子俩徒劳地走遍罗马的大街小巷，身体疲惫不堪，精神濒临绝望。此时，他们路过一处算命场所，祈求摆脱各种厄运的穷人在这里排成了长队。安东瞅准一个空档，怀着焦虑的心情向算命老妇人讨教。她问明缘由，闭目念念有词，而后莫测高深地向安东转述"神明预言"——"马上找到它,要不这辈子再也找不到了!"安东虔诚地付了算命钱,拔脚离开。说来也巧,父子俩再次与偷车贼狭路相逢。安东扭住他,一路推推搡搡地跟他到家。这里是贫民窟,周围很快聚集起一伙居民,七嘴八舌地替偷车贼开脱。偷车贼佯装头疼昏厥,他母亲大声为儿子叫屈。机灵的布鲁诺及时叫来警察,但经入户搜查,偷车贼家中赤贫如洗,未发现任何赃物,警察只能作完笔录了事。

安东带着儿子在街头徘徊,不知不觉来到体育场附近,球迷观赛的声浪一阵高过一阵。走投无路的安东恍惚中忽然闪过一个念头,他打发儿子先坐车回家,自己留在街边观察动静……说时迟那时快,安东拉过一辆停靠在路边的自行车,骑上去就走!他的动作慢了一拍,立即被车主发现。路人闻讯拦住安东纷纷痛斥,车主还狠狠揍了他一记耳光。在车站候车的布鲁诺目睹这一幕,哭喊着奔过来紧紧抱住父亲,替他捡起被打掉的帽子。车主本来要把安东扭送到警察局,看到布鲁诺伤心的样子便动了恻隐之心,挥挥手放走了安东。

暮色苍茫,父子俩在街上茫然无措地行走。安东辛酸的眼泪顺着脸颊淌下来,布鲁诺紧紧握住父亲的手,两个孤独无助的身影融入了熙熙攘攘的人群……

【影片赏析】

《偷自行车的人》是意大利新现实主义电影的重要代表作。

第二次世界大战结束以后,意大利作为战败国,经济凋敝,百废待兴。一批进步电影工作者积极关注社会民生,用电影来记录时代,形成了写实主义创作流派。本片编剧之一柴伐梯尼是这个流派的理论家,他提出一整套创作主张,其核心理念是"电影应当把日常纪事作为艺术功能,如实反映日常生活中的穷困、痛苦、不公正和伟大。应该给人一种印象,即摄影机对现实中发生的事件和情景没有经过任何加工和选择,而是如实地把它摄入镜头"。柴伐梯尼还倡导说:"艺术家的任务不是要使人们为虚构角色的行为感动或愤怒,而是要使人们考虑自身的及别人的行为。也就是说,要在未经渲染的记录性事实里,发掘出深藏在里面的东西——人情的、道德的、社会的、经济的、艺术的意义。今天应该告诉观众,他们自己才是生活真正的主角。"这些原则在本片中得到忠实而完美的体现。

《偷自行车的人》叙事风格平淡质朴,围绕男主人公安东生活中起重要作用的一辆自行车被窃事件,展示一个普通小人物的辛酸遭遇。影片里出场人物众多,他们都是在社会最底层贫困线上挣扎的平民,包括那个偷车贼也是一贫如洗的穷人。安东的扮演者是位非职业演员,本人就是个失业者,在现实生活中同样面临着窘困与焦虑,因而在镜头前的表演显得格外真实。在本片中,编导遵循新现实主义的美学原则,摒弃情节的虚构,对生活不加粉饰也不雕琢,显示了电影艺术家的诚挚态度和人道主义情怀。安东一家人的遭遇在当时并不少见,偌大的罗马城到处上演着类似的悲剧。职业介绍所门前涌动着失业人群,困顿和焦灼写在每个人的脸上,大家为了一份工作望眼欲穿;在当铺里,打包的衣物堆成了山,成排的自行车将仓房塞得满满当当,不知有多少人在此"割肉"典当寅吃卯粮;衣衫褴褛的乞丐在大街小巷踯躅,流浪儿童四处游走;算命的巫婆忙不过来,人们排着长队用辛辛苦苦赚来的钱请她预测未来,将自己的命运寄托在虚无的神灵身上。这就是影片的背景,构成战后意大利社会的真实写照。

生活是残酷的,支撑人们活下去的全靠一份相濡以沫的亲情。本片着力渲染温暖的人伦感情,其中最经典的无疑是对安东父子感情的细腻描绘,随着情节进展,逐层展现父子俩朝夕相处的微妙关系。安东第一天骑自行车出门上班带着儿子疾驶,找到工作的欣喜之情一览无遗。当自行车被窃后,安东失魂落魄,忘记儿子在路口等候他回家。后来父子俩寻找自行车久无下落,安东一度情绪失控,粗暴地对儿子进行体罚,但他很快就后悔了,觉得自己对不起儿子,便答应孩子小小的要求,带他进一家餐馆吃饭。儿子非常懂事,始终像条小尾巴一样紧随父亲四处奔走,他虽然出不了多少力,但他的存在显然成为父亲的精神支柱。影片结尾时,父子俩手牵手消失在街道的人流中,这个开放性画面令人久久难忘。

新现实主义电影还提出"把摄影机扛到大街上去"的口号,冲破以好莱坞商业电影为代表的摄影棚生产方式的束缚,大大开拓了银幕空间的真实性与表现力。在本片中,几乎所有的场景都采用实景拍摄和自然光效,实现对生活原生态的记录,拍摄视角基本保持平视,使影片形态酷似一部纪录片。正如美国影评家爱德华·默里所分析的:"影片中没有惊人的拍摄角度,没有出人意料的摇镜头,德·西卡同奥逊·威尔斯一样往往用长镜头表现情节,让摄影机耐心地记录那似乎是生活本身展开的情景,但他又有别于奥逊·威尔斯,不采用纵深的戏剧化构图。德·西卡的艺术是一种'隐藏艺术'的艺术,他的风格将人们的注意力引向主题而不是引向风格本身。在《偷自行车的人》中,德·西卡交替使用固定摄影镜头、慢移动拍摄和慢摇拍镜头,这种技法的作用是让观众觉察不到制片的技巧。"此外,导演在场面调度方面注重画面的完整性,镜头之间的衔接很流畅,尽可能消弭人工的痕迹,保持一种冷静客观的记录状态。纵观全片,仅有的一段快速蒙太奇切换出现在影片高潮场合,当安东迫不得已决定去偷车时,他紧张惶惑地在街边踱来踱去,几次迈步上前又退缩回来,镜头组接一反此前较缓慢的节奏,转为快速剪辑,同时配上节拍激烈的音乐,以此烘托主人公内心的矛盾与挣扎,音画对位丝丝入扣。

《偷自行车的人》开创了一种新的审美形态,编导排斥戏剧性、传奇性等常规叙事手段,而采用"生活流"结构,将众多松散的情境围绕安东自行车失窃这一中心事件,按照生活的自然流程加以编排。这些情境相互间没有必然的因果联系,也未形成环环相扣的戏剧冲突,体现了新现实主义电影的独特风格,在平淡中见真情。编导着力表现生活的质感,并不像商业片那样追求廉价的煽情效果。片中有两个场面发人深省:一个场面是安东跟随警察来到小偷家里搜查赃物,目睹那户人家穷得家徒四壁,不觉生出同情心,无奈之下放弃了进一步追究的念头。另一个场面是安东偷车被当场抓住,失主看到安东儿子楚楚可怜的样子动了恻隐之心,最后也放了他。然而,安东的人格尊严在大庭广众尤其在儿子面前已丧失殆尽,他的获释很难说是一种幸运。

新现实主义电影坚持"以客观反映生活"为宗旨,但从文艺创作规律来看,不带任何主观色彩的"纯客观"作品是不可能存在的,每一部作品或多或少、或隐或显地都会留下创作者思想感情的烙印。《偷自行车的人》在素材选择中是有所取舍、有所概括的,寄寓了编导的用意。在安东父子奔走全城寻找自行车的过程中,同时带出了形形色色的人物,以及移步换景式的社会环境,诸如职业介绍所、典当铺、电影广告墙、旧货市场、工会俱乐部、警察局、贫民窟、教堂、餐馆、妓院、算命摊点等场所,将战后意大利社会众生相鲜活地反映出来。影片中有不少纪实画面意味深长,例如安东去典当铺赎回自行车,他的目光透过当铺窗口在一层层货架上移动,眼神中掺杂着失去床单衣物的无奈和即将取回自行车的一丝兴奋,这个长镜头同时还透露出民不聊生、典当兴旺的社会现状。又如,作为罗马平民交通工具的公交车,无论晨昏都拥挤不堪,站台上一直排着长长的队伍,勉强挤上车的人大半个身子悬挂在车厢外,挤不上车的人则大声诅咒,这些流动不息的生活场景构成主人公生活的背景,传达出特定时代的社会氛围。影片编导站在人道主义立场上,充分表达对失业群体的同情与关爱,表达对社会弊端的思考,以及对美好人性的肯定,在忧伤的基调里蕴涵着某种向上的力量,显示出意大利新现实主义电影特有的魅力。

本片导演德·西卡(1901—1974)是新现实主义阵营的主将,他和柴伐梯尼合作编导了著名的"四部曲",即《擦鞋童》(1947)、《偷自行车的人》(1948)、《好人托托》(1950)和《温别尔托·D》(1951),因真实地反映了意大利社会现实、真切地刻画人性而获得高度评价。1958年在比利时布鲁塞尔举行的世界博览会电影节上,由来自26个国家的117名电影史学家组成专门委员会,通过投票首次评选出"电影问世以来12部最佳影片",《偷自行车的人》荣居第3名。

(廖海波)

生之欲

日本影片　1952年摄制
导演：黑泽明
编剧：黑泽明、桥本忍
主演：志村乔（饰渡边）

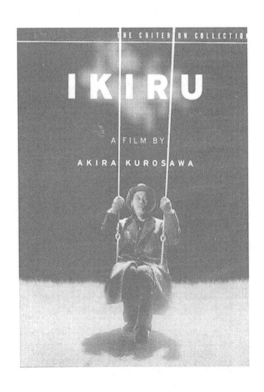

【影片内容】

贫民区的一群妇女来到市政厅民政科请愿：她们居住的地段有一条臭水沟，希望市政府将它改建成一座儿童公园，为民众造福。民政科办公室门前挂着通告："欢迎各界人士对市政工作贡献意见，批评指导"，但民政科官员却要她们去向公共事务科反映情况。于是，请愿的妇女们揣着那份请愿书，在市政厅大楼内开始了"公文旅行"。她们相继来到公园管理科、卫生处、环境处、防疫办公室、沟渠管理处、城市规划局、儿童福利中心、市议会、副市长办公室……，最后又回到了老地方。但民政科仍不受理，失望之下，她们气愤地离去了。

民政科的科长是渡边。

渡边在这里已经工作了30个年头，整整30年没有请过一天假，可也没有办过一件有益的事。他主持的民政科仿佛是一个废纸堆积场，室内到处堆满尘封的各类公文表册，一直堆到天花板那儿。渡边终日伏案操劳，在一沓沓文件上批注盖章，活像一台公文收发机。近来，他常感到胃疼，脸色晦暗，服药也无济于事，于是去医院作了X光检查，医生嘱咐说："你得了胃溃疡，用不着开刀。爱吃什么就吃什么。"渡边一听这话，差点晕倒。因为，他早已从老病号处获悉医生惯用这套话来安慰患了晚期胃癌的病人。

渡边中年丧妻，儿子是身边唯一的亲人，他有满腹的话要向儿子倾吐。儿子却与老婆厮守着，小两口只顾算计动用父亲的存款盖幢新房。渡边强忍悲哀，躺在床上用被单蒙头暗自抽泣。五天过后，民政科的职员找上门来，渡边的儿子方才得知父亲没有去上班。他究竟去哪儿了呢？

黄昏时分，在城郊铁道旁一家小酒馆里，愁肠百结的渡边借酒浇愁，已经喝得半醉。他乘着酒兴，向一个陌生酒客说开了心里话:"我是患了胃癌的人。我这辈子还没有在酒上花过钱。我活不长了,身上带着5万块钱,打算痛痛快快地花掉它。可我不知道怎么个用法,你能不能指点一下?"那人是个以卖文为生的黄色小说作家,听渡边这么一说,大发感慨:"人类就是那么愚蠢,要等到生命快终结时才感受到人生的美好。你是该好好享受一番人生了。"这一夜,他带着渡边逛遍了城里的夜总会,五光十色的霓虹灯、淫荡刺激的靡靡之音、美酒、舞女……通宵达旦的放荡生活一下子耗尽了渡边的精力,他开始出现呕吐症状。渡边清醒地意识到,自己活着的时日不长了。

渡边步履踉跄地走回家。路边有人叫住了他,原来是民政科的女职员小田切。小田切是个性格开朗活泼的姑娘,在渡边手下仅工作了一年多,就再也忍受不住办公室里死气沉沉的状况,下决心辞职去一家玩具厂当工人。渡边听完她的陈述,十分惊讶,似乎受到了触动。渡边请她去吃早点,小田切主动告诉他:"我平时闷得慌,给办公室里每个人都取了绰号,你想听听吗?"

渡边颇感兴趣:"请你直说吧,我不会放在心上。"

"我不想说,因为实在不好听。"小田切犹豫了一会儿,"真对不起,你的绰号是……木乃伊先生。"

"木乃伊?!"渡边苦笑着,叹了口气,"的确是这样,我所以成为木乃伊,都是为了我的儿子。谁知他今天对我连一丝感激之情都没有。"

渡边回家后,下定决心跑到儿子房里,打算将病情告诉他。不料,儿子误以为小田切是父亲的情妇,冷冷地数落他一通。渡边这下彻底绝望了,在家里独自待了几天,度日如年,便又去找小田切。小田切已经正式当了工人,在机器声隆隆作响的车间里干活。渡边邀她下班后陪自己出去散散心。

当晚,在一家高级咖啡馆,一群少男少女正热热闹闹地举行生日聚会。渡边望着周围人们快活的景象,心情沉郁地告诉小田切:"我得了胃癌,不久就要死了……"他失魂落魄般盯着小田切:"我小时候,有一次差点在水里淹死。我现在就有这种落水的感觉,只觉得世界一片黑暗,什么也抓不住,只有拉住你了。"

小田切同情地问:"我能帮你做些什么呢?"

渡边:"你那么年青有活力,我真羡慕你。假如我在去世前能够像你这样活上一天,那就好了,否则我死不瞑目。请告诉我,怎样才能做到像你那样呢?"

小田切:"可我就是吃饭、干活呀。"说着,她从衣袋里掏出一只可爱的玩具兔子,开足发条,让它在桌面上来回跳动,"瞧,我做的就是这个玩意儿,很有意思。干活的时候,我感到自己与全日本的孩子交上了朋友。渡边先生,你为什么不去干一点这样的事呢?"

渡边拿起玩具兔子,两眼含着泪花,大彻大悟:"对!如果我真的要干,我还是可以干些事的!"

第二天一早,渡边就回到民政科上班。他干的第一件事就是找出贫民区妇女送来的那份请愿书,撕下"此件转公用事业科"的亲笔批条,立即召集下属官员,冒着滂沱大雨去现场勘察那条臭水沟。

五个月过后,贫民区的儿童公园落成了。

渡边病逝。

渡边家设置了灵堂,亲属及市政厅的官员们都在守灵,连副市长也出席了。几个新闻记者闻讯赶到,他们请求副市长接见,向他提出了一连串问题:"儿童公园的建成应该归功于渡边,为什么您在开幕典礼上的讲话对他只字不提?""渡边死在公园里,副市长对此有何解释?"

副市长是个圆滑的政客,面对媒体尖锐的责问,他十分心虚,连忙借故支开这批记者。这时,贫民区的妇女也赶来悼念渡边先生。她们在灵位前焚香跪拜,一个个放声痛哭,她们背着的婴孩也哇哇啼哭起来。民众的真情流露,使副市长坐不住了,他尴尬地告辞。渡边的家人端出米酒款待留下的客人,渡边的同事们谈兴渐浓,中心话题是"渡边先生最后几个月变化那么大,究竟是什么原因?他是否知道自己得了癌症?"渡边的儿子想当然地说:"家父很幸运,他一点不知道病情,否则他肯定会告诉我的。"

同事们回想渡边生前的反常行动,各自回忆起不少细节——为了建造儿童公园,渡边亲自走访每个科室,逢人便鞠一躬,弄得其他科室的负责人非常难堪,只得在那份请愿书上盖章;渡边在上司面前一向胆怯如鼠,这次却斗胆在副市长办公室里静坐,他据理力争,迫使上司表态同意;渡边还拖着病躯,抵制流氓团伙的暴力恫吓,他的敢作敢为令人钦佩。大家想起这一幕幕往事,纷纷自责:"比起渡边先生,我们都不过是垃圾!""我们成天浪费时间,简直是犯罪!""呆在市政厅,什么事也干不成。你想得到许可搞一只新的垃圾箱,就得先搞出一大批公文,直到把垃圾箱填满!"

这时,在儿童公园附近值勤的一名警察送来了渡边的遗物,一顶破帽子。警察向大家讲述渡边临终前的一幕:夜已深,天空飘落片片雪花。渡边孑然一身,端坐在儿童公园内的秋千架上,唱起一首伤感的歌谣《倏忽的人生》……

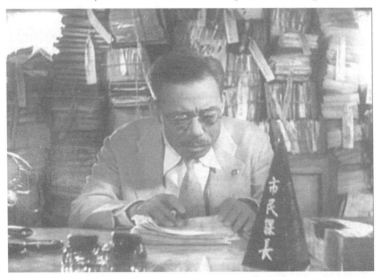

同事们听到这儿,不禁群情激昂。借着酒意,大家挥舞胳膊,在渡边遗像前发誓:"我们一定要学习渡边先生,为公众的利益努力工作!我们要开始自己生活中新的一页!"其中大野的喊声最响亮。

　　第二天。民政科的官员们又埋头在一沓沓公文之中。

　　有人来访,请求整修下水道。新任科长大野吩咐:"让他去公用事业科联系。"

【影片赏析】

　　日本电影在世界影坛崛起,是同黑泽明(1910—1998)的名字分不开的。1951年,黑泽明执导的《罗生门》在威尼斯国际电影节获得大奖,成为日本电影走向欧美各国的开路先锋。但《罗生门》墙里开花墙外香,日本国内有一种舆论认为,"它并不是特别了不起的杰作"。倒是这部放映时间长达2个半小时的《生之欲》,赢得了海内外一致好评。《生之欲》于1952年10月公映,当年名列日本《电影旬报》评选出的"10佳"影片榜首,还获得日本艺术节文部大臣奖;1953年又获西柏林国际电影节银熊奖。日本影评家佐藤忠男认为:"这部作品显示黑泽明的创作事业达到了顶峰。"法国电影学者萨杜尔和巴赞也极力推崇,称赞它是"一部纯粹的日本式影片,但却包含着全球性普遍的价值"。

　　黑泽明电影的风格在日本国内早有定评,他拍摄的并非沿袭日本传统的口味清淡的影片,而是"一块煎好的牛排上面涂上黄油,然后再加几块油焖鳝鱼那样浓味的影片"。黑泽明的创作理念也很特别,"他是要把人放在试验管中,给予一定的条件和一定的刺激,以此测定人物的反应。这种对人物的研究就是他的作品"。以《生之欲》为例,全片第一个镜头是一张X光照片,伴随画外音旁白:"这是本片主人公的胃,在幽门部位出现了癌肿迹象,可是他本人还一无所知。"黑泽明以如此简捷明了的开头,一下子唤起观众的注意:一个人假如遇到仅能活半年的情况,他将如何对待人生?是由绝望而沦为放荡、颓废呢?还是珍惜生命,让余生过得尽量美好和有意义呢?这个开场极具冲击力,日本影评人赞为"可以与贝多芬的《命运交响曲》开头'命运敲门的声音'相媲美"。黑泽明将主人公渡边放进这样的"试验管"后,又引入黄色小说作家、小田切这两个人物充当"催化剂",让他们对渡边的生活进行刺激。最后,是小田切那种乐观积极的人生追求,对渡边产生了决定性影响,促使这个浑浑噩噩了大半辈子的"木乃伊先生",终于在生命行将结束的关头"死灰复燃",为贫民区的妇女儿童办成一件有益的实事。

《生之欲》是黑泽明自己最感满意的作品之一。他曾谈及自己的心境:"有时,我想到过有关我自己的死。然后我思忖,像我现在这样生活时,我怎么忍心与世长辞呢?"他认为,人活着的意义不是肉体之欢、青春之爱、天伦之乐,而是甘愿为他人牺牲自我,要有一种人道主义襟怀。黑泽明还直言不讳地宣称,"我的影片《生之欲》是批评官僚主义的",这一点贯穿于影片始末。渡边三十年来忠于职守,整天在堆积如山的文牍中伏案工作,他的所谓"政绩"实际上只是拖延公众的诉求,保障官僚机构惰性运转。本片前半部分叙事基本上围绕渡边的行踪展开顺叙,当他从小田切那里受到人生启示,行为发生转变之后,叙事时空突然出现大幅度跳跃。后半部分主要围绕同事们为去世的渡边守灵,倒叙渡边生前的最后时光。透过政府官员的言行,黑泽明将批判的锋芒直指积重难返的官僚体系。佐藤忠男评价说:"这么强烈地攻击官僚主义以往并不多见",他还指出,"如果把渡边决心修建儿童公园的行动,仍与前半部分一样,用同一种调子描写的话,那么,这部影片恐怕就会成为现实中不大可能产生的美谈了"。渡边生前全力促成建造儿童公园的具体行动,是通过同事们的回忆间接表现的,黑泽明一共插进12段闪回镜头,每次闪回往往只占几秒钟,极简练地倒叙渡边亲历亲为的某个片断。这种技巧是黑泽明首创的,欧美电影人称之为"日本式闪回"(当时欧美电影中的回忆大都采用完整的一段戏),大大加快了电影叙事的节奏,对现代电影语言的革新是一大贡献。

渡边的扮演者志村乔是一位经验丰富的老演员,长期同黑泽明合作。他其貌不扬,演技纯熟。由于本片主人公是病人,不可能有大幅度的形体动作,志村乔主要通过细腻的眼神来表达人物内心活动,给观众留下深刻印象。

黑泽明的导演生涯长达半个多世纪,从处女作《姿三四郎》(1943)到封箱戏《袅袅夕阳情》(1993),一共拍了31部影片,作品数量并不算多,可其中有一大半在各种国际电影节上赢得过奖项。黑泽明是享有世界声誉的导演,人称"黑泽天皇"。这个称谓包含几层意思:其一,在外国人心目中他比天皇裕仁还有名气;其二,他脾气暴躁,对艺术追求一丝不苟,时常同投资方或制片人闹得不欢而散。1971年,黑泽明曾自杀未遂,原因据说是难以摆脱创作的苦闷。80年代以后,宝刀未老的黑泽明依靠来自美国、法国的资助,接连拍摄了两部古装巨片《影子武士》(1980)和根据莎士比亚悲剧《李尔王》改编的《乱》(1985),在国际上再次引起轰动。黑泽明被日本政府授予"文化勋章",成为日本国内第一位获此荣誉的电影人。美国两位大导演斯皮尔伯格、马丁·斯科塞斯都在他面前恭恭敬敬执弟子之礼,斯皮尔伯格说:"黑泽明是我的启蒙老师,他就是电影界的莎士比亚。"斯科塞斯加盟黑泽明晚年拍的力作《梦》(1990),在片中友情客串凡·高一角。欧美国家还流行一种说法:"在黑泽明之前,西方人想到日本时,是富士山、艺伎和樱花;从他开始,西方人想到日本时,是索尼、本田和黑泽明。"

黑泽明著有自传《蛤蟆的油》,行文有斩钉截铁的味道。这里摘录黑泽明几段名言,以加深对其电影观的了解——

从我身上减去电影,我的人生大概就成了零。

剪辑是电影制作中画龙点睛的作业,也是给拍摄的胶片注入生命的工作。人们说电影是时间的艺术,所以,没有用的时间就该删去。

把电视当作电影的大敌,不过是脆弱的电影观的产物罢了。电影是半路睡着了的兔子,只是被电视这只乌龟赶了过去而已。

当你拍一部电影,你和主角同样处于电影中,一起笑,一起哭,一起遭受苦难,那就是电影。

(李亦中)

后 窗

美国派拉蒙影片公司　1954 年出品
导演:希区柯克
编剧:约翰·迈克尔·海斯
主演:詹姆斯·史都华(饰杰夫)
　　　格蕾丝·凯利(饰莉莎)

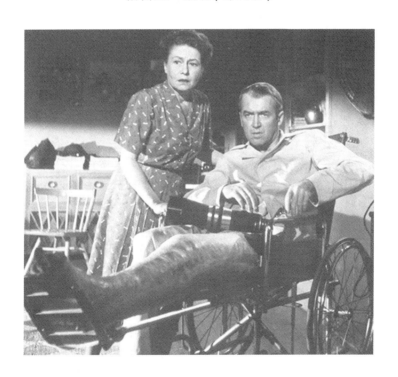

【影片内容】

　　杰夫是纽约的一名摄影记者,采访某次汽车大赛时不慎受伤,左腿被裹上厚厚的石膏,只能在家里坐轮椅养伤,度日如年。幸好他家对面有幢六层楼房,时值盛夏,家家户户后窗洞开,杰夫整天观察这些房客的私生活作为消遣。

　　傍晚,杰夫的女友莉莎照例在下班后赶来探望。她是一家时装公司的高级职员,颇瞧不起杰夫的职业,婚事也迟迟定不下来。今天令莉莎格外不快的是,她特意从饭店预订了精美的晚餐送来,杰夫却食而不知其味,反倒津津有味地关注对面那些后窗里的动静。杰夫此刻感兴趣的是二楼那对夫妻,男的是推销员,女的长期卧病。这会儿不知为了什么事,妻子抓起床头柜上的一束花扔在地上,丈夫铁青着脸跑进起居室打电话。妻子溜下床到门边偷听,丈夫察觉后破口大骂……

　　莉莎怏怏不乐地告辞,杰夫呆呆地望着窗外出神,感到一阵倦意袭来。忽然,对面楼房里传出女人的一声惨叫,声音异常凄厉!杰夫惊醒过来,但窗外一片漆黑,什么也看不见。夜更深了,下起了细雨。一阵凉风催醒半躺在轮椅上的杰夫,他下意识望望对面,唯有推销员家的后窗射出灯光,在黑夜里异常醒目。不一会儿,他看见推销员拎着一只沉甸甸的箱子离开家。杰夫留意地看看手表:零点55分。半小时后,推销员匆匆赶回,他仍拎着那只箱子,重量似乎轻了许多。没隔多久,推销员拎着箱子再次离家,行迹很可疑。杰夫两眼盯得发酸,不知不觉睡着了。

　　第二天一早,护士斯特拉上门来替杰夫按摩。斯特拉是个好奇心很强的中年妇女,她听了杰夫的介绍,也起劲地观察对面推销员的家。大白天,后窗垂着厚厚的窗帘,将室内遮得严严实实。一会儿,推销员在窗口探头探脑,他望望楼下后院,恰巧看见一只小狗在花圃里乱嗅乱刨,脸上顿现惊慌的神色,这一切都被杰夫与斯特拉注意到了。杰夫随即又发现疑点,要斯特拉将装着长焦距镜头的照相机递给他——对面的距离一下子缩短了,杰夫清晰地看见推销员正坐在起居室里清点一堆金银首饰,接着又走进厨房,在自来水池前擦拭一把足有一尺多长的切肉刀和一把小钢锯。杰夫不禁陷入了沉思……

莉莎下班后又赶来了。杰夫急于弄清对面楼房里是否发生了"碎尸案",他向莉莎讲述一昼夜间从推销员家后窗观察到的种种可疑迹象,莉莎也不由自主地被吸引了。杰夫判断说:"一定出什么事了,这夫妻俩经常吵架,可是从昨夜过后,就再也没看见那个生病的老婆,她好像失踪了。"正说到这儿,推销员家的后窗打开了,卧室床上空空如也,被单不见了,床垫也被卷到一旁,推销员鬼鬼祟祟地在捆绑一只皮箱。

次日,杰夫打电话把朋友多伊尔找来,他是警察局的侦探。杰夫感到有责任请他探明这桩"谋杀案"真相。多伊尔认为杰夫捕风捉影,但经不住杰夫一再央求,于是他私下去作了一番调查。午后,多伊尔带来了调查结果:有充分的证据表明,推销员的妻子是到乡下养病去了,最有力的证据是多伊尔从推销员家信箱里取来的一张明信片,上面写着"平安到达,感觉良好。爱你的,安娜"。这个安娜正是推销员的妻子。杰夫看着明信片,愣住了。

当晚,莉莎又赶来陪伴杰夫。当杰夫讲起推销员在卧室里整理他妻子的鳄鱼皮包时,莉莎认为这又是一大疑点,因为女性出门时绝不会忘记随身携带手提包的。这时,多伊尔再次来访,他规劝杰夫不要瞎猜疑。多伊尔刚离开,窗外突然传来一个女人号啕大哭的声音,原来,那只欢蹦乱跳的小狗被人活活掐死了。女主人伤心不已,正在向围观的邻居哭诉。杰夫眼睛一亮,对莉莎说:"刚才我几乎已经被多伊尔说服,觉得自己错了。现在我坚信出了谋杀案。你看——"莉莎顺着他所指,看到对面整幢楼房都被惊动了,唯独推销员家的窗口灭了灯。莉莎不由靠紧杰夫问道:"推销员为什么要杀死一条狗呢?难道狗发现了他的秘密?"

周末,杰夫依然端坐轮椅中,用望远镜窥探推销员的行踪,莉莎和斯特拉守在他身边。杰夫发现推销员正在擦拭浴室墙壁,他是不是在消除作案时溅上的血迹呢?斯特拉提议到花圃里用铁锹去挖,看看地下究竟埋了什么东西。杰夫想出"引蛇出洞"的妙计,他翻开电话簿,寻到那家的号码,拨通了电话。只见推销员听到电话铃响,犹豫片刻才拿起电话。杰夫开门见山:"请你马上到艾伯特酒吧来见我,商量一下你妻子的遗产。快来,要不我叫警察了!"那人起先矢口否认,后来随即离家。他一离开,莉莎与斯特拉赶紧下楼,乘着夜色,用力挖掘花圃里那块被小狗刨过的泥土,结果一无所获,罪证可能已被转移。莉莎决计孤身潜入推销员家中去搜查,杰夫拦阻不及,只得与斯特拉一起监视楼房入口,万一推销员回家,就立即给莉莎发出信号。事有凑巧,推销员楼下住着一个老姑娘,可能是厌世的缘故,此刻她抓起一把药丸准备吞服。杰夫见状赶紧打电话报警。幸亏从另一位邻居家传出一阵欢快的音乐,令那个老姑娘打消了自杀的念头。

杰夫因老姑娘自杀分心的瞬间,竟未发现推销员已经回来。此时,莉莎好不容易搜到一件重要物证——推销员妻子的结婚戒指,这说明那女人已死,否则她不可能遗下这枚戒指。推销员气急败坏地揪住莉莎不放,莉莎拼命挣扎,绝望地冲着窗口大喊:"杰夫,救救我!"正在这时,接到报警电话的警察赶到了,莉莎被当作私入民宅的小偷带走了。杰夫请斯特拉赶去警察局保释莉莎。

四周恢复了平静,杰夫脑海中闪过一个不祥的念头:刚才莉莎呼救,极有可能使自己暴露在凶手面前。杰夫立即熄灭房灯,还未做好更多准备,便听到门外传来轻微的脚步声,令人毛骨悚然。杰夫下意识地抓紧一架照相机。

门,悄无声息地打开了。推销员熟悉的身影闪了进来,他关上门,凶狠地朝杰夫扑来。杰夫举起手中的照相机按动快门,那人猝不及防,被强烈的闪光灼了眼睛,但他立刻用双手遮挡刺目的闪光,步步紧逼。困在轮椅中的杰夫动弹不了,只能不停地按动闪光灯作为防身武器。不一会儿,杰夫被那人掐住脖子,仅能用一条未裹石膏的右腿朝他乱踢。

莉莎、斯特拉领着多伊尔侦探和警察赶来了。凶手把杰夫拖到窗台前,杰夫死死抓住窗沿不放。凶手此时用尽全力把他狠命朝下一推,杰夫惨叫一声摔了下去。

莉莎紧紧抱住杰夫,多伊尔带着歉意蹲在他身旁。从昏迷中醒来的杰夫听到警察在交谈:凶手供认了杀妻的罪行。

几天以后,杰夫出院回家了,莉莎陪伴着他。

杰夫仍旧困坐在轮椅上,他的两条腿都被裹上了厚厚的石膏。现在他已吸取教训,背对着窗户,不再窥视对面邻居家的私生活了。

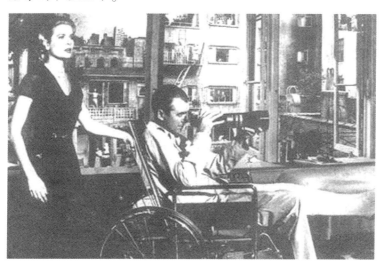

【影片赏析】

　　一个淘气的小男孩被父亲叫到跟前："我有一封要紧的信,你马上送到警察局去。"一路上,小男孩捏着那封信紧张得要命,心里老想着警察局阴森森的样子。信送到了,值班警察读信之后,把小男孩关进拘留室监禁了5分钟。日后,这个小男孩当上了电影导演,他念念不忘这段童年时代的不寻常经历,喜欢拍摄充满悬念与惊悚气氛的类型片,让人们"在安全状态下体验恐惧"。他就是闻名全球的"悬念大师"——阿尔弗莱德·希区柯克(1899—1980)。

　　希区柯克生于英国伦敦东区,1920年进入电影圈。1939年,他应邀去好莱坞,拍摄了成名作《蝴蝶梦》,从此在美国定居,享有"好莱坞最引人注目、最具有个人风格的导演"之美誉。希区柯克一生共导演了53部影片,《后窗》是其中极有特色的一部。但由于改编版权方面的纠葛,《后窗》一度遭停映。直到希区柯克去世后,才获得再度上映的机会。希区柯克本人偏爱《后窗》,屡次自夸:"这是我最充实的创作期,《后窗》的全部制作非常顺利。""我拍的《后窗》是真正的纯电影,它的叙事方法是独特的。"

　　人类有一种偷窥他人秘密的好奇心理,本片主角杰夫在家疗养腿伤,终日无所事事,隔窗眺望,以窥视邻居家动静为乐事。一次偶然的机会,这个足不出户的"业余侦探",竟然在眼皮底下侦破了一起凶杀案。在希区柯克看来,美国人热衷看电影,体现出美国人窥视狂的倾向。坐在轮椅上的杰夫相当于坐在影院座椅上的观众(另一种看法是这把轮椅象征电影导演的交椅),杰夫对窗外情景的体验类似电影观众的体验:身体被固定着,对后窗中(银幕上)发生的一切无能为力,只能观看、推测、同情、兴奋、评论……。电影叙事的视角分为两类,即客观视角和主观视角。客观视角是局外人旁观式的,参与程度比较浅;主观视角是逼真模拟画面主体的视点与感受拍摄的,更容易调动观众的注意力和参与度。希区柯克深谙观众心理,创作出这部视角新颖的惊悚片。本片根据威廉·艾尔什1942年用笔名撰写的短篇小说改编,最初发表在通俗杂志上,后来版权落入好莱坞经纪人之手,又转卖给希区柯克。此外,希区柯克还从两个真实案件中得到启发,其一是凶手杀死一个姑娘,残忍地将她肢解;其二是一个男人杀死妻子,谎称妻子出远门旅行,但他的女秘书却戴着他妻子的戒指,终于露馅。希区柯克将这两个案件的相关细节糅进剧本,构建了推销员杀妻碎尸的情节。

　　希区柯克在银幕上叙述这个离奇的故事时,采用了一种别开生面的方法,全片镜头始终固定在杰夫的主观视点上。希区柯克的构想是:"一个瘫痪者从屋里看窗外的景色,这是影片的第一个层次;第二个层次是他所看到的一切;第三个层次则表现他的反应。我认为,这样三个层次的表现乃是表现电影意念的最纯粹的方式。"在《后窗》中主要出现两个空间,一个是杰夫所在的房间,一个是对面那幢公寓(凶手的住所),使这两个空间发生关联的便是后窗。换句话说,足不出户是杰夫破案的一大特点,除了凶手闯进杰夫家两人展开搏斗这场高潮戏之外,整个案情发展全是通过杰夫在一定距离外隔窗观察来加以表现的。这样一来,观众身不由己地进入杰夫的主观视野来注视凶手的一举一动,这种"三点成一线"的观察方式(即观众—杰夫—凶手家后窗),无形中使观众深深介入剧情之中,伴随杰夫当了一回侦探,获得身临其境的独特感受。希区柯克认为:"对话作为人物嘴里发出的声音,不过是许多解决办法中的一种,而人物的动作和目光则可以叙述出一个视觉故事。"从这个意义上说,《后窗》确实称得上一部难得的"纯电影"或称"电影化的电影"(cinematic film)。

《后窗》的剪辑速度是随着情节发展而逐渐加快的。影片开场时,生活是正常的,节奏是悠闲的。后来,一个个疑点出现了,蛛丝马迹渐渐增多。当剧情进入高潮后,叙事节奏越来越急促,令人紧张得透不过气来。尤其是在莉莎潜入凶手家里寻找罪证的节骨眼上,希区柯克扣住悬念不放,忙中偷闲插叙"老姑娘自杀未遂"的小插曲,使剧情跌宕起伏,扣人心弦。《后窗》的高潮戏尤为精彩,赤手空拳的杰夫急中生智,运用照相机闪光来对付凶手,这一招既出乎观众意料,又在情理之中,巧妙利用光影效果来营造视觉高潮。运用贯穿道具是希区柯克的得意之笔:"杰夫观察邻居家用的就是他的照相机,而自卫时,当然又得用照相机,包括闪光灯。对我来说,必须使有关的物件始终为人物所用,假如某种物件不能派用场,我就弃之不用。"值得一提的是,尽管希区柯克大多数作品都离不开凶杀元素,但他一般不在银幕上直接展示血腥恐怖的视觉形象,往往借助短镜头的快速剪辑来暗示,也就是让观众"感觉"到暴力而不是直接"看到"。例如在《后窗》结尾部分,杰夫被凶手推下楼坠地的惨状,就只拍他的脚、腿、胳膊、脸部等特写镜头,然后组接而成。

希区柯克抱有这样的宗旨,"电影是把平淡无奇的片断切去后的人生"。他的影片故事性强,以娱乐性见长,创下了可观的票房价值。西方影评界流行种种赞语:"自20年代以来,希区柯克一直使电影研究者心情振奋,并且以最能接受的形式恐吓了广大电影观众。""他是唯一能使影片以他个人名义出售的导演,他的姓名几乎是一种特定类型影片的同义词。"希区柯克的局限性也很明显,他曾强调:"主题如何对于我是无所谓的,演员的表演也不重要,我关注的是摄影,是录音,是那些能使观众大叫出声的技术手段。从感染力角度说,一部好影片应该是让日本观众也能在印度人看了发出尖叫的地方惊叫起来。"因而,希区柯克不大注重挖掘题材与人物的社会内涵,《后窗》中那个谋害妻子的推销员究竟有何犯罪动机,直到影片终了都未作交代,多少减弱了影片的认知价值。

为表彰希区柯克对电影艺术做出的贡献,1979年美国电影艺术与科学学院授予他终身成就奖;1980年,英国女皇册封他为爵士。继《后窗》之后,后辈导演仿拍之作一再出炉,近几年出品的偷窥犯罪片就有《粉红色杀人夜》、《偷窥狂》、《恐怖社区》等等,希区柯克地下有知不知是喜是忧?

(李亦中)

野草莓

瑞典影片　1957 年出品
导演:英格玛·伯格曼
编剧:英格玛·伯格曼
主演:维克多·斯约史特洛姆(饰伊萨克)
　　　碧比·安德森(饰莎拉)
　　　英格丽·杜琳(饰玛丽安)

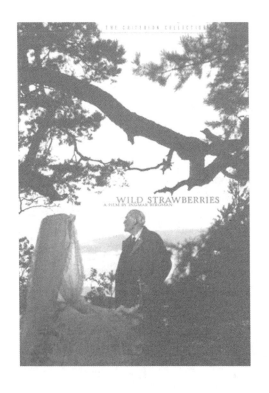

【影片内容】

凌晨，76岁的医学教授伊萨克从噩梦中惊醒。他回想方才的梦境，是一幅幅多么可怖的景象啊——他漫步在城里，四周一片死寂。他路过钟表店，发现店外招牌上的大钟没有指针，掏出自己的怀表一看，也没有指针！他瞥见街角有个人，近前一看，帽檐底下没有面孔。一瞬间，那人如碎片般坍塌，仅剩下一堆衣物。前方又出现送葬行列，那辆灵车突然脱落一只车轮，棺材重重摔落在街旁。死尸从棺材里朝他伸出僵硬的手，吓得他魂飞魄散，因为那具死尸正是他自己……

伊萨克余悸未消，从床上爬起来。今天是个好日子，他将由女管家艾格达陪同乘飞机去隆德市接受荣誉博士授衔。但他临时决定独自开小汽车前往，这使艾格达非常不快。伊萨克的儿媳妇玛丽安闻讯赶来，她要搭车回隆德去。

伊萨克亲自驾车出发。一路上，俩人话不投机。先是伊萨克不准儿媳妇在车里吸烟，接着又提起儿子艾瓦尔德当年求学向他借的一笔钱应当归还。玛丽安指责他是个"老自私"。不久前，玛丽安同丈夫发生纠纷，专程来向伊萨克求助，却被他一口拒绝。伊萨克为了缓和气氛，谈起今晨做的噩梦，玛丽安也毫无兴趣。

旭日初升，伊萨克驾车驶上通往海滨的小路，在一幢别墅前停下。他兴致勃勃地向儿媳介绍："在我生命的头二十年，全家人每个夏天都住在这儿。"玛丽安却兴味索然，打招呼去泡海水澡了。伊萨克独自一人来到别墅前的草地，采摘身边的野草莓，津津有味地吃起来。

不知不觉，伊萨克眼前出现梦境般的童年时代，从这幢古老别墅的窗户里传出了钢琴声、欢笑声。他看见心爱的表妹莎拉近在咫尺，身穿金黄色的裙服，正跪在地上采一颗颗野草莓。伊萨克冲动地喊她的名字,莎拉毫无反应。伊萨克恍然悟到,他不可能同回忆中出现的表妹进行交谈。于是,他保持沉默,希望这个场面能持续下去……远远走来一个小伙子,向莎拉大献殷勤,还吻了她。伊萨克认出此人正是大哥西格弗里德!莎拉警告西格弗里德:"伊萨克和我已经秘密订婚了。"哥哥却满不在乎,依然对她作出亲昵的举动……伊萨克悄悄走进家门,看到九个兄弟姊妹聚在餐厅里向耳聋的叔父祝贺生日。他们取笑莎拉与西格弗里德要好,莎拉害羞地哭起来。大姐过来安慰她,俩人说起悄悄话,看样子莎拉确实爱上了西格弗里德……茫然若失的伊萨克被人从回忆中唤醒,面前出现一个长相酷似莎拉的金发少女,她提出与两个男友一起搭便车,她的名字也叫莎拉。

  汽车又上路了。伊萨克告诉这几位新结识的年轻人:"我有过一个初恋情人,她同我哥哥结了婚,现在75岁,仍是一个相当美丽的小老太太。"正说着,一下子出现险情,对面一辆黑色轿车直冲过来,两车交会时黑车失控翻倒,侥幸的是未出人命。黑车里爬出一男一女,脱险后也搭乘伊萨克的车。这对夫妻行为怪异,上车后口角不断,那女人还打了丈夫一记耳光。开车的玛丽安当即停车,不客气地将两人请了下去。汽车在中途加油,加油站老板同伊萨克重叙旧谊,因为伊萨克早年在此地行医,居民们都记得他。老板不肯收油费,对伊萨克说:"人不能忘恩负义,有些事情是永远无法回报的。"随后伊萨克一行去用午餐,莎拉与两个男友争论宗教问题,对伊萨克谈的乡村轶事不感兴趣。伊萨克让他们三人留在餐馆,自己同玛丽安驱车去探望居住在附近的老母亲。

  九旬高龄的老母亲非常高兴,她颤巍巍地取出珍藏的洋娃娃、彩画本、小火车等等,那些全是伊萨克兄弟姊妹幼时的玩具。她向初次见面的孙媳妇玛丽安倾诉:"10个孩子,除了伊萨克,都死了。20个孙儿,没有一个来看我,有

15个曾孙我从未见过。每年我要为53个生日寄出礼物,但没人来看我,我真是活腻啦。我的罪过就是老不死,所以这些漂亮的年轻人不能按他们制定的时间表来继承遗产啦。"母亲交给伊萨克一只老式金表转赠孙儿,伊萨克接过表一看,发现表上没有指针!他想起凌晨的噩梦,不寒而栗。辞别老人出门时,玛丽安主动挽起伊萨克的胳膊,伊萨克对她产生了好感。

玛丽安继续开车上路。伊萨克打起盹来,朦胧间,一些隐秘而又羞耻的梦境开始纠缠着他……他又回到了童年时代,美貌的莎拉拿小镜子照他,他看到镜中的自己又老又丑。莎拉用一种尖刻的语调对他说:"我要同你哥哥结婚啦。你,一个名誉教授,实际上什么也不懂。"她扔下镜子,镜子碎了……月夜,伊萨克进入一间没有窗户的大教室。主考教授向他提问,他都答不上来,考试成绩"不及格"。他又被指责"无动于衷,自私自利,漠不关心",这回指责他的却是已经去世30年的妻子!他被带到一片黑压压的森林里,在那儿,他亲眼目睹妻子跟另一个男人幽会的情景,这一天他记得是"1917年5月1日,星期四"。他又听见妻子对那个男人说:"我要去告诉伊萨克,我之所以这样,都是他的过错。但他一定不在乎,因为他是冷血动物。"妻子的身影消失后,主考教授向他宣布:"你将受到一种惩罚,那就是'孤独'。"

伊萨克正想痛痛快快哭一场,忽然从梦中醒来。三个青年下车采花去了,玛丽安仍坐在驾驶座上。伊萨克坦率地将梦中所见告诉儿媳,玛丽安也谈起自己的心事。从她口中,伊萨克第一次得知玛丽安怀孕了,艾瓦尔德却不想要这个孩子,他认为自己就是因父母不幸的婚姻而出生在这个荒谬的世界上,从小在冷漠与恐惧中长大。玛丽安执意要生孩子,夫妻俩就这样谈崩了。伊萨克对玛丽安深表同情,破例让她在车内抽烟,这是他生平第一次关心他人。莎拉与两位男友返回车上,他们向伊萨克敬献一大捧鲜艳的野花。

  汽车终于驶达目的地。伊萨克准时出席盛大的荣誉博士授衔典礼。但他觉得祝词无聊,整个仪式沉闷,连经过各种冗长会议考验的臀部也发出了无声抗议。好不容易挨到典礼结束,伊萨克不愿留下参加晚宴,坐出租车回到儿子家里。

  伊萨克刚要躺下,听见楼下花园中传来了歌声,推窗一看,原来是莎拉与两位男友特意来向他告别。莎拉高声说:"伊萨克老伯,我们为认识你而感到骄傲!"伊萨克欣慰地目送他们消失在夏夜里。这时,艾瓦尔德与玛丽安一同回家了,夫妻俩似乎和好如初。伊萨克单独把儿子叫进房里,提起当年借的那笔款子,本意是不要他归还了,谁知儿子却误解父亲的好意,作了不客气的应答。

  伊萨克听见塔楼上的钟敲了 11 下,夜已经深了。

  屋外细雨淅沥,屋内气氛恬静。伊萨克在梦幻中又回到了旧居那片野草莓地。天高云淡,微风习习,美丽的莎拉表妹迎着他跑来了⋯⋯

【影片赏析】

  本片编导英格玛·伯格曼(1918—2007)出生于瑞典乌帕萨拉城一个牧师家庭,他在 1945 年导演第一部影片《危机》;到了 50 年代中期,他的两部杰作《第七封印》(1956)和《野草莓》(1957)相继问世,立即在西方影坛引起轰动。伯格曼被公认为"作者电影"最重要、最有影响的大师,1975 年还获得诺贝尔文学奖的提名,这份殊荣在世界影坛可谓绝无仅有。伯格曼一生创作了近 50 部影片,所有电影剧本几乎都是以第一人称撰写的,用他的话说"这些电影大半孕育自我的灵魂、心灵、脑海、神经和生殖器",包含着自身的经历。1956 年夏日,伯格曼回到小时候和外祖母一起生活过的乌帕萨拉城,心血来潮重访故居。他站在老房子门外,手扶门把,浮想联翩:假如我开门进去,还能回到我的童年时代吗?《野草莓》便是这样诞生的(本片另一译名为《杨莓树下话当年》)。

《野草莓》的时空结构是复合型的,表现为主人公伊萨克的两次旅行。一次是现实中的汽车旅行,伊萨克驾车驶往隆德市接受荣誉博士授衔,这一段以现在进行时态顺叙伊萨克这一天的行程:黎明离家、开车上路、与儿媳妇的交谈、途中小憩、搭客、遇车祸、加油、进餐、探望老母、午后打盹、抵达目的地、晚间出席典礼、安寝等等;另一次是"心灵旅行",伊萨克通过一个个白日梦,在内心回顾反省自己的一生。在整部影片中,生活流与意识流时分时合,现在时态与过去时态两种叙事相互交织。特别令人惊奇的是,伊萨克和梦幻中出现的家人竟然处在同一个画面中,这种奇特的表现手法将观众引入时空交叉并列的银幕世界,乃是前所未有的创新。这并非伯格曼刻意标新立异,而是他借鉴了意识流小说的技巧。按照弗洛伊德精神分析学说,人的意识由三个层次构成,即理性层、半理性层、非理性层(潜意识)。在传统文艺作品中(包括电影),创作者对主人公心理活动的揭示根植于意识的理性层次。自 20 世纪 20 年代以来,现代派意识流小说首先打破这种沿袭已久的写法,直接将主人公非理性的潜意识作为小说的主体内容。伯格曼的电影作品一向是高度个人化和内心化的,在《野草莓》中,他首次尝试运用意识流手段来展现主人公的内心世界,本片由此成为西方意识流电影的一个重要范本。

在《野草莓》后半部分,当伊萨克与儿媳的关系渐趋融洽之后,伊萨克告诉她:"最近我做了些非常特别的梦,说出了我醒着时不愿意听的话,说我已经死了,尽管我还活着。"这段话很重要,可作为理解本片主旨的一把钥匙。当一个人处于梦幻状态时,平素控制意识活动的理性往往让位给潜意识,"醒着时不愿意听的话"便会冒出来。在《野草莓》

中,导演正是透过一连串噩梦与美梦(噩梦居多),让观众窥见伊萨克深藏在内心的隐秘:他对青春年华的眷恋、对莎拉表妹的一往情深、对初恋失败的耿耿于怀、对妻子的极度冷漠、对死亡临近的无限恐惧,而笼罩在所有梦幻中的情绪氛围乃是他的自我忏悔与谴责。"人之将死,其言也善",伊萨克似乎认识到平生的自私与冷漠,造成了晚景的孤独。伯格曼曾经在媒体上解释主人公名字伊萨克·伯格(Isak Borg)的含意,"IB"即"冰"(Ice)和"堡垒"(Borg),很简单也很平常。他还强调说:"我创造的这个角色,外观上像我父亲,但其实彻彻底底是我。我在37岁时,断绝人际关系,自以为是,自我封闭,彻底地失败,虽然我在社会上成功了。"伯格曼与父母的关系长期不和睦,积怨与误会很深,驱使伯格曼拍这部《野草莓》的动力,"来自我尝试对离弃我的双亲表白我强烈的渴望,我在整部影片中一直在向双亲哀求:看看我,了解我,可能的话,原谅我吧!"伯格曼电影剧作的中文翻译者伍菡卿曾作过评价:"伯格曼的大量影片都是揭露现代西方社会知识分子的精神危机和内心状态的,他的艺术魅力和意义也正在这里。很少有一个艺术家能如此严峻地、几乎是赤裸裸地剖析个人在现代资产阶级社会中的那种矛盾:他决心同资产阶级的道德规范决裂,但又未能找到其他出路,只有陷入自我的小天地,孤独地欣赏着自己的影子。"瑞典是世界上社会福利体系最完善的发达国家,也是人际关系淡漠,孤独症较普遍的国度,从这个意义上说,伯格曼所热衷表现的题材事出有因。

伯格曼晚年回顾道:"老实说,我一直认为我的影片非常明白易懂,当人们告诉我不是这样的时候,我非常吃惊。我不过是想使观众得到娱乐。"美国电影学者梭罗门认为:"伯格曼吸引了许多知识分子观众,这主要是因为他乐于用抽象的哲学概念作为影片的中心。电影界很少有人试图这样做。他是一再把影片放到理性环境中去的第一位知名艺术家。"可以想见,从一部充满哲理思考的电影中获得的

"娱乐",必然以理趣居多。当然,《野草莓》比起伯格曼后来创作的许多影片,还不算太费解。但即便如此,观众欣赏过程中也要付出不少智力劳动。比如,本片运用大量的隐喻元素(尽管伯格曼本人否认这一点):以没有指针的计时器(大钟和怀表)隐喻死亡降临,以"野草莓"象征生命、爱情、青春和希望等等,凡此种种,都需要观众留意揣摩,因为这些影像内涵都不是一目了然的。

《野草莓》在国际上多次获奖:1958年获得西柏林国际电影节最佳影片金熊奖;1959年又获威尼斯国际电影节评委会奖。担任本片主演的是瑞典电影界泰斗维克多·斯约史特洛姆(1879—1960),亦是伯格曼的恩师,瑞典电影在世界上的声誉是同这师生俩的名字紧紧联系在一起的。

(李亦中)

精疲力尽

法国影片　1959年摄制
导演:让-吕克·戈达尔
编剧:弗朗索瓦·特吕弗
主演:让-保罗·贝尔蒙多(饰米歇尔)
　　　吉恩·茜柏格(饰帕特莉霞)

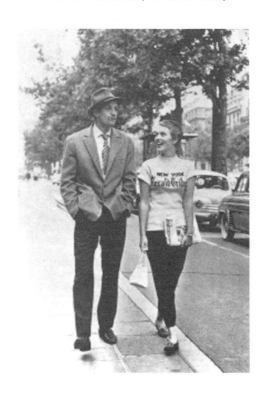

【影片内容】

25岁的米歇尔是个盗车老手。这天他守候在马赛港停车场,盗走了美国游客的一辆"奥茨莫比牌"轿车。

米歇尔驾车飞驰在马赛通往巴黎的7号公路上。他口叼香烟,左手把住方向盘,右手玩弄一支左轮手枪,不时用枪朝迎面驶来的车辆瞄准作射击状。途中轿车抛锚,米歇尔下车修理。正在此时,有个巡警骑摩托车赶上来。米歇尔未等巡警盘问,开枪击倒了他,随即弃车而逃。

两天后,身无分文的米歇尔出现在巴黎。他在一家酒吧骗了杯啤酒,接着跑到他认识的一个姑娘家里,乘她换衣服当口,偷走了她钱包里几张钞票。在凯旋门附近的大街上,米歇尔找到女友帕特莉霞。她是个美国姑娘,正在沿街兜售《纽约先驱论坛报》。米歇尔缠住她,要她陪自己前往罗马。帕特莉霞一口拒绝,因为她打算报考巴黎大学。两人分手后,米歇尔从报亭买了份当天的报纸,见第三版上有条醒目标题:"侦察破案神速,警察局已查明7号公路杀人凶手!"

米歇尔来到美洲旅行社,向同伙托尔马绍夫索讨一笔欠款。托尔马绍夫给了他一张支票,米歇尔必须再去找另一个叫贝鲁蒂的,由他到银行兑换现钱。米歇尔离开时,同两个便衣警探擦肩而过。

米歇尔在街头转悠。有家电影院正在上映好莱坞明星汉弗莱·鲍嘉主演的新片,米歇尔在影院门口欣赏海报,出神地望着他所崇拜的鲍嘉的头像。当晚,米歇尔约帕特莉霞外出用餐。半路上,他找借口独自溜进一家咖啡店,在盥洗间抢走了一个男子的钱包。米歇尔暗自庆幸请客吃饭的钱有了着落,不料帕特莉霞吞吞吐吐,提出要赴另一个约会。米歇尔闷闷不乐地开车送帕特莉霞去快餐厅,自己躲在餐厅门口窥视。当他目睹帕特莉霞同一个美国男人热吻时,又恼怒又沮丧。

第二天清晨,帕特莉霞回到住所,不禁大吃一惊,米歇尔竟躺在她床上睡觉!帕特莉霞非常生气,与他发生口角。米歇尔用双手掐住帕特莉霞的脖子,一定要她笑一笑。她挣扎一番后笑了一声,随手回敬他一个耳光。米歇尔衣袋里掉出一件东西,帕特莉霞捡起一看,是一个陌生人的护照,米歇尔解释这护照是他异母兄弟的。过后,米歇尔不停地拨电话,急于要同贝鲁蒂取得联系。帕特莉霞问:"米歇尔,我很想弄清楚你藏在外表下的真心是什么?我害怕,因为我希望你爱我。"米歇尔避而不答。帕特莉霞念福克纳的小说:"听,最后一句真美,'在忧愁和虚无之间,我选择忧愁'。你选择什么呢?"米歇尔说:"我选择虚无。要么统统归我,要么一无所有。"两人厮混了一通。时近正午,帕特莉霞要米歇尔陪她去买裙子,米歇尔依在她胸前说:"我累了,我快死了……"

米歇尔借口去车库取车,让帕特莉霞留在露天咖啡吧。他跑到另一条街上窃得一辆"福特牌"白色敞篷赛车,开着这车送帕特莉霞去时装店。他买了张《法兰西晚报》,报上登出米歇尔的大幅照片,配有粗体黑字"7号公路的杀人凶手尚未归案"。路边有个抽烟斗的男人也在读报,他似乎注意到了米歇尔,尽管米歇尔戴着墨镜,鸭舌帽压得低低的。

米歇尔驱车将帕特莉霞送到奥利机场,讲定半小时后来接她。帕特莉霞是受《纽约先驱论坛报》委托,来此出席记者招待会的,采访对象是一名来巴黎访问的小说家。机场平台上挤满了各家报社的记者和摄影师,谈锋甚健的小说家一口气回答了记者们提出的几十个问题,话题涉及文学、爱情、灵魂、女人、音乐等等。与此同时,米歇尔开着"福特牌"赛车来到汽车黑市交易点。经讨价还价,以80万法郎成交,但买主不肯付现款,并以米歇尔被通缉的处境作为要挟。米歇尔无奈之下去打电话,这回终于得到确切消息:

贝鲁蒂将在4点整抵达。趁米歇尔打电话时,买主故意损坏汽车引擎,被米歇尔揪住暴打一顿。

米歇尔拦了一辆出租车,与帕特莉霞赶往接头地点,结果迟了5分钟,贝鲁蒂刚刚离去。米歇尔将怨气发泄在司机身上,他叫司机把车停在一幢大楼前等候,径自带着帕特莉霞从一条暗道溜走,赖掉了这笔车费。帕特莉霞回到报社办事处,准备整理采访记录。这时,警长来了,向帕特莉霞了解米歇尔的情况。帕特莉霞支支吾吾:"我不知道他住在哪儿……三个星期前我们才认识。他到巴黎来找一个欠他钱的人,我说不准。"警长递给她一张纸条:"如果你再见到他,就拨这个电话号码。"帕特莉霞离开时,发觉自己已被警察盯梢,便向等候在马路对面的米歇尔悄悄作了个手势。于是,帕特莉霞在前边走,警察居中,米歇尔尾随其后。经过一家电影院时,帕特莉霞快步入内,穿过漆黑的放映大厅,绕到厕所里跳窗而逃。米歇尔接应她,两人甩脱盯梢的警察,又去另一家电影院看好莱坞电影消磨时光。入夜,米歇尔又偷了辆敞篷车,带帕特莉霞一同去找贝鲁蒂。他嫌这辆车不漂亮,指使帕特莉霞在停车场偷换另一辆"卡迪勒克牌"豪华车。他们乘坐这辆车驶上林荫大道,终于在露天咖啡吧找到了贝鲁蒂。贝鲁蒂一口答应明天替米歇尔去银行兑现支票,又介绍他俩去一个瑞典女人家过夜。

在瑞典女人家里,帕特莉霞心事重重。她主动告诉米歇尔:"我想知道,我是不是不爱一个人了?"次日一早,米歇尔要帕特莉霞上街去买报纸和牛奶。帕特莉霞走出房门,又返回身:"米歇尔,让我看看你。"米歇尔忙着给贝鲁蒂打电话,对她不加理会。神情沮丧的帕特莉霞跑到街上,走进一家酒吧,要了杯咖啡,然后犹豫不决地打了个电话:"喂,警长吗?您找的小伙子……我看到他了。"

帕特莉霞带回报纸和牛奶,一头靠在米歇尔身上:"我刚给警察局打过电话,说你在这儿。"米歇尔惊呆了!几分钟前,他还沉浸在兴奋中,因为贝鲁蒂答应借辆车给他,这样他就能远走高飞去意大利了。帕特莉霞平静地说:"我一直想知道自己是不是真爱你?现在既然我对你这么狠,就证明我并不爱你。你赶紧逃吧!"米歇尔却说:"我不走,反正我完了,我还巴不得坐牢呢。"正说着,他听见贝鲁蒂驾车来到,转身冲出门去。

贝鲁蒂将一箱法郎交给米歇尔,米歇尔焦急地告诉他:"你赶快离开,警察5分钟后就到,那个美国小妞把我告了。"贝鲁蒂拉他上车一起逃命,米歇尔固执地说:"我不走,我活腻了……我已经精疲力尽,只想躺下睡觉。"

一辆黑色警车驶来,警长率部下围捕米歇尔。

米歇尔拾起贝鲁蒂扔给他的一支手枪,吃力地奔跑起来。

一声枪响!米歇尔腰部中弹。他捂住伤口,仍一颠一跛地沿街跑着,跑到大街尽头,也到了精疲力尽的时刻,终于仰倒在人行横道线之间。米歇尔摘下墨镜,用力吸了最后一口烟,向帕特莉霞扮了个怪相,吐出最后一句话:"真可恶。"

"'可恶'?"帕特莉霞反问自己,"这是什么意思?"

【影片赏析】

法国是电影的故乡,也是电影史上许多重要流派和电影运动的发源地,如20世纪20年代的先锋派、30年代的诗意现实主义、50年代的"真实电影"等等。到了1959年5月,在第12届戛纳电影节上,几位名不见经传的法国新导演推出各自的处女作,一下子轰动整个国际影坛,其中有特吕弗的《四百下》、马赛尔的《黑人奥尔菲》、阿仑·雷乃的《广岛之恋》等。经法国《快报》周刊大力宣传,一场被命名为"新浪潮"的电影运动由此揭开序幕。

"新浪潮"运动有力冲击了传统电影制片方式。在西方国家,由于受好莱坞制片厂制度的影响以及论资排辈的束缚,电影圈外的年轻人很难有机会执导影片。但从50年代末开始,随着电影拍摄器材的改良与普及(如便携式摄影机和录音机、低照度感光胶片等),提供了小成本拍片的物质条件,由此降低了进入电影行业的门槛,年轻的电影爱好者完全有可能从事独立制片。于是,一种个人化而非企业化的制片方式应运而生,正如法国电影界前辈梅尔维尔给"新浪潮"下的绝妙定义:"这是一种独具匠心的电影拍摄方法,在天然场景中拍摄,没有电影明星,绝少工作人员,影片没有发行方面的保障,不必授权认可,也不需要承担任何义务。"据不完全统计,在持续四年的"新浪潮"时期,至少有97名法国新导演拍出了各自的处女作。因而,"新浪潮"运动也被视为"发射台",将一大批新人推上了从事电影制作事业的轨道。在创作实践中,这批新人新作并不雷同化,各人的风格技巧都与众不同。也许可以这么说,他们唯一的共同愿望就是拍摄具有个人特点的影片。他们信奉"作家电影"的理论主张:"拍摄电影的人也就是作家,他用摄影机写作,就像作家用自来水笔写作一样。"

"新浪潮"并不是一个有组织的团体,但人们公认在其中起重大作用的是几个被称为"《电影手册》派"的年轻干将,尤其是《精疲力尽》的导演戈达尔。戈达尔生于1930年,在巴黎大学毕业之后由好友特吕弗(1932—1984)引荐进《电影手册》当了一名影评人,撰写过《走向政治电影》、《经典分镜头实例辩》、《蒙太奇,我的细致追求》等前卫性篇章。《电影手册》创刊于1951年4月,首任主编由法国著名电影学者巴赞担任,编辑部的学术空气很浓。戈达尔与同事常年泡在电影资料馆里,观摩了世界各国大量影片,对各种电影技巧烂熟于心,以至无师自通,萌发了改行当导演的雄心。戈达尔出手不凡,他拍的这部《精疲力尽》颇有点惊世骇俗的味道。

本片最初的脚本出自特吕弗之手,是依据1952年法国小报登载的一则社会新闻改编的,讲述一个名叫米歇尔的男子与美国女友在海滨度假,打死了一名警察,开着警车回老家看望病危的母亲,最后女友向警方告发了他。为帮助读者加深对本片的理解,有必要强调一下它与存在主义哲学的关联。战后西方社会存在主义思潮风行,认为人生是荒谬的、痛苦的,鼓吹一种愤世嫉俗、及时行乐的生活态度,以此反抗现存社会制度与传统道德观念,对西方青年一代产生极大的影响。文学在这方面先行一步,除存在主义代表人物萨特亲自写过不少小说、戏剧之外,还相继涌现了英国"愤怒的青年"、美国"垮掉的一代"、日本"太阳族"等作家群,他们以存在主义哲学为基础,创作了不少具有消极颓废倾向的小说与诗歌。到了戈达尔手上,存在主义的"叛逆英雄"开始从文学家的稿纸走进电影拷贝。法国评论家埃内贝勒指出:"戈达尔原是一个被他所厌恶的社会摈弃,因生活困难而起来反抗的资产阶级青年,因此他在初期作品里只是发出个人主义的绝望呐喊。"他认为,"《精疲力尽》是一首对盲目行动的赞歌"。埃内贝勒这番评价是很有见地的。

戈达尔对好莱坞犯罪片抱有浓厚兴趣,这种犯罪片(亦称强盗片、警匪片)通常以城市为背景,以犯罪者为主角,结尾宣扬恶有恶报。我国电影学者邵牧君指出,犯罪片的这一特点符合观众的社会心理,"他们喜欢看到不法之徒在一个不公正的社会里哪怕是使用不法手段作出的反抗,而这类人最后不能幸存下来继续构成一种威胁平民安全的力量,这又使他们感到满意"。戈达尔在一定程度上借鉴了好莱坞犯罪片样式,本片主角米歇尔是个盗车惯犯,戈达尔在片中表现其盗车行为多达四五次。同样是窃车行为,却与意大利新现实主义杰作《偷自行车的人》完全不同。米歇尔习惯偷盗名牌轿车,但显然缺乏具体动机,他既不是为生机所迫,也不是受犯罪集团驱使,他是为盗而盗。此种盲目行为的另一个极端表现,是他无缘无故枪杀了一名交通巡警。米歇尔想干什么就干什么,丝毫不考虑每一次行动所造成的后果。更令人惊讶的是,他对自己的生存也不大在乎,遭到警方追缉之后,尽管东躲西藏,累得精疲力尽,但当他获悉警察在5分钟后即将赶到时,并不惊慌失措,最终遭警察枪击伏尸街头。米歇尔那位美国女友帕特莉霞的行为也很反常,她给观众的印象一直是爱着米歇尔的,在毫无征兆的状态下突然心血来潮向警方打电话告密,随后她又马上告知米歇尔让他赶快逃跑。总之,这一对男女主角的所作所为是盲目冲动的、非理性的,他俩的生活准则恰是存在主义所倡导的,即过去之事不可解释,未来之事不必预测,只要兴之所至地抓住眼前这一刻得过且过。米歇尔与帕特莉霞的关系还显示出人与人是无法沟通的,这也是存在主义"他人是地狱"观念的印证。曾有法国影评人指出:"戈达尔的电影只有两个主题——死亡与爱的徒劳。"电影是认识大千世界的一扇窗口,就内容而言,《精疲力尽》并无积极的人生意义可言,但它不失为一个帮助我们了解西方现代社会思潮与文艺思潮的典型文本。

戈达尔以《精疲力尽》一举成名,1960年获得第10届西柏林电影节最佳导演奖。西方评论家将一大串溢美之词加诸于他,如"所有改变60年代电影风貌的导演中,没有一个比戈达尔更具影响力。戈达尔不仅是60年代青年生活的最伟大记录者,他也是当今最令人目眩的电影技巧大师之一。"戈达尔开创了一种"破坏美学",运用多种"破坏技巧",力图打破僵化的电影文法,向"好莱坞美学帝国主义"发起挑战。他扬言说:"如果在制作革命题材的影片时,使用的是一张由反动分子设计的剪辑台,那就必然会有遗憾。"具体来看,这种破坏技巧有两条:一种是"跳格剪接"技巧,即镜头组接大幅度跳跃,最大限度地省略过程性内容。例如本片有个镜头表现米歇尔开车送帕特莉霞去买裙子,在下一个镜头里,身穿新衣裙的帕特莉霞不是从时装店而是从报社办事处走出,一瞬间就跳跃了两个时空,叙事节奏极为迅疾。这种"跳接"技巧大大扩充了一部影片的容量,在现代电影中已得到广泛运用。另一种"破坏技巧"是指导演自我介入,戈达尔在这方面不惜耗费胶片,如《精疲力尽》中有一大段游离于情节之外的某小说家答记者问(戈达尔本人客串那位小说家)的场景,他对10多个问题的应答旨在表明戈达尔自己的政治观点及生活趣味。这种做法带有主观随意性,使影片结构显得松散,对话过多。《精疲力尽》当初上映时,巴黎多家媒体纷纷造势,贬者戏称"那是不知如何剪辑的影评人制作的大杂烩";褒者欢呼"这是另一个奥逊·威尔斯,电影革命开始了!"邵牧君剖析这种矛盾现象的动因:"由于现代主义的东西在西方往往被视为'艺术'的象征,一个艺术家的作品愈是晦涩难懂或荒谬奇特,便愈受自命的'真正的行家'的青睐,使它的名声大大超过了它在观众中的实际影响。"对戈达尔的作品,也可作如是观。戈达尔本人则说:"我希望可以拍摄一部正常的电影,但不知道为什么,我就是不会。"我行我素之意溢于言表。

　　由于"新浪潮"电影一般匮乏制作资金,不可能也不屑于聘请名演员,大都起用新人担纲主演。其中有些人崭露头角,就此成为职业演员,如《精疲力尽》的男主演贝尔蒙多日后成为了法国最走红的四大男星之一。另外值得一提的是,1984年美国拍摄了一部依据戈达尔原作翻拍的《激情》,成为《精疲力尽》的美国版。

(李亦中)

放 大

英国/意大利影片　1966年摄制
导演:米开朗基罗·安东尼奥尼
编剧:米开朗基罗·安东尼奥尼
　　　图尼诺·古尔拉
主演:戴维·海明斯(饰托马斯)

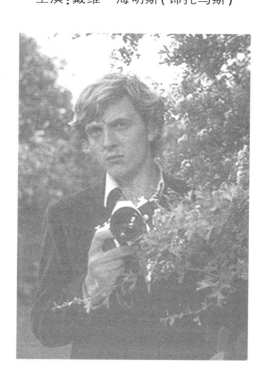

【影片内容】

　　伦敦的清晨,天空阴郁,马路上空荡荡的。忽然嘈杂的人声由远而近,一辆吉普车载着一群嬉皮士疾驶过来。车子停住,面涂白粉的嬉皮士们从车上跳下,相互追逐着向另一条街道冲去。

　　工厂大门缓缓打开,走出一群刚下班的工人。职业摄影师托马斯也夹杂其中,他为了给即将出版的个人作品集增添些有分量的摄影作品,乔装混进工厂里去偷拍照片。托马斯乘人不备,迅速跳上一辆停在路边的劳斯莱斯轿车,驾车回到工作室。他把拍好的胶卷交给助手洗印,自己径直走进摄影棚,有个艳丽的女模特正在等他。托马斯指点她摆出各种性感姿势,频频按动照相机快门,一边拍一边吻她,挑逗她的情欲。拍完最后一张底片,两人都已精疲力竭。接下去另一场拍摄却不顺利,面对几个肢体僵硬表情呆板的模特,托马斯大发脾气拂袖离去。

　　托马斯来到一家古董店想买一支船桨,受到老板奚落,他尴尬地走出店门,拿起相机转身对准古董店的招牌猛拍一气。托马斯信步来到附近一个公园,园内游客稀少,只有铁网圈起的网球场里有几个年轻人打着网球。他举起相机漫无目的地搜寻目标,突然发现远处有一对男女手拉手走来。托马斯如同猎人发现了猎物,悄悄跟踪过去。这对男女举止亲昵,全然不知其幽会已遭曝光。随后,托马斯的偷拍行为终究被发现了,那个女人恼怒地跑过来拦住他,又带着几分恐惧央求他交出相机里的胶卷。托马斯不无傲慢地宣称自己是摄影师,有很多女人甘愿出钱请他拍照片。不料,这女人上前来抢他的相机,而那个神秘的男人却不知去向了。女人见状撇下托马斯,匆匆跑出公园。托马斯意犹未尽,举起相机又对着那女人的背影连连摁动快门……

托马斯到一家餐馆与经纪人会面，把自己混进工厂和贫民区拍摄的照片拿给他看。经纪人一边看，一边赞不绝口。托马斯将公园里发生的蹊跷事讲给他听，并告诉他想把刚才偷拍那对男女的照片也收入影集出版。

托马斯驾车回家，意外发现在公园里遇见的那个女人正堵在自家门口。她气喘吁吁地表明来意，坚决要讨回被偷拍的照片。在工作室里，托马斯并不理会那女人的要求，反而邀她当一回摄影模特。女人既不答应也不拒绝，俩人漫无边际地闲聊起来。托马斯开始播放一首乐曲，并给女人递上香烟，在音乐和尼古丁的作用下，女人神情渐趋放松。不一会儿，她趁托马斯出去倒茶水，眼明手快地从桌上抓起那架照相机慌忙下楼，却没料到托马斯早已在楼下守候。女人无可奈何，绝望地脱下衣裙，企图用身体来交换胶卷。托马斯向女人让步了，随即从桌上拿了一个胶卷交给她。女人拿到胶卷后主动亲吻托马斯，随即俩人搂抱着走进卧室。此时门铃突然响了，原来古董店派人送货上门，正是托马斯先前看中的那把船桨。

女人执意告辞，托马斯只好让她留下电话号码，希望能再次会面。女人离开后，托马斯进暗房冲洗上午在公园拍摄的底片，并选出几张来放大。因偷拍距离过远，画面上人物成像甚小，无法看清脸上的表情。于是，托马斯又选出俩人相拥的一张，对人物脸部作局部放大。在放大了的画面上，他发现女人的脸部扭向一侧，神情似乎很紧张。依着女人的视线，托马斯划定树丛中某个区域，再次到暗房里进行局部放大，却没有任何新的发现。好奇心促使他拨打女人留下的电话号码，想问她当时究竟看到了什么？不料这个电话号码是个空号。托马斯不免失望，又站到照片前细细打量。突然这一次有了新的发现，他兴奋地奔进暗房，又一次进行放大处理。果不其然，在这张超级放大的照片上，树丛深处似隐蔽着一个握手枪的人！托马斯迅速拨通经纪人的电话，打算告诉对方这一重大发现。恰在此时，一阵敲门声打断了他的通话,原来是两个少女慕名前来求职当摄影模特。她俩肆无忌惮地脱掉衣服试穿模特用的半裸服装,片刻功夫就和托马斯纠缠在一起,三个人嬉闹不已。

　　好容易打发走那两个女孩,托马斯再次返回暗房放大另一张照片。他凝视着第二张照片,左看右看,又发现树丛中影影绰绰显出一个卧倒的人形!难道是一具尸体吗?托马斯为揭破真相,驾车来到公园一探究竟。此时天色已暗,他独自行走在公园草地上,慢慢靠近那一片树丛。暮色之中,一具男尸赫然出现在眼前,死者正是白天跟女人幽会的那个神秘男人!

　　离奇的事接踵而来。托马斯从公园回到家里,看到暗房中一片狼藉,两张放大的照片不翼而飞,显然有不速之客光临!他马上去找经纪人求助,出门后却发现了那个女人的踪影,当他下车追上去的时候,女人一下子又消失了。托马斯一路追寻,途经一处,里面正在开室内摇滚音乐会。那里聚集有数百名听众,台上扩音器里传出强劲的声波,一个吉他手突然情绪失控,用手里的吉他怒砸扩音器,将砸断的半把吉他掷向观众。台下人群躁动起来,开始疯狂争抢那把毁坏的吉他。托马斯不由自主加入其中,拼尽全力将琴头抢到手,飞跑着逃离此地。

　　一群知识分子正在别墅里聚会。有几个男女躲在密室里吸食大麻,经纪人身在其中,托马斯找上门来。但经纪人神思恍惚,根本听不懂托马斯说些什么。

　　隔天清晨,托马斯拿着相机再次来到男尸横陈的公园,却发现那具尸体不见了。这时,那群面敷白粉的嬉皮士乘坐吉普欢呼着冲进公园,在网球场边停下。两个嬉皮士跑进球场,表演哑剧似的拉开架势"打网球",其他嬉皮士站在场外观看这场"虚无的"网球赛。一会儿,那只"看不见"的网球飞出场外,落在托马斯身后不远处,打球者示意他帮助捡球。托马斯迟疑片刻,转身跑过去捡起那只"想象中的球",好像真的一样用力扔了回去……

【影片赏析】

《放大》是意大利著名导演米开朗基罗·安东尼奥尼（1912—2007）在票房上最为成功的影片，这不仅因为全片采用英语对白以及耸人听闻的宣传手段（该片海报宣传语为"杀人无罪，爱情无意义"），也和导演将目光投向当代社会生活有关，他对英国流行文化的繁荣非常着迷。人们在《放大》中看到了20世纪60年代典型的社会现象，如性解放潮流、享乐主义、人情淡漠、嬉皮士文化等等。本片荣获第20届戛纳电影节金棕榈大奖，安东尼奥尼在片中表达出对艺术的哲学关注，围绕"艺术与现实"这个命题展开，以一种具有新现实主义风格的结构和日常化叙事方式，通过影像"放大"来探讨"存在与虚无"的辩证关系。影片主人公在不断"放大"自己拍摄的照片之后，黑白影像似乎变得比现实更加真实。

《放大》一问世就被欧洲影评家评论为"电影史上刺激、创新的极致典范"。的确，影片开场便印证了这样的评价，乘车冲入画面的嬉皮士是60年代欧洲摇滚族的象征，他们在空荡而死气沉沉的伦敦城区放声呼喊，暗示了新兴文化犹如洪水猛兽对传统文化的冲击。影片末尾，这群年轻嬉皮士又再次出现，形成了首尾呼应。在叙事方面，导演在情节主线之外穿插许多"闲笔"，比如两个闯入摄影师工作室的少女、托马斯去一家古董店买一支船桨、听众在喧闹的摇滚音乐会上抢夺砸坏的吉他等等，尽管这些场景与情节主线缺乏关联，但在一定程度上营造了社会生活的质感，这种叙事手法正是当年意大利新现实主义电影惯用的。

本片主人公托马斯是位摄影师，被导演塑造为一个具有大男子主义做派的追名逐利的人。他肆无忌惮地"占有"被拍摄对象，尤其面对女模特时表现出强烈的控制欲。

比如托马斯在工作室里拍摄女模特的两场戏：第一场是他为一个女模特单独拍摄，整个拍摄过程他极为投入，竭尽所能挑逗女模特的情欲，但拍摄一结束，他马上起身离开，那个仍旧沉浸在亢奋中的女模特随即变成一个被抛弃者。在第二场戏里，托马斯面对一群姿体僵硬、表情呆板的女模特，非常厌恶，对模特们咆哮一顿，然后下令所有模特闭上眼睛，自己却偷偷溜出摄影棚。在安东尼奥尼著名的代表作"人类感情三部曲"《奇遇》、《夜》、《蚀》中，他一直对"男权中心"这一社会现象加以批判，这种批判意识在《放大》中得到延续。

《放大》在影像表意上有许多值得品味之处。比如托马斯在公园里发现那对幽会的男女，暗中尾随偷偷拍照，导演在这里使用全景镜头来表现，形成的视觉感受并非托马斯的主观视角，而呈现第三者视角，也可理解为导演的视角。在这几场戏里，导演有意显露自身存在，并实际参与到情节当中，让正在偷拍的托马斯同时成为被导演偷拍的对象。安东尼奥尼似乎在暗示我们，真正掌控这一切的并非影片里的摄影师而是导演本人，同时也给影片赋予一种类似侦探悬疑片的扑朔迷离的情调，以此来吸引观众的注意力。在陌生女人上门索要底片这场戏里，导演运用单一色块和倾斜线条等造型手段以增强视觉张力，安东尼奥尼曾表示："演员只是布景的一部分，他们是风景的一部分，他们被用来组成影像。"当女人和托马斯发生争执的时候，古董店派人送货来了，女人建议托马斯把那支船桨搁在墙边，认为"斜线条可以阻挡直线"，她这句台词其实道出了导演对形式构成的设想。当女人绝望地脱下衣服想靠肉体来换回底片时，导演利用屋里摆饰的羽毛遮挡她的胸部，这样的处理方式显然体现了欧洲当时的社会风气。接下去，女人得到托马斯给她的假底片，两人立刻准备上床做爱，这个场面却引发当时社会舆论的争议。此后，影片又表现托马斯和两个慕名而来的少女轻薄嬉闹，以及经纪人等聚众吸食大麻等场面,也都成为舆论的焦点,招来了"电影史上刺激、创新的极致"那样的评价。本片是安东尼奥尼继《红色沙漠》之后拍摄的第二部彩色电影,在影片里能看到不少独特的色彩运用,例如托马斯开车去古董店,一路上出现成排的红色建筑物,有评论家认为那些红色墙面有可能是导演安排涂上油漆的,足见安东尼奥尼对形式美感的刻意追求。

众所周知,照片摄影在一定程度上具有"断章取义"的特性,这也成为《放大》故事情节的核心依据,构成主人公托马斯难以破解的一大疑问。在暗房里,托马斯对照片不断放大,影像本身的颗粒愈来愈粗糙,他企图找寻的隐藏在照片里的真相也愈来愈模糊了。面对那两张经持续放大的照片,托马斯竟然被自己亲手"炮制"出来的影像彻底迷惑了,只能挣扎在"存在与虚无"之间。托马斯认定自己拍摄的照片记录了一起谋杀罪证,他甚至在夜晚独自一人返回公园确认尸体的存在。有意思的是,如果我们探究摄影师思想变化的深层原因,就会发现是贪婪的本性引导他独立侦查所谓的"照片谋杀事件"。片中有个耐人寻味的细节,即托马斯始终没有向警方报警,而是在第一时间打电话给帮他出版个人摄影作品集的经纪人,自以为"奇货可居"。

安东尼奥尼前期的作品以淡化情节著称,这部《放大》是个转折点。然而,尽管《放大》的情节走向颇似侦探片,起承转合相对完整,但仍然明显区别于一般类型片,是需要细细解读的。影片后半段,托马斯一路追寻那个失踪的女人,途经一处摇滚音乐会现场,此时出现一个重要场景:摇滚乐队的吉他手情绪失控,怒砸手中的吉他,并将吉他琴头扔向观众席!台下顿时大乱,观众们拼命争抢起来。琴头做为吉他残片的意义无形中被扩大化了,这是与现场环境紧密关联的。来得早不如来得巧,托马斯"幸运"地夺到了那把琴头,并且甩掉众人冲出门去。不过,当他一人独处之时,这把琴头反而失却了任何意义,托马斯随手将它扔在垃圾堆里。透过这个场景,导演实际上暗示我们:一切附加于事实的所谓"意义",均离不开特定的社会语境。比如这把吉他,在演唱环境中具备重要价值,它是那个环境的一部分,因此观众们拼命抢夺这件"神圣"物品。而当这件物品脱离了规定环境,也就成了垃圾堆里的"废品",其价值意义瞬间就遭到解构。

全片结尾,两个嬉皮士在公园网球场打球,但手中既没有球拍也没有网球,看上去就像表演哑剧一样。其他嬉皮士都作为观众在场外围观,神态非常逼真。这让人联想到,在现实生活中单个人永远无法赋予真相以意义,只有当群体认可时,"真相"才真正成为真相。托马斯总算领悟了这一点,他摆脱个人真实的感受,服从嬉皮士们代表的群体,从草地上"捡起"那个并不存在的网球投进场去!在这一瞬间,存在与虚无的界限宣告消失了。更有意思的是,与安东尼奥尼长期合作的编剧古尔拉告诫观众:"所有安东尼奥尼的影片结尾都令我们陷入重重迷雾之中,我们只好自己去寻找答案。我可以肯定的是,我们从未理解其中完整的意义,甚至连他自己也不曾明白那些故事的全部内涵。"

(于文灏)

中外影视精品赏析 | 类型佳构

一夜风流

美国哥伦比亚影片公司　1934年出品
导演:弗兰克·卡普拉
编剧:罗伯特·里斯金
主演:克拉克·盖博(饰彼德)
　　　克劳黛·考尔白(饰艾莉)

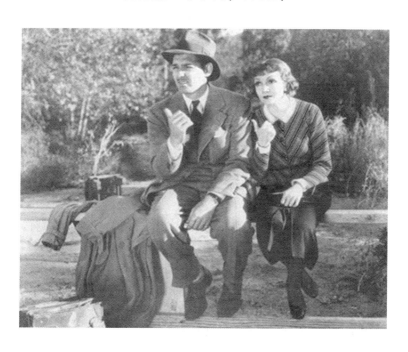

【影片内容】

　　华尔街大亨安德鲁的女儿艾莉倔强任性,涉世未深,爱上飞行员卫斯特并与他私订终身。安德鲁不同意这门婚事,一气之下将女儿软禁在迈阿密海滨一艘豪华游艇里。艾莉以绝食抗争,又趁父亲不备跳海而逃。她准备搭乘公共汽车到纽约去找新郎。安德鲁雇佣大批侦探追寻艾莉,报纸上争相报道艾莉出走的新闻。

　　在迈阿密开往纽约的夜间公共汽车上,艾莉紧挨着刚遭报社解雇的年轻记者彼德。车厢里人多拥挤,两人只能凑合着挤坐在一起。中途下车休息时,艾莉的皮箱不幸被窃,变得身无分文。第二天早晨,彼德读报时认出身边这位小姐正是出逃的富家女。艾莉向彼德承诺,如果他不去告发,日后将有重金酬谢。彼德对她并无好感,但为了写出独家报道重新获得工作机会,还是答应了艾莉的请求。

　　这天夜里,滂沱大雨冲坏了公路桥,乘客们只能投宿附近的旅店。彼德和艾莉因手头拮据,行李又丢失,便以夫妻名义合租了一间房。为避免尴尬,彼德在房间里两张单人床之间拉上绳子,挂上毛毯,两人各睡一边。他告诉艾莉,这便是圣经故事中的"耶利哥城墙",约书亚要用喇叭才能吹倒它,而自己没有这个喇叭,因此她会很安全。艾莉犹豫再三,挨到熄灯后换上一身睡衣裹得严严实实,忐忑不安地睡去。艾莉一觉醒来,天色已经大亮,彼德早早起床为她熨好衣服,早餐也准备好了。就在艾莉尽情享受着彼德为她做的一切时,突然有两个受雇于安德鲁的私家侦探闯进来窥探,艾莉与彼德佯装夫妻吵架,机灵地蒙混过去。

　　在萍水相逢的旅程中,彼德逐渐发现艾莉的可爱之处,艾莉不断得到彼德的帮助,也放下了阔小姐的架子。寻女心切的安德鲁又在报纸上刊登了艾莉的照片并悬赏1万美金,有个同车的推销员据此认出了艾莉,停车休息时,他私下要求和彼德平分那笔悬赏奖金。为避免更大的麻烦,彼德设计吓退了那个贪婪的推销员,他和艾莉商量决定不再乘坐这辆大巴,打算搭便车继续前行。当晚,两人在牧场的草堆旁露宿,彼德就地取材用干草为艾莉铺了一张柔软的"床"。通过短短两天交往,他俩之间不知不觉产生了微妙的感情。

第二天上路时,艾莉不慎扭伤了脚行走不便。好不容易搭上顺风车,不料那司机乘人之危,窃走了他们仅剩的行李。彼德奋勇追赶,不但追回了皮箱,连老爷车也成了战利品。两人驾车继续上路,但此时已囊空如洗,彼德只得卖掉自己的大衣、帽子和皮箱以换取汽油。经过一路奔波,眼看就要抵达纽约,但艾莉对彼德恋恋不舍,执意要在旅店过夜。彼德在两张床之间,再次拉起一道"耶利哥城墙"。离别在即,两人各怀心事欲说还休。艾莉陶醉在对爱情的向往中,她走到彼德床头诉说对他的爱慕之情。面对艾莉的直率表白,彼德反而犹豫不决,当他终于下定决心时,艾莉却已泪痕满面地进入了梦乡。

在彼德看来,身无分文的男人是不能够求婚的。他连夜开车赶到纽约,将自己与艾莉的恋爱故事当作头条新闻卖给报社,获得了 1000 美元稿酬。清晨,旅店老板娘发现彼德开车失踪了,立刻将熟睡中的艾莉唤醒赶出门去。艾莉误以为彼德抛弃了自己,无奈之下打电话给父亲求援。当彼德开着那辆破车从纽约兴冲冲往回赶时,恰好与安德鲁派来接女儿的豪华车队交叉而过,彼德顿时感到自己被艾莉耍了。

艾莉回家后一直闷闷不乐,安德鲁再三追问,艾莉才把自己对彼德的情感和盘托出。此时安德鲁突然想起有个青年记者要求见他,起先以为彼德是来讨赏金的,哪知他只要求安德鲁支付几天来照顾艾莉用掉的几十元零用钱,而拒绝了 1 万元奖金。安德鲁甚为感动,对这个诚实正派的年轻人大加赞赏。他向艾莉谈了自己的看法,消除女儿对彼德的误会,并鼓励她嫁给彼德。

在结婚典礼上,当牧师问新娘是否愿意与新郎白头偕老的当口,艾莉忽然冲出人群,坐上等候在外的彼德那辆车,二人双双逃离婚礼现场……

艾莉与彼德再次光临那家小旅馆,特意向店主借来绳子、毯子和喇叭。

彼德致电艾莉的父亲:"耶利哥城墙要倒塌了。"

安德鲁立刻回电:"那就让它倒塌吧!"

随着一声喇叭吹响,用毯子搭成的"耶利哥城墙"顷刻间倒塌在两个相爱的人跟前。

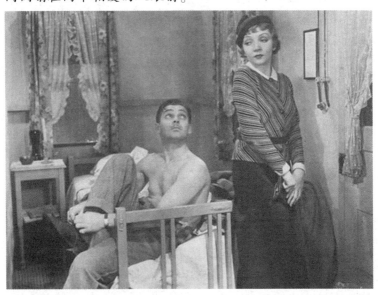

【影片赏析】

《一夜风流》改编自塞缪尔·霍普金斯·亚当斯的短篇小说《夜间公共汽车》,是上世纪30年代美国喜剧电影代表作之一,1935年一举获得第7届奥斯卡金像奖最佳编剧、最佳导演、最佳男演员、最佳女演员、最佳制片5个奖项,这也是奥斯卡历史上第一部囊括5项大奖的影片,此项记录整整保持了40年。

本片属好莱坞类型片中的浪漫爱情喜剧,情节曲折引人入胜,人物性格生动,对话幽默俏皮,观赏性很强。影片拍摄之时正处于美国30年代经济大萧条时期,这个表现穷小子与富家女婚恋的罗曼蒂克故事,将观众的注意力从烦恼的社会现实转移到一个安乐世界,因而上座率极高。哥伦比亚公司凭借这部小制作在经济上打了个翻身仗,从二流制片公司跃居为一流公司。《一夜风流》的导演弗兰克·卡普拉是意大利人,他与福特、朗格、惠勒一起被誉为好莱坞"四大导演"。卡普拉在影片里着重表现美国乡村和外省生活,主要情节发生在公共汽车开往纽约的路上,男女主人公萍水相逢,在交往过程中成了一对欢喜冤家。故事悬念是百万富翁悬赏追踪离家出走的女儿,不时造成紧张气氛,这种情节模式后来为许多影片所仿效。在片中饰演女主角的克劳黛·考尔白演技出色,捧得奥斯卡金像奖最佳女演员桂冠。男主角由克拉克·盖博饰演,他以往擅演英俊潇洒的美男子,这次一改戏路,将一个粗鲁中带点细腻的失业记者刻画得形神兼备,获得了奥斯卡最佳男演员称号,这也是该奖项首次授予一位喜剧片演员。影片上映后盖博成为影迷崇拜的偶像,男人们争相摹仿其打扮,宽松外套、V字领衬衫等风靡一时。

《一夜风流》是部黑白老电影,今天我们重温时依旧兴趣盎然,不自觉地被其深深感染。影片的魅力大体表现在以下几个方面:

首先,影片题材符合观众普遍的心理需求。《一夜风流》的故事是典型的"灰姑娘和白马王子"传奇,只不过本片实现了性别换位,即"灰姑娘"换成一位失业记者,而"白马王子"是一位富家千金。从观赏效果来看,这种性别变通并不牵强,不仅没有破坏观众原有的审美期待,在某种程度上反而为故事增添了浪漫色彩。无独有偶,50年代初由奥黛丽·赫本和格利高里·派克主演的《罗马假日》,也采用了相似的性别换位情节。这两部轻喜剧风格的影片在基本构思上有着惊人的巧合,都是出身上流社会的女子乔装出逃,半途偶遇英俊的青年记者,由此面临爱情与身份的两难选择,唯一的差别在于结局,《一夜风流》收于大团圆,《罗马假日》则止于哀怨。其实,《一夜风流》所表现的爱情观念已经超越当年那个时代,具有鲜明现代特点,即超越门户、阶层差别的自由恋爱,由此成为一部具有经典意味的爱情片。

　　值得一提的是,美国人对《一夜风流》的喜爱与追捧,与其心理上浓重的浪漫情结密切相关。浪漫爱情可能是美国大众文化中最有影响力的元素,这种爱情神话几乎是在潜移默化中伴随着美国人的成长。据美国学者调查,美国大学生尤其是女大学生往往将浪漫爱情的体验视为自己身份与价值的证明。对于绝大多数美国人而言,追求"真爱"乃是最重要的生活目标之一。据美国著名舆论专家路易斯·哈里斯的调查,有90%的美国人相信,维持美满婚姻的首要条件是爱情;有75%的人将爱情中的"浪漫"看得高于一切。正因为如此,以爱情为主题的好莱坞电影尽管一再套用"灰姑娘"模式,依旧能被美国人看好,何况《一夜风流》在美国经济大萧条时期面世,为美国观众提供了逃避现实、宣泄情感的精神调料。

　　其次,《一夜风流》情节编排与视觉表现的唯美追求具有很强的艺术感染力。美国学者艾布拉姆斯曾对喜剧效果进行阐述:"一部喜剧作品往往通过选材与巧妙的编排来达到令人赏心悦目的艺术效果。剧中人物和他们的挫折困境引起的不是忧虑而是含笑会意,观众确信不会有大难来临,剧情往往是以主人公如愿以偿为结局。"剖析《一夜风流》的故事结构,不难发现编导将爱情的浪漫性与喜剧浓郁的幽默感巧妙融合在一起,引发受众心理层面的愉悦。编导从旅途日常生活中充分发掘笑料，揭示美国人的乐观性格和当时的风俗习惯。男女主人公在旅馆里发生争吵的那场戏妙趣横生，被公认为电影史上经典的喜剧桥段。

《一夜风流》的情节走向分为前后两部分。前半部分叙述一个朴实感人、接近现实的爱情故事，男女主人公从陌路人发展到彼此产生情感并逐渐升温。克拉克·盖博与克劳黛·考尔白的对手戏精彩纷呈。盖博将一个表面上粗鲁自负、不拘小节，实质上勇敢机智、幽默正直、富于同情心的男子汉饰演得惟妙惟肖。在影片中，彼德的性格是通过一系列细节来展现的。例如，彼德与报社老板通电话，其言辞反映了他的桀骜不驯的性格；彼德为艾莉熨衣服、教她吃面包圈、煎鸡蛋，以及在牧场扯干草为艾莉铺床等诸多生活化情节，则表现出彼德对女性呵护体贴、粗中有细、生活经验丰富的一面；彼德在途中随机应变，唬退用心不良的推销员，展现出他具有的责任心和侠义气度；他在旅馆里对"理想爱人"的描述又揭示了他的浪漫情怀。面对如此完美的男性，艾莉情不自禁袒露心声："我感到自己越来越离不开他了。"这也是影片上映后，克拉克·盖博成为女性观众崇拜的"大众情人"的一大缘故。克劳黛·考尔白也演活了一个不知民间疾苦、天真活泼、率性而为的富家女，她将艾莉的情感变化演绎得细致入微。诸如露宿干草堆、车厢里大合唱、热情帮助遭遇困难的母子、第一次生嚼胡萝卜等情节，都充满浓厚的生活情趣，使这个原本老套的爱情故事具有独特的清新风格，更加贴近普通人的生活，更容易引发观众的共鸣。

故事后半段从彼德返回纽约开始，这个部分几乎就是一帖标准的好莱坞叙事配方，让人产生似曾相识的感觉，包括那个皆大欢喜的圆满结局。但尽管如此，一代代观众依然乐此不疲地一遍遍欣赏，这不能不说是好莱坞类型片的魅力之所在。好莱坞梦工厂的电影制造者仿佛是高明的心理专家，他们巧妙运用喜剧和浪漫特有的文化编码，为观众建构一个色彩斑斓、放飞梦想的梦幻世界。在这套文化编码中，创造形式美感是第一位的，其价值取向与观众潜意识中对美的欲望与知识经验相融合，以此触发观众产生心理共鸣，帮助人们暂时忘却现实中的烦恼，甚至将某些消极因素转化为积极因素。再则，几乎所有的好莱坞类型片追求形式的简单和叙事的流畅，尤其浪漫爱情片的故事脉络大都遵循一个俗套：主人公从身陷失落和颓废的境遇开始，历经不懈的自我奋斗，最后以事业成功、有情人终成眷属的大团圆告终。恰恰是这种浅显的世俗化叙事，使观众在电影院这个特殊的"黑箱"里，借助银幕移情效应来满足内心的欲望。

（彭玲）

正 午

美国影片　1952年摄制
导演：弗莱德·齐纳曼
编剧：卡尔·福尔曼
主演：贾利·古柏(饰多恩)
　　　格蕾丝·凯利(饰艾米)
　　　凯蒂·裘拉杜(饰海伦)

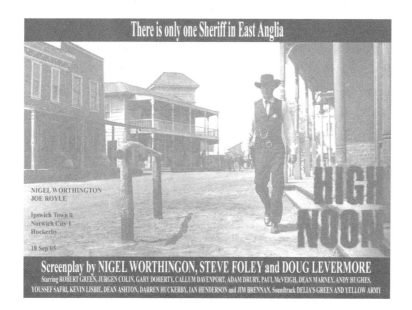

【影片内容】

烈日当空，美国西部海德莱小镇犹如闷炉一般。这是1870年盛夏一个平静的礼拜天，上午10时许，本镇法官梅特里克正在主持婚礼，新郎多恩同新娘艾米深情接吻。多恩是本地颇有声望的警长，明天将离任赴远方经商，因艾米信奉教友派，已说服丈夫不再从事以暴抗暴的职业。镇上的头面人物纷纷向这对新人送出祝福，婚礼上洋溢着喜庆气氛，唯独多恩的副手哈维警官没有出席。

突然，火车站站长跌跌撞撞闯进门，带来一个凶讯：五年前被多恩亲手逮捕的匪首盖伊在死囚牢里疏通关节，逃了出来，此刻正搭乘正午12点钟那趟火车赶来向多恩报一箭之仇。盖伊的弟弟米尔特与另外两个爪牙已在镇上公开露面，摆出里应外合的架势！众人闻言大惊失色，一看墙上挂钟已经指向10点40分，便劝多恩火速离开，好汉不吃眼前亏。

四轮马车载着新婚伉俪在荒原上狂奔。多恩在半途上猛的勒住缰绳，掉头返回镇上。他是个刚正不阿的硬汉，临阵怯敌在江湖上岂不遭人耻笑？艾米对多恩的举动十分不满，她赌气离开多恩，准备只身搭火车回故乡。

在这个仅有四百口人的小镇上，消息传得飞快。市民中有人幸灾乐祸地等着看"好戏"，还有人预言至少要备足三具棺材来收尸。哈维警官此时正与情妇海伦厮混，他对多恩的处境袖手旁观，遭到海伦奚落。海伦虽是风尘中人，但素来仰慕多恩的人品，她瞥见时钟已近11时，不禁替多恩捏了把汗。

多恩以为自己得道多助，市民们定会伸出援手帮助他抗击盖伊匪帮。多恩首先去找梅特里克商量对策，却意外地发现他忙着打点行李。这位法官当年判处盖伊绞刑，唯恐招来杀身之祸,便想一走了之。临行前,他引经据典忠告多恩:"公元前五世纪,雅典公民饱受暴君蹂躏,罢黜了他。几年过后,当暴君复辟时,打开城门欢迎他的也是那帮公民。"多恩对法官这番言行深感震惊。

米尔特一伙在火车站迎候盖伊。独自候车的艾米看到他们虎视眈眈的模样,既厌恶又恐惧,只得返回镇上,避在一家旅馆里。

多恩继续奔走,准备集结一支自卫队伍。他遇见哈维,谁知哈维心胸狭窄,对多恩未举荐自己继任警长耿耿于怀,他大言不惭地向多恩摊牌:只要多恩设法让他晋升警长,就答应出力。多恩断然拒绝了。哈维悻悻然地说:"你一年前被海伦撵走了,你不能容忍我在海伦那儿取代了你是吗?"多恩此刻方明白哈维妒嫉心的由来,两个警官之间出现了难以弥补的裂痕。

一位名叫贝克的市民勇敢请战。他向多恩表白:"幸亏你把全镇搞得太太平平,大伙才安居乐业。盖伊匪帮休想再把镇子搞乱!"贝克关切地询问多恩召集到多少人,多恩苦笑:"目前仅有你一个。"贝克一看时间已经11点07分,急忙提醒多恩再多找几个帮手。多恩从贝克身上感受到宽慰,信心陡增。多恩预计新任警长托比即将抵达,便在办公桌上压了张留言条。他从容地走在街上,却发现不少市民一副隔岸观火的模样。街口有两个顽童玩游戏,其中一个摹仿开枪姿势,嘴里嚷着:"叭!叭!打死你,多恩!"虽说童言无忌,多恩心里却不是滋味。

在旅馆候车的艾米见多恩进门,以为丈夫回心转意。多恩却问妻子:"你同意留下啦?"艾米冷冷地回答:"我已经买了中午的火车票。"多恩非常失望,甩开她直奔柜台询问海伦住的房间。海伦原是盖伊的情妇,盖伊被捕后,她一度同多恩有来往,但她发现多恩钟情艾米,便与哈维私通以示报复。海伦得知盖伊来寻多恩决斗,哈维又见死不救,意识到自己将陷入窘境,便打算马上离开这个是非之地。海伦没料到多恩在此时登门拜访,不禁反唇相讥:"你想请我去求盖伊放过你吗?我可不干!"多恩好意回答:"我只是来告诉你盖伊回来了,你应当马上离开,我本人早已把生死置之度外。"海伦发觉自己小看了这个铮铮铁汉,心中涌出满腔柔情。她想同多恩吻别,但自卑心理使她抑止了这一冲动。多恩大步流星离开了旅馆。艾米极力掩饰自己的不安,向旅馆老板打听海伦是何许人。老板添油加醋地告诉她:"海伦是你丈夫的旧相好,之前她是盖伊的心上人。你丈夫大难临头啦。"

多恩回到警所,见那张留言条仍在桌上,看来托比警长尚未到任。他抬眼看了看钟,11点16分,剩下的时间不多了!多恩急忙向男人们聚集的酒店赶去。在酒店门口,他同米尔特狭路相逢。米尔特一声不吭,提了瓶威士忌酒故作轻松地吹着口哨扬长而去。多恩推开酒店大门,里面传出一阵哄笑声浪,酒店老板嚷着:"我敢打赌,盖伊下火车不出五分钟,多恩就得送命!"话音未落,他尝到多恩一记铁拳!多恩当众招募帮手,全场鸦雀无声,只有时钟的嘀嗒声清晰可闻,11点19分了。酒店老板冷笑道:"你想来这儿拉队伍,走错门了。"

多恩愤然离开酒店,去找他素来敬重的退休警官马丁。但马丁早已看破红尘,他奉劝多恩及早脱身,因为官匪勾结,当警察的白白搭上一条性命太不值得。多恩又去找富勒求援,不料这个胆小如鼠的市政官闭门谢客。多恩心中一股无名火冒了上来,他十分焦躁地望望头顶火辣辣的太阳,眼看已日近正午。

火车站站台,米尔特一伙酗酒作乐。两条铁轨伸向暑气灼人的远方,匪首盖伊马上要抵达了,血腥气依稀可闻。

哈维无所事事,折回海伦那里。他发现海伦正在收拾行李,误以为她要随多恩出走,不禁妒火中烧。海伦轻蔑地斥责他:"多恩是个男子汉,你比他差远了!你们都不敢出来帮多恩，他一死，这个镇也就完蛋了。我还想在世界上挣口饭吃，这就是我离开此地的原因。"哈维怔怔地伸手去揪她，海伦狠狠抽了他一记耳光。

多恩匆匆赶到教堂求助，他还心存一丝希望。教徒们七嘴八舌，找出各种不想介入的理由。妇女们也卷入论争，老妇们建议发动青壮年为多恩助阵，小姐们则认为小伙子送命太可惜。最后轮到镇上颇有声望的亨德森发言了，他在肯定"多恩是我们见过的最出色的警长"之后话锋一转："我认为目前唯一的出路是请多恩快点离开，盖伊回来后发现多恩已走，今天就不会发生流血事件。这对我们大家都很合适。"多恩心灰意冷，转身离开了教堂。

11点44分——多恩形单影只，走在一片死寂的街上。在马厩里，多恩与哈维再度相遇。哈维按捺不住嫉妒心，大打出手，结果他不敌多恩被击昏过去。

11点50分——艾米打定主意去见海伦。出于对多恩共同的爱，两个女人坦诚相见。海伦直言不讳："如果多恩是我丈夫，我决不离开这儿。我会拿起枪和他并肩战斗。"艾米则竭力辩解："如果我这么干，那就背叛了我信仰的教友派，等于承认人类互相残杀是对的。"

11点55分——多恩走进警所，发现全副武装的贝克准时待命，大受感动。不料，当贝克得知多恩再也找不到第二个帮手时，立刻产生动摇。多恩洞察其心理，示意他不必勉强。贝克走后，多恩意识到自己已经彻底孤立，脸上浮现出惨淡悲壮的笑容。一刹那，他想到了自杀，但很快恢复自制力，伏案写下一份遗嘱。

骤然传来火车汽笛的啸叫！一声紧似一声，正午那班火车正点抵达了。

恐怖气氛笼罩全镇。家家户户门窗紧闭，街上空无一人。

多恩视死如归，将子弹推上膛，孤胆迎敌。

脸色阴沉的盖伊步下火车。米尔特一伙耀武扬威地簇拥着他进镇,开始搜寻多恩。艾米与海伦上了火车,在车厢里紧张地谛听着镇上的动静。

枪响了!海伦身子发软,艾米下意识冲下火车,疯狂地朝枪响处奔去。只见马路中央横着一具尸体,艾米以为多恩已死。近前一看,被击毙的是米尔特。

枪战激烈进行。多恩寡不敌众,被盖伊一伙逼进了堆满草料的马厩。盖伊发起火攻,多恩陷入烈焰包围。他沉着应战,打冷枪又击倒一个匪徒。

艾米冲进警所,读到多恩的遗嘱,禁不住淌下热泪。她坚定地拿起枪,瞄准窗外一个匪徒射击。初次上阵的艾米不慎落入匪帮魔掌,盖伊丧心病狂,用艾米作人质逼迫多恩就范。多恩略施小计,在艾米配合下,终于打死罪行累累的盖伊!

多恩与艾米紧紧拥抱在一起。

围观的市民愈来愈多,每个人脸上都有点不自在。心力交瘁的多恩当众摘下警徽,随手朝地上一扔!他与艾米头也不回地驾着那辆四轮马车驰离了这个小镇。

【影片赏析】

在自然界 24 小时的昼夜交替中,"正午"处于转折点;在美国西部片近一个世纪的发展历程上,《正午》也恰巧是一部具有转折意义的作品,给渐趋老化的西部片带来了推陈出新的前景。西部片堪称美国的"国粹",自 1902 年鲍特拍了第一部西部片《火车大劫案》之后,西部片源源不断问世,魅力经久不衰,在世界影坛上独树一帜。作为类型电影,西部片很快形成自己的套路。以角色分类而言,一般包括主人公、社会民众、恶势力三组人物,彼此形成戏剧冲突。美国电影学者赖特详尽考察了西部片叙事模式,概括出西部片最常见的标准模式:主人公身手不凡,单枪匹马来到西部某个祸事多端的小镇,他仗义行侠,为民除害,最后赢得当地民众的尊重和一位纯洁姑娘的爱情。赖特指出,好莱坞在 1930 年至 1955 年期间拍摄的西部片,几乎全都是这一标准模式的翻版,尤以与《正午》同时问世的《原野奇侠》一片最为典型。

《正午》却属例外。赖特将它视为一种"变奏"模式,因为上述三组人物关系发生了 180 度逆转。在本片开头,主人公多恩警长治安有功,早已被社会民众接纳,结尾时他却痛苦地意识到自己与社会民众格格不入;主人公的贯穿动作与最高任务不仅仅是与恶势力对抗,而且是"腹背受敌",被迫向社会民众作道德意义上的抗争;主人公所钟爱的女人,也不再谋求与社会和解,反而与主人公一起离经叛道。甚至可以这么说,多恩警长同盖伊匪帮之间只不过存在一种你死我活的肉体搏斗罢了,他与社会民众之间形成的难以调和的道德冲突才是本片戏核所在。因而,《正午》同一大批标准西部片旨趣迥异,观众司空见惯的"除暴安良"、"英雄救美人"等俗套确实被编导作了一番变奏处理。主人公多恩固然不失英雄本色,但这位末路英雄身上并未笼罩什么神奇灵光,反而具备浓重的悲剧色彩。《正午》曾被美国评论界称为"首开心理西部片之先河",说明它已偏离西部片驾轻就熟的老路,开始从动作片向心理片靠拢。

法国电影理论家巴赞一向关注美国西部片,他在上个世纪 50 年代初接连写了《西部片的演变》等多篇评论,不仅公开宣称"与《原野奇侠》相比,我更喜爱《正午》",而且以学术敏感率先提出"超西部片"的见解,针对西部片的演变及时给予理论肯定。巴赞认为,西部片在二战前后已臻完美,这意味着它必须奋力创新以保存自己的活力;所谓"超西部片",就是指那种抛弃成规、力求增添一种新旨趣的西部片。巴赞指出:"这种新旨趣涉及各个方面,如审美的、社会的、伦理的、心理的、政治的、色情的……简言之,就是增入非西部片固有的、意在充实这种样式的一些特色。"我们结合《正午》的创作背景来分析,便可发现《正午》涉及的"新旨趣"其实更多体现在政治层面。这样与其说《正午》是一部"心理西部片",不如说它是一部"政治西部片"更为确切。也正是在这个前提下,有助于我们解读潜藏在《正午》表层故事底下的政治主题。

《正午》根据约翰·肯宁汉小说《警察徽章》改编,是一部讽喻之作,虽说故事发生在19世纪末叶,影射的却是20世纪中期美国社会最黑暗的一页。1938年,美国国会众议院设立了"非美活动调查委员会";第二次世界大战结束后,该委员会基于冷战的国际大气候,于1947年掀起一场白色恐怖。好莱坞首当其冲,有10名电影工作者在所谓"好莱坞遭共产党渗透"的指控下被秘密传讯,最后被判刑,这便是"好莱坞10君子案"的由来。从1951年起,该委员会由声名狼藉的右翼参议员麦卡锡执掌,再次采取法西斯手段加紧迫害进步人士。数以百计的电影工作者被列入黑名单受审查,《正午》的编剧卡尔·福尔曼便遇到这一严峻的考验。在听证会上,福尔曼援引联邦宪法"第五修正案"拒不回答任何问题,表现出一位正直艺术家的良知与骨气。然而,同在好莱坞电影圈,既有像福尔曼这样横眉冷对的义士,将黑名单当作不出卖良心的美国人的"光荣榜",亦不乏卖友求荣的孬种。例如"好莱坞10君子"中便有一人日后变节;另一位颇有名气的导演伊利亚·卡赞在接受审查时,也留下了极不光彩的证词。

"愤怒出诗人",作为麦卡锡主义的受害者,福尔曼在创作《正午》时融入了切身感受:面对恶势力的挑衅,每个社会成员该怎么办?在福尔曼看来,恶势力其实不可怕,可怕的倒是社会成员所表现出来的劣根性,诸如自私、冷漠、妒忌、恃强凌弱、忘恩负义……这些蛰伏在人性深处的"恶"才是最令人齿冷的,将导致文明社会的倒退。这里有必要提及当年"非美活动调查委员会"一整套传讯程序。据当事人披露,这种听证会实际上就像一条碰到什么捞什么的

"拖网渔船",或者说陷入一种株连式逼供怪圈。每个受传讯的对象为证明自己清白,必须向该委员会招供其他涉嫌"亲共"的人。随后,该委员会根据口供逐一传讯另一批被指认的对象,黑名单变得越来越长。当时每个受讯者面前只有两条路:要么供出别人的名字,要么丢弃自己的前程。事实上,这种荒唐做法完全有可能遭到抵制,但重压之下人人自危,有相当一部分人明哲保身,违心地或自愿地做出苟且偷安的选择,例如某编剧竟然供认自己的社会关系中有162人是共产党人。在短短几年间,原先的"好莱坞10君子案"蔓延到300余人遭迫害,卓别林也未能幸免,被美国司法当局驱逐出境。福尔曼在创作中巧妙运用托古喻今的方式,大胆触及时弊,深刻揭示人性的弱点,呼唤社会良知的复苏。

福尔曼的创作意图直接体现为《正午》设置的矛盾冲突。本片对主人公与恶势力之间的冲突着墨并不多,截至多恩与盖伊最后决斗的高潮之前,基本上是虚写的;对主人公与社会民众之间的冲突,则以充足篇幅作了层层深入的描绘。影片开头,当盖伊匪帮卷土重来的消息传开后,多恩警长一度携妻出走,但很快返回镇上。他之所以敢于作出这一决定,不仅是个人性格使然,更主要的是他自信全镇居民会做坚强后盾,万万没料到自己落入"得道寡助"的境地。多恩周围的民众大致分为三种类型:第一类是无名无姓的背景人物,多恩不会怪罪这些老弱妇孺;第二类是幸灾乐祸唯恐天下不乱的卑琐小市民,他们出言不逊,毫不掩饰助纣为虐的行径,多恩对这类人嗤之以鼻;第三类是镇上的头面人物,他们原先都是多恩的好友或同事,在多恩心目中是值得信赖的,但恰恰是这批人在关键时刻纷纷"倒戈"或作壁上观,没有一个人敢于从道义上、行动上为多恩助一臂之力。值得指出的是,福尔曼对这些人物没有作肤浅的漫画式处理,而是把握每个人物的前史与性格,揭示他们各自的内心动机。如哈维警官的妒贤嫉能、法官的洁身自好、贝克的随大流、亨德森的"丢卒保车"观念等等，他们面对恶势力，恪守"好汉不吃眼前亏"、"冤有头，债有主"之类信条，将多恩推到孤立无援、背水一战的地步。福尔曼正是通过对这些人物的刻画，从道德层次揭示人性深处的阴暗面，以此折射麦卡锡主义猖獗之时那种为虎作伥的社会氛围和社会心理。

多恩并非传统西部片中常见的那种英雄，他身陷逆境，内心充满困惑与痛苦，一度甚至产生轻生的念头。在《正午》极其紧凑的情节中，多恩疲于奔走，缺乏推心置腹的倾诉对象，但观众可以从本片主题歌《别把我丢下，我亲爱的人》中，听到多恩不无感伤的心声——

在今日婚礼上，别把我丢下，我亲爱的人，请给我力量。

不知会遭遇什么命运，我只知道要坚强。面对我的仇人，或者退缩做一名懦夫，或者倒下在墓地上。爱情和义务面临抉择，面临失去我秀发的新娘。

眼看有一双魔掌逼近，在正午时光。我并不害怕死亡，但没有你，我心头忧伤，我要你陪伴在我身旁！

从影片结局来看，多恩这番企盼没有落空，当然在情节处理上有大起大落的跌宕。影片开头，新娘艾米同意结婚的条件是多恩必须辞去警长一职，因为她信奉教友派"毋以暴抗暴"的教义。在此后情节发展中，艾米固执地同多恩分手，打算只身返回家乡，她游离于多恩的行动主线之外，即便遭海伦的指责仍无动于衷。决斗高潮来临了，镇上传来一阵阵枪声，镜头对准火车车厢里海伦与艾米的反应。此刻，观众差不多以为冲下车去援救多恩的肯定是那位烈女子海伦，但出乎意料的却是这位弱女子艾米。关键时刻，艾米毅然违背自己的宗教信仰，生平第一次亲手向恶人开枪！通过对艾米先抑后扬的刻画，福尔曼鲜明地凸现了"面对恶势力以暴抗暴"的政治倾向。本片结尾意味深长，不同于以往标准西部片大团圆的程式：经过殊死较量,小镇上留下 4 具匪徒尸体,市民们默默围观,多恩怒掷警徽,义无反顾地偕同艾米离开了这个背信弃义的小镇。多恩以寡敌众,不仅制服了盖伊匪帮,还给市民们留下一种无言的道义鞭挞。

美国电影一向很少触及社会现实问题,也很少具备尖锐的批判锋芒,因而像《正午》这样的"政治西部片"在好莱坞实属凤毛麟角。50 年代初麦卡锡主义甚嚣尘上,《正午》能得以问世,不能不归功于该片三位主要策划者,即编剧卡尔·福尔曼、导演弗莱德·齐纳曼与制片人斯坦利·克雷默。这三位当年都是 40 岁左右的实力派,他们的艺术观有相通之处,致力于创作富有社会性、写实性的作品。克雷默是独立制片人,《正午》是由他自组小公司投拍的,这使影片有可能摆脱好莱坞体制的束缚,给当时的主流意识形态添加几个不协调音符。导演齐纳曼原籍奥地利,有犹太血统,年轻时曾担任纪录片大师弗拉哈迪的助手,深受乃师熏陶,是美国战后最有影响的社会派导演之一。齐纳曼说过:"我一向关心那些努力保持人格完整、尊重自我的人,对他们的遭遇很感兴趣。"《正午》中的多恩警长就是这样的人,他身处险恶的环境,面对越来越大的压力,拼命想保持自己的独立人格,哪怕与社会决裂也在所不惜。《正午》公映后口碑甚佳,获得多项奥斯卡奖提名。但该片的政治倾向也招来麦卡锡主义的攻击与非难,最终与奥斯卡最佳影片、最佳导演等大奖无缘,只获得最佳男演员、最佳剪辑、最佳音乐、最佳歌曲 4 项金像奖。编剧福尔曼的遭遇同其笔下的主人公多恩颇为相似,由于一小撮右翼分子在好莱坞发起"倒福尔曼"活动,结果他被迫流亡到英国。这种政治迫害的影响如此之大,以致福尔曼在海外只能隐姓埋名从事创作。1957 年由他担任编剧的《桂河大桥》由大卫·里恩执导,一时间轰动影坛,但片头字幕表上却没有福尔曼的真名。

巴赞指出,福尔曼极为巧妙地"把一个本可充分展开于其他样式的故事与西部片的传统结合起来"。的确,对《正午》的读解见仁见智。我们既可从"政治西部片"角度给它以应有的评价,也不必否认它同样拥有西部片的审美趣味,故事情节扣人心弦,可看性很强。大凡西部片都有一个决斗高潮,正反两方主人公在最后关头拔枪对射决出生死成败。这一高潮情节几乎成了西部片的标志,也已成为观众的期待。《正午》的独特之处,在于编导精心构建了"倒计时"叙事结构。观众看电影的过程中存在三种时间系统:其一是放映时间(常规长度为 100 分钟左右),其二是剧情时间,其三是观众心理时间。绝大多数故事片(概率高达 99.9% 以上)的剧情时间均大大长于放映时间,但由于受众心理的假定性,人们将自己在银幕前度过的 100 分钟当作几天、几月、几年甚至人的一辈子来看待。《正午》遵守严格的"时间统一律",该片放映时间与剧情时间出现了罕见的叠合,诚如《正午》剧本出版者标榜的那样:"影片开始时是上午 10 点 40 分,随着动作的展开,时针毫不容情地走向正午,影片中的时间同真实时间是一致的,观众可以在手表上对照着看!"其实无须观众对照,因为编导在片中按时间顺序插入 17 个显示钟点的特写镜头,每一次出现钟点的特写镜头都是对倒计时的提醒,随着时钟出现的频度越来越急促,诱使观众认同多恩迫在眉睫的凶险处境。随着多恩期待他人声援的希望一一落空,死亡的阴影一分一秒地逼近,直至正午火车抵达之时推到千钧一发的地步。煽情效果如此强烈,足以使观众跟随主人公一起经受惊心动魄的生命体验,"倒计时"结构在暗中起了很大作用。

《正午》的空间造型重现了观众们熟悉的美国西部典型环境,齐纳曼多次运用从全景拉升俯拍远景的镜头语言,表现多恩头顶烈日、风尘仆仆在一片死寂的小镇上徒劳奔走的孤单身影,以这种空间构图揭示严酷的自然环境、社会环境与个人之间的冲突,透过画面造型传达一种危机四伏的肃杀氛围,衬托出主人公焦躁失望的内心情绪,构成20世纪50年代美国社会悲观低落氛围的象征性写照。

　　有则轶闻值得一提,美国前总统克林顿是《正午》的超级影迷,据说在八年任期内,白宫放映该片约有20次之多。克林顿评价说:"这部影片讲的是面对危险要有勇气,不管要付出什么代价,一个人要做他自认为是正确的事情。"这么看来,《正午》还具有励志作用呢。

(李亦中)

Z

法国/阿尔及利亚影片　1968年摄制
导演:科斯达-加夫拉斯
编剧:乔治·桑普兰
主演:伊夫·蒙当(饰议员Z)
　　　让-路易·特兰迪涅昂(饰法官)
　　　雅克·佩兰(饰摄影记者)

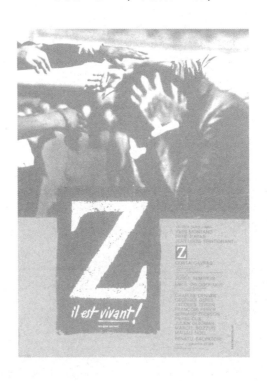

【影片内容】

　　希腊某市政厅，主管农业的副国务秘书正在会议厅报告喷射硫酸铜溶液防止葡萄藤霉病的科学方法。听众昏昏欲睡，他们都是宪警部门的高官。此时，米苏将军站起来发言说："目前意识形态也出现了霉病污染，我们也要给予一种药剂喷射！"他威严的口气立刻使下属精神一振，"我作为国家北方宪兵总监，在此提醒各位，今晚敌人要在本市集会。我们讲民主，不会禁止这个集会，也决不会禁止任何公民发表他们相反的意见。我们要依靠健康的抗体根除社会上一切病毒！"说罢，这个一身戎装的武夫行了个法西斯式敬礼，全场响起一片掌声。

　　阳光明媚的航空港，一架客机准点降落。国会著名反对派议员Z风尘仆仆走下舷梯，他竞选下届总统的呼声很高。前来迎接的有当地左翼组织负责人皮鲁、马特等，他们向Z汇报最新动态：原定当晚举行的呼吁核裁军和平集会，由于来自政府高层的幕后干扰，租不到合适的会场；他们还接到好心人的匿名电话，透露有人企图谋害Z的消息。Z当机立断，与战友们驱车直抵警察局，迫使警察局长出面解决。结果，警方提供了一处只能容纳200人的小会场，位于Z下榻的旅馆对面。Z胸有成竹地作布置："在会场窗口、行道树上多挂几个高音喇叭，人们就能听到我的声音。"

　　入夜，旅馆门前广场上聚集着骚动的人群。Z派与反Z派不时发生冲突，口号声此起彼落："裁军！裁军！""炸弹万岁！"Z的战友目睹危机四伏的广场，竭力劝Z取消这次演讲。Z平静地说："这不是头一回了，我们都经历过各种风险。"他泰然自若地离开旅馆走向广场，光怪陆离的霓虹灯忽明忽暗地投射在他身上。当Z穿过示威人群时，突然从暗处窜出三个歹徒向他袭击！全副武装的警察却待在原地不动。Z忍着伤痛，正气凛然地踏进挤得水泄不通的小会场，按计划开始了演讲："我们生活在一个连想象也会引起嫌疑的国家，有人想禁止我们说话，可我们还是要讲，人民需要真理，就像鱼离不开水……"Z充满激情的话语通过高音喇叭，清晰地传到了广场上，反Z派示威者狂呼乱叫起来。

皮鲁来到广场，要求警方提供安全保障制止事态恶化，带队警官则装聋作哑。忽然，有个名叫巴鲁纳的壮汉揪住皮鲁毒打。混乱中有人惊呼："这不是Z，搞错了！"这伙人慌忙将不省人事的皮鲁甩在一边，逃之夭夭。Z结束了演讲，穿过广场返回旅馆。他意外瞥见宪兵总监米苏将军在不远处观望，便大声向他打招呼，喊声被一阵汽车引擎声淹没了。只见一辆疾速行驶的三轮货车猛地朝着Z冲撞过来，Z猝然倒下！三轮货车趁夜幕溜走，一个拥护Z的泥水匠跳上货车后厢，同潜藏的打手瓦戈激烈搏斗，揍得瓦戈跳车而逃。货车司机亚戈来了个急刹车，一下子将泥水匠抛到马路上。亚戈下车抢起橡皮棍，恶狠狠扑向泥水匠。这时恰巧有个巡警路过，立刻将行状可疑的亚戈拘押，行凶的橡皮棍也被缴获。

瓦戈径直闯进一家报社，指名要见值班编辑，提供新闻。"刚才发生过一次示威，我狠狠教训了那帮混蛋！你们替我写篇稿子，就像生物进化一样，我们这些社会健康成分抗体揍了他们。你把我名字排在头里，就这样。"值班编辑望着这个举止粗鲁的人说出这么一番"高见"，着实惊讶。

昏迷不醒的Z被送进医院抢救，妻子爱莱娜闻讯赶来。Z终因伤势过重，心脏停止了跳动。爱莱娜来到旅馆，含泪整理丈夫的遗物。窗外传进一阵阵口号声"揭露凶手！警察是帮凶！"一群大学生高举Z的巨幅照片在广场上示威，警察随即赶到，挥舞警棍驱散手无寸铁的大学生。

一位年轻的法官受命审理此案。警察局局长通知法官，肇祸司机亚戈在押，有证据表明他当时喝醉了酒。城府颇深的检察官向法官转告国家总检察长的来电,希望尽快结案以平息政局动荡。检察官强调:"我个人认为应该发表一项公告,对罪犯酒后驾车撞人致死的行为提起公诉。"法官觉得案情并非那样简单,他着手展开调查,首先到医院搜集证据。医师向他报告尸体解剖结果,认定Z的死因系"颅顶破裂",是遭硬质器械击打造成的,排除了车祸致死的可能。接着,法官走访米苏将军。米苏并不讳言自己是现场目击者,反复强调Z死于"单纯的车祸"。法官不动声色,将米苏的证词记录在案。这时,助手向法官报告,有个名叫尼克的证人预约来法院作证,证明Z是被谋杀的。米苏将军在旁听了大发雷霆。

尼克来法院途中遭到暗算,当头挨了一记闷棍!等他苏醒过来,发觉自己孤零零躺在隔离病房内。更令尼克吃惊的是,宪兵总监与警察局局长出现在病床前。这两个大人物用威胁的口气指责尼克神经有毛病,一会儿又甜言蜜语诱使他忘掉作证的事。当法官的身影出现时,总监与局长立刻回避。法官向尼克详细询问,得知尼克经营棺材油漆铺,雇佣亚戈替他运货。出事那天,亚戈无意中泄露"今晚出车,要把一个议员送到地狱去"。法官又了解到尼克自愿作证的动机,是看见亚戈的照片登在报纸头版出风头,心里气不过。这表明尼克是个老实人,并无任何党派背景。尼克谈到宪兵总监刚才威逼利诱,法官意识到案情更加复杂了。

法官顶着宪警部门指责其"制造烈士"的嘲讽,继续依法审理。下一个传讯对象是瓦戈,他居然伪装成瘸子潜入隔离病房试图加害尼克。瓦戈蛮横愚蠢,机智的法官旁敲侧击,他随口承认自己与亚戈同属一个由官方撑腰的右翼秘密组织"克劳克"。当地报社有位摄影记者一直关注Z案进展,他借拍照的机会同尼克混得很熟。尼克对"克劳克"内幕略有所知,说出了一个知情者的名字。于是,记者花钱收买了那个知情者,在他的指点下,用长焦距镜头偷拍了那些参与肇事的"克劳克"打手。记者带着一沓照片走访皮鲁,卧床养伤的皮鲁从照片中辨认出那个叫巴鲁纳的打手。记者请皮鲁亲笔写下证词,打算将这张照片高价出售给首都一家报社明天发表。

次日上午,巴鲁纳气势汹汹上门寻衅,当着法官的面向皮鲁大嚷:"你污蔑我,我根本不认识你!干吗把我的照片登在报上?"法官向他盘问:"哪家报纸登了你的照片?"巴鲁纳有些心虚:"我识字不多,不知道什么报,是10点钟刚到的首都报纸。"法官冷笑道:"今晨有雾,班机不能起飞,首都报纸根本没运到。究竟是谁支使你来胡闹的?"巴鲁纳哑口无言,只得供认:"那天晚上我是打了他,不过是被迫的。今天一早,也是某人强迫我到这儿来的……"法官追问下去,巴鲁纳战战兢兢交代出幕后指使者乃是警察局局长!

当晚,法官专程拜访检察官,向他介绍案情最新进展。检察官显得很烦躁,劝说法官放弃对警方的指控,仍旧维持"Z遇车祸致死"的说法。他见法官无动于衷,便换了推心置腹的语气:"你年轻,有前途,处理这类事关国家声誉的大案,可能一举成名,也可能毁了自己,请相信我的经验。"法官很执著,决心将真相查个水落石出。通过缜密的调查,愈来愈多的人证、物证汇集到一起。其中最关键的是查找到那晚开车送Z去医院的司机,他有意拖延时间欲置Z于死地,而此人竟然是米苏将军的私人司机。这就确凿无疑地证实,策划这起政治谋杀案的正是宪兵部门的最高长官米苏。

国家总检察长突然光临,秘密召见法官。他毫不掩饰对法官的不满,厉声训斥:"没有人要谋杀Z,只不过是恐吓罢了。不管怎么样,应该拯救保安部队的名誉,你听明白了吧?"法官沉着应答:"陪审团和我都应该履行我们的职责。"总检察长从公文包里取出一份卷宗:"我有三条建议:第一,对两个肇事犯进行预审;第二,警察当局至多有职务上的疏忽,让他们自行处理;第三,对集会组织者提出控告,他们用扩音器传播演说,对造成暴力事件负有道义责任。"法官端坐着,他接过总检察长交给他的卷宗瞄了瞄,似乎什么也没有听到、看到。为维护正义,法官不顾个人安危,顶住重重压力,逐个传讯宪警部门四名高官。刚愎成性的米苏将军由律师陪同来到法官办公室,他特意在胸前挂满军功勋章,但法官的凛然正气一下子挫消了他的嚣张气焰。在例行询问过后,法官庄严地宣布:"你被指控犯有蓄意杀人罪和滥用职权罪。"

马特驱车来到海滨,兴奋地告诉 Z 的妻子:"法官没有让步,宪兵将军都被控告了。爱莱娜,就像 Z 还活着!"爱莱娜悲喜交集,久久地凝视咆哮的大海……

三个月后。

摄影记者在暗房里制作有关 Z 案的专题报导。小银幕上投映出所有当事人的照片,一台录音机录下记者的旁白——

"法庭判处亚戈有期徒刑 11 年,瓦戈有期徒刑 8 年。两名犯人被送往监狱农场,刑期折半。"

"对四名宪兵军官依法起诉,经当局同意不予公布。"

"由于公愤,政府内阁辞职。反对派力量再次兴起,可望赢得大选胜利。"

"大选前夕,军人接管了政权。"

"本案预审法官被撤职。"

"警方宣布,皮鲁死于脑血栓症,马特流放西印度群岛。"

摄影记者本人,因"占有和散发官方文件罪",被判处 3 年徒刑。

【影片赏析】

世界电影在一个世纪的发展历程中,各种电影样式层出不穷。有些样式问世很早,如喜剧片从卢米埃尔时代的《水浇园丁》起始,至今长盛不衰;有些样式随媒介更新换代应运而生,如有声电影兴起直接促成歌舞片流行;还有些样式随着时代风云、社会思潮的嬗变而消长,如20世纪60年代末独领风骚的"政治电影"。

摄于1968年的《Z》被公认为政治电影的典范,是这个样式的开山之作。本片导演加夫拉斯曾在1979年携片访华,他在同中国电影工作者座谈时说:"近十年来,与政治直接有关的电影在世界电影中占有重要位置,而且成功地深入到广大群众之中,唤醒观众的政治热情,这种情况在过去是没有的。观众希望看到与从前不同的影片,这也是一种新的需要。"政治电影作为一种新的电影样式,一下子赢得了观众青睐,是由其内在特征与外部机遇所决定的,而这些因素在《Z》的创作中便可见出端倪。

政治电影的特征是,题材敢于触及当代社会重大政治事件或政治丑闻,基本上以真人真事为原型,将那些见不得人的政治黑幕搬到银幕上公开曝光与鞭挞。加夫拉斯直言不讳地宣告:"我们认为,政治电影就是决定有意识地完成某项使命,运用政治作为创作素材,通过某种表现形式把影片内容和当今现实结合起来。"《Z》是根据希腊青年作家瓦西里科斯的同名纪实小说改编的(书名是希腊文Zei的缩写,意即"生命"),内容取自轰动一时的"兰布腊基斯事件"。兰布腊基斯是希腊国会议员,也是反对党一位著名的活动家。1963年5月22日,他在希腊北方萨洛尼卡市举行的政治集会上遭到暗杀。迫于案件审理及舆论压力,希腊执政党内阁很快倒台。次年2月,新一届政府上台,宪兵总监等主谋者受到指控,国家总检察长科利亚斯也被迫辞职。1966年10月,司法机构开始对此案所有被告提起诉讼;不料,希腊右翼"黑色上校团"在1967年4月发动军事政变,推出前总检察长科利亚斯上台任首相,原宪兵总监等人统统官复原职。在影片《Z》中,"兰布腊基斯事件"的真实过程基本上得到再现。编导还以个人名义在影片开头特意用字幕标明:"所有这些与死者和生者的真实情况相似之处,决非偶然。"这种做法实属鲜见,以往西方某些揭露政治黑幕的影片,按惯例在片头字幕署明"本片出于虚构,如与真实事件相似,纯属偶然"。两相对照,显示出《Z》具有咄咄逼人的政治锋芒。换句话说,编导根本不在乎希腊权势人物"对号入座",甚至有意刺激他们。例如,影片高潮场面出现了原先躲在幕后操纵的总检察长的形象,他赤裸裸地向主持本案审理的地方法官下达三条指令,企图大事化小、小事化了。与片头字幕相呼应,《Z》的结尾处银幕上并列两帧照片,一帧是伊夫·蒙当饰演的剧中人Z的形象,另一帧是兰布腊基斯的肖像,还叠印了一条字幕"他还活着!"公开悼念这位被暗杀的政治活动家。不难想象,编导如此鲜明的政治态度大大冒犯了当时执政的希腊右翼军政府,严禁《Z》在希腊上映。然而,《Z》在其他国家公映后反响强烈,"政治电影"的理念不胫而走。

　　如果说,任何一部故事片都不可避免地含有意识形态因素,任何一位电影编导都在一定政治状态下生存因而具有政治倾向的话,那么,对政治电影这一特定样式以及创作者而言,无疑具备更加自觉、更加强烈的政治意识。热衷于摄制政治电影的编导,往往将电影媒介视作参与政治斗争的武器,在银幕上毫不掩饰自己鲜明的政治观点。以《Z》的几位主创人员来说,他们均有政治流亡的背景。导演加夫拉斯1933年生于雅典,他父亲因被希腊当局怀疑为共产党人而遭迫害。加夫拉斯的童年是在政治歧视与白色恐怖下度过的,10岁那年,淘气的小伙伴在他帽子上画了镰刀和斧头,他为此竟挨了宪兵一顿棍棒。青年时代的加夫拉斯又被剥夺在祖国求学和工作的权利,只得在19岁那年流亡到巴黎。加夫拉斯虽然身居异国,却密切关注祖国的前途。1967年希腊军人集团发动右翼政变之际,他恰好读到瓦西里科斯的长篇小说《Z》,一种义愤填膺的政治责任感油然而生，他立即决定筹拍《Z》，以此揭露"兰布腊基斯事件"的真相，抨击希腊独裁政权倒行逆施。但由于这个题材具有强烈的政治色彩，许多制片商不愿冒此风险。加夫拉斯经过不懈努力，争取到法国友人和阿尔及利亚一家电影公司的资助，《Z》以 70 万美元的低成本在阿尔及利亚开镜。加夫拉斯的合作者编剧乔治·桑普兰是西班牙政治流亡者，两人在创作上一拍即合。《Z》的作曲者泰奥多拉基斯也是希腊进步人士，曾在军人政变中遭到拘捕，据说在铁窗内就开始了音乐构思。由此可见，《Z》的主创人员对法西斯极权统治有切肤之痛，他们敢于近距离干预现实生活，针砭时弊，张扬正义。

"愤怒出诗人"。本片编导充沛的政治激情使《Z》洋溢着凛然正气，全片具有一种"横眉冷对"的力度。影片主人公 Z 惨遭政治谋杀英年早逝，如果采用煽情手法，很有可能渲染出凄凄切切的氛围，博人一掬同情之泪。加夫拉斯摒弃这种廉价效果，作出不同寻常的导演处理。首先，全片的摄影基调选择了高调，色彩明朗，节奏明快，整个影像系统昂扬坦荡而不是消沉晦暗。《Z》的所有场景，除了暗杀那场根据纪实要求组织夜景拍摄之外，其余场景都安排在白昼，室外阳光明媚，室内采光明亮，见不到什么阴影。导演显然有着深一层用意：一方面，宪警当局大权在握，他们策划这起政治谋杀是有恃无恐的，尽管谋杀现场处于夜晚，但导演通过场景的设置旨在暗示这是发生在"光天化日"之下的一桩谋杀案；另一方面，明朗的影调，也体现出导演要把独裁集团的鬼蜮伎俩拿到"光天化日"下示众的良苦用心，体现了导演对年轻法官代表的正义力量的颂扬。此外，加夫拉斯在叙事的同时，对宪兵总监等人竭尽挖苦调侃之能事，甚至采用适度的漫画式处理手法。例如，剧情高潮是法官顶住高层压力，依法传讯四个宪兵高官。这场戏在场面调度上是采用重复手法来表现的，只见四个颟顸的宪兵将领按军衔高低挨个走进法院，他们的举止如出一辙：起先咆哮如雷穿过新闻记者云集的大厅,继而虚张声势坐在法官面前拒不合作,随后慑于法官的正气又不得不开口陈述,最终一概从法院后门灰溜溜地离开。这里还出现一个绝妙细节,每个宪兵高官都恼羞成怒地狠命拉门闩,发觉"此路不通",再悻悻然地从另一出口退出。这一细节经过四次重复,一而再、再而三地尽情嘲讽这些刽子手的色厉内荏,引起观众哄堂大笑。

顾名思义,"政治电影"是一种严肃的电影样式,这在一定程度上同电影的观赏性相悖。如何增强政治电影的可看性?加夫拉斯对此早有高见:"政治电影必须吸引人们来看,因为其目的就是要变革现实,至少要对观众产生影响。因此应采用传统的表演形式,即戏剧性构思和使用职业演员,以便使观众感到震撼,影片也就起到了某种作用。"这一创作理念相当明智,正如法国电影学者夏尔·福特在《法国当代电影史》中评价的那样,"加夫拉斯基本上使迄今为止有所保留的观众接受了政治电影。成功的秘密很简单,《Z》在成为政治电影之前,首先是一部纯粹的影片,而不是一部伪装科学的宣传品。"

政治电影受题材制约,创作方法必须遵循纪实性原则,这意味着编导所能进行的艺术加工相当有限。然而,这不等于说编导除了照搬真实素材之外便无所作为了,关键在于剧作结构,即采用一种更能吸引观众的叙事方式。具体来看,加夫拉斯在借鉴传统侦探片的基础上,创造了一种被称为"政治侦探片"的新类型,使严肃的政论、客观的纪实、跌宕的情节、绵延的悬念在《Z》中有机交织在一起,维系观众的欣赏兴趣。就侦探片而言,悬念设置至关重要。有一类悬念是封闭式的,始终对"谁是罪犯"加以保密,影片叙事完全采用侦探的视角,让观众跟随侦探渐渐识破各种假象,最后揭开谜底。另一类悬念是开放式的,一开始就让观众"分享"部分机密,而侦探则蒙在鼓里,影片叙事通过侦探与罪犯双方的视角交替展开,更多诉诸观众的理性,具有某种间离效果。《Z》的悬念设置就很有章法,当预审法官接手此案时,他实际上面临两个相互关联的悬念亟待破解:其一,Z是否死于车祸?其二,肇事者的幕后指使者是谁?编导一方面让观众处于知情者地位,目睹瓦戈、亚戈两人行凶作恶;另一方面又让观众处于不知情地位,对宪警当局如何指使他俩谋害Z的来龙去脉有一种扑朔迷离的感觉,促使观众介入破案过程,跟随法官一起从蛛丝马迹中展开推理分析。编导的用意很明显,正因为《Z》是一部政治电影,假如一开始就诱导观众把注意力集中于"谁是凶手"这一悬念的话,影片极易成为常规侦探片,同创作宗旨南辕北辙。因而,编导放手将第一个悬念的"机密"透露给观众,以便让观众腾出足够的思维空间去剖析第二个悬念,最后层层剥笋,使这桩由宪警一手策划、政府力图掩盖真相的政治谋杀案水落石出。作为"政治侦探片",在《Z》中充任侦探角色的是法官与摄影记者,这种人物关系开创了政治电影中由司法人员与新闻记者联手抗恶的模式,以此彰显现代社会法治和舆论监督不可或缺的重要性。这一模式此后一再为其他政治电影所仿效。

《Z》的可看性不仅体现在纪实性与戏剧性的融合,还体现在它采用了一种与现代观众审美习惯相适应的叙事节奏,大量运用动态摄影以及异常紧凑的剪辑技巧。西方影评人称赞"导演有一种非凡的节奏感,他能恰到好处地进行生气勃勃的剪辑"。尤其影片后半部展现法官与摄影记者分头进行案情调查时,大量穿插有关当事人、见证人的闪回画面,镜头不断交替切换现在、过去两种时空状态,画面剪接干脆利落,充满一种愈来愈迫近事实真相的动势。此外值得一提的是《Z》的演员阵容,法国三位著名男演员,伊夫·蒙当、让-路易·特兰迪涅昂、雅克·佩兰联袂出演,以明星效应来替这部政治电影助阵。他们三人演技成熟,分别将Z那种饱经磨炼的政治家风度、法官那种含而不露的内秀气质、摄影记者那种机智敏捷的职业个性塑造得令人过目难忘。

从外部机遇来看，《Z》的问世恰恰出现在20世纪60年代末世界政治大动荡时期。1968年法国"5月风暴"酿成的学潮工潮，美国本土反"越战"、反种族歧视运动持续高涨，意大利工人阶级席卷全国的大罢工……凡此种种，使各阶层民众尤其青年一代的政治意识大大激活。处于这种国际大气候之下，应运而生的政治电影《Z》普遍被人看好，不仅赢得了可观的票房收入，而且在国际影坛成功亮相，接连获得1969年戛纳电影节评委会大奖及奥斯卡最佳外语片奖。与此同时，《Z》亦受到尖刻的批评，这种批评主要来自政治态度更为激进的以法国"新浪潮"主将戈达尔为首的"战斗电影小组"。在戈达尔看来，"《Z》获奥斯卡奖并非偶然，是谁资助希腊右派政变的呢？是美国中央情报局。给《Z》发奖的就是镇压希腊人民的人"。他还偏激地认为，《Z》承袭好莱坞故事片形式及启用明星表演，因而损害了其政治作用。戈达尔曾力主"从零开始"，即抛弃一切传统表现手段，探索一种不要情节、不要演员的"适合于表现革命内容的革命形式"，从根本上摧毁"由资产阶级发明的电影"。总之，围绕对《Z》的评价，当时在电影界也搅起一场左派与极左派之间的争端。事隔10年，德国电影史学家乌利希·格雷戈尔的见解代表了一种较为公允的看法："用美学名义将加夫拉斯的影片扫进电影史垃圾堆，未免过于草率和武断。相比之下，试问以高深莫测的理论为基础的影片（如戈达尔的作品），其政治效果究竟又有多大呢？"这是耐人寻味的。

处于争端漩涡中的加夫拉斯却不改初衷，无论是来自右翼的攻讦禁映，抑或来自极左方面的责难，都未能动摇他拍摄政治电影的热情。加夫拉斯宣称："艺术的目的非为娱乐，乃是要令观众不安。在我的影片里，我想做的就是唤起人们的注意力，使人们意识到在我们这个政治化的世界上所发生的事情。同时我也提出问题，揭露事实真相，以便让观众自己寻求解决问题的途径。"继《Z》之后，加夫拉斯又追踪国际政治热点，继续拍摄了一系列政治电影。1970 年拍的《招供》，根据苏联入侵捷克后流亡到西方的一名捷克外交官的回忆录改编；1973 年拍了《戒严》，揭露美国中央情报局在乌拉圭从事的颠覆活动；1982 年拍了《失踪》，揭示美国政府插手智利军事政变的内幕；1989 年拍了《八音盒》，旨在唤起公众对漏网的纳粹余孽的警觉与清算。加夫拉斯的创作主张与实践，直接促发了世界各国的政治电影热。70 年代初期，意大利很快成为政治电影的大本营，接连推出《警察局长的自白》、《马太伊事件》等力作。日本社会派大导演山本萨夫也在 70 年代中期一口气拍了《华丽家族》、《金环蚀》、《不毛之地》三部政治片。这股热潮还波及娱乐片至上的美国，好莱坞在 1976 年投拍了一部以纪实风格反映"水门事件"的政治电影《总统班底》，由《Z》引发的连锁效应由此可见一斑。

（李亦中）

寅次郎的故事·柴又恋情

日本松竹影片公司　1972年出品
导演：山田洋次
编剧：山田洋次、朝间义隆
主演：渥美清(饰寅次郎)
　　　倍赏千惠子(饰樱花)

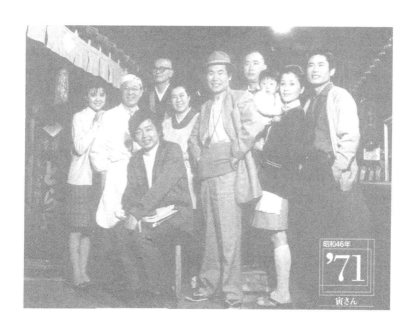

【影片内容】

　　海边小渔村,一对渔民夫妇遭到三个恶棍欺凌。危急关头,猛不防闪出一条汉子,大喝一声"住手!"恶棍们大惊失色,"啊!寅次郎来了!"寅次郎不屑一顾地掏出一沓钞票扔在海滩上:"俺不愿随便杀人,如果是花几个钱能解决的事儿,拿去!"三个恶棍早已魂飞魄散,慌忙捡起钞票逃之夭夭。渔民夫妇连连叩头道谢:"多亏侠士相助,才得保住性命。"寅次郎又从口袋里掏出一万日元,交给渔民妻子:"给你孩子买糖吃吧。"他谢绝这家人的挽留,又赶路云游四方去了……一列火车轰隆隆驶进一个乡村小站,躺在候车室长椅上的寅次郎从梦中惊醒,他回想起那对渔民夫妇很像自己的妹妹樱花与妹夫,思乡之情油然而生。于是,他乘上火车踏上回家的旅程。

　　寅次郎的故乡位于东京郊外的柴又镇,年迈的叔父和婶婶在镇上经营"寅记糕点铺"。妹妹嫁给一个印刷工人,妹夫工作的印刷作坊就在"寅记"小店隔壁。寅次郎三十多岁了,仍是个单身汉,他常年跑江湖做小生意,家里人既盼他回来又怕他回来,因为寅次郎脾气坏,加上婚恋之事老不称心,常常与家里人怄气。

　　这天,寅次郎的叔父在家门口挂出"有房出租"的小木牌。由于阿樱夫妇微薄的薪水应付不了飞涨的物价与房租,他们想搬出公房,自己盖一间小屋。为筹集资金,打算将寅次郎住的那间空房暂时出租。阿樱心里忐忑不安:"万一哥哥回来,他会怎样想呢?"偏巧,风尘仆仆的寅次郎果真出现在家门外。他看看那块小木牌,板着脸沉默了半晌,垂头丧气地走进家里,将几件廉价礼品放在桌上,然后一声不吭提着他那只大皮箱拔腿便走。阿樱急忙追出去,寅次郎执意不肯返回:"反正,俺已经成了不受欢迎的人啦。

再见!"

寅次郎走访一处处房地产介绍所,向那些办事员竭力申明租房的要求不高,起居饮食方面都可将就,唯一的希望是要有一个亲切的女房东。

黄昏时分,房产介绍所一辆小汽车驶到"寅记"小店门前停住。全家人毕恭毕敬地出门迎接这第一位房客,等那位房客睡眼惺忪地下车后,众人不禁目瞪口呆,那不是寅次郎吗?寅次郎厉声责骂那个房产介绍所老板:"混蛋!这是俺的家!"老板也惊呆了。阿樱夫妇连忙上前向哥哥赔礼道歉,寅次郎这才端起架子走进屋去。不料老板拉住他,要他支付6000日元介绍费。寅次郎又勃然大怒:"真他妈开玩笑,本人回到自己家里还要付钱?!"幸亏阿樱的丈夫掏钱付了这笔手续费,才平息了这场争吵。当晚,全家人围坐在客堂里,阿樱一五一十地向哥哥解释独力盖房的艰难,说到辛酸处,她忍不住哭泣起来。寅次郎听了很内疚,悄悄把婶婶拉到一边,从钱包里摸出仅有的几张钞票给婶婶,请她转交给阿樱,然后头也不回地离开了家。

寅次郎来到旅游胜地金泽。白天,他起劲叫卖当地土特产;夜间,他同两个江湖朋友相聚在旅馆,一醉方休,暂时摆脱了生活的烦恼。一天,他独自在茶楼喝茶,邻座是三个从东京来此旅游的年轻女工。她们同这位谈吐风趣的寅叔叔相识后,便邀他一起合影留念。热心的寅次郎自告奋勇充当导游,陪她们玩遍了当地的风景点。分手时,歌子代表她们三人送给寅次郎一件小礼物表达谢意。寅次郎手忙脚乱,掏出一点零钱硬塞给歌子,叮嘱她们在路上买点心吃。火车开走了,寅次郎还站在冷清的站台上一个劲地挥手,茫茫然若有所失。

初夏时节,寅次郎又回到了故乡。他信步走进寺院,意外遇见歌子的两个同伴。原来她们上次听寅次郎讲过柴又镇风情,特意赶来观光。好客的寅次郎将她俩邀到"寅记"小店休息,关切地打听歌子的近况,得知歌子的父母早已离婚,她一直陪伴父亲生活,还没有成家。不知怎么地,寅次郎为歌子的婚事着急起来。当晚,他郑重其事地召集全家人,让大家传阅他与歌子合影的照片,然后用一种命令般的口气说:"这姑娘是不幸的,一定要设法救她,帮她找个好丈夫。"家人从前街议到后街,提出街坊邻居中配得上她的对象,却都遭到寅次郎的否定。阿樱想了想,一语道破:"我看还是哥哥合适。"寅次郎一听,腼腆地推说:"你真会乱扯,我能做她的对象吗?年纪也相差很多。"他嘴上这么说,脸上却喜滋滋地,径直往楼上走去。家人为之愕然,叔父叹息:"阿寅又要作黄粱美梦了。"

第二天一早,寅次郎向妹妹借了100元香火钱,破天荒第一次上寺院拜菩萨。也许是心诚则灵,当他回到家里时不由愣住了:店堂里坐着的那位女客人不正是歌子吗?原来歌子从女伴处得悉寅次郎的行踪,专程赶来送还他上次在火车站硬塞给自己的零用钱。阿樱与婶婶端出新鲜糕点热情款待歌子,席间,寅次郎妙语如珠,使歌子开怀大乐。离别时,歌子依依不舍地说:"你们家真快活,我能来这儿多好啊。"寅次郎当即把这句话牢牢记住了。

日子一天天过去,寅次郎眼巴巴地苦等歌子再次登门。每天傍晚,寺院钟声一响,他便唉声叹气:"今天又没来啊。"寅次郎不再外出跑码头,到寺院里找了份扫地的活儿,他这种反常行为引起家人的好奇。寅次郎发现家人在背后议论自己,十分生气,扬言立刻就要离家。正在吵吵嚷嚷的当口,歌子真的来了,随身还带着一包行李。她心事重重地说:"很抱歉,今晚能让我住一宿吗?"寅次郎喜出望外,连声招呼婶婶备饭留客。晚饭后,寅次郎起劲地鼓动大家讲笑话,一心想让歌子摆脱烦恼。歌子渐渐开心起来,主动讲起自己恋爱的事。寅次郎从未听说歌子有男朋友,顿时产生失落感,歌子继续讲述着:"院子里开满鲜花,他要我结婚后只要拾掇拾掇玫瑰花就行了。听他这么一说,我一下子就讨厌他了,结果就跟他断啦。"听到这句话,寅次郎方才松了口气。

　　隔天阿樱夫妇单独请歌子吃晚饭。寅次郎见自己没被邀去作陪,大为不快。妹夫向他解释:"你在场,歌子有话也不便说了,爱情问题嘛。"寅次郎恍然大悟,又害臊又感激。在阿樱家,歌子倾吐了自己的心事。原来,她爱上了一个在外地窑场工作的技工,身为作家的父亲却反对这门婚事,父女俩吵了一场,歌子就赌气跑到这儿来了。下一步究竟何去何从?她必须在父亲与未婚夫之间作出痛苦的选择。阿樱夫妇宽慰她,认为爱情基础是最重要的。这时,窗外传来动静,原来寅次郎蹑手蹑脚在窗下偷偷张望。他不无尴尬地对歌子说:"是婶婶叫我来接你的。"阿樱目送他俩离去的背影,替哥哥深感惋惜:"唉,又增加了一个失恋故事。"

　　寅次郎与歌子并肩走着,他快乐地哼起了小曲。歌子抬头望着满天星斗,羞答答地开口:"寅叔叔,我要结婚了,我想乘明天的火车去见他。如果我能幸福,那全是托了寅叔叔的福。"寅次郎万分失望,竟然答不上一句话来。

　　歌子终于走了。

　　寅次郎也离开了家,他对阿樱说:"瞧,天上那朵白云在召唤我呢。"

　　一个月后。歌子的父亲来到"寅记"小店作客。从歌子写给这家人的来信中,他得知了女儿的近况:歌子同丈夫生活得很愉快,她正在近千度高温的烧窑作坊学习制碗哩。

　　寅次郎又在哪儿呢?一条乡间小路上,他顶着烈日走来了。好在寅次郎已不是头一次失恋,他老觉得希望或许就在前头……

【影片赏析】

　　在东京郊区,有个柴又镇。自从著名导演山田洋次创作的喜剧系列片《寅次郎的故事》(原名《男人的烦恼》)问世以后，这个小镇变成了一处游览胜地，来自日本各地的"阿寅迷"怀着浓厚的兴趣，纷纷到此观光，因为那儿就是寅次郎的"故乡"。我们知道，在文坛上曾有过将作家笔下的虚构人物当成实有其人的佳话，如大名鼎鼎的福尔摩斯侦探，至今还有各国读者写信给他。但对电影来说尚属鲜见，足见寅次郎这一艺术典型的魅力之大。不仅如此，在日本人的口头语汇中，还增添了一个新名词，他们往往戏谑地称呼那些尚未找到对象的单身汉为"托拉桑"（"寅次郎"日语发音）。

《寅次郎的故事》原本是山田洋次在1968年拍摄的一部电视连续剧，以寅次郎被毒蛇咬伤致死告终。不料，这个结局引起日本观众极大的遗憾。于是，山田洋次决定让寅次郎"死而复活"，从1969年开始摄制同名电影，将寅次郎从电视荧屏引向大银幕。寅次郎重新露面之后，一发而不可收。此后，山田洋次便以每年两集的速度持续不停地往下拍，档期固定在夏季盂兰盆节和正月初一新年上映，观众趋之若鹜久映不衰，成了日本影坛一大奇观。最后因主演渥美清不幸病逝，一直拍到第48集才告结束。《寅次郎的故事》独树一帜，创下系列电影长度之最，已被载入吉尼斯世界纪录大全。据统计，日本每年最卖座的10部影片几乎都要被它占去一席，山田洋次也被视为松竹影片公司的"摇钱树"。山田洋次是一位有艺术追求的电影导演，非常重视电影的娱乐功能，他多次强调："置身于严格的管理化社会的人们，时常感到疲惫不堪，总想松松绑，喘口气，想用看电影来散心，借以放松一下生活的紧张节奏。而我认为一部情趣盎然的影片能使观众开怀大笑，在笑过之后解除了疲劳，振作了精神，第二天就能顽强地接着干下去。阿寅的表演就是要达到这种效果，发挥这个作用。"日本电影史家给予的评价也相当高："《寅次郎的故事》表现了整个日本社会的欲望，其一是从庸常生活中脱身外出旅行的欲望；其二是希望被温暖的人情所环抱的欲望；其三是遭遇爱情女神的欲望。"他们指出影片成功的原因在于:"对现实中早已荡然无存的平民区脉脉温情的怀念,以及导演相信'人心本善'的世界观引起观众共鸣。"

这套长达48集的系列片有着统一的风格,基本构架以寅次郎的失恋故事为主线,形成一种相当独特的叙事模式。我们欣赏寅次郎片集,需要把握山田洋次"以不变应万变"的总体构思。所谓"不变",是指阿寅的性格不变,命运不变,他总是那么一副大大咧咧的举止,总是那般古道热肠,总是单相思,在恋爱方面一再失意;所谓"万变",是指这套系列片贴近现实,跟踪当代社会热点,不断从纷繁芜杂的生活现象中提炼喜剧情节,包含了相当丰富的信息量。寅次郎是个跑江湖做小买卖的单身汉,每一集的开头,总是表现他客居异乡,做了个白日梦,他的叔父、婶婶、妹妹、妹夫等亲人照例在梦境中出现,勾起他思乡之情。寅次郎时常唠叨:"每当看到海边夕阳的落日,就倍感亲切呀!我这个没有用的人,每天都是在反思中度过。每当我在日本各地旅行的时候,就会不由自主地思念起远在东京故乡的家人。妹妹樱花她还好吗?妹夫阿博怎样了,满男还在为升学的事而烦恼吧,叔叔和婶婶的身体还很健康吧,小店的生意还不错吧,厂长章鱼的印刷厂是不是每天都在倒闭的危机中度过呀?风吹到哪里,我就走到哪里。"梦醒后,寅次郎风尘仆仆地赶回老家探望。但因脾气不好,往往呆不了几天又怄气出走。接下去,他在流浪途中总会遇上一名陌生女子,对她一见钟情。寅次郎渴望爱情,但不是轻薄之徒。每当他充满幸福憧憬的时候,那些女子便因种种缘故离他而去。无奈之下,寅次郎又提着他那只大皮箱远走他乡。

从外表来看,寅次郎从形貌到性格,都给人一种傻乎乎的印象。其实,他心地忠厚善良,爱管闲事,乐于助人,富有人情味,体现出传统美德,甚至他身上的种种小缺点(街坊邻居昵称其"疯子阿寅"),也不无可爱之处。在当代日本社会里,寅次郎这样的人物似乎过时了。日本影评家佐藤忠男就指出,在寅次郎身上共同寄托了编导与观众的一种"怀旧情绪"。寅次郎的处世待人,以及"寅记糕点铺"周围人们相濡以沫的纯朴民风,正是物质生活高度现代化的日本国民十分留恋的。此外,我们还须看到这套系列片并没有被定型化束缚住,总体来说,它又是开放性的。山田洋次密切联系现实生活,给每一集新片的情节源源不断地注入新的因素,比如《柴又恋情》这一集触及房租飞涨的社会问题,引起观众共鸣。寅次郎浪迹江湖,自然而然接触到日本社会各个阶层、各种现象,尤其在每一集影片中新出现的女友,每个人都带来一段悲欢离合的故事。这些故事大都集中在家庭伦理方面,如《柴又恋情》表现女青年歌子对婚姻的抉择以及父女之间的"代沟"。更有意思的是,从第42集开始,寅次郎的外甥满男和其女友阿泉也成为故事主角,和寅次郎交织展开两条爱情线形成了对照。这套系列片的摄制持续近四十年,尽管每一集的水平参差不齐,但汇集起来洋洋大观,涉及大量的世态人情,有助于人们对日本社会的了解。

寅次郎的魅力同其扮演者渥美清的魅力密不可分。渥美清其貌不扬,四方脸盘小眼睛,天生一张滑稽面孔。他生于1928年,在东京的贫民窟长大,耳濡目染,积累了日本庶民阶层日常生活的丰富素材。渥美清起先在浅草剧院演喜剧,1951年进入电影圈,当配角演员整整十余年,可谓大器晚成。《寅次郎的故事》在很大程度上是根据渥美清对早年生活的回忆加工而成的,渥美清在表演中直接借用自己的人生经验,演来得心应手,活灵活现。寅次郎的妹妹樱花由倍赏千惠子饰演,她以善演平民女性著称。在48集影片里,先后有数十位当红女影星轮流扮演寅次郎的意中人,她们都以给寅次郎配戏为荣。这些女影星中有我国观众十分熟悉的栗原小卷、吉永小百合、松坂庆子、桃井薰、田中裕子等。

山田洋次擅长导演喜剧,享有"喜剧山田"的盛名。除了对喜剧技巧熟练把握之外，他的创作特色是着力表现人与人之间的温情与友爱。在山田洋次的作品里，几乎没有什么大人物，也没有一个反面角色，他始终把焦点聚焦在平凡的小人物身上，剧情发生的地点远离灯红酒绿的大都市，而选择那些拥有自然风光的中小城镇乃至海岛、牧场。导演让寅次郎游历日本的名山大川，在自然景色中求得心灵平和，以此提醒人们不要沉湎于物质享受，不要忘却那种带有原始纯朴色彩的田野之美、本色之美。这一创作特色在山田洋次的另外几部代表作《故乡》(1972)、《幸福的黄手帕》(1977)、《远山的呼唤》(1980)中也可得到印证。

《柴又恋情》摄于1972年，是这套系列片的第9集，此集未曾在我国上映。多年来陆续同中国观众见面的《寅次郎的故事》计有以下五集，即第5集《望乡篇》、第27集《浪花之恋》、第32集《吹口哨的寅次郎》、第36集《柴又的爱》和第41集《维也纳之恋》，这几部作品均受到中国观众的喜爱。山田洋次称："阿寅虽然成为人们茶余饭后的笑料，但他确已活在人们的心中，成为人们熟知和喜爱的伙伴，这促使我鼓足勇气一集一集地拍下去。"他曾向中国电影界人士表示，有朝一日寅次郎会来北京旅游一番，让他结交几位中国朋友，构成新一集《寅次郎的故事》。然而，岁月流逝，渥美清本人现已作古，北京之旅成了永久遗憾。目前，上海东方卫视电影频道已引进数十集《寅次郎的故事》连续播映，让中国的"阿寅迷"一饱眼福。

（李亦中）

【附录】《寅次郎的故事》全集片名及摄制年份

第1集(1969) 《男人好辛苦》
第2集(1969) 《男人好辛苦·续》
第3集(1970) 《疯疯癫癫的阿寅》
第4集(1970) 《新·男人好辛苦》

第 5 集（1970）　《望乡篇》
第 6 集（1971）　《纯情篇》
第 7 集（1971）　《奋斗篇》
第 8 集（1971）　《寅次郎恋歌》
第 9 集（1972）　《柴又恋情》
第 10 集（1972）　《做梦的寅次郎》
第 11 集（1973）　《寅次郎勿忘草》
第 12 集（1973）　《我的寅次郎》
第 13 集（1974）　《寅次郎恋爱吧》
第 14 集（1974）　《寅次郎催眠曲》
第 15 集（1975）　《寅次郎情侣伞》
第 16 集（1975）　《葛饰立志篇》
第 17 集（1976）　《寅次郎日暮》
第 18 集（1976）　《寅次郎纯情诗集》
第 19 集（1977）　《寅次郎和老先生》
第 20 集（1977）　《寅次郎加油啊》
第 21 集（1978）　《寅次郎走自己的路》
第 22 集（1978）　《传说中的寅次郎》
第 23 集（1979）　《飞翔的寅次郎》
第 24 集（1979）　《寅次郎春之梦》
第 25 集（1980）　《寅次郎芙蓉花》
第 26 集（1980）　《寅次郎海鸥之歌》
第 27 集（1981）　《寅次郎浪花之恋》
第 28 集（1981）　《寅次郎纸帆船》
第 29 集（1982）　《寅次郎紫阳花之恋》
第 30 集（1982）　《寅次郎落英缤纷》
第 31 集（1983）　《旅行、女伴和寅次郎》
第 32 集（1983）　《吹口哨的寅次郎》
第 33 集（1984）　《夜雾中哭泣的寅次郎》
第 34 集（1984）　《寅次郎真实一路》
第 35 集（1985）　《寅次郎恋爱补习班》

第 36 集（1985）　《沉湎于来自柴又的爱》
第 37 集（1986）　《幸福的青鸟》
第 38 集（1987）　《知床旅情》
第 39 集（1987）　《寅次郎物语》
第 40 集（1988）　《寅次郎沙拉纪念日》
第 41 集（1989）　《寅次郎维也纳之恋》
第 42 集（1989）　《我的舅舅》
第 43 集（1990）　《寅次郎的休息日》
第 44 集（1991）　《寅次郎的告白》
第 45 集（1992）　《寅次郎的青春》
第 46 集（1993）　《寅次郎的相亲》
第 47 集（1994）　《致车寅次郎先生》
第 48 集（1995）　《寅次郎红之花》

东方快车谋杀案

英国埃米电影公司　1974年出品
导演:西德尼·吕美特
编剧:保罗·丹恩
主演:艾伯特·芬尼(饰波洛)
　　　英格丽·褒曼(饰奥尔松小姐)
　　　肖恩·康纳利(饰阿布思诺特上校)

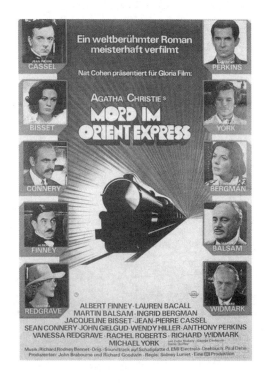

【影片内容】

　　1935年冬天，位于欧亚大陆交通要冲的土耳其名城伊斯坦布尔正逢旅游淡季。在一家充满东方情调的餐厅里，铁路公司客运主任布克同老朋友波洛不期而遇。波洛是著名的比利时侦探，他举止斯文，硕大的脑袋仿佛盛满了智慧，一双警惕的小眼睛炯炯有神，上唇蓄着两撇漂亮的小胡子。当布克得知波洛尚未订到本次东方快车的头等卧铺票时，不由分说拉着波洛就走，他岂肯白白放走这么一位富有传奇色彩的稀客呢？

　　入夜，中央火车站的月台上熙熙攘攘。东方快车头等车厢的乘务员彼埃尔彬彬有礼地侍立在车厢门口，轮番用多种外语迎候各国旅客登车。其中有俄国贵族德拉戈米罗夫公主与女仆许米特、匈牙利外交官安德雷尼伯爵夫妇、瑞典女郎奥尔松、美国贵妇赫伯德太太、英国上校阿布思诺特、美国富商雷切特等等。开车前，布克下令给波洛安排一个铺位。彼埃尔无法推辞，悻悻然地嘀咕："真是怪事，似乎全世界的人都偏要赶在今晚旅行。"

　　汽笛长鸣，东方快车开始了横跨欧洲长达三天的漫漫旅程，顶风冒雪向终点站——法国的加莱驶去。翌日，萍水相逢的旅客们在餐车用早餐。财大气粗的雷切特有意同波洛套近乎，吞吞吐吐地说："波洛先生，我有件事想请您来办，可以支付足够的报酬。……我是个有钱人，难免会招来冤家，不断收到匿名恐吓信。我给您五千美元，怎么样？"见波洛摇摇头。雷切特将报酬抬到一万五，波洛仍不为所动，矜持地说："我目前只接自己感兴趣的案子。"正在这当口，火车驶进漆黑的隧洞。待车厢灯亮起后，波洛发觉雷切特已不见踪影，餐车内似乎充斥着某种神秘莫测的气氛。

　　当晚就寝前，波洛在车厢过道与雷切特的男仆贝德斯擦肩而过,他端着一只托盘,为东家送去每晚服用的安眠药。波洛下榻的9号房间同雷切特的10号房间仅一壁之隔,他能隐约听见左邻的动静。当波洛朦胧入睡时,忽然被隔壁一种既像呻吟又像嘶喊的声音惊醒。出于职业习惯,他立即翻身下床,打开房门张望——只见乘务员彼埃尔正在敲10号房间的门询问,房内传出一句法语回答:"没什么,是梦魇。"彼埃尔关切地说:"雷切特先生,您再好好睡一觉吧。"说罢,他顺手关灭了过道的灯。此时,波洛发觉列车似乎停止了前进,向车窗外一看,原来暴风雪堵路,东方快车被迫中途抛锚。半晌过后,波洛的睡眠再度被扰,这回是饶舌的赫伯德太太吵醒了他。波洛听见赫伯德太太提高嗓门,神经兮兮地告诉乘务员她房间里好像藏着一个男人,一眨眼工夫却消失了。波洛下意识地看了下手表。未过许久,波洛第三次从梦中惊醒,听到房门被什么东西撞了一下。他又起床察看,瞥见过道尽头有个女人的身影匆匆离开这节车厢,她身上披着一件绣有大龙图案的绯红色睡袍。波洛嘟哝着:"简直把人吓出神经病啦。"

晨光初露,白雪皑皑。东方快车依然滞留在南斯拉夫境内。这时,一桩意想不到的凶杀案暴露了。男仆贝德斯屡敲雷切特的房门不应,请来乘务员破门而入,发现雷切特早已气绝身亡!波洛当即吩咐保护现场。布克与一位希腊医生闻讯赶到,验尸结果表明雷切特瞳孔未散有服毒之嫌,胸部足足被戳了十二刀,这些刀口深浅不一,其中有三刀是致命伤。死者贴身的那只怀表显示他被杀是在午夜零点至凌晨两点之间,波洛回想昨夜曾被雷切特的"梦魇"惊醒,恰同凶手作案时间吻合。布克再三央求波洛帮忙破案,免得惊动南斯拉夫警方带来不必要的麻烦。波洛感到义不容辞,便请布克提供头等车厢全体乘客的名单和护照,他判断凶手就混在头等车厢的十余位乘客之中。

侦查办公室设于餐车内,头等车厢的所有乘客被召来接受波洛的调查。雷切特的私人秘书麦奎恩第一个受到盘问。在交谈中,波洛获悉雷切特生前对自己的经历讳莫如深,本次旅程开始前,他还收到一封匿名信,上面写着几行字,"我将杀死杀人者,做好死的准备吧"。为解开这个疑团,波洛用土办法验证凶杀现场遗留的半片未焚透的纸烬,果然显出几个烧红的英文字母"AISY ARMS"——波洛不禁脱口而出:"我知道雷切特的真名实姓啦!"布克困惑不解,波洛提醒说:五年前在纽约曾发生一起轰动一时的绑匪撕票案,阿姆斯特朗上校的幼女遭绑架后被残杀了,她名叫戴茜·阿姆斯特朗,纸烬显示的那八个英文字母正是她的姓名缩写。布克顿时忆起这一令人发指的命案:怀孕在身的阿姆斯特朗夫人受刺激后流产死去;上校本人痛不欲生饮弹自杀;他家的侍女波蕾特蒙受不白之冤跳窗自尽。虽然凶手后来被判死刑,可幕后元凶卡赛惕却逃之夭夭,他就是这个死者"雷切特"。今天这个恶贯满盈的"雷切特"遭此报应,实属罪有应得。然而,究竟是哪位乘客替阿姆斯特朗一家复仇的呢?

下一个接受讯问的是乘务员彼埃尔。他的证词表明通宵值勤期间一切正常,除了雷切特发生过"梦魇",其他乘客均无异常。波洛拿起彼埃尔的护照看了看,问他:"你妻子在五年前去世了?"彼埃尔答道:"她是悲伤过度去世的,因为我们的独生女儿死于猩红热。"彼埃尔离开后,医生自作聪明地插嘴:"乘务员掌握钥匙能打开所有的房间,他有作案的可能。"波洛反问:"他的杀人动机是什么?光有钥匙开不了门,里面还扣着锁链呢。"

波洛再次召来麦奎恩,告诉他已查清楚其主人就是当年残害小戴茜的主犯卡赛惕。麦奎恩大吃一惊,冲动地说:"早知道他是卡赛惕,我准把他宰了以解我心头之恨!"原来,麦奎恩的父亲当年是经办此案的检察官,曾在家里接待过阿姆斯特朗夫妇。幼年丧母的麦奎恩对阿姆斯特朗夫人深有好感,对她的不幸去世极感痛心。麦奎恩这番坦言似乎触动了波洛。

贝德斯在提供证词时显得不卑不亢。他讲述了昨夜给东家送安眠药服用的情形,强调从那以后直至今晨没离开过自己的卧铺。波洛顺带了解到贝德斯曾在驻苏格兰的军队里服役。这时,远处响起一声汽笛,那是前来援助东方快车的南斯拉夫车组迫近的信号,布克请求波洛抓紧破案。接下去受讯问的是两位女士。爱咋呼的赫伯特太太邀功般的向波洛提供了一件重要物证:她刚才在自己的手提包里发现一枚铁路员工制服的纽扣,准是那个凶手偷偷塞入她包里的。波洛立刻去调查彼埃尔的制服是否缺了一枚纽扣,结果是否定的。来自瑞典的奥尔松小姐是位虔诚的基督徒,她告诉波洛自己从五年前开始到非洲从事传教活动,此次旅行是替非洲儿童募捐。奥尔松还作证说,昨夜与她同住8号房间的英国人玛丽小姐也未离开过铺位。波洛和颜悦色地询问了她与玛丽小姐各自所穿的睡袍,证实她俩的睡袍都不是绯红色绣有大龙图案的那种。

匈牙利外交官安德雷尼夫妇的护照引起波洛的关注,因为安德雷尼夫人名字的第一个字母被油墨污染,明显有涂抹痕迹。波洛不露声色地敦请夫人亲笔写下自己的全名,确认她婚前的姓是"格林伍德"。由于外交使节享有豁免权,所以安德雷尼在同波洛交谈时显得颇不耐烦,声称他与妻子习惯吃安眠药,因而整夜熟睡,对头等车厢的动静一无所知。

波洛又来到14号房间拜访年事已高的德拉戈米罗夫公主。他依据掌握的线索,开门见山地说:"我知道您就是阿姆斯特朗夫人的教母,您是否记得她结婚前姓什么?"贵妇人答道:"姓格林伍德。"波洛向这位知情人详细了解了阿姆斯特朗夫人的家世,得知她母亲是位名演员,她还有一个同胞妹妹;当年受雇于她家的有一个女秘书、一个侍女以及保姆、厨师、司机等。那个名叫波蕾特的侍女最惨,因被怀疑是绑匪的同党而含冤自杀了。德拉戈米罗夫公主的女仆许米特告诉波洛:"波蕾特是我的知心朋友,我一直随身带着她的照片作纪念。"不料,当许米特在波洛面前打开手提箱取那张照片时,却发现箱子里多了一套铁路乘务员的制服,制服上恰恰缺了一枚纽扣!接下去令波洛吃惊的事接踵而来:当他拿着那套制服回到自己房间时,一件绯红色绣有龙图案的女式睡袍竟从行李架上不偏不倚地掉落到他的头顶!波洛望着这两件得来毫不费工夫的证物,不禁哑然失笑。

身材魁梧的阿布思诺特上校是驻印度的现役军官,面对波洛的提问,他闪烁其词地解释此次舍近求远搭乘东方快车的"私人理由"。他矢口否认同阿姆斯特朗上校熟识,对其不幸遭遇则深表同情,冲动地表示:"雷切特死有余辜,我真想看到他被押上有12位陪审员出庭的正式法庭受审!"接着,波洛又传唤与阿布思诺特关系暧昧的玛丽小姐。波洛记得在起点站候车时亲耳听到他俩相约"等这件事全部结束以后……",便追问玛丽"这件事"究竟指什么?玛丽拒不回答。阿布思诺特见状主动替玛丽解围,他把波洛拉到一边,坦承玛丽是自己的情人,所谓"这件事"是他打算同妻子离婚后正式同玛丽订婚而已。

最末两位受盘问的旅客是美籍意大利人福司卡累利和自称为私家侦探的美国人哈德曼。前者断言雷切特死于黑手党帮派自相残杀;后者推说自己"失职",未能胜任雷切特雇佣其担当保镖之责。波洛微微一笑,突然向哈德曼递去一张照片——许米特早先提供的阿姆斯特朗家侍女波蕾特的照片,哈德曼神色骤变!波洛会心地拍拍他的肩膀:"那就摘掉假面具吧。"

头等车厢的全体旅客会聚餐车,洗耳恭听波洛报告侦查结果。"女士们、先生们:答案有两个。"波洛不紧不慢地述说起来,"第一个答案很简单,凶手穿着乘务员制服潜入车厢,半夜溜进雷切特的房间把他杀死,然后乘大雪封路火车抛锚,从容下车逃跑了。这也是福司卡累利先生的看法,即雷切特死于黑手党的仇杀。对这么一个结论,南斯拉夫警方大概不会有什么异议。"波洛有意停顿片刻，接着话锋一转，胸有成竹地提出了第二个答案。波洛以严密的推理，一一指证所有在场人士均同五年前被害的阿姆斯特朗一家有直接关系：赫伯特太太是阿姆斯特朗的岳母；外交官夫人安德雷尼则是他的妻妹；玛丽小姐、许米特女士、福司卡累利分别是阿姆斯特朗家的女秘书、厨师与汽车司机；奥尔松小姐是小戴茜的保姆，她引咎自责皈依了基督教；阿布思诺特与贝德斯当年分别是阿姆斯特朗上校的战友与下属；至于乘务员彼埃尔，他女儿就是那个含冤自杀的侍女波蕾特，而哈德曼乃是波蕾特的未婚夫。当所有涉嫌对象的真实身份被证实之后，这桩罕见的集体谋杀案的来龙去脉便变得一目了然。波洛强调说："引起我灵感的是阿布思诺特先生提到美国的陪审员制度。12位陪审员，12位旅客，雷切特被扎了12刀，瞧，一切设计得多么精确！我差点儿被你们糊弄了，错误地估计了行凶时刻，这样你们每个人都有不在作案现场的足够证据。其实，你们是在凌晨两点过后动刀的，是在雷切特昏睡中进行复仇的，不是吗？"众人听罢，无言以对，餐车里的气氛显得异常紧张。

波洛又开口了："杀人者理应偿命。我提供的两个答案，究竟选择哪一个好呢？布克先生，您是铁路公司负责人，还是由您全权决定吧。我个人认为，无能的警察一向喜欢简单的答案。"

布克接口道："那就采用第一种结论。"他话音刚落，餐车里顿时欢呼起来，12位复仇者莫不拍手称快，赫伯特太太领头举杯相庆。

前来救援东方快车的南斯拉夫车组越驶越近了。波洛独自离开餐车："我去准备书面报告。对警察，也是对我的良心……"

【影片赏析】

英国当代最负盛名的侦探小说家阿加莎·克里斯蒂（1890—1976）在晚年获得多项殊荣：1971 年，英国女皇册封她为"大英帝国女勋爵"，表彰其在文学方面取得的成就；1974 年底，根据克里斯蒂 40 年前初版的小说《东方快车谋杀案》改编的同名电影在伦敦、纽约两地献映，女皇伉俪亲自出席首映式；此后，克里斯蒂另两部小说《尼罗河上的惨案》、《阳光下的罪恶》又相继搬上银幕，在国际影坛上掀起一阵"克里斯蒂热"。这三部影片在中国也赢得了大量观众。

克里斯蒂在她漫长的创作生涯中，总共写作了近百部侦探小说，先后被译成 103 种语言畅销世界各国，累计销量达四亿册以上。她笔下的比利时大侦探波洛已与福尔摩斯齐名，她本人的声望亦直追侦探文学前辈作家柯南道尔，堪称"青出于蓝胜于蓝"。造成这种现象的原因有很多，一方面侦探小说的魅力历久不衰，赢得了一代又一代读者；另一方面，电影媒介在一定程度上为克里斯蒂助一臂之力，使她的作品向更广泛的人群传播（包括未读过小说原著的）。吸引众多电影编导格外垂青克里斯蒂的一大因素，在于她的小说所涉及的场景不限于一时一地，而大多发生在旅途之中，充满异域风情与某种神秘莫测的氛围，使电影艺术的本体优势得到发挥，较之柯南道尔笔下类似"室内剧"的福尔摩斯探案显然更具银幕观赏效果。克里斯蒂从七岁起就尝到旅行的乐趣，她一生周游世界，足迹遍及欧美大陆乃至南非、远东地区，包括令欧洲人心驰神往的"东方快车"，她也如愿以偿地乘坐过一趟。这样，在克里斯蒂的小说里尽管人物、情节皆出于虚构，但对有关地域风光的描写却是真切的、写实的，这些自然景观与风俗景观在上述影片中都得到形象化再现,亦是她的小说改编成电影后吸引观众的地方。

在众多电影样式中,侦探片的票房号召力相当大,单靠一个片名往往就能刺激人们观看的欲望。这是因为大多数人平时处于相对安定、单调、常规的生活环境,因而对那些在非常状态下发生的犯罪案件及侦破过程,会不可抑制地萌生新奇感和积极参与的愿望。当人们坐在漆黑的放映厅里,目睹银幕上悬念不断、扑朔迷离的戏剧性情境,暗中体验侦破与反侦破的智力角逐时,会获得一种超越日常生活的审美快感。侦探片题材大都涉及凶杀之类的命案,其性质接近悲剧,但从娱乐角度来看,又是集秘密、推理、悬念于一体的引人入胜的"智力游戏",是一种供现代人消遣的"成人童话",并恪守人类社会惩恶扬善的道德规范。克里斯蒂曾强调:"侦探小说是追逐猎物的小说,也是体现某种道德的小说,实际上它再现了古老的通俗道德信条:恶的毁灭和善的胜利。"《东方快车谋杀案》的结局便鲜明地张扬了这一古老而常新的主题。

在侦探作品中,侦探作为正面主人公通常代表正义的一方执法,与犯罪者展开针锋相对的较量。但此种较量方式主要体现在智商而不是体能范畴之上,因而属于文戏或"武戏文唱"(侦探小说、侦探片的名称近来已衍变为推理小说、推理片很能说明这一点),这也构成侦探——推理片与惊险动作片的分野。例如,克里斯蒂塑造的大侦探波洛已上了年岁,身躯笨重举止迟缓,但他思维敏捷,谈吐"绵里藏针",与惊险动作片里那号身手不凡的硬汉如詹姆士·邦德等截然有别。据有心人统计分析,偏爱侦探——推理作品的读者、观众尤以受过高等教育者居多,且不乏名人闻人,如著名电影大师爱森斯坦便对侦探小说情有独钟。正是由于这一批高水准的欣赏群体存在,客观上对侦探作品的创作者形成潜在的挑战,要求作品中塑造的侦探形象,其智商不能低于欣赏者的智力水平,否则难以满足这种"头脑奥林匹克"高级娱乐的需要。克里斯蒂的创作业绩表明,从小聪颖过人的她确实是这一行中的佼佼者,她的作品构思严谨,悬念设置不落俗套,人物形象生动,将侦探小说的品位提高到一定档次,难怪她40年前的旧作《东方快车谋杀案》搬上银幕后,依然博得当代观众的青睐。

  从侦探小说鼻祖爱伦·坡在1841年推出《莫格街凶杀案》算起,侦探文学的历史其实不算长,至于侦探影片的出现更是晚近的事。侦探作品的叙事模式大致分为以下五步:① 案发信号,② 搜集证据,③ 推理排查,④ "去伪存真"择定侦破方向,⑤ 揭开真相。这一叙事模式可谓万变不离其宗,成为侦探作品恒定的结构框架。这里的关键在于作者所设置的总悬念,是否达到"出乎意料"与"合乎情理"的标准。大凡上乘之作均能做到这两条,既吸引观众又经得起观众的推敲;等而下之的作品则顾此失彼,在"出乎意料"的同时丧失了"合乎情理";再等而下之的平庸之作,其演示的内容让观众感觉"意料之中,情理之外",那就味同嚼蜡了。克里斯蒂少年时代受她姐姐启蒙步入柯南道尔的"福尔摩斯迷宫",日后立志在这个领域超越前人。她饱览群书,无师自通,领悟到"一部好的侦探小说,成功的关键就在于把故事中的人物写得模棱两可,既像是犯罪,又由于某种原因使人感到不像犯罪,不可能有此罪行,尽管的确是他(她)所为"。值得注意的是,克里斯蒂的作品往往具有人物众多的特点,以《东方快车谋杀案》与《尼罗河上的惨案》为例,其中与案情有关的涉嫌对象均多达十人以上,不仅给波洛的侦查增加了难度,也透过波洛甄别作案者的过程,逐一剖视形形色色的人物及其隐秘的人性,这就不是单靠离奇曲折的情节所能奏效的。

  侦探推理片是一门悬念的艺术。在影片开端,观众通常目睹某个既成的作案后果,然后在一无所知(或所知甚少)的情形下介入侦探破案行动,观察侦探如何从大量蛛丝马迹中抽丝剥茧,最终使真相水落石出。在悬念设置方面,克里斯蒂犹如"制谜"高手,她善于利用常人的思维定式,匪夷所思地巧设谜底。在《东方快车谋杀案》中,她精心构思了12位旅客手刃雷切特集体复仇的奇案,并将这个谜底藏得严严实实,使悬念的张力一直保持到波洛当众解谜的最后关头。如果说,作者巧妙构筑一个出人意料的总悬念颇为不易的话,那么进一步使这个悬念建立在合情合理的基础上,更是对作者功力的考验。《东方快车谋杀案》集体复仇的"谜底"源于美国实行的12人陪审制度,为了揭示他们的复仇动机,克里斯蒂设计人物关系时预设伏笔——五年前发生在阿姆斯特朗上校家的绑匪撕票案使四名无辜者丧生,围绕死者生前的社会关系派生出这么一个出身、经历、性别、年龄各异的人士所组成的复仇群体,他们出于一个共同的目的汇聚到一起,在东方快车的头等车厢里精心实施了让杀人者偿命的复仇计划。但不巧的是,在开车前最后一分钟,偏偏大侦探波洛赶上末班车成为他们的旅伴,使此案很快被侦破。然而,波洛是位"有良心"的侦探,他亦憎恨卑鄙的绑匪头目卡赛悌,结果大事化小,认可了这桩正义的复仇之举。克里斯蒂本人极推崇一种"包含激情"的侦探小说,主张拯救无辜的人们,对作恶者绝不宽宥。在《东方快车谋杀案》中便洋溢着这种惩恶的激情,天网恢恢疏而不漏,卡赛悌五年前侥幸逃脱警方的追捕,五年后仍被复仇者一路追踪到天涯海角,直至在火车上足足挨了12刀,落得个死有余辜的下场。

  从电影改编角度来看,银幕上的《东方快车谋杀案》是相当忠于原著的,无论情节、人物、场面、细节以及对话等等,基本上在克里斯蒂的小说中均可找到出处。这并非电影编导缺乏想象力所致,实乃据以改编的原著属畅销的通俗文学,其内涵较为单纯,且在读者中已有广泛影响,因而没有必要作过多的更改。但电影与小说毕竟是两种不同的艺术门类，即便"忠于原著"，电影改编者也须进行必不可少的再创作。克里斯蒂本人深谙此道，她虽未写过电影剧本，但写过17部戏剧剧本，具备多方面的写作经验。克里斯蒂曾道出此中甘苦："侦探小说决不会像个剧本，因此改编它要比改编一部普通小说困难得多。它的情节是如此错综复杂，人物繁多，线索千头万绪，扑朔迷离。需要的是删繁就简。"这"删繁就简"四字诀，恰好概括了本片改编的一大特点。

《东方快车谋杀案》原著有17万字，包括《事实》、《证据》、《波洛静坐思考》三部共计32章，篇幅充裕，足以供克里斯蒂游刃有余地解剖这桩奇案的来龙去脉及细枝末节。电影完成片长度约两小时，其容量难以承载原著巨细无遗的描写。对电影改编者来说，他们必须在保留原著精华的前提下作出删繁就简的改动。这种改动首先表现为压缩波洛展开侦查的全过程。电影编导为了突出破案的紧迫性，在改编时有意渲染时间限制的因素：铁路公司负责人布克央求波洛赶在南斯拉夫救援车驶抵之前尽快结案，以免南斯拉夫警方插手。因而，小说中的波洛显得从容不迫，他尽可以"静坐思考"；电影中的波洛则受到限时破案的压力，由此使剧情进展速度大大加快。在小说里，十多个涉嫌对象各自接受波洛两次盘问；在影片中，他们接受的盘问被合并为一次。尤为明显的是，小说第三部曾用三章的篇幅详尽描述"波洛静坐思考"，包括波洛与布克、希腊医生闭门密谈，以及他们三个人三种推理思路的比较。由于这些内容具有坐而论道的特征，缺乏动态视觉因素，因此电影改编只能扬长避短予以删节，将波洛出类拔萃的推理能力留到最后揭破真相的高潮中显示。当然，删繁就简并不意味光做"减法"，有时适度的"加法"更有利于电影叙事简化。同原著相比，本片开场增添了一段引子，将美国报刊当年对阿姆斯特朗家惨案的一系列报道（包括标题新闻、图片新闻）作为片头字幕衬底，这样既不过多占用胶片，又借新闻报道方式将日后酿成"东方快车谋杀案"的背景交代得一清二楚。试想，如果没有这段引子作铺垫，那么在波洛侦查的过程中要花不少口舌去倒叙交代有关前史，这样势必事倍功半。

克里斯蒂小说的章法极为严谨，尽管人物众多头绪庞杂，但在情节与细节方面几乎达到滴水不漏的地步，经得起内行读者的挑剔。电影改编经过删繁就简的处理，在这方面难免显得粗疏，仿佛玩拼板游戏时某些局部未能与整体"接榫"。不过，看电影与读小说终究不一样，因为电影是"一次过"的，不停流转的画面留给观众自由思考的余地很有限。小说原著描述案发现场的证据和疑点共有十多项，诸如一片未焚透的纸烬、半枝雪茄、一根烟斗通条、一枚纽扣、一件绯红色睡袍、一块带"H"字母的手绢、一柄染有血迹的匕首、一扇半开的车窗、一声"梦魇"等等，这些表象大半是复仇者们故意用来迷惑波洛的，克里斯蒂对此作了面面俱到的交代，最后让波洛依据严密的推理给所有疑点划上令人信服的句号。而电影在表现诸多细节时受篇幅及叙述手段限制，有的避而不提，有的一笔带过，不如原著那样丝丝入扣。好在《东方快车谋杀案》小说畅销在前，许多慕名去观看影片的观众实际上早已读过原著，他们对某些细节的"空白"可以忽略不计。反过来说，电影叙事的优势也促使编导在原著基础上合理延伸，充实了某些细节。例如，影片中增添了一张含冤自尽的侍女波蕾特的照片，属于"可视的细节"，当波洛分别向哈德曼、彼埃尔出示这张照片时，他俩忍不住伤心落泪，立刻验证了他俩作为波蕾特亲属的真实身份。这种手法事半功倍，电影编导娴熟的改编技巧于此可见一斑。

20世纪60年代以后，英国电影业出现了一种国际化趋向,有越来越多的外国导演应邀到英国来拍片。执导《东方快车谋杀案》的就是一位美国实力派导演西德尼·吕美特,他在1957年执导处女作《十二怒汉》一举成名(巧的是该片亦是以美国12人陪审制作为背景的)。吕美特擅长拍摄社会性题材的影片,其作品大多根据小说、戏剧改编而成。《东方快车谋杀案》的演员阵容汇集了一批欧美影星,尤为难得的是一度息影的英格丽·褒曼也加盟这部群像戏,虽然戏份不多,但这位年近花甲的大明星以高度的敬业精神成功地饰演了奥尔松这一角色,在当年荣获奥斯卡最佳女配角奖。

(李亦中)

莫扎特

美国奥莱安影片公司　1984年出品
导演：米洛斯·福尔曼
编剧：彼得·谢弗
主演：汤姆·赫尔斯(饰莫扎特)
　　　默里·亚伯拉罕(饰萨列里)

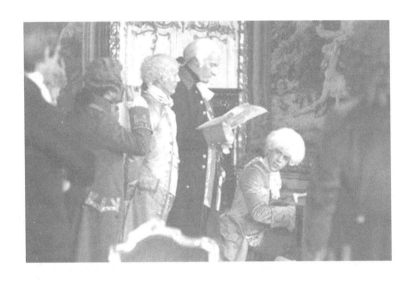

【影片内容】

在一个阴风怒号的寒夜,维也纳郊区疯人院里有个名叫萨列里的老人将自己反锁在小屋中,一边呼叫:"莫扎特,是我杀了你!饶恕我,圣母玛丽亚!"一边用刀子割自己的脖子。然而,他自杀未遂。院方请来一位神父帮他进行精神忏悔,但这位神父虽然出生在音乐之都维也纳,却毫不了解萨列里是"著名音乐家"。萨列里深受刺激,他开始痛苦地向神父忏悔,承认自己出于妒忌心理,杀死了心中的偶像——沃尔夫冈·阿玛迪乌斯·莫扎特。

萨列里在少年时代就对莫扎特的名字既崇拜又嫉妒。作为闻名全欧洲的音乐神童,莫扎特从5岁起就为各国皇室和教廷表演,并有一个悉心培养他成为天才的父亲。萨列里也酷爱音乐,希望自己日后能成为扬名世界的作曲家,但他的父亲很粗暴,禁止他在这方面发展自己的兴趣爱好。直到父亲去世后,萨列里的生活才发生彻底改变,他来到维也纳,经过短短几年努力,成了爱好音乐的奥地利皇帝约瑟夫二世的御用作曲家。每天除了陪伴约瑟夫二世学习音乐外,他还经常免费为平民授课,帮助那些贫穷的青年音乐家。夜以继日的勤奋工作,使萨列里受到人们的尊敬,他感到自己童年时代的梦想正在变为现实。不料,莫扎特此时来到维也纳,萨列里的生活轨迹就此发生了重大转折。

1782年,年仅26岁的莫扎特成为萨尔茨堡大主教的宫廷音乐家,在维也纳演奏自己的音乐作品,他的过人才华立即倾倒全城。正当人们为莫扎特的天赋啧啧称奇时,萨列里意外发现这位音乐神童在日常生活中是个行为恣肆、言语不羁的狂人,与他谱写的那些天籁之音形成强烈对照。萨列里意识到,自己遭遇了一个非同寻常的对手。莫扎特留在维也纳,受皇家委托创作一部用德语演唱的歌剧。在此之前，德、奥两国舞台上盛行的均是意大利歌剧。莫扎特才思敏捷，这部名为《后宫诱逃》的新歌剧不仅博得约瑟夫二世的赞赏，也使萨列里暗恋的对象——年轻女高音歌唱家卡瓦莱莉小姐对莫扎特献出芳心。萨列里心中又妒又恨，萌生陷害莫扎特的歹毒念头。

萨列里终于等到了下手报复的机会。莫扎特个性孤傲，无法忍受萨尔茨堡大主教的颐指气使，毅然脱离对教廷的依附，成了一名自由作曲家。莫扎特婚后的生活并不幸福，夹在父亲和妻子的冲突之间左右为难。更为窘迫的是，莫扎特经济来源不稳定，经常拖欠房租，连基本日用品也须赊买。为谋取皇家一个音乐教席，莫扎特的妻子擅自将他的作品送到担任评判委员的萨列里手中。萨列里为这些乐谱所体现的惊人才华而震撼，更坚定了利用职权陷害莫扎特的计划。他趁机欺骗羞辱莫扎特的妻子，又在皇帝面前败坏莫扎特的声誉，还安插一名女佣到莫扎特家里去监视他的行动。在歌剧《费加罗的婚礼》从排练到上演的过程中，萨列里表面上与莫扎特亲密无间，背地里却抓住一切机会阻止这部作品获得成功。

1787年，莫扎特的父亲去世。莫扎特悲痛万分，健康状况一落千丈。他对父亲怀着深深的愧疚，因为父亲对他的付出和他作为儿子的回报几乎不成比例。萨列里得悉莫扎特的病况之后，便使出阴险的一招，想从精神上给他致命的一击。于是，萨列里乔装打扮，戴上莫扎特父亲生前用过的假面具，敲开了莫扎特的家门，要求莫扎特替自己写一部《安魂曲》。卧床不起的莫扎特在愧疚、惶恐的心理和疾病折磨下，终于耗尽最后一丝精力完成了《安魂曲》，在贫病交加中死去，下葬时连一口像样的棺材都没有，享年不过35岁。

萨列里的阴谋虽然得逞了，内心却长期遭受无休无止的煎熬，最后精神失常，进了疯人院。作为音乐庸才，他的作品很快被人们淡忘；而作为亘古罕见的天才，莫扎特和他的作品成为人类音乐殿堂中永恒的财富,永远为后人欣赏和景仰。

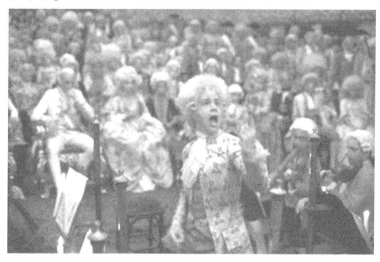

【影片赏析】

《莫扎特》是一部构思独特的音乐家传记片,影片形态虽然具有好莱坞音乐片的特征,骨子里却充满欧洲味道。两位主创者都不是美国人,编剧是英国剧作家彼得·谢弗,他根据自己创作的同名舞台剧改编成这部影片(本片原名为 Amadeus,取自莫扎特的全名沃尔夫冈·阿马迪斯·莫扎特中间那个词,含"受上帝宠爱"之意)。本片导演米洛斯·福尔曼原籍捷克,此前执导过驰名一时的政治讽喻片《飞越疯人院》。这部《莫扎特》并非依据正史,而是借助萨列里贯穿全片的倒叙,为观众勾画出音乐天才莫扎特短暂而奇特的一生。莫扎特完美无缺的音乐创作与并不完美的悲剧生活形成鲜明反差,莫扎特与萨列里之间潜伏的人性冲突直透人的灵魂。本片最大的成就,一是对剧中人物性格的深入刻画;二是对莫扎特音乐的透彻理解。

莫扎特（1756—1791）也许是音乐史上最为人津津乐道的神童，他从3岁起学习乐器，6岁时开始作曲，短短一生留下了600多部音乐作品。莫扎特身材矮小，言行恣肆，不谙世事，在与萨尔茨堡大主教的冲突中，表现出其个性的刚强。他在1781年毅然脱离对教廷的依附，成为欧洲第一位自由作曲家。本片编导对莫扎特的刻画着重描绘他生活中许多不为人知的细节，颠覆了莫扎特去世后由他妻子推动的"贴金"运动，不再将莫扎特当作完人来看待，尝试在银幕上还原一个有血有肉、内心充满矛盾的天才音乐家。当然，影片中有不少情节出于艺术虚构，明显与历史事实不符。比如，委托莫扎特谱写《安魂曲》的并不是萨列里，他也不可能借谱曲来谋害莫扎特。再如，莫扎特去世的原因也不是"过劳死"，而是患了某种疾病，当时维也纳最好的两名医生曾对他进行抢救，终因病情凶险而告不治。本片编导将萨列里塑造为一个阴险毒辣又令人同情的角色，他原本拥有令人羡慕的职位，他的为人也得到上至奥地利皇帝下至普通百姓的赞扬，是莫扎特的到来使他的命运发生了逆转，他在"天才"阴影的笼罩下郁郁寡欢也是完全可以理解的。萨列里将自己称为"庸才冠军"，这一称谓发人深省。也许与莫扎特相比，绝大多数音乐家都只能沦为"庸才"，但整个西方乃至世界音乐史，不正是由极少数天才和无数"庸才"组成的吗？实事求是地说，正史中的安东尼奥·萨列里（1750—1825）与影片中所描绘的形象有不小距离。他早年入读威尼斯圣马可教堂音乐学校，1766年赴维也纳学习作曲，1770年起先后担任皇家歌剧院指挥、皇家宫廷作曲家、意大利歌剧院指挥、维也纳宫廷乐长等职。萨列里还是一位受人尊敬的音乐教育家，贝多芬、舒伯特、李斯特等名家都曾是他的学生。有关萨列里因嫉恨莫扎特而加害于他的说法，起因于萨列里病逝前的一份精神病诊断报告，提到他神志不清时曾说自己"要对莫扎特的早逝负责"云云，但这一传说从未得到过证实。后来俄罗斯文学家普希金据此创作了诗剧《莫扎特和萨列里》,并由里姆斯基·科萨科夫谱写成歌剧,从而使这个也许是欧洲音乐史上最大的冤案以讹传讹流传开去了。

本片对莫扎特父亲形象的塑造基本上是准确的。列奥波德·莫扎特(1719—1787)出生在德国奥格斯堡一个商人家庭,后来移居奥地利,他头脑聪慧,对音乐情有独钟,曾在萨尔茨堡宫廷乐团担任小提琴演奏,还著有《小提琴教程》。列奥波德非常重视对子女的教育,为莫扎特姐弟的前程付出了自己的全部精力。他不仅编写音乐练习册给孩子们用,手把手教他们练琴,还带着他们走遍欧洲各大城市,为王公贵族表演。莫扎特从小没有机会去正规学校学习,列奥波德自己在家执教,为孩子补习语文、算术、历史、地理等等。可以说没有这位甘于默默奉献的父亲,就不会有日后闻名全球的音乐天才莫扎特。

《莫扎特》吸引观众的一大卖点是全片选用了莫扎特脍炙人口的经典音乐作品,从钢琴独奏、室内乐、交响乐到歌剧,莫扎特的多部代表作伴随情节演进一一呈现。影片开场,萨列里在疯人院里企图自杀,当他浑身是血倒在地上后,响起了莫扎特《g小调第25交响曲》(作品K·183)第一乐章主题。这段旋律充满绝望,又蕴含着一种狂放不羁的叛逆,似乎预示了整个影片的悲剧色彩。值得一提的是,莫扎特创作这部交响曲时只有17岁,从中却可以听出这个瘦小的少年郎身上所潜藏的狂飙般的力量,以及与其年龄不相称的悲壮情感。

萨列里在萨尔茨堡大主教府邸中首次邂逅莫扎特时,为莫扎特私下粗俗的言行大感震惊,也为他创作的华彩乐章而震撼。此时演奏的是莫扎特《木管小夜曲》(作品K·361)第三乐章,乐声宁静安详,宛如天使在歌唱,使萨列里不禁想到了上帝,并且为上帝选择莫扎特作为代言人而愤愤不平。当莫扎特在保密状态下创作《费加罗的婚礼》,被前去窥视的萨列里发现之后,他面临奥皇约瑟夫二世的责问。原剧在巴黎上演时,因剧中含有讽刺内容触犯了贵族而遭到禁演。莫扎特比原作者博马舍幸运一些,由于约瑟夫二世的宽容和对音乐的喜好,《费加罗的婚礼》得以在维也纳排演,原本不允许在歌剧中出现的芭蕾舞片段,也被保留下来。《费加罗的婚礼》现已成为用意大利语演唱的最出色的喜歌剧,它的序曲自然清新充满活力,是举办音乐会首选的管弦乐序曲。影片后半部分,莫扎特应平民剧院之约,谱写了歌剧《魔笛》(作品 K·620),这也是他生前创作的最后一部歌剧。作品取材于维兰德的神话《露露》,主人公为理想进行艰苦卓绝的斗争,最后取得胜利,表达了光明战胜黑暗的主题,体现莫扎特所追求的启蒙主义精神和自由、平等、博爱的理想,为日后德国浪漫主义歌剧的产生打下了基础。本片中出现了《魔笛》的两个片断,其中之一是反面角色演唱的《我心中狂怒》,这是难度极高的花腔女高音唱段,今天也成了女高音独唱家在音乐会上的保留曲目。

影片高潮部分,莫扎特接受了萨列里伪装的"匿名黑衣人"的委托,夜以继日投入工作,耗尽了自己的生命之光。实际上,这段情节明显存在艺术加工成分。根据历史上流传的逸闻,1791年某一个夜晚确曾有人造访莫扎特家,委托他写一部《安魂曲》,并且预付一半酬金。不过这位委托人根本不是萨列里,而是略通音律喜欢附庸风雅的弗兰茨·冯·瓦尔泽格伯爵,他经常购买他人作品然后填上自己的姓氏以博得虚名。1791年2月伯爵夫人不幸去世,悲痛的伯爵为了纪念亡妻周年忌日,便请人跑腿去向莫扎特约稿。莫扎特在谱写《安魂曲》时预感来日无多,他强打精神完成了乐曲基本框架及几个段落,其余部分交由门生苏斯迈尔续成。莫扎特去世以后,他的妻子要求苏斯迈尔和约瑟夫·艾伯勒一起完成这部遗作。因而《安魂曲》乃师生合作的产物,但总体风格还是属于莫扎特本人的。

《莫扎特》并不是一部常规意义的音乐家传记片,而是从一个崭新的角度塑造了编导心目中的莫扎特形象,激情演绎音乐天才与"庸才"之间难以调和的矛盾冲突,挖掘人性深度。1984年,本片在美国获得好莱坞外国记者协会颁发的年度最佳影片、最佳导演、最佳编剧和最佳男演员4项"金球奖";此后在第57届奥斯卡颁奖典礼上,又一举赢得最佳影片、最佳导演、最佳改编剧本、最佳男演员、最佳美术、最佳音响、最佳化装和最佳服装设计8项大奖,使得那一夜的颁奖盛典成了名副其实的"莫扎特之夜"。

(金桥)

小猪宝贝

澳大利亚影片　1995年摄制
导演:克里斯·努南
编剧:乔治·米勒
主演:詹姆斯·克伦威尔(饰霍吉特)

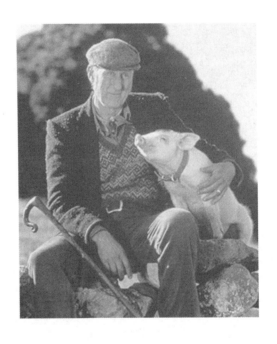

【影片内容】

在很久以前,猪不会受到同类之外其他动物的尊敬。它们生活在一种暗无天日的环境里,天真地以为自个儿长得越快越肥,就会更快地进入天堂。在它们心目中,猪天堂是一个快乐无比的美妙地方。所以,当猪妈妈要去充满无尽欢乐的另一个世界——被送往屠宰场的时候,别的小猪没有一个感到伤心的,唯独小猪贝比感到非常悲哀。

农场主霍吉特在一个集市上赢回了小猪贝比。霍吉特太太很高兴,她热切地盼望用养肥的小猪做一道圣诞大餐。霍吉特拥有一座很大的农场,里头有各式各样的动物,比如牧羊犬啦、喜欢打鸣的鸭子啦、年长的母羊啦,等等。

初到农场的小猪在牧羊犬菲莱的悉心照顾下成长。在克服了刚到陌生环境的不安和思念妈妈的孤寂之后,小猪很快和农场里其他动物熟悉了。但当它想跟随牧羊犬一起去放羊时却遭到拒绝,被告知猪要做的事就是吃东西。它这才知道农场里每一头动物各自都有上天注定的工作职责,凡失去工作能力的动物,其下场就是被端上餐桌充当人类的美食。

为了在农场里生存下去,鸭子和鸡一直为大清早唤醒全农场这份工作展开竞争。某一天,它们发现来了个新对手,女主人买了一架闹钟回家。迫于失业的危机以及被当作食物吃掉的恐惧,鸭子策划了一次犯罪活动,决计夺回自己的工作。诡计多端的鸭子找到了小猪,怂恿它进屋去帮自己偷闹钟,不料被猫发现,将屋子弄得一团糟。小猪为此受到惩罚,被警告不许再和鸭子在一起,不许再进屋子,夜晚不可以睡在谷仓内而只能睡在露天的大车底下。小猪在农场里的地位一下子降到了最低。为弥补自己的过失重新找到生存目标,小猪决定向牧羊犬妈妈菲莱学习,做一头"牧羊猪"。

霍吉特透过窗户发现了小猪的怪异行为，觉得它可能具备当"牧羊猪"的天赋。他带小猪一起去牧场，让小猪照着牧羊犬的样子把羊群赶到一起。小猪模仿牧羊犬，冲着羊群大喊大叫命令它们快跑，却遭到羊们的嘲笑。年长的母羊告诉小猪，请求别人做事的时候要有礼貌，粗话和暴力并不是解决问题的方法，每头动物都是平等的，要公平友爱地对待其他动物。当羊群顺从地按照小猪的指挥排队走出羊圈的时候，霍吉特意识到这头宝贝小猪果然是天才。牧羊犬莱克斯看到小猪轻而易举地博得主人的欢心，顿生妒意，随即和替小猪辩护的牧羊犬菲莱打了起来，不但咬伤菲莱，还误伤了阻止它们打架的霍吉特先生。情绪过激的莱克斯被霍吉特关押起来。

　　小猪的牧羊天赋一天天展露出来，不但能让羊群排着整齐的队列进出羊圈，还能说服躲起来不愿吃药的羊乖乖地让霍吉特喂药。菲莱告诉小猪，在一次意外事件中，莱克斯的听力受到伤害，现在几乎听不见声音了，所以它无法参加牧羊犬大赛。这不仅是莱克斯永远的遗憾，也是霍吉特先生的遗憾。与此同时，霍吉特萌生一个大胆的念头——训练他的小猪宝贝去参加牧羊犬大赛。

　　只有狗和猫能够进主人家的屋子，这是农场历来的规矩。霍吉特先生为了让小猪有良好的状态去参加比赛，特准让小猪进屋休息，这样一来就侵犯了猫的利益。猫居心险恶地告诉小猪，它的使命说穿了是被主人养肥后宰了吃。小猪听后大为伤心，便离家出走，结果生了场病。霍吉特是个沉默寡言的人，但为了让小猪尽早康复，他又是唱歌又是跳舞，让小猪感受到主人对自己的真心关爱。在霍吉特先生的悉心照料下，小猪很快恢复了健康。

　　牧羊犬大赛如期举行了。在比赛场地，羊们却不愿搭理小猪。莱克斯见状立刻飞奔回农场，向羊伙伴探听到羊群之间通话的密码。小猪掌握了这一绝招，终于在比赛中一鸣惊人夺得了满分！

【影片赏析】

《小猪宝贝》是一部人见人爱的动物影片,制作精良,1996年获得美国奥斯卡最佳视觉效果奖,以及最佳电影、最佳导演、最佳编剧、最佳男配角、最佳美术指导、最佳剪辑等6项提名;还获得1996年金球奖最佳喜剧/音乐电影、美国影评人协会最佳电影奖、纽约影评人协会最佳新晋导演奖,以及英国学院奖最佳电影、最佳编剧、最佳剪辑、最佳特效4项提名。

本片改编自英国儿童文学作家迪克金·史密斯的小说《牧羊猪》,是通过一群动物的视角来展开叙事的。影片主角是一头粉嫩粉嫩的小白猪,它发现自己被农场里那些年长的动物有意疏远。为了避免最后成为主人家的圣诞大餐,它必须依靠自己的努力去纠正主人和农场里其他动物对猪的偏见,证明自己除了充当人类的食物之外,还是有其他价值的。

小猪所生活的那个农场坐落在一片翠绿的草地上,看上去是一个典型的田园式乡村。导演特地请布景师设计了一栋别具一格的房子,这栋房子从侧面看上去像人的一张脸,两扇窗户看上去犹如人的双眼,有意营造一种童话般的画面效果。

农场里的动物们性格鲜明,它们之间还有地位高低之分。地位最低的是主人养来当食物的,比如母鸡和鸭子,每天都生活在恐惧之中。地位略高一点的是羊,它们是主人家宝贵的财产,生活无忧无虑,但是要受牧羊犬的控制。农场里地位最高的要数被允许进入房子的猫和狗了,它们是主人的忠实帮手。农场就像个小社会,动物之间互相存有偏见。牧羊犬菲莱告诫自己的孩子:"主人只吃愚蠢的动物",认为羊是很笨的。羊把牧羊犬看做可恶的"恶狼",粗鲁野蛮,不懂礼貌。羊和奶牛相信"命运天定",对自己所处的地位和生活采取默默承受的态度。鸭子既不生产也不工作,它只知道自己存在的目的就是有朝一日被主人杀了吃掉,它不愿意接受如此悲惨的命运,时常采取激烈的方式进行反抗。鸭子的逻辑听来颇有趣:"人类是吃鸭子的!所有的鸭子都不想记住这点,但事实是人类喜欢吃肥肥胖胖的鸭子。人类不吃猫,知道为什么吗?因为它们是必不可少的,它们会抓老鼠。人类也不吃公鸡,为什么?因为它们使母鸡下蛋,还在早晨叫醒每一个人。"鸭子努力反抗命运,顽强地想生存下去,但最终还是在现实面前屈服了。在农场里,小猪是很特别的。它刚出生不久,对动物社会中的规则和偏见一无所知,因而拥有一颗纯真的心。由于小猪是农场里唯一的猪,它必须去适应自己在农场里所处的地位以及承担的职责,寻找自己存在的价值。通过与鸭子的交往,它了解到猪不一定只做猪的事,就像鸭子也可以学公鸡打鸣一样。

  编剧乔治·米勒和导演克里斯·努南共同创作了这部生动有趣的动物影片,全片大部分镜头机位设置在人的膝盖高度,以此模拟小猪的主观视点,凡拍到霍吉特先生的时候常常采用仰拍角度。从宿命般的第一次相见开始,霍吉特先生和小猪通过视线交流,霎那间产生了一种本能般的默契。相比较每年仅仅在圣诞节期间来农场度假的女儿、女婿和被宠坏了的外孙、外孙女,小猪就像霍吉特理想中的孩子,既温柔安静又善解人意。

  农场主霍吉特沉默寡言,心地善良,富于冒险精神,他对于认准的事勇往直前决不后退。当牧羊犬大赛的裁判们讨论是否允许一头小猪参赛的时候,他据理力争。走向比赛场地的时候,旁人的嘲笑促使他更加昂首挺胸。当羊群排着整齐的队伍不慌不忙地完成规定动作时,寂静无声的画面在此前喧闹氛围的衬托下显得异常庄重,就好像大家都屏住呼吸,此时此刻的大草坪就是小猪和主人的舞台。

霍吉特先生迈着从容不迫的步伐去关栅栏门,导演在这里运用多个特写镜头来突出栅栏门合上的细节,快速的剪切强化了画面的瞬间。就在栅栏门将要关上的一刹那,镜头又切换到看台上,让合上栅栏门的"咔嗒"声和看台上的观众一起把热烈的欢呼高潮释放出来。从天空中照射下来的那条光柱,就好像是舞台上的聚光灯照耀在这对沉默的搭档身上,霍吉特和他的小猪宝贝终于成功了,各自克服社会的偏见,证实了自身的能力。

《小猪宝贝》在美国上映时,被定为"G级",即普通级。从 1895 年法国卢米埃尔兄弟首次放映电影至今,电影逐渐发展成集娱乐、艺术、产业于一体的大众传媒。在西方社会,电影具有商业文化最重要的特性——逐利性,为迎合观众谋求市场最大利润,不少电影充斥着暴力和性的内容。为保护青少年观众免受负面影响,美国等西方国家着手建立相应的电影审查和电影分级制。在美国,G 级是所有年龄均可观看的影片,该级别的电影没有性爱和暴力场面,对话也是日常生活中可以经常接触到的。

在国际影坛,不少获奖影片都喜欢探讨某个沉重而深刻的话题,这几乎成了一种定规。在《小猪宝贝》上映之前,迪斯尼公司也摄制了一部关于小猪的电影 *Gordy*,不料票房惨败。一开始人们也不看好这部澳大利亚出品的小制作,然而,"是金子总会发光",《小猪宝贝》在广告宣传和市场推广方面并无什么作为,完全靠观众之间口耳相传的口碑效应,一举创造了两亿多美元的上座佳绩。《小猪宝贝》的成功为普通级电影指明了一条新路,普通级电影只要构思新颖,剧情令人感动又具有励志意味,便能达到雅俗共赏老少咸宜的境界。电影公司现今都明白优秀的普通级电影才是真正的聚宝盆,每年暑期档是票房的黄金季节,也是各大电影公司出品的普通级电影大比拼的时候。普通级电影完全有可能把观众全家老少"一网打尽",而且每年度的票房冠军常常落在它身上。

编剧乔治·米勒在剧中开了个小玩笑。霍吉特先生管理着整个农场,霍吉特太太管理着整间屋子以及屋子里的生物(猫和霍吉特先生)。这是通过几个细节描写表现出来的,整间屋的摆设是按照霍吉特太太的尺寸来设计的,因门框过矮,霍吉特先生进屋时甚至要低一下脑袋。农场里所有的动物都尊称霍吉特为"主人",仅有住在屋里的猫称霍吉特太太为"主人",霍吉特先生则是"主人的丈夫"。该片幽默的噱头还在于三只可爱的小田鼠,它们在每一幕之间报幕,还站在角落里根据剧情的进展,不时演唱或欢快、或忧伤的歌曲。

《小猪宝贝》就像小说《动物庄园》和迪斯尼动画片的综合体,片中优美的田园画面、可爱的动物形象、有趣的情节与人类对动物的暴行、动物对动物的暴行形成鲜明对比。"我以为一只食量那么小的鸭子,对整个群体是没什么重要的呢。但是,我可是我自己的唯一啊!"这是所有动物的心声吧。《小猪宝贝》也是一部披着童话外套拍给成人看的寓言,有多少孩子能意识到片中这些可爱的动物和我们餐桌上的食物有可能是同一种命运。

55岁的美国演员詹姆斯·克伦威尔用他那张长满了皱纹的长脸庞和会说话的眼睛,塑造了一个令人印象深刻的农场主形象。克伦威尔自1970年起在电视和电影中参加演出,但直到出演《小猪宝贝》后才开始成名。拍完这部《小猪宝贝》,克伦威尔身体力行成了一位素食主义者,并加入一个激进的动物权利保护组织PETA,成为一名忠实会员。

《小猪宝贝》在电影技术上的创新和成就同样令人瞩目。动物的特效是由吉姆·汉森创意工作室制作的,正是计算机图形技术的神速发展,使得数年前还被认为根本不可能做到的事,现在已经实现。观众观看电影的时候,很难在各个场景中分辨出究竟哪些是动物模型或计算机模型、哪些是真正的动物、在哪些动物身上使用了特效。实际上,每一种动物几乎都有三个以上的替身。片中真实动物和人一起演出,最出彩的就是影片里的动物都会说话。当动物们张嘴说话时,看上去是那么的真实可信,只不过人类暂时无法理解罢了。由于小猪的生长速度惊人,摄制组几乎每隔两三个星期就要物色新的小猪来替补,总共大约有50头人工喂养的约克郡白猪轮流饰演了片中那只可爱的小猪贝比。它们是从几百头仔猪中选出的,虽然挑选的时候特意选了体形特征都差不多的小猪,但为了达到天衣无缝的效果,特技师还特意在小猪头顶上用电脑特效添加了一撮毛来强化这头小猪的个性。剧组特别聘用的驯猪师卡尔·路易斯·米勒带着两名助手在澳大利亚整整忙乎了一年,另外还聘请当地农民一同负责训练小猪们演戏,以此确保影片独特的观赏效果。

(陆晨兮)

我的野蛮女友

韩国影片　2001年摄制
导演:郭在容
主演:车太弦(饰牵牛)
　　　全智贤(饰女友)

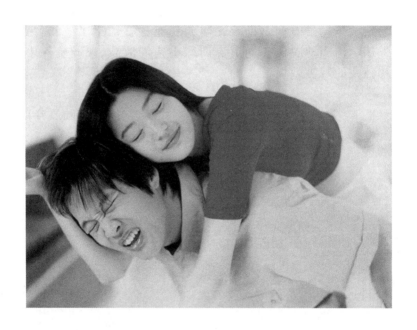

【影片内容】

　　老实巴交的牵牛从未交过女友，他的姑妈想要介绍一个女孩子给他。牵牛却认为他和姑妈的品位不一致，始终不愿赴约。一次朋友聚会时，牵牛瞥见窗外走过一个清丽脱俗的女孩，不觉怦然心动。在回家的地铁车厢里，牵牛又巧遇这个女孩，她喝醉发晕，吐得一塌糊涂。周围乘客误会牵牛是她的男朋友，善良的牵牛尽义务将她背到旅馆借住一宿。第二天一早，牵牛却被治安警察误抓进警察局，释放回家后又因夜宿不归被母亲痛打。

　　那女孩又出现了，主动约牵牛出去吃饭，这次她依然喝得酩酊大醉。牵牛再次把她送到旅馆，望着她酣然入睡的样子，牵牛心头萌生柔情。就这样，一回生二回熟，两个性格差异很大的人成了朋友。

　　与"野蛮女友"的交往，让牵牛吃尽苦头甜在心头。他想改变她的行为，但女友非但我行我素，还以作弄牵牛为家常便饭：或是贸然闯入课堂，向他的老师告状说自己怀了他的孩子，要去医院作人工流产；或是恶作剧将不会游泳的牵牛推进小河，在他沉入水底时才把他救上岸来；或是嫌高跟鞋穿着硌脚，逼着牵牛和她换鞋穿；或是无缘无故拳脚相加，害牵牛吃了不少皮肉之苦。牵牛偶尔报复她，却很少奏效。女友酷爱写小说，每次都让牵牛第一个阅读她的新作。在小说里，女友往往是英雄的化身，牵牛则是施虐的对象。但女友的种种"恶行"并未让牵牛退缩，他很欣赏女孩这种率真可爱的个性。牵牛还意识到这个情绪不稳定的女孩心里一定有某种创伤，所以他宁愿"犯贱"，享受被她打骂的过程，希望有一天能治好她心底的伤痛。

　　交往日久，两人之间的感情越来越深，但尚未正式确定恋人关系。女友家里人对牵牛的前途并不看好，给她施加了不少压力。某天,他俩相约来到山上,将各自写给对方的信一起埋在一棵树底下,约定两年后的同一天来这里拆读对方的信,在此期间不再见面。女孩的母亲给女儿介绍了一个男朋友,牵牛特意向他叮嘱和"野蛮女友"交往的"十大原则",女友听了潸然泪下。

两年过后,牵牛成为一名网络小说作家,他如期赴约,却没有看到"野蛮女友"的身影。牵牛从她留下的信中得知,她深爱的男友突然去世,与牵牛第一次在地铁里邂逅的日子,正是前男友一周年忌日,与牵牛之间的感情让她觉得对不起已故男友,她越喜欢牵牛,越觉得内疚,但缺乏勇气面对牵牛和自己的真实情感……

第三年,"野蛮女友"来到山上,但牵牛未出现。一位老人告诉她,春天的时候,那棵树曾遭到雷击,有个小伙子特地种了一棵和原来相似的树来等待她。

在人海茫茫的都市里,女孩再也找不到牵牛了,牵牛也追不上有女孩身影的地铁了。终于有一天,女孩和前男友的母亲相约在一家咖啡馆见面,想不到牵牛也出现在她面前!原来,这位热心撮合两个年轻人的人正是牵牛的姑妈,而她一直想介绍给牵牛的恰是这位"野蛮女友"。此刻,姑妈还蒙在鼓里——桌子底下,一对有情人的手早已紧紧相握。

【影片赏析】

《我的野蛮女友》是韩国网络作家金浩植的作品,本片导演郭在容接手之后,发挥自己的编剧才华,扩充原故事的容量并增添戏剧性。影片在韩国上映后一炮打响,据说每个妙龄女孩从影院出来后都耍性子打自己的男友,与剧情相关的钢琴、剑道培训班也顿时爆满。这股"野蛮"之风很快跨越国界风靡全球,几乎囊括了当年重要影展的众多奖项,引领了新世纪青春爱情片的新潮流。

  本片之所以产生轰动效应,主要原因是塑造了个性鲜明的男女主人公形象,诠释了两情相悦与真爱的伟大。影片故事情节相当单纯,透出的真情却令人感动。两位情侣在银幕上显出强烈的反差:漂亮任性的野蛮女友和温柔忠厚的丑男搭配在一起,形貌对比带出了戏剧性效果。韩国历来是注重传统的国度,长幼尊卑之间有着严格的礼教界限,男尊女卑的意识也非常浓重。韩国传统女性崇尚温柔贤淑、忍辱负重等美德,男性则信奉"大男子主义"。因此,在一部韩国电影里出现动辄对男人施以拳脚的"野蛮女友",即便观众心理上能承受一定程度的艺术夸张,仍不免产生一种意外的新鲜感。

  《我的野蛮女友》问世后,曾有不少评论者将其与韩国女权主义联系在一起,认为影片"委婉地表达了一种让人赏心悦目的女权主义"。其实,《我的野蛮女友》并未达到女权主义的程度,片中所表现的女主人公的"野蛮",本质上是一种艺术处理,她的"野蛮"是因为内心有着难以忍受的痛苦,外化为一种反常的行动。说到底,她其实是一个非常传统、对感情非常执著的女孩,因为深爱的男友猝然去世,她一直无法接受如此残酷的事实。当她和牵牛偶然相识后,逐渐对这个善良宽容的男孩产生好感,但在内心深处却自我谴责,将自己喜欢牵牛视为对前男友的背叛,这一扭曲的心结始终得不到化解,结果导致她做出一连串反常怪异的"野蛮"行为。导演在叙事上很有章法,例如"游乐场遇逃兵"这场戏:牵牛与女友相约在这里度过生日之夜,突然遭遇一个因失恋而出走的逃兵。在那个持枪的逃兵情绪失控,欲与牵牛同归于尽的危急关头,女友讲了一番感人肺腑的话,说逃兵不值得为失恋而厌世,否则将失去寻找真爱的机会。她的规劝终于使逃兵回心转意,决定继续活下去追寻真爱。女友在劝说逃兵之时声泪俱下,与她平时玩世不恭的样子迥然不同,这是她本真性情的流露,也显露出她内心的伤痕和对真爱的投入。这场风波过后,女友又恢复了对牵牛的"重拳打击",但在观众心目中,她已经不是只顾恶作剧的野蛮女孩,相反变得更可爱了。再如,两人在野外远足时,女友让牵牛爬上另一座山头,测试相互喊话能否听见,结果彼此根本无法听见对方的声音。此时,女友泪流满面大声喊着"对不起!……",让观众察觉到了她内心隐藏的伤痕,完全是个惹人怜爱的女孩,由此多侧面地刻画了女主人公的形象。

从牵牛的角度来分析,他对女友百依百顺甘愿挨打,甚至为她两进旅店、两度蹲警察局,并非出于一个男人对女权的维护,而是出于最真切的感情。牵牛对她一见钟情,此后随着交往的加深,他敏感地发觉女友心中藏着隐痛,希望能够帮她抚平伤痕,因此一直忠实地陪伴在她左右,无论她提出的"蛮横"要求让他有多么难堪也一一照办。牵牛的感情高潮戏出现在他面对"情敌"(女友母亲替她相中的另一个对象)时,这时牵牛一口气说了与"野蛮女友"相处的"十大原则"——"第一,不要叫她温柔。第二,不要让她喝三杯以上的咖啡,否则她会见人就打。在咖啡馆里要喝咖啡,不要叫可乐或者橙汁;如果她打你,那么你要装得很疼,如果真的很疼,那么就要装得不疼。认识的第 100 天,要去她所在的地方,当众送她一枝玫瑰,她会很高兴;你一定要学会剑道、会打壁球……,另外,还要随时做好蹲监狱的思想准备。如果她说要杀了你,那么不要当真,这样你会好受一些,如果她鞋子穿着不舒服,一定要和她换鞋子穿……还有,她喜欢写文章,要认真鼓励她。……"当女友听到他人转述这些原则时,立刻冲出门去追赶牵牛,画面外响起一曲 *I Believe*,全片进入抒情的华彩乐章。在情节安排上,导演让两位主人公经历三年时光的漫长等待,这样酝酿出来的爱情自然是刻骨铭心的。

本片画面唯美清新,叙事采用第一人称,使观众觉得十分亲切。郭在容是编剧高手,对细节设置非常考究。比如牵牛第一次进旅馆,墙上贴着的报纸上"五胞胎"社会新闻一闪而过;此后在情节推进过程中,五胞胎作为背景人物一一亮相:地铁车厢里被醉酒女孩吐了一身秽物的倒霉乘客、经营旅店的老板、监狱里的江湖老大、逃兵、地铁站播音员,五胞胎的现身活跃了观影气氛。又如,女孩醉酒时在地铁里破口大骂一个穿粉红色衣服的男人,指责他不该穿这种轻佻的颜色,这个"爱管闲事"的细节同时表现出女孩传统甚至保守的一面。

《我的野蛮女友》面世的2001年,正是韩国电影在国际影坛异军突起的年代。韩国电影产业当年销售额达10350亿韩元,观众人次超过1亿,韩国片在本国市场占有率达到创记录的46.7%,票房排行榜前7名影片中韩国片占了6部,韩国由此成为全世界第一个本土电影市场份额超过好莱坞电影的国家。韩国国家文化观光部制定"韩流文化培育方案",推动韩国电影大批输出海外。影响所及,各国年轻人将观看韩国电影、追逐韩国明星、欣赏韩国歌曲、梳理韩式发型、穿着韩式服装当作一种时尚。这股强劲的"韩流"甚至刮到好莱坞,《我的野蛮女友》成为第一部被好莱坞公司买下翻拍版权的韩国电影。有趣的是,这部韩国青春片被美国人翻拍成两个中年男女交往的故事,该片取名《我的野蛮网友》,讲述一个富裕白人通过网上聊天结识一个膀粗腰圆的黑人女囚,两人之间引发出一连串搞笑戏份,审美旨趣较韩国原版逊色许多。

《我的野蛮女友》体现出韩国电影产业两大运作策略:其一是市场营销策略。《我的野蛮女友》是一部青春爱情片,却冠以"野蛮"的奇特包装。其实"野蛮"并非为了强调女权主义,而是以"野蛮"的外壳来强化爱情的伟力。从个性层面来看,韩国文化推崇的"野蛮"和"酷",远比正统说教对于当代年轻人更有吸引力,有利于促进人文精神价值的重建。

其二是明星偶像策略。强大的明星阵容永远是电影工业机制的坚实基础。韩国演艺圈不断产生有票房号召力的大明星,这是韩国观众对本土电影保持热情的重要原因。《我的野蛮女友》取得的成功,与全智贤、车太弦两位青年演员集聚的人气密切相关,2002年两人双双获得韩国电影"大钟奖"最佳人气奖。尤其是全智贤,因主演《我的野蛮女友》一举成名红遍亚洲,在韩国一家知名电影月刊进行的问卷调查中,她获得"2001年崭露头角的女演员"和"2002年肩负韩国电影使命的女演员"两项殊荣。还担任了"韩国旅游形象大使",由全智贤刮起的"野蛮旋风",还极大地改变了新新人类对于女性的审美观。

  本片导演郭在容出生于1959年,他读小学五年级时偶然接触影像成形知识,从此便迷上电影这门艺术,改变了一生的志向。1989年,郭在容执导了自己的电影处女作《雨天的水彩画》,1993年又拍摄了《雨天的水彩画·2》。时隔八年之后,他厚积薄发,执导《我的野蛮女友》一鸣惊人,推出全智贤、车太弦两位耀眼的新星,直接引发了令世人瞩目的"电影韩流"。

(崔辰)

后 天

美国20世纪福克斯公司　2004年出品
导演：罗兰·艾默里奇
编剧：罗兰·艾默里奇
主演：丹尼斯·奎德(饰杰克)
　　　杰克·吉伦豪(饰山姆)

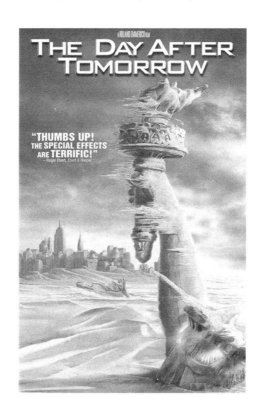

【影片内容】

　　气象学家杰克·霍尔和队友在南极冰架上进行常规勘测,他们在冰架上钻出一个大裂缝,险些葬身冰架断裂的冰层之下。

　　连续几天的暴雨让习惯了坏天气的美国人不为所动。然而,气候突变的种种迹象已悄然显露:观测站发现大西洋洋流温度产生大幅波动;飞机航班接连遭遇怪异气流袭击;卫星云图显示异常;动物行为异常……杰克·霍尔观察研究后发出预警:由温室效应引起的全球暖化所酿成的空前劫难迫在眉睫!他敦请政府部门采取应急措施,但未引起政府官员重视。

　　灾难果然突降!罗得岛冰山撞上南极洲冰层,顿时引发全球气候连锁效应:一场特大冰雹重创东京!一场超级飓风席卷夏威夷群岛!一场罕见暴风雪突降印度!一场史无前例的龙卷风袭击洛杉矶!杰克预见的灾变症候一一显现,南北极冰山融化使大量淡水注入海洋,地球将步入一万年前的冰河世纪。杰克提请美国副总统向全世界紧急宣布,北纬30度以南的居民从赤道附近迅速撤离,北纬30度以北的居民要做好防冻准备。

　　杰克的儿子山姆在纽约参加中学生知识竞赛,被困在曼哈顿地区,当地气温急剧下降。山姆和同伴躲到公共图书馆避难,打电话与父亲联络。杰克命令山姆,无论如何一定要坚守在室内,尽一切可能采取保暖措施。他答应儿子,自己一定设法去纽约援救他。此时,美国政府正式宣布组织民众向赤道方向撤离,杰克只身北上前去营救儿子。

　　海啸掀起的滔天巨浪顷刻间涌进纽约,自由女神像被淹没在汪洋之中,一艘万吨巨轮被冲进市区在街上滑行。极度寒冷的气流在天空形成一颗"风眼",所到之处气温骤降至冰点。纽约全城变成白皑皑的冰封世界,行人们猝不及防就被冻成"冰人"。茫茫冰原上只留下自由女神的头像和高举的火炬,象征着人类文明残存的一丝希望。

杰克带着两名南极科学考察队员,驱车前往纽约营救儿子。汽车开到半途陷入雪窝,他们只能徒步前进。与此同时,山姆一行在曼哈顿公共图书馆里靠仅有的壁炉取暖御寒。突然,女生艾米昏厥不醒,原来她因救人而划破的伤口严重感染,急需消炎药抢救。山姆冒险离开图书馆,带着几个男生去城里寻找药品。在那艘搁浅的巨轮上,他们遭遇了从动物园里逃出来的一群饿狼。经过一番搏斗,终于脱险,他找到药品和食物,九死一生地返回图书馆。

杰克三人经过艰难跋涉,终于找到了在图书馆里避难的儿子。他们设法与外界取得联系,最终安全登上了美国军方派来救援的直升机。直升机飞越之处,那些高过冰面的摩天大楼顶上,都挤满了劫后余生的民众。

美国副总统在墨西哥国家电视台向全世界发表电视讲话,声称他所奉行的气象政策是一次巨大的失败,向所有第三世界国家表示深深的歉意,并对墨西哥政府慷慨收容美国难民表达由衷的感谢。

【影片赏析】

《后天》片名曾被意译为《末日浩劫》、《劫世惊魂》,影片融合灾难、惊悚、恐怖、科幻四大要素,是电影史上少有的灾难片巨作,让人看后不寒而栗。本片编剧兼导演罗兰·艾默里奇是拍灾难片的行家,此前执导过《独立日》和《哥斯拉》。在剧情编排上,《后天》与形形色色的灾难片一样,也以二元对立的冲突来设计情节,生与死的矛盾始终凌驾于所有矛盾之上;在时间设置上也存在"死亡期限",剧中人束手无策等待最后的营救。与此同时,影片逼真地展现出灾难带来的毁灭性破坏,描述灾难降临时人们的心理反应和行为表现。

  本片故事背景是地球温室效应造成自然气候畸变,人类社会行将陷入第二次冰河时代。影片主角杰克教授依据观察和研究史前气候的规律发出预警,结果不幸而言中。一切有价值的东西的毁灭是自然灾害带来的直接结果,也是最能引发人们心灵震颤和心理恐惧的导火线。为此,本片导演几乎调动了所有灾难片的元素,如海啸、洪水、飓风、暴风雪、冰灾等在银幕上一一呈现,其猛烈程度超乎想象,如飓风撕裂洛杉矶、洪水淹没纽约城、万吨巨轮在马路上搁浅、两秒钟内气温骤降至冰点、直升机遇冰坠落……,极具视觉冲击力的一幅幅画面令人触目惊心。这场灾难造成的结局最终被定格在银幕上:地球一片死寂,提前进入了白垩纪曾出现过的导致恐龙灭绝的"冰川时代"……

  全片以"灾难预警—灾难骤降—拯救生命与自救"为基本脉络。气象学家杰克教授是中心人物,影片前半段描写他竭力说服政界高层人士,敦促政府部门采取应急行动,应对可能面临的灭顶之灾;后半段以杰克教授亲自拯救受困在纽约的儿子为主线,以山姆和同学们的自救作为辅线交织展开。为了表达更深刻的人文内涵,导演弃用廉价的煽情手法,揭示杰克与山姆父子情深,一诺千金,相比传统的"最后一分钟营救"模式更加耐看。与以往的灾难片相比,《后天》一方面渲染毁灭性场景的恐怖感,另一方面鞭挞人类在安逸环境里养成的惰性心理和短视行为,张扬由巨大灾难激发出来的人性光辉。

  《后天》出场人物众多,上有坐镇白宫的美国总统及幕僚,下有栖息纽约街头的乞丐;既有坚守观测岗位的英国科研人员,也有东京街头被冰雹击倒的日本职员,构成"地球村"芸芸众生的缩影。本片向人们警示在天灾面前人类的渺小,生命脆弱得就像蚂蚁,以此告诫人类要善待大自然,要与大自然和谐共处。片中向人们呈现了一幅幅面临生死关头的人类心灵图谱:在灾难面前,人性恢复了最基本的"本我"甚至最原始的求生欲望(人与狼的搏斗),当人的生命与人创造的文明形成矛盾时,人自觉地选择了前者(在图书馆焚书取暖),验证了马斯洛提出的"需求层次"理论。遭遇空前劫难,人类"生而平等"的法则得以充分展示,与流浪狗作伴的乞丐可能幸运地存活于世,贵为一国之首的总统却可能一命呜呼。经济科技超级发达的美国也有山穷水尽的一天,美国人为了求生一窝蜂涌向欠发达的邻国支起难民帐篷。在天灾面前,亲情、友情、爱情受到了考验,人类的良知与美德感人至深。例如那位困守在气象预报台的值班者,面对滔天激浪,忠于职守视死如归。

作为一部高科技大制作,《后天》动用最新的数字特效手段制造惊心动魄的灾难场面,观众在银幕前仿佛身临其境几乎喘不过气来。影片开场,从空间站、水文站等不同角度简洁交代"变天"的征兆;随后依次展现印度新德里的暴雪、英国伦敦的豪雨、日本东京的冰雹和纽约的海啸浪墙;紧接着,画面猛然推进到空间站,宇航员观察到暴风之"眼",一架误入"眼"中的直升机即刻冻结下坠,逃生的飞行员刚打开舱门便被活活冻死。受严寒侵袭,北半球迅速"回归"冰河纪,地面残存的建筑物统统裹上一层冰凌……足以让观众"越看越冷"。诚如导演罗兰·艾默里奇所言:"你必须让这部电影尽可能有娱乐性,但我还是想要竖起一面警告的旗帜。"

从娱乐性角度来看,编导在这部灾难片中加入必要的喜剧元素,使剧情有张有弛,倘若没有这些噱头作缓冲,本片有可能因恐怖场面过于密集而给观众带来不适感,由此滑向追求感官刺激的泥潭,反而减弱影片的认识价值。片中穿插的噱头体现出美式幽默,也能显露出导演的良苦用心。例如,暴风雪笼罩纽约城,象征民主自由的自由女神像也难逃一劫被齐胸淹没了,唯独擎在手中的"火炬"露在冰面上,犹如一支奶油冰激凌,显得十分滑稽。这里体现环保主义者的讽喻:末日来临时,自由女神自身难保,人类只能自我反省与自我拯救。又如,那个平日饱受歧视的黑人乞丐,危急时刻亦置身"神圣的"公共图书馆,与衣冠楚楚的白人相处一室。为烧火取暖,他提议先烧掉税收和法律方面的图书,揶揄政府只管收税和玩弄法律条文、不干实事的官僚行为。在这场戏里,图书管理员起先阻止他人焚书,后来拼命抱住那本古登堡版《圣经》,声称"这是西方文明的奇迹,它亡,西方文明也亡"。古登堡是德国的一名工匠,他发明印刷术后印的第一本书就是《圣经》。影片借图书管理员的护书行为,喻示无论什么灾难,只要保存文明,人类便不会消亡。

从思辨性角度来看,《后天》向现代人津津乐道的物质文明提出了质疑,就像当年爱因斯坦等科学家研制成功原子弹之后自问:"这一发明对人类究竟是福还是祸?"温室效应是当今人类社会面对的最严重挑战,由于工业发展和生活水平的提高,对能源的需求量每年以10%的速率递增。煤炭、石油、木材等燃料的燃烧排放出大量二氧化碳,致使一百年来地球大气层中二氧化碳的浓度增加了25%!温室效应的加剧导致地球变暖,直接危害生态系统,造成海平面逐年抬升,在未来100年中气温还可能继续上升,将引起海平面上升、大片陆地被淹、沿海居住的人口被迫移民、洪水泛滥、干旱及粮食作物歉收等等灾难性后果。美国一向以"世界警察"自居,对别的国家指手画脚,唯独对本国环境政策的瑕疵视而不见,至今不肯在《京都议定书》上签字。为了凸现这一点,《后天》一改以往美国充当"救世主"的银幕形象,让美国首当其冲经受灾害的沉重打击,最后沦为一个需要第三世界支援的难民国。不仅如此,本片有些场景甚至暗示,正是美国政府不负责任的环境政策导致这场灾难提前到来。导演艾默里奇这种处理,是对美国引以为豪的"强盛国力"的一大讽刺:科技水平越发达,社会生产力增长越快,占有的财富就越多,反过来又刺激新一轮经济增长。与此同时,也日益付出因破坏生态环境而造成的难以挽回的代价,尤其进入后工业社会之后,这种代价日趋沉重。当然,《后天》所展现的这场灾难,说到底是全人类的灾难,而不是某一个民族或某一个国家的灾难。致力于自然生态环境的保护也绝不是某一国政府的责任,这是全球一体化进程中全人类亟须达成的基本共识。这一共识将使人类超越民族与国土的狭隘界限,自觉关注整个人类面临的生存问题,因为在灾难中毁灭的不是"国籍"而是生命。

值得一提的是,《后天》剧组对环保主义身体力行,制片过程中有一个不为外界所知的环保故事。由于电影拍摄需要大量使用照明设备,耗用发电机及燃料,从某种程度上说,也会产生环境污染加重温室效应。为此,导演罗兰·艾默里奇专门请来环保专业人员,精确计算拍摄这部电影所产生的二氧化碳排放量,然后摄制组在加州森林植树作为相应补偿,自觉将环保理念落到实处,这种绿色环保精神不由让人肃然起敬。

(彭玲)

中外影视精品赏析 | 艺术影苑

伊万的童年

莫斯科电影制片厂　1962 年摄制
导演:安德烈·塔可夫斯基
主演:柯里亚·布尔里耶夫(饰伊万)
　　　安德烈·康察洛夫斯基(饰上尉)

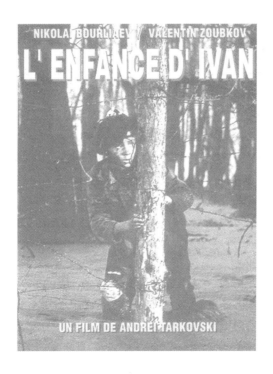

【影片内容】

苏联卫国战争后期,苏军即将取得最后胜利。

一个风和日丽的清晨,伊万趴在水桶边喝水,微笑着抬头对妈妈说:"妈妈,布谷鸟在叫。"……突然一声枪响,伊万从梦中惊醒。他警觉又老练地离开破旧的风车房,穿过森林,潜入冰冷的河水,逃脱了德军的追捕,回到前线部队。面对加尔采夫上尉的询问,伊万并不回答,只是要求他直接打电话给"51号军部"。上尉将信将疑地望着年仅12岁的伊万,在其强烈要求下,才拨通了以前从未拨过的"51号"。原来,伊万是直属卡塔索内奇中校领导的侦察兵,这次是他第一次去德军占领区搜集情报,在返程途中遭遇敌人,没有在约定的地点与接应的战士会合。中校告知上尉,他将派霍林大尉把伊万接回军部。上尉按照中校的要求,给伊万提供食物和洗澡水。伊万向上尉要来纸和笔,抓紧把情报记录下来。

伊万洗完澡,又不知不觉进入梦乡。妈妈在井边打水,伊万在井水里捞星星……又是一声枪响!吊桶像炸药般掉入井底,妈妈倒在井边,被德寇杀害了。伊万惊醒后,就问上尉刚才自己是否说了梦话?当霍林大尉赶来时,伊万脸上才露出少有的天真,如同见到亲人那样扑到霍林的怀中。

伊万提供的情报及时改变了苏军拟定的作战计划。他兴高采烈地回到军部,却得知一件窝心的事,卡塔索内奇中校要送他到大后方,进苏沃洛夫军校学习。伊万不乐意,坚决要求留在战区继续当侦察兵。中校下达的命令不容商量,倔犟的伊万赌气出走,私自决定加入游击队。在途中,伊万遇见一个被战争逼疯的老人,他不断询问伊万"妈妈还在不在?"这更加坚定了伊万复仇的决心。中校和大尉驾车追寻过来,中校被伊万执著的信念和决心所感染,他爱怜地望着伊万,终于同意他归队了。

一场决定性的战役就要打响了,部队首长急需了解德军最新动态。伊万欣然接受侦察任务,由霍林大尉和加尔采夫上尉护送他去对岸德军占领区。出发前吃完最后一顿晚餐,休憩片刻的伊万又进入梦境。伊万和小女孩坐在满载苹果的汽车上奔驰,露出幸福的笑容,苹果撒了一地,马儿在河边吃着苹果……突然大尉的呼叫声把伊万拉回现实,他们三人在夜色掩护下偷渡到对岸。为了不让德军发现淤泥中留下的脚印,伊万执意要两位军官返程。当大尉和上尉划船渡过湖中心时,身后传来激烈的枪声和德军士兵的叫嚷……

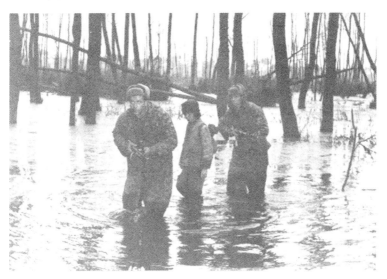

苏军攻占柏林。加尔采夫上尉在德寇监狱翻阅苏军被枪杀人员的档案时,发现了伊万的照片!此时伊万的梦境再现——母亲对伊万微笑着,伊万饮桶里的水,母亲提起水桶挥挥手;伊万与小伙伴在河边玩游戏,他追赶前面奔跑的小女孩,追上了小女孩;一棵象征战争与死亡的枯树;伊万仿佛还活着……

【影片赏析】

《伊万的童年》是塔可夫斯基执导的第一部剧情长片，根据哥莫洛夫的小说改编而成。原著以军官加尔采夫的视角来讲述他眼中的战争和伊万，其艺术特色和思想内涵并无出奇之处，是一部中规中矩的小说。塔可夫斯基在改编时作了别具匠心的处理，改为以伊万的视角来叙述故事，并建构了两个时空，伊万从军的现实时空和伊万主观的梦幻时空，从而使影片成为一部非常规意义的战争片。这看似简单的改动，却体现出导演非凡的才情，以及他对"战争与死亡"这一人类永恒主题的独到理解。这也是本片荣获威尼斯国际电影节金狮奖的一个原因。

影片主人公伊万是一个年仅12岁的男孩，但他的心志却比实际年龄成熟得多。战争不仅使他失去了母亲，也让他丧失了纯真的童年。在伊万的眼神中，我们感受不到童年应有的"阳光"，只有仇恨和恐惧。伊万真正的童年时代只存在于短暂的梦境中，那里有阳光、雨露、沙滩，有母亲慈祥的微笑，也有伙伴们嬉戏的欢笑，充满了温馨和快乐。然而，残酷的现实总是不断打碎他的美梦，在战场上连做梦也变成非常奢侈的事，炮火、战壕、尸体……时时让他从梦中惊醒。现实与梦境的频频交织，展示了一颗被战争扭曲的童心。

在全片叙事架构中，复仇行动成为伊万生命的全部。当中校下令送他去大后方的军校学习时，他歇斯底里地反抗并出逃，认为中校剥夺了他复仇的权利。塔可夫斯基通过大量的象征和隐喻影像来表现伊万的复仇心理：当伊万浏览从德国鬼子手里缴获的丢勒的著名版画《启示录四骑士》时，版画中凶猛的骑士和马蹄下惊恐万状的人群充满整个银幕，伊万不假思索就把残暴的骑士看作德国鬼子;军部的掩蔽部设在被毁的教堂地下室里,伊万又被墙上留存的文字撞击心灵,"我们8个人都不超过19岁,一小时后将要被屠杀,请为我们报仇!"当伊万走出掩蔽部,一眼看见河对岸吊着被绞死的苏军侦察兵尸体……种种残酷的景象使伊万的复仇动机更加强化,性格更加趋向极端。"复仇和暴力"已经溶入其血液,深入其骨髓。德国纳粹杀害了伊万的母亲,也等于扼杀了他。可以相信,即使战争结束,伊万报了仇,这个男孩的复仇心态和暴力倾向也不会改观。死亡已不是恐惧所在,复仇比生命更重要。"面孔黝黑、浑身战栗、背上布满伤痕、由于发抖而牙齿相击作响的小男孩"伊万的造型分明是其反常性格的写照。

在众多反映"孩子兵"的影视剧里,主创人员往往把这些孩子兵当作小英雄来塑造。他们炸碉堡、捉内奸、送情报、杀敌人,干着成人干的事,干得不亦乐乎。战争对他们来说似乎像一场"游戏",让他们收获"快乐"和"成长"。而伊万与那些"孩子兵"的最大区别在于,前者将"游戏当战争",而后者将"战争当游戏"。请看本片表现伊万在隐蔽部利用短暂休息时间玩游戏的场景,这是孩子气的自然流露。但发人深省的是,作为全片唯一的游戏场面,伊万游戏的内容依然脱离不开战争,伊万面对假想敌(墙上悬挂的德军军服)用匕首不断刺杀,但他"报仇"之后并不高兴,反而失声痛哭,浑身战栗。这表明战争严重摧残了他的心灵,使他不能自已。从人物塑造上看,伊万与那些"小英雄"相比,既没有那么可爱完美,也不讨人喜欢,是个有心理缺陷的小战士,但这一形象的艺术感染力和警世意义,却是那些"小英雄"难以比拟的。伊万的形象让观众深刻领悟战争非人性的实质,也让观众认识了战争中真实的另类小英雄。

透过伊万形象的塑造,我们不难发现塔可夫斯基对战争的理解并非简单地从敌我立场出发,他没有对战争的正义与非正义进行道德宣判,而是站在人类立场上去审视战争、谴责战争,对战争的非人性和非人道给予无情揭露。战争让家庭破碎,让童年不再,让爱情走开。影片中大尉霍林与军医玛莎刚开始萌生的爱情蒙上了战争的阴影,塔可夫斯基设计让霍林与玛莎跨立在战壕上热吻,其象征意味十分明显,寓意人类的自然情感被战争毁灭到何种地步。导演还通过插入新闻片段来谴责法西斯纳粹丧心病狂的反人类罪行。在标志战争胜利的苏联红军攻克柏林国会大厦的画面之后,紧接着并列德国新闻片镜头,纳粹头目戈培尔赶在苏军到来前,亲手开枪杀掉自己的五个孩子,然后再自杀。当戈培尔的焦尸与五个孩子苍白的尸体通过剪辑手段展现在观众面前时,观众的心灵被深深地震撼了。

《伊万的童年》不仅显示了塔可夫斯基对社会人生的超强感悟力和思辨才能,还体现出他非凡的艺术天赋。他更换了原小说的视角,添加了伊万的梦境,一部不同寻常的诗电影就此诞生。视角的变换使人们得以感受伊万的心态,梦境则让人们了解其心理畸变的深层原因。

伊万的梦境并非一般叙事意义上的回忆,而是大自然、欢乐、自由、纯真、幸福的象征,代表着伊万理想中的超现实世界。在严酷的现实时空中,伊万是个复仇者,对战争和暴力显出与其年龄不相称的投入。导演将伊万置于两极对比的两个时空之中,极大地强化了影片的情绪张力和思想张力。全片共出现了伊万的四个梦境,按常规逻辑,最后一个梦境似乎是不可能的,因为伊万此前已经牺牲,但它与第一个梦首尾呼应,与第三个梦境也是一致的。塔可夫斯基采用这样的假定性处理,一方面体现了导演对真善美的向往,对未来世界的一种预警(枯树意象),更重要的是实现了观者与行动者(伊万)的叠合。观众自始至终是从伊万的视角和梦境去体验的,影片并未正面交代伊万被捕后遭枪杀的过程,镜头直接从伊万与战友分手切换到苏军占领德国国会大厦,这样一来,伊万的牺牲就给观众造成强烈的情感冲击和心理失衡。伊万最后一个梦境实际上满足了观众的愿望,是他们替伊万继续做着他希望做的梦,继续感受伊万的呼吸和心跳。这四个梦境的长度不足 10 分钟,对一部片长 95 分钟的影片来说所占比例不算多,但它统领全片,是影片灵魂所在。伊万的梦境不仅与现实时空形成强烈对照,也体现出塔可夫斯基特有的诗意影像风格。导演并不满足于循规蹈矩地讲述一个传统形态的战争故事,他要透过具有隐喻和象征意味的画面来传达一种情绪、一种理念。梦境介入现实造成一种间离,打破了惯常的叙事方式,让观众体察伊万的心路历程。塔可夫斯基在其论著《雕刻时光》中宣称:"我想拍的电影,里头没有演说或渲染,却总能引起深刻的切身经验。一个人的偏见必须被隐藏起来,展现个人偏见也许可能给一部电影带来即时的议论话题,但其意义也将局限于短暂的效用——艺术如要持续,必须深化其本质。"

在《伊万的童年》里,塔可夫斯基除了开掘哲理内涵,更注重对电影语言的探索。他自我评价说:"影片中确实有精心组织的镜头,它是一部典型的学院式作品,是那种在大学生宿舍里想出来的东西。"塔可夫斯基(1932—1986)毕业于苏联国立莫斯科电影大学,该校曾会聚爱森斯坦、库里肖夫、普多夫金、罗姆等世界级电影大师,他们都是苏联蒙太奇学派的中坚。塔可夫斯基作为罗姆的弟子却颠覆了蒙太奇理论,他在《雕刻时光》中提出:"蒙太奇电影的理念,即以剪接手段将两个概念连接起来造成新的第三个概念,在我看来是违背电影本性的。艺术绝不能将概念之间的互动作为终极目的。形象是具体的物件,但却沿着神秘的途径延伸到超越精神的地带……"塔可夫斯基注重影像及其结构的开放性,要让观众自行体验影像和结构的意涵,诱导观众独立思考。因而,他在这部处女作中大胆尝试长镜头手法,通过镜头内部场面调度,使画面各个元素之间形成互动关系,产生出一定的含意。例如,伊万到掩蔽部第一次面见上尉的场景就是运用长镜头表现的,一方面展现真实的空间,另一方面借助场面调度将伊万与上尉之间由猜疑、冷漠到亲近的过程细腻地展示出来。类似这样的长镜头在《伊万的童年》中频频见到,塔可夫斯基善于挖掘长镜头的叙事潜能,通过银幕空间的渐次展现去"雕刻时光",使这部黑白影片散发出浓郁的诗意与韵味。

(邵奇)

老 枪

法国影片 1975 年摄制
导演:罗贝尔·安里科
主演:菲利普·诺瓦雷(饰医生)
　　　罗密·斯奈德(饰克拉拉)

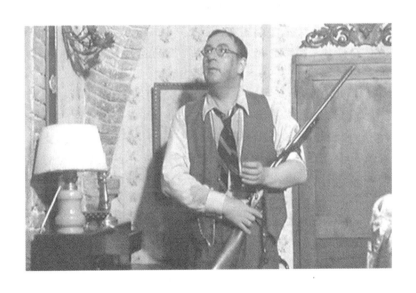

【影片内容】

　　1944年,第二次世界大战已接近尾声,法国即将迎来解放,但医生朱里安所在的城市依然笼罩在德军灭绝人性的屠杀恐怖中。一天,亲德派自卫队冲进朱里安工作的医院,对病房和病人进行搜查,把一个游击队员抓走了。自卫队头目认为朱里安有可能藏匿救助游击队伤员,便以朱里安妻女的安全来要挟他与自卫队合作,这使朱里安深感不安。当晚,朱里安回到家里,妻子克拉拉和他的朋友弗朗索瓦正在等他,朱里安将白天在医院里的遭遇向他们倾诉,弗朗索瓦建议他携家眷马上离开这里。

　　朱里安待女儿安睡后与妻子商量,为了她和孩子的安全,要她们去老家一座古堡暂住以避风头。克拉拉不愿离开自己的家,但在朱里安再三恳求下,才勉强答应了。夫妻俩憧憬着战争结束后一家人的安宁生活,他们要骑自行车出游,还要再添一个孩子。翌日,克拉拉带着女儿依依不舍地和朱里安道别。

　　数天后,朱里安放心不下,抽空去乡下看望妻子和女儿。他刚进入村口,便发现德寇已在村里实施过丧心病狂的扫荡和屠杀,整个村庄一片狼藉,几乎已成为死城。他步入教堂,又发现里面有多具尸体。朱里安慌忙跑向自家那幢古堡,急切地想找到妻女的下落。在古堡门口,他突然听见有德语声传出,瞥见院子里停着德军的装甲车。朱里安立刻意识到自家的古堡已被德寇占领,他隐蔽在石墙后面小心搜寻家人的身影——不料映入眼帘的竟是两具烧焦的尸体,近旁还散落着女儿穿的那只鞋!朱里安如雷轰顶五脏俱焚,妻子和女儿显然被灭绝人性的德寇用火焰喷射器逼到墙脚活活烧死了!他仿佛看到了妻女挣扎遇害的惨状,拼命克制自己的悲痛不哭出声来。

朱里安怒火中烧,发誓要为妻女和乡亲们复仇,以血还血以牙还牙。朱里安熟门熟路爬上古堡的阁楼,从柜子里取出一枝双筒猎枪,这把老枪还是朱里安的爷爷留下的,现在他要用这把老枪来向德寇讨还血债。朱里安胸有成竹,第一步先在古堡通向外界的一座木桥上巧设陷阱,随后潜入古堡地下通道,切断了水源,单枪匹马地展开了一场声东击西的游击战。德寇发现断水了开始慌乱起来,接着一个找水的德兵突遭冷枪击毙,其他士兵如临大敌地朝水井里乱扔手榴弹。此时朱里安早已从暗道匍匐进入夹壁墙,透过一面单向透视的镜子,巧妙地和屋里的德寇周旋。在复仇过程中,朱里安触景生情,不时回想起自己与妻子相识、相恋、结婚等幸福情景,越加增添了复仇的决心。

遭遇这一系列神秘莫测的枪杀事件,德寇终于招架不住了,德军少校惶恐不安地下令撤离。当领头那辆装甲车驶向早已被朱里安切断的木桥时,"轰隆"一声坠入深谷。古堡成了与世隔绝的孤堡,朱里安潜伏在暗道里四处出击,用那把老枪击毙了一个又一个德寇。侵入古堡的德军最后几乎全军覆没,陷入绝望之中的德军少校对着镜子准备举枪自杀。朱里安见状扔下老枪,拿起那把被德军丢弃的火焰喷射器——这具杀害他妻女的武器,向少校喷去!只见熊熊火舌窜出,德军少校瞬间消失在仇恨的烈焰中。

弗朗索瓦从城里驾车赶来,扶着朱里安上车,离开这座还在冒烟的古堡。朱里安百感交集,眼前仿佛出现了昔日景象:在一条林荫小道上,他和妻子、女儿骑着自行车郊游,一家子其乐融融,旁边还跟着一条小狗在欢跑……

【影片赏析】

《老枪》以1944年德国党卫军某装甲师在抵抗盟军诺曼底登陆途中制造的一起杀戮事件为蓝本,讲述法国医生朱里安在妻女惨遭德军杀害后，独自抗击被困在古堡中的一支德军小分队，为妻女报仇雪恨的故事。朱里安原本有一个幸福美满的家庭，妻子貌美贤淑，女儿聪颖可爱，但战争残酷地破坏了这一切，给朱里安留下永久的创伤。法国电影一向偏好轻松浪漫的主题，《老枪》却是个例外。

医生是救死扶伤的崇高职业，正如影片开头朱里安所说的那样，"医生只管救人"。事实上，朱里安并不想与政治、战争牵扯在一起，他只想当个好医生，干好本分工作，试图在兵荒马乱的岁月还能守住自己那一方天伦之乐。尽管外面局势动荡，他依然每天回家与妻子、女儿一起分享最快乐的时光，享受着家庭生活的温馨和甜蜜。然而，德寇的野蛮入侵和残暴行径，迫使这位只想安安心心过中产阶级生活的医生转变了角色，由救人走向杀人，拿起爷爷留下的那把老枪孤身对抗敌人。这一转变的导火索是德寇滥杀无辜的法国平民，激起了朱里安复仇的血性。

与中国、美国、俄罗斯等国家摄制的二战题材影片不同，《老枪》这部法国片并没有出现规模浩大的战争场面。导演突破反法西斯影片的常规模式和传统战争片的套路，借助朱里安独特的主观视角，通过他在自家的古堡暗设陷阱，打冷枪击毙一个个德军士兵的传奇经历，表现了这场"一个人的战斗"。本片另一个特点是对人物心理的刻画，导演将镜头聚焦于朱里安内心深处的情感。如果说，《珍珠港》、《拯救大兵瑞恩》等好莱坞大片是靠大投资、大场面以及视听效果来震撼观众的话；那么，《老枪》更关注的是在战争大背景下，一个普通知识分子为亲人复仇的心路历程。这种个人化的叙事角度，令观众对战争状态下的人性有了更真切的认识。

在《老枪》中，导演通过七段闪回，运用意识流手法，通过人物的回忆与幻觉，多层次表现朱里安丰富的内心世界，表现他对以往幸福生活的怀念，由此大大扩展了影片的容量，进一步刻画了人物性格。片中频频出现的闪回段落，将叙事结构划分成两个时空,即现实时空(客观层次)和心理时空(主观层次)。这两个时空相互映衬,一个色调暗淡冷峻,充满暴力和血腥,以朱里安孤身一人用爷爷那把老枪歼灭德寇的复仇情节作为主线;另一个色彩明朗欢快,洋溢着家庭生活的温暖和情趣,通过回忆来倒叙朱里安和克拉拉从一见钟情到结婚成家的安宁生活。导演将这两个时空的故事有机融合在一起,现实时空触发了主人公心理时空的展示,而心理时空又为现实中主人公孤胆复仇的行为提供了心理阐释,体现出"以乐景写哀"的叙事特色。

《老枪》的配乐出自法国著名电影音乐家弗朗索瓦·德·鲁贝,这也是他最后一部配乐作品。全片音乐并无战争片常有的激昂雄壮的旋律,而较多采用充满法国田园风情的浪漫小调,优雅中渗透一丝丝遗憾和叹息。本片的主导音乐动机是一段伴随朱里安全家三口骑自行车郊游的旋律,安详而宁静,流动的音符中略带几分调皮与诙谐,整段音乐风格与男女主人公的性情十分贴近,朱里安神情略带木讷,他的妻子则活力四射、热情奔放。这段音乐在片中出现过多次,与战争的残酷形成强烈的反差,采用这种与现实形成对比风格的配乐正是本片独特的艺术手段之一。

饰演朱里安的演员是法国著名演技派明星诺瓦雷,他凭借在本片中的出色表演摘得"恺撒奖"最佳男主角桂冠。诺瓦雷的演技毫不做作,表演风格内敛而深沉。在整部影片中,朱里安的对白并不多,他运用肢体语言和细腻的表情,将人物的个性、情绪以及他对妻女的挚爱表现得淋漓尽致。诺瓦雷的表演可圈可点,当朱里安看见妻子和女儿被德寇烧焦的遗体时,为了不被德国兵察觉,他只能掩蔽在石墙后面,脑海中浮现妻子女儿被害的惨烈场景,越想越激起悲愤之情,但又要极力克制自己的情绪,拼命忍住不哭出声来。诺瓦雷深入揣摩角色心理,将人物此时的心理刻画得非常到位。影片结尾时,朱里安坐上弗朗索瓦的车离开家乡返回城里,他的表情是淡然的,似乎什么也没发生过。实际上，朱里安此刻的心境正处在残酷的现实和甜蜜的回忆交织之中，他还不习惯妻女已经离他而去，总觉得她们还活在世上。他喃喃自语地谈着家里的小狗，还笑着说妻子邀请弗朗索瓦到家里作客。弗朗索瓦脸上露出惊诧之色，朱里安这才明白过来，家庭的破碎已是永远无法逆转的事实了。他情不自禁淌下两行热泪，脑海里又浮现出一家三口骑车郊游的场景，于是他一边流泪一边勉强地笑了笑。这个特写是全片最感人的，诺瓦雷用平淡、自然、毫不煽情的表演传达出朱里安痛定思痛的心境，让观众们为之动容。

《老枪》的独特性在于通过一个普通知识分子的个人视角去表达战争给人们造成的心理创伤。《老枪》的结尾是美好的、浪漫的，而事实上，这种憧憬对于朱里安来说，是永远也不可能实现了。这种悲凉和痛楚引导人们再一次审视历史，审视战争对人类造成的伤害。

本片荣获 1976 年法国首届电影恺撒奖最佳影片等 3 项大奖。

（徐殷颖）

希望与光荣

哥伦比亚影片公司、尼尔森娱乐公司　1987年联合出品
导演:约翰·布尔曼
编剧:约翰·布尔曼
主演:塞巴斯蒂安·爱德华兹(饰比尔)
　　　萨拉·迈尔丝(饰母亲)
　　　戴维·海曼(饰父亲)
　　　萨米·戴维丝(饰姐姐)

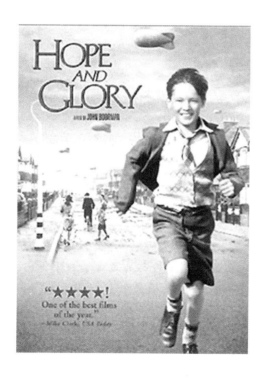

【影片内容】

比尔难忘1939年9月3日那个阳光明媚的日子。当时他正与妹妹在院子里玩耍,这个地处伦敦郊外的居民区突然变得一派死寂,大人们神情肃穆地听着收音机里播出的首相张伯伦的宣言:"到11点钟,同德国进入战争状态。……"不知怎么的,比尔感到一种莫名的兴奋。瞧,家家户户的玻璃窗贴上了防备空袭的纸条,又在院子里筑起一个个简陋的防空掩体。餐桌上,大人们频频提到"参战",言谈间流露出某种伤感。比尔的父亲是参加过第一次世界大战的老兵,这回又报名入伍。临别前夕,父亲手把手向比尔传授打板球的要领:"你已经8岁了,爹把这手绝技教给你,以防我为国捐躯。"

比尔的母亲考虑再三,决定将子女送往澳大利亚亲戚处避难。火车站挤满成百个孩子,工作人员忙着拦阻前来送行的家长。比尔埋怨母亲:"我看不到这场战争了,都怪你!"母亲泪流满面,精神快要崩溃了。在最后关头,她突然改变主意,硬是把一双小儿女从车站拖回了家。当晚,比尔终于亲眼目睹德国轰炸机的首次空袭,只见夜空中交织着一束束探照灯光,炸弹爆炸声与高射炮回击声震耳欲聋,熊熊燃烧的火光映红了伦敦城区。英军战斗机出动了,比尔兴奋得手舞足蹈。

清晨,比尔和妹妹手拎防毒面罩,背着书包去上学。途中,比尔不停地捡拾瓦砾堆里的废弹片,结果迟到了,在校长室挨了一顿鞭笞。礼堂里,校长亲自带领学生祈祷上帝,口中念念有词:"主啊,让烦恼的梦困扰希特勒吧,把毁灭带给我们的敌人!请你指引丘吉尔先生熟练掌握战争的技巧吧!让这些孩子成为基督的战士吧……"校长的声调越来越激昂,孩子们却在队列中偷偷交换弹片。第一节是地理课,女教师执教古板,学生们感觉异常乏味。幸而响起空袭警报,大伙儿立刻开心地"逃课"奔向防空洞。校长沉着脸进来,他一板一眼地向全体学生下达指令:"戴上防毒面罩!我们要滤去敌人的恶毒。"校长在通道上来回巡视,忽又见缝插针地嚷道:"现在背诵乘法表!一九得九,二九十八……"顿时,一副副防毒面罩里传出孩子们的背诵声,防空洞里充斥着瓮声瓮气的古怪声浪。

初冬时节,天空中升起一只汽艇状庞然大物——防空气球,引得比尔兄妹流连忘返。空袭又来临了,这次有一架德军飞机被击落,市民们不禁欢呼起来。当那个德国飞行员随着降落伞慢慢接近地面时,老弱妇孺一齐上阵将他团团围住。德军飞行员神态傲慢,竟然跷起二郎腿坐在一只油桶上抽雪茄。人丛中推推搡搡地冒出个老警察,他胆怯地打量那个盛气凌人的德国军人,在周围同胞的怂恿下,方抽出警棍小心翼翼地把他押走了。比尔的姐姐道恩挤在人丛中朝德军飞行员抛媚眼,立刻被她母亲喝住。家庭主妇们争先恐后地上前抚摸那顶丝织降落伞,对这件战利品非常欣赏。

道恩正值少女怀春的妙龄,热衷于穿着打扮结交男友。为了参加当晚的舞会,她央求弟弟用笔在自己的大腿上绘了一双"长筒袜"。在舞会上,道恩与一个名叫布鲁斯的加拿大士兵一见钟情,疯狂地跳起了吉特巴舞。布鲁斯打趣道:"你穿的新式长筒袜怎么没吊袜带?"话音刚落,他脸上便挨了道恩一记耳光!

一夜狂欢,道恩睡得死死的,压根没听见空袭警报。爆炸气浪一阵强似一阵,母亲顾此失彼,护着子女左冲右突躲进掩体。惊魂甫定,母亲发现缺了大女儿,又慌忙爬出去寻找,正巧看到道恩呻吟着,她的胳膊已经受伤。道恩用责难的目光盯住母亲:"你怎么不管我的死活?我知道,全是因为怀了我,你才被迫与爸爸结婚的,你从不爱我!"说罢,她又趴在母亲身上痛哭起来。比尔迷惘地望着母亲与姐姐,他永远也不会明白女人之间脆弱而微妙的感情纠葛。

"波琳的妈妈被炸死了!"这条惊人消息在孩子们中间流传。为安慰可怜的小伙伴,比尔的妹妹天真地将几块弹片送给了波琳。空袭后果十分惨重,整个街区满目疮痍,一处处废墟却成了孩子们的乐园。比尔四处闲逛,以罗杰为首的一帮顽童将他带到"司令部"盘问。比尔也想入伙,为此必须履行"说咒语"的规矩。比尔硬着头皮,说了一串平素不敢说的脏话:"滚开,他妈的,同性恋!"接着,罗杰下令"把一切还没毁坏的东西统统砸烂!"比尔也学着他们凶狠的样子,挥舞棍棒冲进一幢废弃的房屋肆意打砸,一种长久抑制的好斗禀性得以释放,他觉得其乐无穷。大伙路过一个暗角,罗杰一本正经地说:"这里藏着所有从十字路口拔起的路标,德国鬼子登陆后准会迷路。"孩子们又返回"司令部"抽烟喝酒,此时波琳来了,男孩们轻佻地吹起口哨。罗杰拿出一盒首饰递给波琳,不怀好意地凑在她耳畔说悄悄话。在罗杰指挥下,男孩们迅速在波琳跟前排起长队,波琳撩起自己的短裙,将身上的隐秘部位让每个男孩窥视几秒钟。比尔排在最末,当他靠近波琳时禁不住哆嗦起来。恶作剧过后,大伙又在各处废墟游荡。比尔意外地发现有个大兵搂住道恩乱吻乱摸!姐弟邂逅,分外尴尬。比尔向大兵怒掷石块,其他孩子赶来助阵,砸得布鲁斯逃之夭夭。罗杰嚷着:"看这小子还敢不敢来乱搞我们的女人!"

母亲对道恩恋上加拿大士兵十分反感,但道恩痴心不改。母亲最终还是同意了:"如果你真心爱他,可以把他带回家。千万不要糟蹋爱情,不然你会懊悔的。"布鲁斯很快成了比尔家的常客,还时常捎来牛肉、茶叶、长筒袜、口香糖等,很讨全家人喜欢。这天布鲁斯又来玩,跪在地板上给比尔当马骑。此时,收音机里正播出有关"敦刻尔克大撤退"的报道,播音员铿锵有力的语调伴着激越人心的音乐。作为大撤退的亲历者,布鲁斯对这种"高调"宣传嗤之以鼻。比尔的母亲却郑重其事地对布鲁斯说:"我对敦刻尔克的故事从不厌烦,这是可怜的人民勇敢无畏地面对暴君。有了敦刻尔克精神,我们永远不会屈服,永远不会!"布鲁斯后悔方才的失言,道恩姐弟也被母亲深沉的爱国情绪感染了。

　　天寒地冻,父亲开摩托车在雪地里长途奔波赶回家度假。子女们对他并无久别重逢的喜悦。父亲带来一罐德国果酱,大家都不敢品尝,生怕里面下了毒。直到父亲一口气吃了小半罐,比尔与妹妹才上前争抢。父亲告诉妻儿,由于自己年龄太大,未能出任军职,只是当个打字员,"为了英国而学打字"。看来父亲不可能立军功出人头地了,家人不免感到几许失望。圣诞节那天,合家团聚,比尔的外公、外婆也从乡下赶来。外公贪杯喝醉了,祝酒时满口胡话,遭到四个女儿的奚落。收音机里开始播送英王乔治五世略显口吃的新年贺词,接着奏起了国歌,全家老小当即起身立正。入夜,布鲁斯与道恩在门廊吻别,他送给道恩一枚钻戒,悄悄告知部队就要开拔去法国。道恩大发脾气:"你想让我在家里守着这戒指度日吗?你倒可以再去找法国姑娘风流!"俩人不欢而散。

　　春天来了,母亲带比尔兄妹到海滨散心,同行的还有父亲的老友马克。比尔知道,马克叔叔与母亲特别谈得拢,有时还请母亲外出看电影。在返城的火车上,比尔在车厢角落暗中观察母亲与马克叔叔窃窃私语。马克的妻子已同一个波兰飞行员私奔了,母亲同情他,苦笑着说:"我一直在等,可你从不吭声。"马克坦言:"你丈夫正在为国效劳,我不能那样做。"母亲感叹道:"我们都是正派人,但毕竟失去了爱情,这是可悲的。"在朦胧月色的映衬下,他俩忍不住要接吻了,却因为孩子们的缘故,终究抑制了这种发自生命本能的冲动……

　　天有不测风云。比尔他们刚回来,便看见自家那幢房屋被肆虐的火舌吞没了!消防队全力投入灭火,队长向母亲解释:"不是空袭,只是普通火灾。"母亲见怀有身孕的道恩安然无恙,悬着的心才稍稍放下。马克叔叔下意识挽住母亲欲抚慰几句,母亲却带着某种负罪感迅速避开了。比尔天真地嘀咕:"我收藏的炸弹片不会烧坏吧?"消防队长答道:"太对了,我也这么认为。"

比尔的外公居住在泰晤士河畔一个无名小岛上,他收留了无家可归的比尔母子。这里仿佛世外桃源,一派远离尘嚣的田园风光。在童心未泯的外公指点下,比尔无忧无虑,天天下河游泳、划船、捡鸟蛋,从未如此亲近大自然。最妙的是,比尔与妹妹下网捕鱼一无所获,这时恰巧有架德军轰炸机扔下一颗炸弹,河面上很快浮起白花花一大片被震昏的鱼儿,兄妹俩满载而归,令外公瞠目结舌。接着又发生一件意料不到的事:布鲁斯竟然从驻地开小差赶来与道恩成婚!婚礼在小镇教堂正式举行,父亲一身戎装,彬彬有礼地将身孕沉沉的大女儿交给了新郎。有两个宪兵也光临此地,婚礼刚结束,他们就不客气地扭住布鲁斯把他押上了吉普车。在婚宴上,大家举杯"为缺席的新郎干杯!"午后,比尔与父亲在草坪上玩板球。比尔连连投出曲线球,父亲甘拜下风,紧紧搂住儿子:"我为你感到骄傲!"

道恩很快分娩了。比尔为了让姐姐有更多营养哺育婴儿,常常冒险去邻家果园偷摘苹果。日子飞快地流逝,收音机里播出丘吉尔首相犹如绕口令的讲话:"战争远未结束,现在不是结束的开始,而只是结束了开始阶段……"

开学的日子到了。外公驾车送闷闷不乐的比尔上学去。前面便是令人望而生畏的学校围墙,比尔强打精神拎起书包下车。他刚踏进校门,猛然发现数百个同学正陷入狂欢之中,一顶顶学生帽、一只只书包被高高抛向天空,四周一片欢呼声,有人喊着:"希特勒,谢谢你!"比尔定睛一看,原来学校遭空袭已成为一片废墟。比尔大喜过望,转身迎着外公奔去:"学校挨了炸弹,我不用上学啦!"

祖孙俩的笑声久久回荡在秋色如画的泰晤士河畔。汩汩流淌的河水好像在召唤比尔,他又可以度过一段额外的好时光了……

【影片赏析】

早在1948年,法国一位年轻的电影人阿斯特吕克就充满激情地预言了"摄影机—自来水笔时代"的到来:"这意味着剧作家自己拍摄自己的影片。更好的情况就是剧作家不复存在,因为在这种电影中,剧本作者和导演的区分已没有任何意义。场面调度不再是展示或表现一场戏的手段,而是一种真正的写作。电影作者用他的摄影机写作,犹如文学家用他的自来水笔写作。"阿斯特吕克或许考虑到电影制作毕竟比文学写作繁难得多,结语亦留有一定余地:"这是一种意识的觉醒,是电影的某种变化,是未来的某种可能,以及我们促进这一未来早日来临的愿望。"在这种先锋理论的倡导下,"作者电影"陆续问世,且多为自传性质,如特吕弗的《四百下》、费里尼的《8部半》、伯格曼的《芬妮与亚历山大》、侯孝贤的《童年往事》等。1987年,英国电影导演约翰·布尔曼推出了自编自导的《希望与光荣》,以挥洒自如的笔法在银幕上谱写了一篇个人回忆录,为第二次世界大战的历史提供了真实、生动、质朴的影像记载。

放眼世界影坛,涉及二战题材的影片可谓汗牛充栋,各种样式、风格层出不穷,然而用自传回忆录这种形式去加以表现的并不多见。在艺术形态上,《希望与光荣》的纪实感极为明显,全片依靠大量细节而不是戏剧化情节来构筑叙事框架。作者采用一种娓娓道来的叙述语调,向观众展示了一个八岁儿童在战争期间的所见所闻。布尔曼本人生于1933年,他的亲身经历与个人体验无疑与本片小主人公比尔的视点融为一体。值得指出的是,当作者在半个世纪过后回首当年时,既充满一种刻骨铭心的怀旧情绪,又在搬演往事时营造一种新鲜感。布尔曼强调:"我处理镜头的宗旨是让它们十分清晰、强烈和生动,因为从孩子的眼睛看来一切都是新鲜的。"一般说来,二战题材的常规影片往往具有"黑云压城城欲摧"的压抑感与悲壮凝重的氛围。本片借助儿童视角看世事,却一反常态地洋溢着某种轻快、乐观、温馨的基调,儿童那份天真与童心得到了酣畅淋漓的表现。

《希望与光荣》的基本场景是位于伦敦市郊的平民社区。片头开门见山,通过英国首相张伯伦的广播讲话宣告这场战争的爆发。此后,比尔家里那台收音机便充当了重要角色,持续不断地播出各种战况报道,间接烘托第二次世界大战的严峻局面。男性公民纷纷应征入伍,老弱妇孺留守后方,家家户户须日夜提防德军飞机的轰炸。比尔少不更事,却巴不得空袭早些来临。当母亲要送比尔兄妹去海外避难时,他甚至耍性子大闹:"我看不到这场战争了!"后来比尔总算如愿以偿,留在家乡亲身经历了一次次空袭。但严格说来,本片先后出现的四五次空袭场面有惊无险,导演透过比尔的主观感受加以表现,染上了某种神奇色彩。就比尔那个年龄段的男孩子而言,他们的天性无拘无束,崇尚冒险,对外界事物似懂非懂,尤其对战争期间打破乏味沉闷生活的一切变动求之不得。在他们的心目中,师长的训诫、日常的禁忌一下子都抛诸脑后了。影片中有一大段篇幅表现孩子们在轰炸过后的废墟上尽兴嬉闹,寻求师长缺席时的种种刺激。当好孩子比尔斗胆说出平素不敢启口的几句脏话以后,他才得以"入伙",才有资格尾随其他顽童恶作剧,并在一个早熟少女身上初次获得性的启蒙。

孩子们的"逃学"意识也是布尔曼在这部电影中加以渲染的内容之一。由于学校教育刻板僵化,令比尔身心受压抑,敌军空袭反倒使他与同学们有可能名正言顺地"逃学",获得片刻的放松。孰料严厉的校长先生毫不通融,即便在防空洞里也强迫小学生们戴着防毒面罩背诵乘法口诀表。总之,上学读书几无乐趣可言(甚至遭到体罚),因而当孩子们发现学校建筑毁于空袭时,个个欢呼雀跃,情不自禁地将书包与课本高高地抛上了半空。应该说,布尔曼在影片结尾设置的这一高潮犹如神来之笔,既出乎观众意料,细想又在情理之中。通过这个"以乐景写哀"的场面,布尔曼旨在抒发他那真切而独特的哲理感受:战争改变了一切!战争是恐怖的残忍的,它毁灭了许多有价值的东西,同时也毁灭了不少人希望毁灭的、他们所不喜欢的东西。

法国著名作家都德的小说《最后一课》,历来被视为爱国主义教育的典范作品,世界各国摄制的表现抗敌小英雄事迹的影片亦不鲜见。以此对照,《希望与光荣》所刻画的那组孩童群像是否太荒唐不经、不足称道呢?本片在英国上映后,确实引起过很大的反响及争议。有些观众指责布尔曼对战时生活的描写有轻浮亵渎之嫌,另一些观众则深表认同,赞赏布尔曼有勇气把那段尘封日久的往事重新展示在银幕上。观众产生争议的原因很复杂,既有基于各自阅历及情感的因素,又有见仁见智的不同理解,也不应忽略某种"先入为主"的审美惯性。众所周知,德国法西斯挑起的第二次世界大战对爱好和平的人民意味着一场空前的浩劫,当年欧洲战场血雨腥风尸骨累累,纳粹分子的野蛮兽行罄竹难书。但具体表现在文艺作品中,千篇一律地渲染凄凄惨惨切切,未必就揭示了历史的本质与生活底蕴。1984年,美国作家特克尔的报告文学《"The Good War":第二次世界大战亲历者谈话实录》,辑录了百余位人士的口述历史。其中一篇出自某位德国妇女之口,她回忆说:"我的童年生活十分丰富多彩,每次轰炸过后,大家赶快跑去看弹坑,到瓦砾堆里玩,有趣极了。由于战争,我的性意识开始得很早。使我感到麻烦的是学校,我讨厌上学。我当时读一年级,怕老师,他们都是一些老怪物。"尽管英、德两国交战,但那位德国女孩战时的经历同本片的英国男孩如出一辙。由此可见,《希望与光荣》所表现的内容既非天方夜谭,也并非作者哗众取宠,而是在一定程度上再现了生活的真实、心态的真实。童心是人世间最纯真的,儿童对于是非善恶的判断自然与成人世界迥异。本片有个细节饶有童趣,顽童的头头罗杰声称掌握一个"军事机密"——大敌当前,他将十字路口的所有路标连根拔起。

> 罗杰:"这样德国人着陆后就会迷路。"
> 比尔:"难道他们没有地图吗?"
> 罗杰:"他们将不得不去商店买地图,可他们只要一开口,就会暴露自己。"

这个细节完全采用白描手法,从一个侧面生动地描绘了稚态可掬的孩子们以独特方式作出同仇敌忾的"壮举"。总之,布尔曼这部作者电影在创作观念上充满现代意味,重要的在于向观众叙述生活中曾有过这样的人,曾发生过这样的事,而不是急于向观众演绎某种一般化、概念化的主题。

战争时期乃非常时期,客观上造成一种无序状态,人们日常遵守的行为规范出现了一定程度的松动。布尔曼在影片中对这种现象给予了相应的表现,主要体现在比尔的姐姐道恩早恋、比尔的母亲婚外恋这两条副线。道恩与加拿大士兵布鲁斯的恋爱波折是本片唯一完整的情节线,她正值少女怀春的妙龄,战争的降临使她荒废学业,过早地坠入爱河未婚先孕,导致母亲极不情愿地突然当上了外祖母。如果说,道恩与布鲁斯的热恋被表现得大胆率直,焕发出青春的激情;那么,母亲与马克叔叔的暧昧之情则带有几分哀怨情调。由于本片叙事恪守比尔的主观视角,因而对其父母亲的前史未作全知视角的正面交代,观众只是隐约地察觉比尔母亲同丈夫、情人之间的那层微妙关系。在比尔家,子女们不自觉地受母亲的影响,对父亲颇为不敬。当父亲从军离家以后,家中并没有缺了顶梁柱的感觉。即便在父亲兴冲冲赶回家过圣诞节时,全家亦无久别重逢的惊喜,甚至在得知他因年龄关系未能出任军职后,妻儿们都嫌他窝囊。母亲可能一直后悔当初草率成婚,却不敢轻易流露真情。比尔很乖巧,他暗中关注母亲与马克叔叔的交往,可从不多嘴。虽然战争时期的特殊氛围给这对有情人带来了不小的诱惑,最终俩人却保持了理性的克制,没有做出任何越轨举动。揣摩布尔曼的用心,他之所以不惜腾出相当篇幅渲染男女私情,一方面意在审视处于战争环境中的人性,另一方面是在探究家庭作为社会细胞如何在战争时期发挥凝聚作用。有意思的是,本片还用了不少闲笔表现比尔一家两代人之间的代沟,例如母亲对道恩早恋的干涉、外祖父对四个女儿的成见等等。这些闲笔表明,即便在战争阴影笼罩之下,英国平民的生活仍照常进行。这一家子虽然免不了磕磕碰碰,到头来家族仍在繁衍,由三世同堂变成了四世同堂,以此揭示人类在恶劣环境下顽强的生存意志、生存能力以及生命的美好。正如布尔曼在接受记者采访时所说:"《希望与光荣》从积极方面描写了战争。在每一次空袭过后,人们都会感到轻松愉快,庆幸自己还活着。敌人可以扔炸弹毁坏物质的东西,但不能够消灭我们。"

  与那些以史诗架构反映二战的大制作相比,本片所表现的均属凡人小事,是一些私人场景。布尔曼善于以小见大,让时代精神、时代情绪随着叙事进程自然而然地流露出来。以母亲这一形象为例,她拖儿带女,含辛茹苦地操持家务,生活的重负与不如意使她郁郁寡欢,从不侈谈爱国大道理。然而,当她听到布鲁斯调侃英国电台播出的宣传节目时,情不自禁地慷慨陈词。其实布鲁斯并无恶意,身为敦刻尔克大撤退的参加者,他以自嘲口吻提及当时狼狈溃退的某些真相,对媒体所持的"高调"宣传不以为然。母亲此时却变得异常固执,她告诉布鲁斯:"对敦刻尔克的故事我从不厌烦。我们所以能忍受空袭和食物配给,就是因为有敦刻尔克!"这便是一个英国普通家庭主妇的心声与信念,不妨视为本片片名《希望与光荣》的最好注脚。

这部电影的幽默风格也值得一提。我们知道，幽默感在英国文化中占有重要地位，在这个国度里，"缺乏幽默感"甚至成了一种很重的批评。本片的幽默俯拾皆是，布尔曼运用"摄影机—自来水笔"，游刃有余地描述了战时生活的方方面面，不少场面与细节令人忍俊不禁，既烙有战争环境的特别印记，又散发出一种浓郁的生活情趣，以及英国民众面对强敌毫不气馁的乐观精神。例如，有个场面表现比尔兄妹下河捕鱼一无所获，不料德军轰炸机扔下一颗流弹"炸鱼"，结果兄妹俩满载而归，得来全不费工夫！另一个场景展示废墟里歪倒着一只邮筒，一位忠于职守的邮递员按部就班上前开启，暗示德寇的狂轰滥炸并未使英国老百姓的生活背离原先的轨道。布尔曼在人物刻画上也用了不少幽默笔触，如校长的造型令人生厌，但他亦有可爱之处，在带领小学生向上帝祷告时，别出心裁地即兴发挥，在祷词中掺入了诅咒希特勒、祝福丘吉尔的世俗话语，折射出民心的向背。在英国文化里，性幽默相当流行，往往借用双关语俏皮话来隐喻床第之欢。本片有个场景表现道恩与布鲁斯在卧室偷偷做爱，比尔兄妹俩躲在门外透过钥匙孔好奇地向里窥望，瞥见姐姐同布鲁斯的肢体交缠在一起——

　　布鲁斯笑着说："好家伙，就像是空袭。"
　　道恩："空袭？"
　　布鲁斯："你刚才没感到房子震颤吗？你一定体验了炮火的连发射击。"

这对异国鸳鸯日后举行的婚礼仪式更令人发噱：位于画面前景的新娘子身孕沉沉，随后镜头拉开，只见两个全副武装的宪兵作了不速之客，等婚礼一结束，他俩便公事公办把逃兵布鲁斯押走了。这场奇特的婚礼充分显示了英国人的幽默气度，宪兵善解人意"先礼后兵"，家属亦未呼天抢地，反而心平气和地"为缺席的新郎干杯！"总之，这些艺术处理不仅让我们领略到英国电影那种谐而不谑的幽默感，也启示我们文艺审美的多样化与丰富性,即便如二次大战这样的重磅题材,电影艺术家尽可拍出或大江东去、或小桥流水那样不同的韵味来。

《希望与光荣》在英国上映后,一举成为当年最卖座的影片。在国际影坛,本片获得 1987 年第 2 届东京国际电影节最佳艺术贡献奖,以及第 60 届美国奥斯卡奖最佳影片、最佳导演、最佳编剧、最佳摄影、最佳艺术指导 5 项提名。

(李亦中)

阿甘正传

美国派拉蒙影片公司　1994年出品
导演:罗伯特·泽米基斯
主演:汤姆·汉克斯(饰阿甘)
　　　萨莉·菲尔德(饰母亲)
　　　罗宾·怀特(饰珍妮)

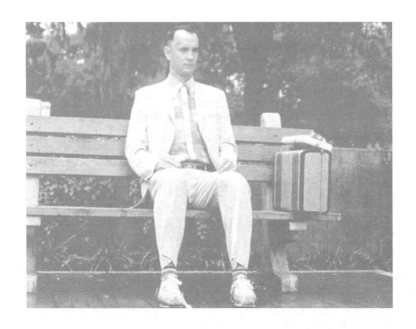

【影片内容】

一片洁白的羽毛飘落在公共汽车站。坐在椅子上候车的阿甘捡起羽毛,夹进随身携带的书中,对着身旁的陌生人讲起自己的故事:"你好,我叫弗雷斯特·甘普……"

二战结束后,阿甘出生在美国南方阿拉巴马州一个闭塞的小镇,他智商只有75,腿上戴着矫正骨骼畸形的金属支架。阿甘的父亲早逝,妈妈性格坚强,时常提醒儿子和正常人没什么不同。妈妈付出和校长上床的代价,终于让阿甘入读本地的小学。

阿甘家有个房客喜欢弹吉他跳舞,那小伙子经常模仿阿甘的步态怪异地扭动肢体。后来母子俩看电视,发现这个房客竟然就是大名鼎鼎的"猫王"。

在小学校车上,阿甘结识了他一生钟爱的天使珍妮。弱小的珍妮时常遭受她父亲的性骚扰,只能躲到院子里那棵大树背后,那里也是她和阿甘藏身的乐园。一天,为躲避坏孩子的欺侮,珍妮向阿甘大喊:"快跑!快跑!"阿甘跑着跑着,一下子挣脱了金属矫正器的束缚,疾步如飞……在不断的奔跑中,阿甘渐渐长大,越跑越快,凭此天赋加入橄榄球队,还上了大学。

阿甘成了球场上最善跑的明星,和队友一起荣幸地受到肯尼迪总统的接见。在白宫候场时,阿甘贪嘴连喝15瓶汽水。当肯尼迪总统与他攀谈时,他却说:"我想撒尿。"过了不久,肯尼迪总统遇刺身亡。

大学毕业后,阿甘参军入伍。在军营里,他与黑人士兵巴布之间产生了深厚的友谊。阿甘心怀坦荡不存邪念,被教官赞许为智商达到160的"最聪明的士兵"。珍妮因在《花花公子》上刊登裸照而被学校开除,在一家夜总会当脱衣舞女。阿甘的部队接到开赴越南前线的命令,离别之际

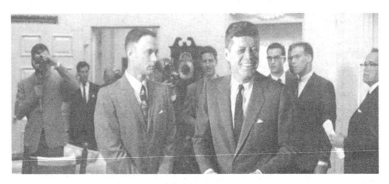

他向珍妮倾诉爱意,但被珍妮拒绝。

在越南战场,阿甘和巴布被分配到丹中尉的连队。丹中尉是一个爱国者,叮嘱阿甘持守两条战场原则:一是保护双脚;二是不可愚蠢。阿甘每天晚上坚持给珍妮写信,巴布则不停地唠叨退伍后要买条捕虾船出海挣大钱,建议阿甘做他的大副。战火无情,在一次袭击战中,巴布只说了半句"我想回家"便死在阿甘的怀里,丹中尉被炸断了腿,阿甘冒险营救也负伤住院。丹中尉埋怨阿甘不该救他,害他成了废人。

阿甘学会了打乒乓球,并很快练就了高超球艺。战争结束后,阿甘荣获约翰逊总统亲自授予的一枚国会勋章。在规模浩大的"反越战"集会上,阿甘欣喜地遇见了珍妮,两人久别重逢,但因志趣不同又很快分手。

受美国政府指派,阿甘作为"乒乓外交"使者,应邀到中国参加友谊比赛,一下子扬名全球。回国后,阿甘同约翰·列农一起接受电视媒体采访。1972年除夕,阿甘邂逅丹中尉,发现他身心憔悴,益发变得愤世嫉俗。数月过后,阿甘应召来到华盛顿,这回接见他的是尼克松总统。阿甘在入住的旅馆里,无意中透过玻璃窗瞥见对面的"水门大厦"有异常情况,当即打电话报警。没想到,就此引发"水门事件"导致尼克松总统下台。

阿甘退役回家,他信守诺言实现战友巴布的遗愿,买了条捕虾船取名"珍妮号"。一次出海捕虾,突然遭遇飓风,周围的船都毁了,只有阿甘那条船幸免于难,他很快成了百万富翁。

阿甘的母亲病危,临终前对儿子作了一番嘱托。母亲去世后,阿甘捐赠全部财产建造一所医院和教堂,自己当了个园丁。珍妮返回故乡,令阿甘高兴不已。在一个温馨的夜晚,珍妮投入了阿甘的怀抱,但第二天清晨便悄然离去。珍妮出走后,阿甘开始一场横穿美国的长跑。历经3年2个月14天又16个小时,他跑遍美国成了新闻人物,一路上不断有追随者加入。阿甘终于累了,他准备回家了,此时传来里根总统遇刺的消息。

阿甘又一次和珍妮重逢,两人结婚后度过了一段幸福时光。珍妮生下儿子,自己却得了绝症。珍妮去世后,阿甘将她安葬在童年时代那棵树下,经常来跟她聊天。

阿甘的儿子要上小学了。开学那天,阿甘送儿子去学校。在候车时,阿甘打开那本书给儿子讲故事,夹在书里的那枚羽毛落到地上,被风吹起,又飞上天空……

【影片赏析】

《阿甘正传》是一部很特别的影片,借助一个完全虚构的小人物阿甘的视角,以快节奏高密度的叙事手法,展示整整一代美国人的心路历程,堪称一部"戏说"二战后美国社会政治的野史。本片上映后轰动整个美国,阿甘身上所透出的单纯与执著深得人心,一夜之间成为美国人的偶像,"阿甘语录"也不胫而走。本片可谓在大众流行文化中具有典范意义,达到"人文精神与商业元素的最佳结合"。

20世纪末期,面临世纪之交以及经济不景气状况,美国民众产生一种"精神环保"的心理需求,从单纯追求物质生活的满足转向寻求心灵上的反思。好莱坞不失时机地推出《雨人》(1989)等一批"愚人电影",深受观众青睐。《阿甘正传》可谓"愚人电影"集大成者,影片改编自80年代美国作家温斯顿·格卢姆的同名小说,小说出版后反响平平,但电影制片人温迪·费纳曼慧眼识珠,他读完这部小说后认为:"故事里的阿甘简直就是典型的美国人,他的成长过程又正好是我们所经历的,他使我们清晰地回顾历史。他是好人,能逗人发笑,也能令人落泪。"费纳曼看准了这部小说的价值,经过长达10年的酝酿后,邀请执导过《回到未来》、《谁陷害了兔子罗杰》等名片,以擅长使用电脑特效闻名的罗伯特·泽米基斯担任导演,把这部小说搬上了银幕。

  阿甘是以其"愚人哲学"赢得大众喜爱的。他出身平民,童年时智商测试只有75,且先天脊椎变形,但就是这么一个弱者,成年后却取得人生的巨大成功,而且心态平和。坚强的母亲是阿甘精神上的守护神,她睿智的生命箴言给了阿甘很大的勇气,"生命就像一盒各式各样的巧克力,你永远不知道将会尝到什么"。正是这句朴实的话,使阿甘在成长过程中始终保持一种勇于迎接未来挑战的勇气和信心。此外,阿甘的单纯与执著也感动人心。阿甘认定这辈子要做的一件事就是爱珍妮。这种真情从他7岁那年第一次踏上校车开始,一直贯穿到影片结尾,阿甘对着珍妮安葬的土地深情倾诉。因为爱,珍妮对他说的每一句话都被他奉为金玉良言:阿甘童年时遭到坏孩子欺负,珍妮让他"快跑",他在奔跑中得以甩脱金属架的桎梏;阿甘参军时,珍妮又叮嘱他遇到危险"快跑",后来在越南战场上遇到偷袭,阿甘撒腿飞跑果然脱险,还勇敢地援救负伤的战友。珍妮曾责备阿甘:"你不懂什么是爱。"他没有用语言反驳,而是以行动证明自己懂得真爱。阿甘和珍妮的交往一波三折,最后他和患重病的珍妮结婚,悉心照料她直到她去世,以此证实了忠贞不渝的爱情。在当下商品社会里,阿甘这种品行弥足珍贵。更具传奇色彩的是,阿甘一夜暴富也是基于对朋友的忠诚,他为了实现在战场上捐躯的黑人兄弟巴布的遗愿,才买船出海捕虾,意外发了大财。影片阐释了这样的人生哲学:一个单纯正直充满感情的人,一定会成为物质和精神都幸福的人。

《阿甘正传》重新审视二战后美国的历史,这段时期也是美国社会最动荡的岁月,黑人民权斗争、嬉皮运动、越南战争、肯尼迪总统遇刺、"水门事件"、里根总统遇刺等重大事件接踵而至。本片犹如美国当代历史小百科全书,将上述事件一一嵌入剧情,让阿甘成为这段历史的见证人,由此在美国国家历史和一个普通美国人的生活之间找到了契合点。美国社会的动荡变化导致国内民众的失望与失落心态,而阿甘那种坚忍与执著,恰是美国精神的一种象征,这也是编导的寓意所在。阿甘的名字源自"三K党"创始人内森·弗雷斯特,母亲为他取这个名字的意思是"有时候,人会做些没道理的事"。阿甘幼年肢体畸形,步伐奇特,却阴错阳差地影响了在他家寄宿的一个小伙子,从而诞生了"猫王"这个巨星。阿甘直接参与的重大事件还有越南战争、中美乒乓外交、水门事件等等,甚至水门事件的导火索就是由阿甘无意间引发的。另外,丹中尉和巴布的家史也折射了美国历史,比如丹中尉的家族中有多名成员牺牲于美国发动或参与的一次次战争。编导想告诉人们:美国历史也是由普通人的悲欢离合构成的。再如,珍妮短暂的一生影射的是美国的"嬉皮运动",美国《时代》杂志指出:"对于在那10年里愤怒过、痛苦过、犯过罪的人,《阿甘正传》以一次爱抚宽恕了他们。"影片中还出现大量流行歌曲,如《在风中飘荡》、《突围》、《罗宾逊夫人》、《旧金山》等等,这些歌曲正是当年美国年青一代心境的写照,带来了浓浓的怀旧气氛。

本片叙事基调幽默轻松,情节发展出乎意料。阿甘一生的遭遇不断"因祸得福":因为误闯橄榄球赛场,他奔跑的速度引起教练注意,由此一脚跨进大学校门;因为负伤住院学打乒乓球,由此成为乒乓国手,得以亲历中美乒乓外交;因为一场飓风,他冒险出海捕虾意外发了大财;因为随手买了点"水果公司"的股票,一不小心便跻身"苹果计算机公司"早期股东行列。但阿甘不为名利所累,他宁愿当一个割草工。阿甘的一生是在无意识的坚持之中赢得成功的,他没有远大的目标和精心制定的计划,也没有功利之心,但他从来没有停止过脚下的奔跑,"跑得快、跑得专心、跑得潇洒",从逆境跑入了顺境。相对于阿甘的"奔跑",珍妮的一生可以用"飞翔"来诠释,她从小受到禽兽父亲的骚扰,被迫以逃避和自我放纵来慰藉内心的伤痛。童年时她为了躲避父亲的摧残逃进玉米地,祈求上苍将自己变成一只小鸟;珍妮成年后又曾投河、坠楼自杀未遂,红颜多薄命,最后当阿甘面对大树倾诉衷肠之时,一群小鸟飞过珍妮的墓地,那可以看作是她的化身,诗意中带着一份伤感。

美国数码技术专家科林·布朗指出:"有两种特技效果存在,一种是展现在你面前的、可见的特技效果,产生震撼惊叫的效果,这就是《侏罗纪公园》的恐龙和《异形》的外星人等等;还有一种是不可见的、隐性的特技效果,为影片增加许多叙事成分。"《阿甘正传》显然属于后一种。运用数字特效是导演罗伯特·泽米基斯的强项,在本片中他独具匠心地将阿甘的影像"植入"新闻电影画面,与历史上四任美国总统一同出现在银幕上,经华裔数字艺术家陈道阁精心合成,两者的弥合达到天衣无缝的程度,令人叹为观止。在《阿甘正传》中,1000名群众演员出演的"反越战"示威场面,由电脑工作站复制成5万人参加的浩大规模；扮演丹中尉的演员穿上一双"蓝色遮蔽袜"，不费吹灰之力就达到"双腿截肢"的造型效果。数字技术为电影叙事"如虎添翼"的神奇功能由此可见一斑。

在第67届奥斯卡金像奖评选中，《阿甘正传》共获得13项提名，最终赢得最佳影片、最佳导演、最佳男主角、最佳剧本改编、最佳剪辑、最佳视觉效果6项大奖。阿甘由著名影星汤姆·汉克斯饰演，他用近乎木讷的表情和语言传达出人物内心细微的情感，将阿甘愚直忠贞的性格刻画得惟妙惟肖，获得了"心弦拨动者"的美称。

（崔辰）

小鞋子

伊朗影片　1997 年摄制
导演:马基德·马吉迪
主演:艾米·法洛克·哈西曼(饰阿里)
　　　巴哈丽·西迪奇(饰莎拉)
　　　穆罕默德·阿米·纳吉(饰父亲)

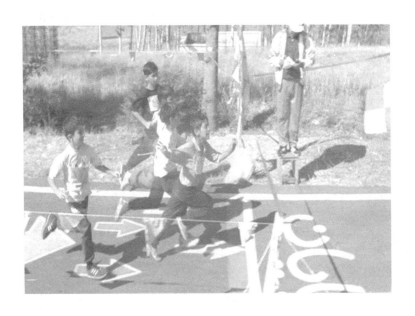

【影片内容】

　　9岁的阿里帮妹妹莎拉在鞋匠摊取回修补好的小鞋子,却在买菜时不慎丢失了。阿里担心父母责备,也不想给生活窘迫的家庭再添负担,便央求莎拉帮他隐瞒这件事。莎拉只有这一双鞋子,丢失后就没法上学了。为此,兄妹俩商定轮流穿阿里那双破球鞋。妹妹读的是上午班,阿里穿着拖鞋守在胡同口,等待妹妹放学后在此换鞋,然后妹妹穿拖鞋回家,自己穿球鞋赶去学校。

　　莎拉第一次穿哥哥的球鞋上学,尺寸过大不合脚,心里忐忑不安。尽管一放学她就飞奔回来,但阿里还是迟到了。为了赶时间,莎拉在算术测验时第一个交卷,可在回去的路上,一只鞋掉进了水沟,怎么追也追不上。莎拉急得蹲在路边哭泣,两位好心的大叔帮她捞起了那只鞋。阿里责怪妹妹把鞋弄湿,莎拉埋怨阿里弄丢了那双鞋,兄妹俩争执起来。阿里提到家里贫困的状况,懂事的莎拉不再作声。阿里又一次迟到,受到教务主任的警告。课堂上,阿里因作文成绩优秀得到语文老师表扬,还奖得一支圆珠笔。阿里将圆珠笔送给莎拉,兄妹俩和好如初。

　　细心的莎拉发现邻班有个女生脚上穿着自己丢失的那双小鞋子,放学后悄悄跟踪到她家门口观察动静。因为一路跟踪,她耽搁了与哥哥换鞋的时间。阿里再次被教务主任逮着,幸亏语文老师帮他求情,才没被开除出学校。放学后,阿里由莎拉带路来到那个女生家门口,目睹她父亲是个盲人,家境也很困难,兄妹俩默默地离开了。

　　星期天,父亲带阿里到富人区寻找打零工的机会。在阿里的帮助下,父亲找到一份园丁工作,赚了些辛苦钱。回家路上,父子两人憧憬着如何改善生活。阿里乘机向父亲提出为妹妹买双新鞋,父亲爽快地应允了。不料父亲骑的那辆破旧的自行车刹车失灵,撞在路边的树桩上。父亲受了伤,美好的憧憬顿时成了泡影。

终于有个机会降临。学校组织学生参加市里的长跑比赛,张榜公布冠军奖品为一套运动服,季军奖品为一双球鞋。阿里错过报名机会,但他为了获得这双球鞋,向体育老师苦苦哀求。经过校内选拔,阿里总算获得参赛资格。

发令枪响了,阿里拔腿飞跑,怀揣心中对那双球鞋的渴求,他超过了前方一个又一个对手,闭着眼睛冲过了终点线。阿里睁开眼睛面对周围欢呼雀跃的人群,急着问体育老师自己是否得了季军名次?当他得知自己获得冠军,竟大失所望,脸上禁不住露出沮丧的神情。

疲惫不堪的阿里回到家里,莎拉从哥哥脸上的表情明白鞋子又落空了。阿里一声不吭,脱下那双磨穿鞋底的球鞋,将布满血泡的双脚泡进水池,默默地接受一条条小金鱼在脚面上游来游去地"疗伤"。

此刻,父亲正在回家途中,自行车后架上有两双给阿里兄妹买的新鞋。

【影片赏析】

这是一部让人感觉很纯净的电影,犹如它的海报:湛蓝的天空白云朵朵,自由自在穿梭的金鱼,两个孩子手牵手走向远方。但影片又有沉甸甸的分量,观众从中能体味到贫民生活的苦难和艰辛。《小鞋子》是部儿童片,也是一部拍给成人看的描写儿童生活的影片。一般意义上的儿童片,基调必然是轻松愉快、充满奇妙和欢乐的。而本片却让观众经历一番心理折磨。可贵的是,导演并非站在成人立场上,带着同情去俯视儿童世界,而是主动把镜头聚焦学龄儿童,悉心倾听他们的心声,细腻表现他们的喜怒哀乐,这份理解和尊重正是本片最打动人心之处。

影片一开场就设置了主要冲突：阿里进商铺买菜时，把妹妹的小鞋子放在门外，被拾破烂的人当成垃圾收走了。这个小小的意外对阿里兄妹来说，不啻是一个天大的打击，丢失鞋子的损失几乎是无法弥补的，两个孩子必须承受由此造成的后果。兄妹俩在父母跟前不敢声张，通过书面文字交流，妹妹无奈之下只得同意和哥哥一起隐瞒这件事。导演为观众展现出两位小主人公的视野与感受，从孩子的角度去看待问题。阿里央求妹妹隐瞒丢鞋的事，不仅仅是害怕父母的责骂甚至挨打，更重要的是，他意识到家里根本买不起一双新鞋。阿里认为自己有责任承担这件事的后果，他宁愿和妹妹一起设法解决问题。于是，我们看到这两个天真而楚楚可怜的孩子，勇敢地面对危机，主动分担家庭生活的重负。两个孩子在磕磕碰碰中寻找两全之策。因上课时间错开，阿里首先想到了轮换穿同一双鞋去上学。莎拉是直接受害者，且女孩子天性爱美，尽管不情愿穿哥哥那双破球鞋，但她仍默默忍受着行走的不便和尴尬。当莎拉不小心将鞋子掉落水沟遭到阿里责怪时，她委屈地埋怨起哥哥来。阿里承受的压力其实更大，他屡屡迟到被教务主任威胁要开除，幸亏语文老师出面帮他求情。阿里是个品学兼优的孩子，上课迟到对他来说是件很丢脸的事，但他不得不独自承担这份难以辩解的委屈，为的是兑现自己对妹妹的承诺。"穷人的孩子早当家"，真是一条不分国界的普遍真理。

《小鞋子》故事情节看似平淡，实际上每天都有新的变故发生。一天，莎拉发现自己丢失的鞋子穿在邻班同学的脚上，领着哥哥来到那女孩家，但他们看到女孩的父亲是个盲人，便默默地转身离去。这里没有一句台词，但观众能感受到兄妹俩的失望和善良，他俩默认有人更需要这双鞋子。影片的高潮是阿里参加长跑比赛，按照常规，参赛者追求冠军名次是理所当然的，冠军的奖品也比亚军、季军值钱得多。但阿里却有着自己的目标，他渴望赢得一双朝思暮想的新球鞋,那正是季军获得的奖品。不料造物弄人,得了冠军的阿里反而成了最失落的人。影片中很多情节的走向都基于孩子的愿望与感受,导演把决定权给了阿里兄妹,这是一种充分的尊重和理解。现实是残酷的,不会因为两个孩子的主观努力而改变,这样影片就具备一种真实性,给人留下更多的回味和思考。影片结尾峰回路转,父亲带着两双新鞋子回家,画面戛然而止。导演叙事手法极其简练,所有手法都是传统的,起承转合层次分明,内在张力环环相扣。兄妹俩配合默契,一次次化险为夷,却又一次次看着希望化为泡影,让观众唏嘘不已。

  影片风格朴实简约,导演在矛盾设置上大多点到为止,并不刻意强化对立双方的冲突,全片呈现出较为平和的意境。儿童和成人,贫穷和富裕,梦想和现实……,导演往往用一种融合的态度来对待。在成人世界里,孩子是最弱势、最无助的,但也可能是最有力量的。比如,当鞋子掉进水沟被冲走后,莎拉拼命追也追不上,这时有两位大叔热心相助,帮她捞到了鞋子。又如,父亲带阿里去富人区打零工,父亲在一座座豪宅门前不知该如何开口,错失了不少机会;反倒是阿里的沟通能力胜过父亲,帮父亲谋得了一份园丁工作,这段戏给人以温馨感和诙谐感。与此同时,导演在这里还顺带表现了贫富阶层之间的差距及儿童之间的关系。阿里父亲心满意足地在烈日下干活,显示出贫富悬殊带来的等级观念;另一边,阿里和富豪的孙子无拘无束地玩耍,玩着喻"平衡"之意的跷跷板,成人世界存在的阶级差别尚未投射在孩子心灵上,表达了导演对儿童纯真意识的保护。但影片在传达美好理想的同时,并未脱离现实。导演对梦想和现实的关系的处理显得更加收放自如,他让阿里在长跑比赛时用尽全力去争取季军,却在最后一刻因速度过快而得了冠军。阿里的梦想因胜利而宣告破灭,这样的错位效果出人意料又让人扼腕。

  导演挑选的两位小演员都是没有表演经验的,本色表演天然去雕饰，更能发挥真实的感染力。阿里和莎拉都有一双大眼睛，而眼睛果真是心灵的窗户，即便没有台词叙说，观众也能读懂他们的内心。阿里丢失鞋子回到家里后，聪颖的莎拉望着哥哥，眼泪无法控制地滚落下来；阿里微微锁起的眉宇间，流露出愧疚的神色，看了让人动容。影片结尾，阿里穿着磨穿鞋底的旧鞋拖着疲惫的脚步回家，莎拉又看懂了一切，她默不作声，脸上流露着失望，又显得很平静。电影是微相艺术，"无表演的表演"是至高境界，两位小演员演得恰到好处，除了本身所具有的天赋，导演的引导也是至关重要的。

　　此外，镜头的剪辑技巧的运用也为本片增色不少。当莎拉第一次穿着哥哥的球鞋去上课时，她的主观镜头连续扫视其他同学穿的鞋，每一双鞋都令她羡慕。简单的镜头组接，立刻让观众领会到莎拉内心的尴尬和失落。在影片最后长跑比赛的段落中，导演用慢镜头来表现阿里的跑姿，渲染长跑过程的艰难。同时频频穿插莎拉放学后奔跑的画面，声音蒙太奇则加入莎拉的埋怨和阿里的承诺，以及阿里急促的喘息声，通过不同画面的节奏对比，观众的情绪被迅速调动起来，直到阿里冲刺撞线那一刻。但此时悬念仍没有释放，因为观众比阿里早一步知道了他错失"季军"奖品，结局还难以预料。导演通过镜头剪辑的节奏，高明地控制着观众的情绪，不带强制性却取得了令人满意的效果。

　　作为世界影坛近年崛起的黑马，伊朗电影后发制人，努力赢取自身的地位，将现代电影艺术和本民族文化有机融合在一起。我们不难发现，《小鞋子》中潜藏着种种民族文化元素。虽然本片不是宗教片，但有多处涉及宗教文化。例如莎拉给父亲泡茶，发现家里没有糖了，她示意父亲用面前待加工的那一堆祭祀用的糖，父亲却不愿私用一块糖！这一段表现了普通人虔诚的宗教信仰。在祭祀场面中运用俯拍镜头表现信徒们的庄严有序，亦体现出导演对宗教仪式的敬畏和颂扬。影片末尾，水池里一条条小金鱼围绕着阿里浸在水中的双脚悠游,仿佛用宗教救赎仪式提升全片的意境。"奔跑"在西方电影中常用来象征不懈追求的行为,在本片中也暗喻伊斯兰教徒虔诚笃信的恒心。此外,本片还有诸多表现伊朗民俗民风的细节,比如严格控制男女接触的风俗,阿里和莎拉分别就读于男校和女校,由男女教师分别执教。伊朗足球曾经称霸亚洲,这在影片里男孩子热衷踢足球的场景中可窥见一斑。

在世界影坛上,伊朗电影向以格调清新、富有人文气息著称。执导《橄榄树下的情人》、《天堂的颜色》、《樱桃的滋味》等影片的阿巴斯、马基德等几位名导演,如今已享誉全球。儿童题材一向在伊朗电影中独树一帜,《小鞋子》堪称其中的领跑者。影片既没有华丽的包装,也没有豪华的演员阵容,凭借出色的叙事和人文关怀的主题,获得了世界各国观众的认同。

(马琳琳)

俄罗斯方舟

俄罗斯影片　2002年摄制
导演:亚历山大·索科洛夫
主演:亚历山大·查本(饰制作人)
　　　大卫·乔比尼(饰外交官)

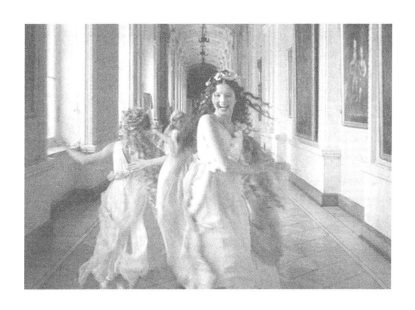

【影片内容】

影片开场,出现一位电影制作人梦呓似的画外音,透过他的主观视角,只见盛装的女士们兴高采烈地簇拥在一起,厚厚的裘皮大衣上飘动着雪花般轻盈的羽毛。她们与士兵一起涌进一幢18世纪的宫殿,这是昔日俄国沙皇的冬宫。那位不露面的电影制作人始终处于茫然困惑之中,既不知道自己身处何方,也不知道应该扮演什么角色。他跟随着漫无目标的人群,与三五成群的士兵擦肩而过,经过幽暗的台阶,听到动人心弦的乐曲,不禁发出"这一切是否为我而上演"的猜测。接着,他遇见一个古怪的白发老人。这个人穿着黑色长外套,看上去与华丽的环境格格不入。原来他是一位法国前任外交官,电影制作人与他结伴,在冬宫开始了一次俄罗斯历史文化之旅。

隔着门栏与窗框,身材魁梧的彼得大帝狂怒地对大臣拳打脚踢,一旁的皇后却忍不住哈哈大笑。电影制作人为一睹彼得大帝的真容而兴奋不已,外交官却不以为然,感慨"亚洲人就是喜欢暴君"。在攀登悬梯的时候,他俩围绕对彼得大帝的评价及圣彼得堡展开了首次争论。

途经黑暗狭窄的楼道,他俩来到一座舞台的后台。提及俄罗斯的音乐家,两人再次发生争执。舞台演出结束后,凯瑟琳女皇对演员大加赞赏,随后她拖着臃肿的身躯一路小跑上厕所,消失在重重宫门之后。

对于摆满艺术收藏品的金碧辉煌的长廊,外交官嗤之以鼻,认为俄罗斯艺术只是抄袭欧洲罢了。一转身,两人进入陈列画作的展览大厅,游客们在一幅幅画作前驻足观赏。外交官上前与参观者交谈起来,由于观点不同,双方不欢而散。

外交官一边质疑俄国对欧洲文化的态度,一边穿过陈列各类雕塑的走廊。在走廊尽头,他们看见了普希金的身影。对这位俄国大诗人,外交官认为其作品乏善可陈。不顾电影制作人的劝阻,外交官邀请一位盲女一同参观下一个展厅。在凡·代克名作《处女与山鸠》前,外交官难得地对盲女的欣赏品位给予赞扬,随后他们在鲁本斯大厅分手。

外交官继续在一个个大厅里穿梭,他时而质问正在观赏《彼得、保罗二使徒像》的年轻人,时而与伦勃朗大厅中的现代女性翩翩起舞。此时俄罗斯音乐再次响起,外交官在名画《浪子回头》前停留,一列身穿绿军服的年轻人从镜头前走过,飞机的轰鸣打破了宁静!电影制作人和外交官开始讨论20世纪俄国的政体,为躲避军方的驱赶,两人拐进一间仓库,发现那里只有棺材和尸体。制作人触景生情,回想起第二次世界大战期间圣彼得堡遭围攻时的惨况。

他俩穿过金碧辉煌的大厅,只见老态龙钟的叶卡捷琳娜二世打开宫门,奋力奔跑着"追逐王权",她的背影最终消失在漫天大雪中。

两人脚不停步,在一场假面舞会上稍作停留,又来到另一座豪华大厅。在那里,沙皇正在接受奥斯曼土耳其帝国使节来访求和,整套礼节庄重森严,他俩庆幸自己成为"历史"的目击者。直到此时,外交官方才对宫殿的奢华渐渐表示出喜爱。

在一座黑暗无光的大厅里,前苏联三任博物馆馆长正聚首交谈秘密警察对他们的迫害。在一墙之隔的另一间大厅内,手持武器的军人们忙着操练。在长长的走廊上,精灵般的少女们欢快地奔跑着,掠过一幅又一幅沙皇与贵族的画像,末代沙皇尼古拉二世的小女儿也在这群天真纯洁的少女当中。尼古拉斯二世的妻子则忧心忡忡,他们一家人在餐桌上共享"最后的晚餐",气氛显得平静而祥和。

在气势恢弘的宴会大厅里,众人企盼的舞会终于开始了。一对对舞伴翩然起舞,裙裾飞扬,不同神态的脸庞在镜头前一一滑过。优美的舞姿,优雅的语言,悠扬的旋律,连外交官也忘却抱怨乐在其中。

曲终人散,掌声响彻大厅,人潮纷纷散去。

外交官决定留在这个他之前不屑一顾的地方,道出一句"再见,欧洲!"

电影制作人继续前行,他推开窗户,外面竟是汪洋大海——原来脚下这一切只是大海中的一叶扁舟……

【影片赏析】

本片是俄罗斯导演亚历山大·索科洛夫的惊世之作,这部96分钟的影片单用一个长镜头拍成,通过一位电影制作人的主观视角,利用圣彼得堡的沙皇冬宫作背景,对俄罗斯民族的历史与文化作了一次深沉的巡礼。《俄罗斯方舟》在2002年公映后立刻引起国际影坛的关注,甚至有人马上将其列入"新世纪最具影响力的10大电影"之中。在当年的戛纳电影节上,这部影片尽管没有获得任何奖项,但却掀起了一轮关于电影美学和长镜头的热烈讨论。假如以实验电影的尺度来衡量,本片的票房表现相当出色,不仅在戛纳的七天展映场场爆满,随后在多伦多、洛杉矶、纽约等地也很叫座,显示出影片的艺术魅力。

《俄罗斯方舟》的一大看点便是前所罕见的长镜头运用。众所周知,自电影诞生以来,蒙太奇剪辑一度成为电影的代名词,是电影叙事不可或缺的基本手段,通过使用蒙太奇手段剪辑师能将平淡无奇的素材组合成跌宕起伏的故事。由此,众多电影节都设立专门奖项予以表彰。长镜头作为与蒙太奇相对的手段,其使用虽然不如蒙太奇这样频繁,却也得到多位电影大师的偏爱,并由法国电影理论家巴赞大力倡导,甚至成为艺术电影的标志之一。长镜头运用首推弗拉哈迪那部《北方的纳努克》,至今为人们津津乐道。此后,让·雷诺阿、希区柯克、安东尼奥尼、特吕弗、戈达尔、安哲罗普洛斯等大导演都在作品中对长镜头运用不断进行实践,希区柯克曾尝试用 12 个镜头拍成《绳索》一片。在亚洲影坛,日本的小津安二郎、中国台湾的侯孝贤和杨德昌都酷爱使用长镜头,尤其侯孝贤的《海上花》以"一场戏一个镜头"被誉为"形式上的极致"。然而,在世界电影百年历史上,还没有人像索科洛夫这般雄心勃勃,拍出一部仅用 1 个镜头构成的长达近 100 分钟的电影!

对本片质疑的大有人在,有不少好事者睁大眼睛盯住银幕观看每一个细节,指望能发现隐蔽的剪辑点,以求推翻这部电影"最长的长镜头"之名声,最终他们均无功而返。因为,这部伟大的实验电影确实是用一个货真价实的长镜头拍成的,虽然导演偶尔借助光线暗淡的楼道或超大特写等手法达到转场效果,但这个超长镜头的真实性是毋庸置疑的。导演曾声称自己"厌烦剪辑的繁杂"而使用长镜头,但他耗费在这个长镜头上的时间其实并不少于常规剪辑对数百个镜头的整合。全片共动用 850 名演员,摄制场地包括 35 个宫殿房间,仅演员排练就花去足足 7 个月时间。摄像师提尔曼前后 7 次来到现场,反复研究几十个房间的光线与布景,以及陈列的雕塑与绘画等等。在正式拍摄以前,演员、照明都没机会进行完整的合排,而导演对画面的期望却非常高,这意味着摄制组要冒不小的风险。

2002 年 12 月末,当圣彼得堡沉浸在欢度圣诞的气氛中时,这部电影宣告开拍。作为世界上藏品最丰富、游客最多的博物馆之一,艾尔米塔什博物馆馆方提供给索科洛夫两昼夜拍摄时间。然而,仅室内布光这一环节,40 名电工在 33 个房间里就用掉了 26 个小时,给导演和摄影师留下的时间不足 24 小时。为实现"一镜到底"的伟大创意，索科洛夫请来提尔曼加盟，而这位德国摄影师最著名的作品恰恰是那部靠剪辑取胜的《罗拉快跑》。索科洛夫看重提尔曼对"斯坦尼康"移动摄像一体机的掌控能力。"斯坦尼康"素以运动拍摄功能受到业内人士青睐，有效的减震系统使镜头稳定性大为增加。不过，这套设备总重量达 30 多公斤，此前还没有一位摄影师扛着它一口气持续拍摄一个半小时，并且始终处于紧张的行进状态。提尔曼前两遍拍摄都有失误，时间只剩下两小时，在冬季俄罗斯短暂的白昼以及博物馆拍摄时限的双重压力之下，最后一遍实拍面临只许成功不许失败的压力。然而，这一次仍然不顺，刚开拍就有一间屋子突然断电，所幸电工及时赶在摄像机进屋之前抢修完毕。提尔曼做的预案是将画面调整为明暗兼备的状态，这样便于后期制作时调整影调关系。值得一提的是，本片并未采用同期录音，而是在拍摄过后靠演员走位分别录制对白和环境音响，否则索科洛夫在现场调度演员的"高分贝噪声"就难以避免了。样片完成后，制作人员又对画面进行了精加工，包括调整色温、调整影调等等。

从技术角度来看，正是高科技发展成就了索科洛夫的艺术构想。在传统电影摄制中，胶片作为影像载体是有长度限制的，一盘 35 毫米电影胶片的长度约为 90 米，能连续拍摄 10 分钟左右，因此 10 分钟便是长镜头的极限。随着数码摄像机的发明，长镜头得以大大延展。此次索科洛夫选择高清数码摄像机，《俄罗斯方舟》是第一部直接拍摄在硬盘上的电影。然而，技术说到底只是表现内容的手段，离开了内容，再先进的硬件也无用武之地。因此，《俄罗斯方舟》的创新价值决不局限于那个史无前例的长镜头。如果说，是摄影技术的标新立异让人们对这部影片一睹为快的话；那么，恰恰是本片所展现的思想内涵使观众将一种视觉上的新奇感转化为思考的动力。

索科洛夫(1951——　)是土生土长的俄罗斯导演,他创作《俄罗斯方舟》的主旨显然不在炫技。影片如同一卷俄罗斯历史文化的史诗,表达了一个当代俄罗斯人对祖国与民族深沉的爱。这种感情时时通过影片中那位电影制作人与法国外交官的争论流露出来,制作人正是索科洛夫的化身与"传声筒"。两人的争执起先围绕对彼得大帝的评价,外交官对其评价不高,认为彼得大帝虽然建了辉煌的圣彼得堡,将欧洲文化引入当时封闭落后的古老俄罗斯,教会人们享受先进文明带来的奢华生活,但他残忍地杀害了自己的儿子,对付大臣的手段也非常粗鲁,这对于以文化先进自居,讲究绅士礼节的法国人来说是不值一提的。所谓"亚洲人喜欢暴君"的评价,点明了俄罗斯地理位置所造成的自我身份认同的尴尬。俄罗斯疆域辽阔,处于东西方交界处,国土大部分面积位于亚洲,地域的遥远使西方人对这个大国产生疏离感。在俄罗斯历史上,曾有一次"东方人"入侵。公元1200年,成吉思汗的孙子拔都汗从东部进军,征服莫斯科,掠夺基辅,使整个斯拉夫民族处于金帐汗国统治之下。在长达百年的异族统治期间,来自东方的蒙古人和鞑靼人给俄罗斯造成巨大影响,东方人种的特质留存在斯拉夫民族的血液之中。因此在西方人眼中,俄罗斯属于东方国家。不过,亚洲人显然对这些浅发色、白皮肤、高鼻子的俄罗斯人缺乏认同感,认为他们是不折不扣的西方人。而从俄罗斯人自身来说,他们希望得到西方的接纳成为欧洲家族的一员,似乎这样就同西方文明结缘了。长期以来,俄罗斯人面对西方的不接受与东方的不认同,灵魂深处始终处于茫然与迷惘状态。地理位置造成的闭塞,也使俄罗斯的发展远远落后于其他西方国家。当欧洲各国经过文艺复兴等一系列变革成为文明之邦的时候,俄罗斯大地依旧笼罩在蒙昧之中。因此,当彼得大帝带回西方先进军事技术的同时,也带回了西方文化,在他身体力行之下,俄罗斯几乎全盘加以接受,这种对外来强势文化的倾倒亦使俄罗斯民族缺乏文化自信。在傲慢的、贵族化的西方中心主义观念支配下,整个欧洲对俄罗斯这个"后起之秀"总有一些不以为然,认为俄罗斯的文化艺术都是移植甚至"剽窃"欧洲的。在影片中,法国外交官听到一曲动听的音乐,其第一反应就是"这是欧洲的音乐";在听到俄罗斯音乐家格林卡的乐曲时,他又固执地认为作曲家是德国人。同样的态度也表现在对雕塑与绘画的欣赏上,法国外交官甚至鄙视俄国沙皇收集的名画。在这里,导演借外交官之口展露了某些西方人士对俄罗斯文化的偏见。

沙皇时期的皇宫是金碧辉煌的。然而,当观众在银幕上看到叶卡捷琳娜二世拖着臃肿的身躯奋力追逐即将失去的王权时,看到最终被绞死的沙皇尼古拉二世一家默默吃最后的晚餐时,人们认识到历史车轮滚滚向前,曾经煊赫一时的王权也将凋零化为尘土。在其后一百多年间,俄罗斯经历了严酷的战争与剧烈的政治动荡。对于这一切,导演没有浓墨重彩地去正面描绘,而是通过画外音低低的絮语,以及看似不经意间闪现的戏剧性画面,拼贴那些著名的历史片断,呈现出一种辉煌过后的沉寂。俄罗斯的历史告别昔日的辉煌,动荡过后百废待兴,正蹒跚地前行。导演当然希望俄罗斯能够重振昨日雄风,因此他将影片结束于一场盛大的舞会。来自各国的贵族们聚集一堂翩翩起舞,那位傲慢的法国外交官也忍不住加入舞者行列。舞会结束后,众人如潮水般涌出宫殿,外交官却决定留下了,留在他先前不屑一顾的俄罗斯。这是导演的一种美好愿景,但他还是保持了一份清醒,用最后一个镜头揭示正在海上漂浮的一叶孤舟,它荷载着俄罗斯的历史传统,不知要驶往何处?俄罗斯民族的方舟能否像诺亚方舟一样驶离滔滔洪水,最终迎来民族新生?导演让剧中人打开窗户,将充满期待的目光投向无尽的远方。

我们欣赏本片,在某种程度上相当于步入冬宫,参加一次对俄罗斯历史的巡礼。因此,在观影之前有必要对俄罗斯历史与文化作最起码的了解。唯其如此,在 96 分钟的观影中,我们才能定下心来欣赏冬宫建筑的辉煌,欣赏博物馆珍藏的艺术品的美感,并循着导演的思路对俄罗斯历史进行反思。索科洛夫勇于探索,用绵延不绝的长镜头来表现长达数百年的历史,其深刻寓意冲击着每位观众的神经。虽然至今还有人批评索科洛夫这个长镜头有哗众取宠之嫌,然而,其创新精神不容低估。在电影发展进入第二个百年的今天,任何一种大胆创新的实验都是值得赞许的,也证明电影艺术依然潜藏着无穷的可能性。

(惠慧)

通天塔

美国/墨西哥影片　2006年联合出品
导演：亚历桑德罗·冈萨雷斯·伊纳里图
编剧：吉勒莫·阿里加
主演：布拉德·皮特(饰琼斯先生)
　　　凯特·布兰切特(饰琼斯太太)
　　　艾德里安娜·巴拉扎(饰女佣)
　　　菊地凛子(饰惠子)

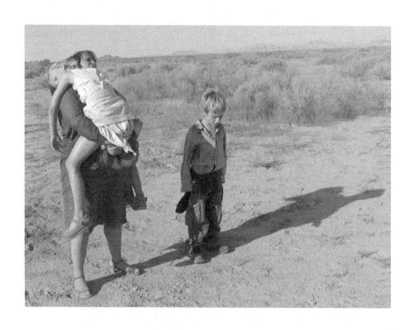

【影片内容】

上帝创造了亚当和夏娃后,人类开始繁衍。最初人们都说着同一种语言,在世上过着安逸富足的和谐生活。这时有好事者想建造一座巨塔直通天堂,上帝得知后非常恼怒,就将人类遣散到各地,并让他们说不同的语言,再也无法相互交流。于是,人类因沟通受阻而陷于误解纷争之中,"通天塔"也就成了人类不可实现的梦想。《圣经》里的这个故事,就是影片《通天塔》片名的由来。整部影片交叉讲述四个故事,起因是一颗子弹,结果引发了全球不同民族、不同国家、不同家庭之间的一连串悲剧事件。

摩洛哥山区一户牧民为保护自家的羊不被狼吃掉,从邻居那里买了一把射程达三公里的强力步枪。牧民的两个儿子在放羊时为了测试"三公里"的射程,朝远处几个目标进行试射,其中有一辆正在行驶中的旅游巴士。这个原本可以被原谅的孩子气行为,却因一位美国女游客琼斯太太在车里意外中弹而上升为"国际恐怖主义袭击",在美国政府强大的压力下,摩洛哥警方对可怜的牧民一家采取清剿行动。然而,当真相大白时,悲剧已经酿成,牧民年幼的孩子就此丧生。

那位琼斯太太意外负伤,不能和丈夫一起及时赶回家。琼斯先生只能打电话给墨西哥籍女佣,请她多留几天继续照顾一双小儿女。得知女主人在北非遭"恐怖袭击",女佣无法拒绝男主人的央求,但自己心爱的儿子即将在家乡举办婚礼,作为母亲不能缺席儿子的婚典。在责任和亲情面前,女佣做出自以为聪明的决定:带着主人家两个孩子返回墨西哥出席儿子的婚礼。女佣的家乡距离美国边境不远,她原本打算办完儿子的婚礼当天就赶回主人的家里,这跟带孩子们外出吃顿饭没什么区别。不料,女佣这番计划被美国边境一个忠于职守的移民官彻底打乱。他怀疑女佣是"非法移民",最后折腾到两个美国孩子在边境沙漠中差点丧命,女佣本人被移民局驱逐出境。

摩洛哥政府为证明发生在山区的美国妇女中弹事件纯属意外事件而非"恐怖袭击",敦请日本警方协助查找那把强力步枪原来的主人。那位日本人是狩猎爱好者,他当时出于感激之情而将强力步枪赠给了摩洛哥向导。这个日本人的女儿是聋哑人,随之接受警方的调查。天生残疾使她丧失了与别人交往的能力和信心,母亲自杀更让她陷入难以解脱的痛苦之中。为排遣孤独,求得正常人的认同,哑女不惜一次次采取最极端也是最原始的手段,通过赤裸裸的性诱惑来吸引异性的注意,诱惑对象从同学、牙医直到上门来查访的警察。但男人们发现她是个哑女之后,却没有一个愿意接受她。年轻的东京警察也不例外,他面对一丝不挂的哑女断然拒绝,哑女再也抑制不住内心的悲切,绝望地恸哭起来。

本片叙述了短短 11 天中发生在四个家庭里的故事,几乎浓缩了世上所有的不幸。而所有这些不幸,都源自人与人之间的隔阂。影片结尾渐渐拉远的画面上,闪现出一束希望之光:"献给我的孩子,最暗的夜,最亮的光。"

【影片赏析】

进入 21 世纪全球化时代,拉丁人口在美国人口中的比重达到 15% 左右,每年消费接近 1 万亿美元,拉美电影制作者在好莱坞的地位也不断提升。最被看好的便是在奥斯卡颁奖典礼上亮相的《通天塔》"铁三角"——墨西哥电影导演亚历桑德罗·冈萨雷斯·伊纳里图、编剧吉勒莫·阿里加和制片人阿方索·卡隆。本片以圣经故事为出发点,深刻地表现了人类因文化背景不同及沟通障碍引发的困惑、无奈和悲哀。影片叙事时空跨越东西两半球，四个家庭卷入其中，演绎了一连串令人深省的悲剧故事，导演亚历桑德罗独特的艺术风格和表现手法得到完美的体现。

《通天塔》片长两小时 22 分钟，观众却不觉得冗长，全片情节环环相扣充满戏剧性张力。从更深层次来看，本片所展现的那些曲折离奇的故事，看似偶然发生的事件，实质上体现出某种必然的关联。编导不仅在情节上设置吸引观众的戏剧性悬念，也在哲学意义上探讨世界的本原。在观看影片的过程中，"蝴蝶效应"的命题反复引起我们的思考。所谓"蝴蝶效应"，是上世纪 60 年代由气象学家洛伦兹首先提出的，指的是南美洲亚马逊热带雨林中一只蝴蝶振翅，有可能煽动空气，像雪崩般引发连锁反应，最终导致美国德州遭到一场龙卷风袭击。《通天塔》开场地点在摩洛哥的山区，"蝴蝶振翅"起始于一位日本狩猎者向当地导游赠枪，随着一声枪响，引发了摩洛哥牧人之子误伤美国女游客的流血事件，接下去又引发美国人的子女和墨西哥女佣在边境线的悲剧性遭遇，引发了东京警方上门调查日本狩猎者不堪回首的家庭悲剧。从单个故事的发展脉络来看，各自的起承转合相当完整；而从总体构成来看，这四个故事之间的内在联系又如此紧密，彼此互为因果，具有某种浓重的宿命感。在影片中，一个个有血有肉的人物鲜活地呈现在银幕上，编导对人物内心的刻画相当深刻。婚姻出现危机的美国夫妇、不谙世事的摩洛哥懵懂少年、处于青春苦闷期的聋哑少女、找不到身份归属的墨西哥女佣……一份份真实的情感流露，一段段茫然迷失与痛苦的经历，这些人物始终都在与命运抗争，他们在备受折磨的同时，也在努力寻找生命的真谛，这对同样面临人生考验的观众无疑是一种精神抚慰和鞭策。

本片表达的主题，灵感来自"通天塔"这个传说（原版片名音译为"巴别塔"），见载于《旧约·创世纪》——

> 那时,天下人的口音言语,都是一样。他们往东边迁移的时候,在示拿地遇见一片平原,就住在那里。他们彼此商量说:"来吧,我们要做砖,把砖烧透了。"他们就拿砖当石头,又拿石漆当灰泥。他们说:"来吧,我们要建造一座城和一座塔,塔顶通天,为要传我们的名,免得我们分散在全地上。"
>
> 耶和华降临,要看看世人所建造的城和塔。耶和华说:"看哪,他们成为一样的人民,都是一样的言语,如今既作起这事来,以后他们所要作的事就没有不成就的了。我们下去,在那里变乱他们的口音,使他们的言语彼此不通。"
>
> 于是,耶和华使他们从那里分散在全地上,他们就停工不造那城了。因为耶和华在那里变乱天下人的言语,使众人分散在全地上,所以那城名叫巴别(变乱)。

虽然全片未出现有关通天塔的情节,但恰是圣经中的这个典故点明了本片各个独立故事的共同寓意,即对于人类沟通这个大命题的反思。人类社会发展至今,不同的生存环境导致不同民族形成各自的文化及价值观,这些价值观很有可能相互抵触。当不同民族在各自的区域内生活时,这类矛盾并不突出;但随着全球化进程的加深,来自不同地区的人们互相渗透,你中有我,我中有你,文化冲突便不可避免。《通天塔》演绎了在全球化的今天不同宗教信仰、文化背景的族群之间一触即发的矛盾冲突,揭示了人类因沟通障碍引发的诸多悲剧与灾难。有些障碍是语言不通造成的,但更多的沟通障碍并非语言因素,而是语言背后所承载的社会、经济、文化、宗教、历史等错综复杂的深层因素。编导提出警示:全球化给人类文明进程带来积极意义的同时,也引发了不同种群之间的尖锐冲突,从某种意义上说,又给人类文明造成了巨大的损害。那么,出路究竟在何方呢?导演在影片结尾暗示了某种光明前景,但每个观众都能感觉到这样的愿景毕竟含有很大的不确定性。

《通天塔》叙事手段非常独特,是导演亚历桑德罗标签式风格又一次淋漓尽致的展现。他在此前执导的《可爱的狗》(1999)和《21克》(2003)中,也是以独特的多线索穿插叙事闻名。《通天塔》作为"隔阂三部曲"的最后一部,主题更加深刻,场面更加恢弘,关联叙事更为错综。全片叙事信息饱满,多线索交叉与时空交错的场景变换,貌似无序而内含章法。在头绪繁复、主线与支线并行的叙事框架中,导演有条不紊地层层推进,表现剧中人因个体的、地域的、种族的、信仰的不同而产生的交流隔阂,因生理的、心理的、思维的、文化的差异而造成的沟通障碍,充分体现出导演举重若轻的艺术功力。影片最后,不同走向的情节线逐步汇成高潮,每个人物都因沟通问题而陷入黑暗的困境——摩洛哥小男孩向警察开枪;美国夫妇被驶离的巴士无情地抛弃;墨西哥女佣遭驱逐出境;日本聋哑女绝望地痛哭于东京大街……但正是在最黑暗的地方,希望之光开始闪现。导演借助光明的结尾,为所有人祈愿——重建"通天塔",我们在这里也听到了这位墨西哥导演为自己的民族发出的呐喊。

《通天塔》剪辑手法流畅,全片场景在摩洛哥空旷孤野的山区、骚动繁华的东京闹市、慵懒质朴的墨西哥边陲小镇之间来回转换,契合多线索叙事推进,烘托影片的内涵。让人印象深刻的还有影片的演员阵容,既有好莱坞巨星,也有名不见经传的非职业演员。在这部群像戏中,并没有特别凸显某个角色,亦没有任何角色被忽略。好莱坞当红影星布拉德·皮特饰演那位不幸中弹的美国妇女的丈夫,他俩的婚姻正陷入危机,但恰是在这个穷乡僻壤,两人在共患难中再度找回人生最值得珍视的真爱。皮特在本片中一改以往英俊潇洒的银幕造型,以困顿焦躁而又成熟的中年人形象现身,随着情节跌宕,充分展示人物丰富的内心活动。在片中饰演聋哑少女的日本新人菊地凛子也有上乘表现,她运用眼神、手势和肢体语言,细腻地表达人物内心的抑郁和迷茫。本片音乐也是一大亮点,各种不同风格的音乐既张扬鲜明的民族特色,又被和谐地融合在一起:摩洛哥铿锵的土风之音、墨西哥欢快明朗的乡村音乐节奏、日本都市时髦喧嚣的流行音乐……充满艺术魅力的旋律不仅打动了观众,也为作曲家赢得了奥斯卡最佳音乐奖。

(吴帆)

十二怒汉

俄罗斯 Empire 电影公司　2007 年出品
导演：尼基塔·米哈尔科夫
编剧：尼基塔·米哈尔科夫
主演：尼基塔·米哈尔科夫

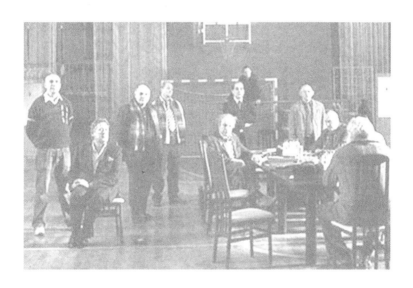

【影片内容】

　　一名车臣少年被指控谋杀了俄罗斯族继父。由于法庭休息室正在装修，12位陪审团成员被安排到隔壁一所小学的体育馆内进行封闭式讨论，根据法庭上证人的证言，对这个男孩的命运作出判决。

　　进入体育馆，陪审团成员饶有兴致地观察四周，聊起一些闲散话题。有人吃点心，有人弹钢琴，有人打篮球，感觉十分轻松，完全没有法庭上那种肃穆氛围。大多数成员都觉得这个案子情节简单，事实清楚，于是决定抓紧时间投票，因为每个成员都有自己的私事要办，不想在这里浪费时间。

　　陪审团规则是每个成员投一票，决议生效的前提是所有成员的选择是一致的，没有任何异议存在，他们的决定将成为最终判决结果。不料，首轮举手表决过后，11个成员均赞成判男孩有罪，唯独有一个成员表示反对，这让其他成员非常惊诧！持异议者的理由是，如此表决太轻率了，或许一条生命就因此而结束。

　　讨论随即进入下一轮，这名持异议者试图说服其他陪审团成员，希望他们花点时间慎重考虑一下，但似乎所有人都不为所动。持异议者无奈之下请求第二轮以匿名方式投票，若此轮投票也是同样结果，没有其他人反对，他也将改投赞成票，让决议通过。

　　第二轮投票结果，出现了另一个投"无罪"票的反对者，他是一位犹太老人。他觉得持异议者唤起了自己的责任感，他反思案情，觉得正是因为男孩太穷，所以没能找一个尽责任的律师替他辩护。接下去，事态开始出现转机。持异议者开始讲述自己的经历：他原本是物理科研所研究员，沉迷于科学研究，收入微薄家境贫寒。因研究成果突出，他得到西方财团的青睐。然而他将全部心思放在科研上，毅然放弃高薪诱惑。可他的行为得不到周围人的认同，于是他开始酗酒，结果工作丢了，妻子也离他而去，他变成了落魄的酒鬼。直到有一天，他乘电车，车上所有乘客都不理睬他，只有一位母亲告诉女儿说"他不是疯子"。正是这句话让他十分感动，后来他终于改掉了恶习，重新振作起来，并且组建了新的家庭，他现在的妻女正是电车上遇见的那对母女。持异议者通过自己的故事告诉其他人，正因为有一个人给予他比旁人更多的关注，才促使他的生活轨迹从此改变。他希望其他陪审团成员也能给予车臣男孩更多的关注，而不要草率地对他的命运下判决。

听完这个故事，众人展开激烈的讨论，他们也纷纷讲述自己的经历。其中一个老者讲起自己度假时遭车臣劫匪抢劫的经历，那帮劫匪肆无忌惮地开枪挑衅，老者受伤被送到医院，却被车臣医生讽刺为"胆小鬼"，这让老者永远无法忘记"车臣人"给他带来的肉体和心灵的双重伤害。接下去，讨论的焦点转为那男孩的种族身份与他有没有杀人是否有关系。持异议者提取凶器证物即那把匕首，而他又从自己的包里拿出一把从市场买来的一模一样的匕首，可见这种匕首并不独特，而匕首的"独特性"正是法庭作为重要证据而认可的，由此可见法庭推断是不严肃的，很可能存在另外的事实真相，比如有另一个人买了这样一把匕首杀死了男孩的继父。但有成员认为这种巧合的可能性很低，不足为凭。犹太老人讲起自己父亲的故事：他父亲作为一名军人，当年抛弃妻子，来到立陶宛，爱上当地一个女子。结果苏维埃政权成立后，他被放逐到西伯利亚集中营，一直关到1953年才被释放，得以与妻子重逢，在一个小镇上生活，养育了11个子女。这个离奇又真实的故事让在场所有的人惊叹，任何看上去不可能发生的事情，其实都是有可能发生的，车臣男孩的杀人案也是同样的道理。

受此触动，另一个陪审团成员也讲述了自己亲属的故事:他的叔叔是个木匠,嗜赌成性,结果欠下巨额高利贷,铤而走险持枪挟持人质。警察闻讯赶来,命令任何人不能动武伤害木匠。就在木匠举枪威胁"我杀了你"之时,警长断言说"你不会"。听闻此言,木匠竟然束手就擒。更离奇的是,木匠并没被关进监狱,而是继续干他的老本行,警长则改行成了一名商人。讲完故事,这位成员激动地表明了自己的态度:我赞成男孩无罪。

新一轮争辩又开始了,渐渐有更多的成员开始认真思考案情。第三轮投票显示,"有罪"和"无罪"的票数之比已变成7比5。于是,他们在体育馆里进行案件模拟再现的实验,针对目击证人邻居老汉关于"看到男孩匆忙下楼"的证词,提出有力的质疑。于是"无罪"阵营又多了两名支持者,一下子成了多数派。其中一位当职业演员的陪审团成员,也忍不住讲述了自己的故事:他小时候跟生病的祖母一起生活。某一天,祖母跌倒了,等待救护车来施救。他想让祖母开心一点,就模仿邻居的模样逗乐,结果祖母微笑了,且临终前脸上始终挂着那种微笑。当今社会,人们对什么都无所谓,人际关系冷漠,活着是个笑话,死了是个笑话,战争是个笑话,车臣男孩的命运是否也仅仅是个玩笑呢?

那个最顽固的赞成"有罪"者决定做一次试验,他让电视台经理坐在轮椅上,模拟他回家的过程。他用极富煽动性的语言描述了电视台经理的家人被歹徒残杀的场景,身临其境的感觉让电视台经理产生了本能的生理反应,便决定回到投"赞成"票的阵营——6比6,两种观点僵持不下。

陪审团再一次对案件各种蛛丝马迹进行了逻辑推理,诸如目击者证词不可靠、男孩持刀杀人行凶的科学合理性等等,就这样大家提出了越来越多的疑点,票决结果发生了大逆转,所有人都赞成"无罪"!就在众人准备离场时,没想到陪审团主席坚持要判男孩"有罪",因为他觉得男孩待在监狱里比在社会上反而更安全,这才是真正对他有利的选择。经最后一次表决,大家仍选择投男孩"无罪",主持人只好放弃自己的立场,决议一致通过,男孩得以无罪释放。

那位最先持异议者起身离开体育馆,看到一只小鸟停在东正教黑圣母与圣子像前,他拿起圣像亲吻,对小鸟说:"鸟儿,你走吧,你自由了。飞吧,你不用留在这里了。只要决定了,你就要去做,出去以后,谁都不会为你做什么,你自己想想好吧!"

【影片赏析】

2007年俄罗斯导演尼基塔·米哈尔科夫自编、自导、自演的《十二怒汉》,翻拍自1957年美国导演悉尼·卢曼特拍摄的同名经典黑白片。美国版《十二怒汉》当年曾获奥斯卡奖最佳影片、最佳导演、最佳改编剧本三项提名,而这部俄罗斯版《十二怒汉》沿用它的故事框架,将时空背景转移到当代俄罗斯社会,讲述了12位陪审团成员对一名车臣少年涉嫌杀死自己继父(俄罗斯族)的案件表决的全过程。

尼基塔·米哈尔科夫生于1945年,成长在莫斯科一个声名显赫的艺术世家。他是享誉世界影坛的当代电影大师,被称为"俄罗斯的斯皮尔伯格",其代表作有《乌尔加》、《烈日灼人》、《西伯利亚理发师》等。米哈尔科夫所创作的电影题材广泛,带有强烈的爱国主义情怀和俄罗斯民族精神,他坚持通过电影进行人文精神探索和哲学思考,对社会问题、历史问题进行深刻的反思和批判。这部新版《十二怒汉》在第64届威尼斯国际电影节获得"荣誉金狮奖"。另据俄罗斯《共青团真理报》披露,普京总统看完此片禁不住落泪,称赞"米哈尔科夫是赚人眼泪的大师,这次他又成功了"。

作为一部法庭片,导演提出一个欧美司法制度中的法律概念"合理怀疑",即在审理刑事案件的过程中,控方只有在没有合理疑问的情况下证明被告有罪，法庭才可以判被告有罪；而辩方只要能够证明存在合理的疑问就可以为被告脱罪。至于法庭上的证词和证物，只要存在"合理怀疑"，就不能成为判决被告有罪的证据。界定这种"合理怀疑"到底是否存在的工作，是由陪审团成员来完成的。本片剧情就是围绕陪审团对车臣少年杀死继父案件是否存在疑点所展开的讨论与辩论来结构的，从一位持"合理怀疑"态度的陪审团成员表示异议起始，直到他说服另外11位陪审团成员改变自己的想法，最终宣告被告"无罪释放"。

从开场仅有一名投"无罪"票的异议者到片尾其他11位陪审团成员都改变自己的立场，影片完成了一个"不可能完成的任务"，这依赖于编剧高超的技巧，准确地将每个人物的个人信息、内心想法改变的过程及其理由有效完整地传达给观众。但这"不可能完成的任务"背后潜在的逻辑力量才是影片成功的关键，即在理性前提下，各种不同观点通过充分讨论和事实论证，是有可能接近客观事实的真相，并达成一致的。这种原本水火不容的个人主观立场的转变，并非依赖于武力威胁、权威打压或利益诱惑，而来自于严密的逻辑推理及"一票也不能少"的司法制度，更重要的是每个陪审团成员自觉的社会责任感。诚如剧中持异议者所言，举手表决过程太快太草率，将导致一个人的生命权利就在他们举手之间被剥夺。

面对他人生命权利，感受自己身上沉重的责任，抛弃各人偏见，以正义的要求规范自己的行为，维护他人的权利，这是一种令人震撼的精神。美国版《十二怒汉》中有一句台词："这是美国司法制度中最神圣的一条，也是我们的国家如此强大的原因。"片中所提倡的博爱情怀、法制精神、尊重人权正是实现社会正义的基本途径，从这个意义上说，影片中每个陪审团成员虽然来自各行各业，其社会阶层、文化修养、政治立场不尽相同，但当他们最后秉持自己的社会良知，做出公正裁决的时候，他们便成了不折不扣的英雄。

对两个版本进行比较的结果,俄罗斯版《十二怒汉》除借鉴原版之外,更有所超越,可算改编经典的经典。美国版《十二怒汉》严格遵循古典三一律剧作方式,将叙事空间压缩在一个主场景会议室内,叙事时间也严格按照真实的物理时间展现,放映时间完全等同于故事时间。这样封闭谨严的叙事时间和空间结构,使人物动作和对话成为最重要的戏剧元素。俄罗斯版《十二怒汉》大部分剧情也集中在一个主场景体育馆内,基本上就是12位陪审团成员不停地辩论,整部电影看上去似乎只有一场戏。但不同的是,米哈尔科夫在剧情架构中置入了当代俄罗斯社会的大背景,使影片从原有的只针对刑事个案展开的讨论,提升到针对社会、民族、宗教、哲学等各个层面问题的探讨。与美国版相比,俄罗斯版增加了有关车臣少年生活的一些闪回片段。这种频频插入的平行蒙太奇,在打破影片原有的封闭格局的同时,扩展了电影的指涉范围,增强了观众对车臣少年"无罪"的认同度。

美国版《十二怒汉》的剧作结构属于"多人一事"型,即围绕"审理少年弑父案"这一核心事件展开,没有其他旁枝。俄罗斯版则围绕核心事件,带出了通过剧中人之口讲述的几个与本案并无直接关系的故事,折射出的信息量更大,结构也相对松散,而非丝丝入扣的法庭推理片。美国版中亨利·方达饰演的持异议者十分符号化,他靠一己之力说服其他陪审团成员改变立场做出公正判决,俨然是十几位陪审员中唯一没有偏见的、公平和正义的完美化身。而在俄罗斯版中,持异议者讲述了自己如何因为一个陌生人的关注,彻底改变自己生活轨迹的故事。因此,他将心比心希望其他陪审团成员也给予那个车臣少年更多的关注,而不要轻易对他的命运做判决。其实,不单单是那位持异议者,俄罗斯版里所有的陪审团成员都有自己的故事,他们讲述的故事在片中占了相当篇幅,充分地表现了人物的内心世界,使影片的内涵更为厚重。

12位陪审团成员的身份分别是科学家、医生、演员、电视台经理等各种社会角色,他们之间的碰撞和个人遭际折射出俄罗斯当代社会的种种问题:车臣分裂、种族歧视、贫富不均、吸毒泛滥、人情淡漠以及教育问题等。米哈尔科夫在"弑父案"的故事背后架构了一个更为广阔的社会背景,而不仅仅只是对法律正义和社会良知的讨论。从这个意义上来说,俄罗斯版《十二怒汉》的立意和文化内涵已经超越了美国版,它以悲天悯人的情怀和审视的目光对俄罗斯这个民族和国家进行了一次深刻的反省。

　　影片结尾处,当11位陪审团成员都改变了自己的立场投"无罪"票的时候,主席反而投了"有罪"票,这是俄罗斯版较美国版最为出彩的一幕。主席的理由是虽然他从第一眼看到男孩的时候起就相信他是无辜的,但男孩车臣孤儿及弑父嫌疑犯的身份使他很难在社会上生存下去,他的生活和人身安全根本得不到保障,不如让他留在监狱里更加安全。其他陪审团成员听后都沉默了,主席说的确系现实境况。于是他们又面临着新一轮艰难的选择,是从法律意义上去考量案情,还是从现实人性的角度做抉择?虽然米哈尔科夫扮演的主席最后屈服于众人的观点投了"无罪"一票,但他还是收留了那个无家可归的车臣男孩,给观众一个温情的结局。片尾字幕是:"法律是一个开始,但当那更高、仁慈的法律被抛弃之后,我们该怎么办?"这是导演对自己,也是对观众提出的一个值得深思的问题。

　　影片中有几个细节处理颇具意味。开场时,12人刚进入体育馆时并没有灯光,在整个案情讨论过程中,一会儿灯坏了,于是用蜡烛和手电筒照明,过后灯又好了。几次灯光的变化,不仅巧妙地调节了影片节奏,集中了观众的注意力,而且起到了烘托剧情的效果。同时灯光也具有象征意味,象征法律和人性中的"光明"。从窗外闯入的一只小鸟也十分引人注目,它在体育馆内四处碰壁,隐喻那个车臣孤儿的现实境遇。影片结尾处,持异议者打开体育馆窗户,对小鸟说"你自由了,但外面谁也不会帮你做什么,你要自己做决定"。此外,持异议者最初登场时从钱包里掏出一件东西放在桌上,直到影片结尾观众才看清楚原来那是一张圣母像。在审理案情过程中,每当持异议者遭到反对的时候,他都会走到那张圣母像面前汲取信仰的力量;与此同时,圣母像也作为俯视整个陪审团讨论过程的见证视点而存在。

  导演米哈尔科夫具有强烈的俄罗斯民族情结,他创造性地借用美国版《十二怒汉》的叙事外壳,表现动荡和重建时代俄罗斯现实社会的故事,其影片内涵不单单关涉法律,更多地关涉到自我救赎、生和死、信仰等等重大的人生命题,由此具有了深刻的思想内涵。

(苏竞元)

中外影视精品赏析 | **国片精粹**

一江春水向东流

联华影艺社、昆仑影业公司　1947年出品
编导：蔡楚生、郑君里
主演：陶金（饰张忠良）
　　　白杨（饰素芬）
　　　吴茵（饰张母）
　　　舒绣文（饰王丽珍）
　　　上官云珠（饰何文艳）

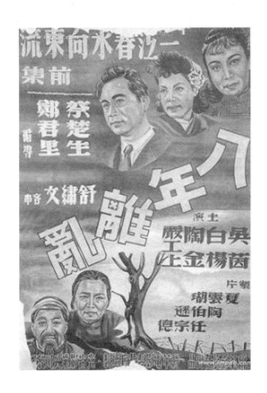

【影片内容】

上集 八年离乱

张忠良与素芬是一对恩爱夫妻,儿子降生那天,正值"七七事变"爆发。忠良报名参加战地救护队,临别时他与妻子相约月圆之夜遥望天际,聊解思念之情。

上海沦陷后,素芬怀抱婴儿跟婆婆回到丹阳老家。不久,日寇占领丹阳,在乡下强行征收军粮。张老爹出面讲理,被鬼子兵活活吊死。忠良的弟弟忠民率游击队夜袭日寇,抢回父亲的遗体。乡下没法过活,素芬携婆婆、孩子又回到上海,她当了洗衣妇,靠微薄的收入艰难度日。

张忠良随节节败退的国军一路西撤,途经汉口、宜昌等地,在战场上死里逃生,辗转抵达"陪都"重庆。不料官僚机关尽是势利眼,他报国无门流落街头,只得向交际花王丽珍求助。在王丽珍的干爹庞浩公安排下,张忠良得到一份清闲的工作。一开始,他对周围的腐败环境颇为反感,后来渐渐抵挡不住王丽珍一伙的开导和诱惑,终于和他们同流合污了。

张忠良拜倒在王丽珍的石榴裙下;远方的素芬依照临别誓约,正在月光下默默思念音讯隔绝的丈夫。夜半时分,狂风暴雨骤降,素芬一家老小在晒台旁搭出的破屋里苦熬挣扎,企盼着天亮。

下集 天亮前后

张忠良被庞浩公擢升为私人秘书,整天周旋于官商之间。他与王丽珍乔迁新居那天,恰巧收到素芬托人捎来的信。为瞒过王丽珍的盘问,张忠良不惜将未及拆阅的家信撕得粉碎。

素芬与婆婆为生活所迫,随着邻居们一起冒险穿越封

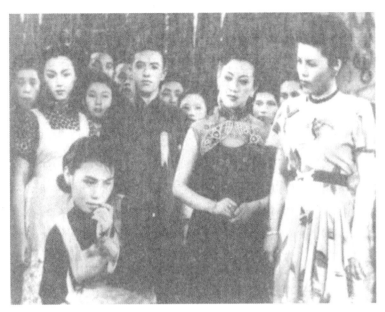

锁线贩米,不料被日寇发现。结果,老弱妇孺统统被日寇赶入水沟,在冰凉刺骨的寒风中备受摧残。

抗战胜利的好消息终于盼到了!素芬兴奋地等待夫妻团圆的那一刻。

张忠良受命飞赴上海"接收"日伪财产,他乘便将汉奸温经理的老婆何文艳掳入怀中。"双十节"这天,张忠良在温公馆大宴宾客,酒足饭饱后,他搂着王丽珍翩翩起舞。凑巧的是,在温公馆当女佣的素芬此时走进客厅送茶水,无意间发现这个油头粉面的新东家竟是自己日思夜想的丈夫!她受不了如此大的打击,恍恍惚惚离开了温公馆。王丽珍在大庭广众前得悉素芬乃张忠良的糟糠之妻,当即逼他离婚,张忠良陷入狼狈不堪的境地。

素芬回家后向婆婆哭诉,张母非常气愤,颤巍巍地赶到温公馆狠狠责骂儿子,痛述八年离乱之苦。王丽珍在楼上听到动静,又冲下楼来大吵大闹,还掴了张忠良一记耳光。张母见儿子在泼妇面前一副窝囊相,确信他已经丧尽天良。

万念俱灰的素芬给儿子留下遗言:长大了,要学叔叔的处世为人!随后,她支开儿子,纵身跃入滚滚东流的江水之中……

【影片赏析】

本片由蔡楚生和郑君里联合编导,于1947年10月在上海首映,当时出现"成千万人引颈翘望,成千万人涌进戏院大门"的轰动景象,足足连映三个多月,观众将近80万人次,创下国产电影有史以来票房新记录。其影响还波及东南亚地区,当地报纸刊登的电影广告特别加注"进影院须带20条手帕以备拭泪"。当公共汽车满载看客驶抵影院时,售票员往往不报站名而高呼"一江春水向东流啊!"成为中国电影史上一则佳话。

蔡楚生是中国第二代电影导演的领军人物。1946年初,他从重庆回到阔别八年的上海,发现黄浦江畔这个大都市已成为新冒险家的乐园。民间流传的一首民谣嘲讽国统区的黑暗,宣泄了民众的失望之情:"左等天亮,右等天亮,天亮到了,更加遭殃!"那些在抗战期间躲在大后方发国难财的达官贵人,纷纷以"接收要员"的身份飞赴上海大肆"劫收",老百姓讥为"五子登科",即条子(金条)、房子、女子、料子(衣料)、车子样样都要!愤起揭露这些新冒险家的丑恶行径,成为本片创作的原动力。蔡楚生对上海沦陷期间的生活不够熟悉,他遵循现实主义的创作方法,对影片涉及的场景与细节详加考证,务求在银幕上达到真实再现的效果。蔡楚生查阅历年报纸,剪下沦陷区农民"人拉犁"的照片作为参考,还抱病走访贫民区,深入了解上海民众在日寇统治下的苦难生活。女演员吴茵的婆母在八年离乱中带着小孙子过活,祖孙俩住在晒台边搭出的半间破屋里,外边下大雨,里边下小雨,只能撑起破伞偎依着度过漫漫长夜。蔡楚生听说她家的辛酸遭遇后，含着热泪把这段素材写进了剧本。

《一江春水向东流》的叙事跨度长达10年，从抗战前夕一直写到战后"劫收"，剧情空间涉及国统区、沦陷区和敌后游击区，以大手笔描述历史的变迁、民族的灾难、人性的沉浮，为抗战前后的中国社会留下真实的写照。本片原名《抗战三夫人》，通过男主人公张忠良与"沦陷夫人"素芬、"陪都夫人"王丽珍、"接收夫人"何文艳之间的关系演变及戏剧性纠葛，表现战乱年代不同阶级的生活和人物命运。值得强调的是，这个剧本创作之时，抗战烽火方熄，"劫收"尚在进行，蔡楚生敢于近距离触及时弊揭露社会矛盾，体现出与时代同步、与人民同呼吸共命运的忧患意识。全片由上集《八年离乱》与下集《天亮前后》组成，单从这两集的片名来看，亦显示了编导紧扣时代脉搏，敢当民众代言人的勇气。这部现实主义史诗性巨片通过一个普通家庭的悲欢离合，高度浓缩八年抗战至"劫收"期间中国百姓所经历的痛苦、愤懑与绝望，使万千观众产生强烈共鸣。数十年过后，老演员吴茵回忆当年拍片情景仍激动不已，她认为本片的成功"归功于真实，情节真实，表演真实"。蔡楚生所掌握的创作素材，有不少源自他本人在陪都重庆的见闻，尤其对国民党官僚"前方吃紧，后方紧吃"的腐朽生活愤慨有加，这些都在表现张忠良步步堕落的过程中作了入木三分的刻画，在当年激起极大反响。夏衍等七位文艺界人士联名撰文给予高度评价："它实际而具体地告诉一切唯利是图的近视的放映人和制片人，'路在这儿！这才是观众所喜爱的！'它凿穿了'观众不喜欢抗战故事和严肃题材'的谎言，它答复了'中国电影难以企及世界水准'的自卑论调！"

上世纪40年代后期正是好莱坞电影在华大举倾销之时，中国民族电影面对好莱坞的强力冲击仍顽强地生存着，靠的不是对西片的模仿，而是对中国观众传统文化心理的满足。曾有评论者指出："《一江春水向东流》无论其思想蕴涵和艺术价值,无疑是高于众多同期国产片之上,当属最优秀影片之列。然而就是这么一部难得之作,其故事情节依旧未脱'痴心女子负心郎'的传统模式。该片上映所引起的巨大轰动,自然包含了这一模式长期对广大观众产生的突出的吸引力。"这一评价说到了点子上,但未免有些苛求。如果编导摆脱"痴心女子负心郎"这一故事载体的话,那么还有多少观众会替素芬的命运一掬同情之泪呢?传统模式是一种客观存在,对传统模式的演绎是因人而异、因题材而异的。蔡楚生精心设计张忠良与"抗战夫人"、"沦陷夫人"、"接收夫人"三个女主角的戏剧性纠葛,既大大拓展了影片的社会容量与深度,又使故事情节产生一波三折的张力及悬念,最终酿成素芬与张忠良在客厅尴尬重逢的高潮戏,使戏剧冲突趋向白热化。蔡楚生祖籍系潮剧之乡,他从小耳濡目染,对民众的审美习惯了如指掌:"我们看到中国的观众,对于欣赏戏剧的耐心——或是贪性,实在非常可观。假如要在这广大的观众中发生效果的话,势必先投其所好地将每一个制作的材料,尽可能地增加得丰富些,当然是在不违背主题的范围以内,从中我们就或多或少地给他们一些新的认识。"这番真知灼见确属经验之谈。

蔡楚生从30年代初就投身左翼进步电影运动,他丰厚的生活积累与艺术历练,使这部巨片具备了厚重的底蕴。他突破以往电影以表现事件为主的局限,将镜头聚焦于人物命运,通过"灵魂拷问"来刻画战争非常时期的人性,深刻揭示人性在善、恶层面的蜕变,使抗战电影达到了前所未有的"人学"境界。这一艺术成就主要体现在对张忠良这一典型人物的塑造上,并且与陪都重庆这一典型环境密不可分。张忠良一步步堕落的过程之所以真实可信,在很大程度上乃编导采用白描手法所致,这也是本片最精彩的部分。张忠良的演变过程体现在以下几个层次:

张忠良起初是个热血青年,抗战一爆发,他就告别老母妻儿加入战地救护队。在枪林弹雨的火线上,他有一个下意识动作，当身边的战友牺牲后，"急忙从尸体上弄些血抹在自己脸上，闭目装死，躲过敌兵的追击"。这一举动既可视作"机智脱险"，也可称为"侥幸求生"，编导通过这个细节，不露痕迹地勾勒出人物性格的潜在因子。接着，张忠良被抓壮丁受尽折磨，抵达重庆时已经"须发蓬乱，鹑衣百结"，饱尝政府小官吏的白眼，处于报国无门的困境。后来在王丽珍承诺"一切让我替你安排"之下，他总算进了官商机构上班。在这里，编导通过张忠良的主观视角来表现他起初与周围环境格格不入：写字间充满颓废庸碌的氛围，酒肆舞场醉生梦死的风气，都令他感到郁闷和厌恶。在"前方吃紧，后方紧吃"的浊流面前，张忠良的良知尚未泯灭。此后，王丽珍又出现在他身畔，塞给他一沓钞票去学会"消遣"。腐败环境的锈蚀力是无孔不入的，他身不由己渐渐陷入"近墨者黑"的状态。张忠良沉沦之际，编导替他设置了一个规定情境，让他酒后吐真情，伴随着凄厉的笑声表达了灵魂中最后一丝挣扎："我总觉得有什么东西要征服我，比日本鬼子还厉害！啊！我有点抵抗不住了……哼，有一天我也许会变得连我自己都不认识我自己了！"终于，张忠良在王丽珍的勾引下背叛杳无音信的妻子，投入王丽珍的怀抱，堕入了罪恶的深渊。

《一江春水向东流》的叙事格局全景式辐射到"孤岛"上海、"陪都"重庆和江南游击区三个不同的区域，故事情节由三条平行线交织而成，剧中主要角色分布在三个不同时空。总体来看，编导赋予素芬这个悲剧形象的是对弱者的同情；赋予张忠民这个正面形象的是对抗战志士的颂扬；而赋予张忠良这个复杂形象的是对历史与人性的深刻反思，无疑更具有警世意义。这里还牵涉到创作者的"亲历性"，蔡楚生在八年离乱中对上海沦陷区、江南游击区的了解毕竟是间接的，他本人亲历的湘黔桂难民大流亡以及在重庆的体验更加刻骨铭心，因而，他对张忠良这个人物的刻画显得游刃有余，为抗战电影，也为中国电影史留下了一个具有性格深度的艺术典型。蔡楚生和郑君里在追求中国电影民族风格和民族气派上也有重大建树,在《一江春水向东流》的创作中,他们借鉴中国古典诗词的比兴手法,反复利用"一轮明月"的意象,通过平行蒙太奇来维系上海、重庆两大时空,凸现素芬的苦苦思念和张忠良的步步堕落,在银幕上营造出"月儿弯弯照九州,几家欢乐几家愁"的深沉意境,受到海内外观众的称道。

新中国成立以后,《一江春水向东流》较其他左翼进步影片获得更多的上映机会,从而在一代又一代观众中产生持久的影响力。1992年春,上海市几个群众影评组织联合发起"观众喜爱的中国影视最佳搭档"评选,结果《一江春水向东流》的男女主演陶金、白杨名列"十佳搭档"第二位,可见这部经典力作的艺术生命在新时期依然常青。

(李亦中)

假凤虚凰

文华影业公司　1947年出品
导演：佐临
编剧：桑弧
主演：石挥(饰3号理发师)
　　　李丽华(饰范如华)
　　　叶明(饰7号理发师)
　　　路珊(饰陈国芳)

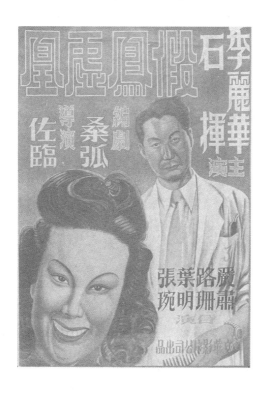

【影片内容】

  上海滩"时代理发店"有位名气很响的3号理发师。每日营业时分,女宾们情愿排长队等候3号给自己烫发,连一个女童也稚声稚气地称"我要3号"。

  这天,大丰公司的张经理电召3号上门服务。张经理投机亏空濒临破产,心里闷闷不乐。3号一边替他刮胡子一边寒暄,感叹当理发匠没出息,想谋一个能发财的营生,他振振有词道:"什么大人物我没见过?部长啦、司长啦、处长啦,我全给他们剃过,有几个还不如我长得体面呢。"此时,有个客户气势汹汹闯进写字间讨债,张经理好不容易才把债主打发走。他浏览当天报纸,只见头版尽是"棉纱飞涨"、"股票大跌"等坏消息,忽然有则征婚广告跳入眼帘:"范女士芳龄二十,丽质天生,最近自美国归国。其父系华侨富商,遗产颇巨,均归范女士继承。今特登报向各界征婚……"张经理好似发现新大陆,顿时计上心来:"3号,你能帮我的大忙!"3号莫名其妙,原来张经理要他冒名顶替"大丰公司总经理"前往应征,以分享那位名门闺秀的巨额遗产。3号有些犹豫,但抵不住张经理巧舌如簧。张经理系着理发围单扑向办公桌,迫不及待地草拟应征信。他嫌3号的名字"杨小毛"太俗气,改名为"杨晓茅",随手将那张草稿扔进了废纸篓。

  一条玉臂不停地将一封封信函抛入废纸篓——丧偶少妇范如华正在家里拆阅成堆的应征信。她向来访的老同学陈国芳直言相告:因丈夫病故生计维艰,无钱订牛奶,婴儿已经断奶,山穷水尽才想出"征婚"这个法子,想不到引来几千封应征信,足够筛选出一个理想的对象。国芳大吃一惊:"你完全是骗人嘛。"如华颇为得意:"这不过是广告技巧。我挑选丈夫有两个条件,第一要有钱,能保障我的生活；第二是年轻漂亮，跑出去多威风啊。"国芳认为此事很渺茫，如华却执意邀她留下帮忙。俩人埋头翻检应征信，不时调侃那些应征男性，总挑不到中意的。选了半天，有封来信吸引了如华："杨晓芳，27岁，江苏人，英国牛津大学博士，现任大丰企业公司总经理。……"如华又细看附寄的照片，不禁心动："这个人倒不错，又有学问又有地位，人也挺漂亮。国芳，请你马上写封回信，约他上这儿来谈一谈。"

张经理亲自安排3号赴约，他将自己的西装、公文包、手杖以及一枚戒指统统借给3号装扮"总经理"。3号受宠若惊："这么贵重的钻戒，我可不敢戴。"张经理笑道："这是我太太从城隍庙买的便宜货。戴在理发匠手上是假的，戴在总经理手上就是真的喽。"3号连连点头，佩服他这番妙论。张经理又特意关照3号带上同事7号假充"秘书"陪同前往。

3号与7号西装革履俨然一副绅士派头，按约来到范家。刚揿响门铃，见三个穿黑制服的法警鱼贯而出！3号着实吓了一跳，他不知道法警方才已向拖欠房租的如华下达限期搬迁的通知。送法警出门的国芳发现门口有两位不速之客，立刻意识到来者身份，连忙招呼："您就是杨先生吧？我是范小姐的秘书。"为消除客人的疑惑，她信口搪塞，"近来绑票太多，范小姐常接到恐吓信，特地请几位警察来保护。"3号与7号被邀到客厅入座，片刻过后，打扮得妩媚动人的如华从卧室里款步走出。面对3号的凝视，她故意搔首弄姿，俩人似乎一见钟情。如华亲手敬烟，发现对方戴的那枚"钻戒"，便提出要欣赏一下。3号唯恐露出破绽，只得硬着头皮脱下戒指。如华接过"钻戒"爱不释手，国芳乘机拉她到卧室里说私房话："我看杨先生挺适合你的标准，你应当速战速决，今天就跟他订婚。"

3号与7号忐忑不安地呆在客厅里，担心女主人从"钻戒"上识破真相。就在他俩打算溜走时，如华与国芳回到客厅，3号瞥见如华满面春风，这才如释重负。如华将"钻戒"

交还3号，国芳示意7号避开，让这对有情人单独交谈。3号紧挨着如华坐在沙发上，激动得语无伦次，索性唱起一首流行情歌："你是我的灵魂，你是我的生命……"唱着唱着，他突然半跪在如华跟前："范小姐，我向你求婚！"如华扭捏作态："我，我得想一想。"3号见状，猛地掏出一把剃须刀，将自己的领带当作刮刀布刮了两下，径直作出抹脖子姿态："范小姐，你如果不答应，我就要——"如华赶紧阻止他，这场闪电式征婚就此告成。

3号与7号刚离开，门铃又响了。如华以为是他俩来取遗留的礼帽，便躲在门后开玩笑地将礼帽叩在来人头上！不料，那人是报馆派来转递应征信的。如华接过一大沓信函，看也不看就交给女佣："王妈，你拿去烧了吧。"卧室里婴儿饿得哇哇直哭，国芳用洋娃娃哄他："这孩子真乖，要是刚才哭了，被杨先生听见才糟糕呢。"正说着，门铃再次响起，果真3号返回取礼帽来了。国芳拦阻不及，3号已直奔卧室。如华急中生智，将孩子塞进床底下。偏偏3号滞留不走，与如华相约今晚在巴黎饭店共进晚餐。此时，孩子的哭声骤然响起！3号十分诧异地四处打量，如华拼命将他的注意力引向那个也会发出哭声的洋娃娃，总算从3号眼皮底下瞒住了塞在床底下的哭闹的孩子。

华灯初上，巴黎饭店宾客满座。如华与国芳姗姗来迟，恭候已久的3号与7号彬彬有礼地请她俩入席，随即"哗"地抖开雪白的餐巾替她俩围在胸前，动作酷似理发师的操作。两位女士相视而笑，称赞他俩的幽默。侍者递上外文菜单，3号一窍不通差点出洋相。幸亏如华娇滴滴地开口："听说巴黎饭店的牛扒很好。"3号连忙接过话头，吩咐侍者："我们都点牛扒，再来两瓶可口可乐，两杯白兰地。"四人起座碰杯，7号先敬酒："总经理、范小姐，祝你们白头到老，子孙满堂！"如华略略尝了几口，就装出富家千金的作派打道回府。3号接过账单暗暗叫苦："16万5千元！"他怀里揣着张经理临时借给他的现钞统共才10万元。

翌日,张经理策划"钓鱼上钩",让3号在大丰公司招待如华与国芳,自己甘当下属,装模作样向3号禀报:"总经理,香港那批棉纱谈妥了,他们要100万美金。"他边说边观察如华,见她毫无反应,便暗示3号佯称亲自赴香港交涉。如华沉不住气了,她急于成婚以摆脱"限期搬迁"的窘境。张经理旁敲侧击:"范小姐,只要拿得出100万美金,总经理就不必远道奔波了。"如华莞尔一笑:"可惜我的存款全部在美国,否则你们尽管动用。"双方各怀鬼胎,都想诱使对方进圈套。此时国芳提出建议:"你俩先结婚,再去香港度蜜月。"俩人当即同意,议定后天举行婚礼。桌上电话响了,3号接过一听,是理发店老板催他回去干活。为蒙住如华,3号随口胡诌了一通洋泾浜英语。他挂断电话,又对如华吹牛:"是巴黎生发油公司开董事会,一定要我出席。"

如华兴冲冲到时装店挑选结婚礼服,听裁缝师傅说起附近理发店有位3号理发师手艺出众,便慕名去烫头发。此刻3号已赶回店里忙活,突然发现如华的身影,慌忙脱下白大褂,将剃须皂沫涂满脸庞,坐到理发椅上冒充顾客蒙混过关。偏巧如华挑了个空座位紧挨着3号,她问道:"你们店有个3号?"3号条件反射地应答了一声,又张皇失措地顺着理发摇椅仰躺下来。如华转脸认出了他:"巧极了,你也是这儿的老主顾?"3号尴尬地答道:"嗯,我……天天上这儿来。"在同事默契配合下,3号的身份才没有暴露。不料一波方平一波又起,张经理的老婆一阵风似的闯入店内嚷着找3号,因为她发觉丈夫的戒指没了,生怕他在外拈花惹草,特地赶来向3号了解真相。3号无处可避,一头钻进女宾烫发用的烘罩。

如华打算将孩子留在上海请王妈照看,可无钱支付房租。她犹豫着来到当铺,却又舍不得当掉那枚"钻戒"。在当铺门口,她与3号错肩而过。3号为筹措结婚费用,来当铺典当同事们慷慨捐助的一批旧货,匆促间忘了拿当票,于是返回索取。如华意外听见未婚夫的嗓音,大为惊讶——

只见他身穿理发店白大褂揣着当票正走出当铺!如华如梦方醒又气又恼,泄愤似的到柜台前典当那枚"钻戒"。不料老板冷笑一声,拒绝接受价值低廉的假戒指。如华羞得无地自容。

3号与7号穿着租来的燕尾服,喜气洋洋来到范家。哭红了眼圈的如华咄咄逼人地将3号逼到墙角,她破口大骂:"哼!还说是英国留学生,原来你专门研究奶油电烫!你这个卑鄙的家伙,给我滚!"嚷罢又掷还那枚假戒指。3号十分沮丧,只得悻悻地离开,出门时恰与手持封条的法警相遇。3号拉住7号留下观察动静,房内传出如华苦苦哀求的声音:"我丈夫刚去世,还有一个孩子,求你们再宽限几天。"3号骇得差点打个趔趄。这回轮到他将如华逼到墙角,反唇相讥:"好一个女骗子,你比我更卑鄙!你不是阔小姐吗?怎么连房钱都付不出?"

3号回到宿舍,悔愧交加,责怪自己财迷心窍,对如华动了恻隐之心。7号自告奋勇帮他当说客,但在如华那里仍旧吃了闭门羹。如华情绪冲动破罐子破摔,从先前留存的应征信中挑出一个想纳妾的富翁,打电话邀他面谈。那个风烛残年的富翁招之即来,借助放大镜将如华从头到脚细细鉴赏一通,赤裸裸相告:"我有的是钱。医生说我年轻时太荒唐,一辈子不会生儿子,我还想试一试。"如华屈辱地应允了这笔"公平买卖"。在等待富翁回家取钱的时候,国芳耐心开导如华:"你嫁给理发师有什么不好?总比当姨太太强。以前你俩戴着假面具,你哄我、我骗你,大家提心吊胆的。为什么不扔了假面具,痛痛快快做人呢?"如华闻此忠告,有些回心转意。国芳立刻给7号挂电话,让他赶快陪3号前来。

3号和如华重归于好,国芳与7号两情相悦也缔结良缘。3号不再掩饰身份,亲自给如华梳理发式,在她面前好好露了一手。这时,那富翁再次登门,还跟着一个扛了整麻袋钞票的仆人。3号下达逐客令:"范小姐是我太太,你来干什么?"

新的一天开始了。张经理赶到理发店找3号与7号核计"钓鱼"之事,却碰见了身穿白色工作衣的如华与国芳,原来她俩已成为自食其力的劳动者。在四位理发师一片奚落声中,机关算尽的张经理夹着他们交还的西装、皮包、手杖以及那枚假"钻戒",狼狈万分地溜走了。

【影片赏析】

喜剧片历来是中国电影一个弱项,无论在拍摄数量或总体水平上,往往屈居于正剧、悲剧之后。在中国早期电影史上,20世纪20年代的默片喜剧如《滑稽大王游沪记》、《掷果缘》等主要摹仿好莱坞闹剧,以滑稽情景取悦观众;30年代出现一些含有喜剧成分的影片,如《新旧上海》、《十字街头》、《压岁钱》等,社会内涵增强了,但喜剧样式并不纯粹;至40年代后半期,方形成喜剧片创作第一个高潮,涌现出几部有分量的讽刺喜剧如《乘龙快婿》(张骏祥编导),以及相当成熟的幽默喜剧《假凤虚凰》。上影老艺术家叶明曾回顾30—40年代最卖座的四部国产片,指出《姊妹花》、《渔光曲》、《一江春水向东流》这三部均属郑正秋—蔡楚生学派,以充分渲染主人公的悲剧命运打动观众;唯《假凤虚凰》是没有复杂情节的喜剧片。这不但反映了中国电影观众欣赏趣味多元化的发展趋向,也表明《假凤虚凰》所取得的成就,把中国喜剧片创作水准提升到新的高度。

中华民族的喜剧传统与喜剧审美定势源远流长,诚如近代大学者王国维所言,"吾国人之精神,世间的也,乐天的也",同西方民族相比,更显出自身鲜明的特点。简言之,在喜剧功能上,西方人注重狂欢游戏式的宣泄与解脱,中国人则强调"寓教于乐",一贯注重教化,用世目的十分明确。在喜剧精神上,西方人习惯以悲愤冷峻的态度去审丑,对丑的批判嘲弄是尖刻无情的；中国人则推崇"谑而不虐"，批判中含有同情，否定中含有肯定。在喜剧思维方面，西方喜剧的夸张大都由"怪诞"派生，中国喜剧的夸张则与"巧合"结缘。在喜剧意识上，西方喜剧往往呈现反理性的绝望，中国喜剧大都以乐观的大团圆告终。当年《假凤虚凰》公映后，曾有影评赞曰："这部片子是地地道道的喜剧，当可与舶来的最好的喜剧一决雌雄"。所谓"一决雌雄"当属戏言，但本片确实渗透了中国喜剧传统的诸多要素而自立于世界喜剧电影之林，成为中国第一部用英语译制的出口影片，在美、英两国上映，美国《生活》杂志当年曾推出三个版面作介绍。

《假凤虚凰》以旧上海为背景，深刻揭示了十里洋场巧取豪夺、尔虞我诈的社会氛围对市民的毒害，尤其针对那种"只重衣衫不重人"的陋习给予善意嘲讽。本片男主角杨小毛是个理发师，这一职业决定了他日常接触的顾客大多是达官贵人及阔太太，他一方面凭手艺挣钱甚感自豪（女顾客指名要他烫头发），另一方面耳濡目染上层社会纸醉金迷的生活习气而颇觉自卑，对资产阶级生活方式不无向往。女主角范如华是个无业平民，因丧偶日陷贫困，却染有好吃懒做、贪图虚荣的寄生思想，设下了"征婚"的圈套。在编导笔下，本片唯一的反面人物是那个惯于投机钻营的张经理，他在"大鱼吃小鱼，小鱼吃虾米"的畸形社会里充其量是条"小鱼"，为弥补生意亏空，他唆使杨小毛假充"大亨"前去应征"富家女"的征婚，从而引出这对假凤虚凰在情场上周旋的喜剧性纠葛。杨小毛起初相当犹豫，但抵不住张经理摇唇鼓舌的游说。张经理不愧是混迹上海滩的老手，他在出借假"钻戒"时发表一通妙论，假钻戒"戴在理发匠手上是假的，戴在总经理手上就成真的"，这是他在拜金社会里悟得的个中三昧，也是编导刻意嘲讽的重点所在。处于这种欺骗成风的浊流之中，杨小毛与范如华在交往中如履薄冰，互相诱使对方"上钩"，尝尽了捉襟见肘的尴尬滋味，最后真相大白，各自的人格受到极大伤害。在剧情陡转的当口,编导不失时机让如华的好友国芳教诫她说:"嫁给理发师有什么不好? 总比当姨太太强。以前你俩戴着假面具,你骗我、我哄你,大家提心吊胆的。为什么不扔了假面具,痛痛快快做人呢?"由于他俩良知未泯,特别是杨小毛身上具有劳动者的善良、正直与同情心,终于在友人撮合下和如华重归于好。结尾时,如华与国芳也到理发店就业,四个小人物好事成双,喜剧的打击力最终落在"竹篮打水一场空"的张经理头上。应该说,这样的结局寄寓编导针砭时弊的某种理想色彩,也满足了中国观众喜闻乐见的"善恶终有报"的审美期待。

  旧上海素有"冒险家乐园"之称,五方杂处,人欲横流,贫富悬殊,这就为《假凤虚凰》构筑喜剧情境提供了现实可能。国内有学者近年在普泛意义上探究城市人的生态与心态,从社会学角度勾勒出几条特征。其一是"无背景状态",即城市人有可能隐去自身来历和背景,轻而易举地进入一种他愿意扮或需要他扮的角色;其二是社交生活"多场所性",即城市人可从一个既定的人际关系与评价圈内走出,投入另一个圈子重塑"自我",重获评价;其三是城市人的"面具"现象,由于陌生者之间交往相互看重第一印象,因而要考虑自己的举止谈吐给对方造成何种印象,或者对方期望自己具有何种面貌。这三条特征也构成了《假凤虚凰》运用误会法的前提,从范如华隐瞒真相"征婚"开始,引出张经理幕后操纵杨小毛前往应征,随后他俩各自戴着"富家千金"与"总经理"的面具谈情说爱。无奈身份易改本性难移,尽管他俩的面具表演一开始颇为奏效,频频给对方造成错觉,随着两人深入接触下去,逐渐显露种种破绽,在交往过程中产生了令人啼笑皆非的喜剧效果。

  误会法是喜剧创作屡试不爽的手段。本片运用误会法的奥妙,在于一开始就让观众洞悉男女主人公的真实身份及其隐秘动机,让观众处于一种"优越"地位。换句话说,剧情演变中的一切"误会",都明明白白地在观众眼前展开,唯有男女主人公隔着"面具"蒙在鼓里。编导将观众的注意力引向剧中人在自身造成的困境中挣扎,这就形成中国喜剧特有的"纠缠戏弄",把戏做足了。具体来看,杨小毛在戏中的贯串动作是竭力掩饰理发师的身份,假扮"总经理"使如华产生误会。由于这两种身份不协调,杨小毛的言行举止形成"慢半拍"与"快半拍"的喜剧效果。所谓"慢半拍",即杨小毛虽然在外表上借用张经理的行头,西装革履显得派头十足,但不可能立竿见影进入"总经理"这一角色,因而在不少场合反应迟钝。例如,他在西餐厅请客时不谙礼数出尽洋相,在经理室当着如华面听张经理假充"下属"汇报行情时貌倨实恭的微妙神态,都流露出他对"面具"的不适应。所谓"快半拍",即杨小毛作为理发师的一系列本能反应,他同如华接触时经常忘乎所以,下意识地带出自己的职业习惯。例如,他随身携带木梳与剃须刀,招呼别人时惯用右手"甩响指",系餐巾时把它当作理发巾等等。更让人忍俊不禁的是他听见在店里烫发的如华问"3号在吗?"便随口答应了一声,差点暴露自己的身份。著名演员石挥以令人叫绝的演技演活了这一角色,他形神兼备地把握"慢半拍"与"快半拍"的表演火候,既夸张又不失分寸,使3号理发师成为中国喜剧电影画廊中一个富有艺术魅力的典型形象。

这部以误会法构思的喜剧片问世以后,还惹出了一场误会风波,风波起因恰源自3号理发师的职业。1947年7月11日,"上海理发业同业公会"等组织发动数百名会员包围大光明影院,阻挠《假凤虚凰》的试映,同时散发传单,在报纸上刊登"致全国各省市县理发业及职工同人公开信",指责《假凤虚凰》"虚构本事,以丑形怪状之表演,侮辱我整个理发业,污我人格,绝我生路",并向文华影业公司提出该片必须剪除或修改的九点具体要求。文华公司则据理力争,在上海各大报纸刊登紧急启事,声明"敝公司所摄《假凤虚凰》一片,内容系揭露现社会之虚伪风气,并阐扬劳工神圣之真谛,对于任何职业及其从业者绝无攻讦之意"。这场风波持续月余,闹得沸沸扬扬,成为当时上海滩轰动一时的社会新闻。在双方分别召集的各界招待会上,有关人士纷纷阐述见解。著名剧作家曹禺发表观感:"其实最善良的正是3号理发师。全片充满了轻松的感觉,结尾处理尤觉可爱,没有喊口号,而是靠人物的觉悟,一脚把坏蛋踢了出去。"欧阳予倩也指出:"这部影片与其说是讽刺理发师,不如说是讽刺一种不合理的社会现象,讽刺那个公司总经理。如果换一种结尾,理发师依赖有钱女人坐上了汽车、住上了洋房,那才是真正对理发业职工的侮辱。现在似乎不应该再有误解的成分存在。"后来经多方调停,文华公司对影片作了适度删改,其中包括删去3号理发师在求婚时以剃须刀刮领带这一细节,才使《假凤虚凰》于8月下旬公开上映。想不到该片"因祸得福",在当年专映外国影片的大光明影院场场爆满,观众累计17万人次,成为最卖座的国产片之一。这次风波在中国电影史上首开观众"对号入座"的先例,由此显示出部分观众对文艺作品尤其是喜剧干预生活的审美特性尚缺乏足够的理解与承受力。此类"对号入座"现象日后屡有发生,为电影社会学、观众心理学研究提供了值得探究的案例与佐证。

　　本片导演佐临早年留学英国专攻戏剧,深得莎士比亚、萧伯纳之精髓,回国后创办"苦干剧团",舞台经验丰富。《假凤虚凰》是佐临的电影处女作,导演手法洗练流畅,格调风趣,雅俗共赏。本片的民族风格也非常鲜明,编导善于汲取中国古典戏曲"立主脑"、"减头绪"、"密针线"、"贵显浅"、"重机趣"等艺术传统,使全片叙事脉络既单纯而又一波三折。例如作为贯串道具的"假钻戒",在推动情节、刻画人物、营造噱头等方面发挥了重要作用。在影片开头,张经理直言不讳向杨小毛言明"钻戒"乃赝品,物化了旧社会"以衣冠取人"的不良习气。接下去,那枚"钻戒"又派生出两场好戏,一是如华初次约会时羡慕地把玩"钻戒";二是张经理老婆赶到理发店来追寻"钻戒",均造成杨小毛虚惊一场,惟妙惟肖地刻画了他躲闪掩饰的心理,喜剧悬念很强。此后,如华走投无路来到当铺时,那枚"钻戒"又导致她与杨小毛狭路相逢,不仅酿成戏剧性高潮,还层次分明地表现了如华起初舍不得典当订婚戒指,随后泄愤般上柜台典当遭到老板耻笑,以及获悉"钻戒"真相后又气又羞的内心波澜。在影片结尾,那枚"钻戒"再度出现,这一次物归原主,杨小毛与如华将它掷还张经理,痛快地表达了他俩以自食其力的生活态度蔑视蝇营狗苟的张经理之流。

《假凤虚凰》全片场景相当集中,在时空结构方面具有室内剧的特征。编导合理挖掘各种时空中的巧合因素,叙事节奏紧凑明快,将重场戏与过场戏有机地融为一体,绝无多余的冗笔。例如,在如华家门口,透过一门之隔的喜剧情境,表现如华的真实处境以及见不得外人的苦衷。杨小毛两次上门均与三个黑衣法警不期而遇,前一次他被假象所迷惑,后一次他意外识破真相,与如华发生了冲突。编导巧妙利用如此简短的过场戏,使剧情有张有弛,跌宕起伏。又如"婴儿啼哭"那个细节,编导有板有眼地作了铺垫交代,先是让国芳拿着一个能发出哭声的洋娃娃哄婴儿,感叹"这孩子真乖,要是刚才哭,被杨先生听见才糟呢",话音未落,偏巧杨小毛再次返回,顿时使如华陷入十分狼狈的窘境。为掩藏嗷嗷待哺的婴儿不被杨小毛察觉,如华急中生智拿起洋娃娃拼命摇晃,竭力将两种哭声混杂在一起。这场戏充满喜剧效果,是喜剧夸张"出乎意料,合乎情理"的典型一例。观众为男女主人公的发噱举动大笑时,亦多少感受到几丝辛酸苦涩,初为人母的如华为摆脱窘境不惜出此下策,既令人发笑又令人同情。应该说,这些细节并非仅仅博人一笑的廉价噱头,而含有一定的人生况味,这也是《假凤虚凰》作为一部有品位的幽默喜剧被人看好的缘由。

(李亦中)

我这一辈子

文华影业公司　1950年摄制
导演：石　挥
编剧：杨柳青
主演：石挥（饰"我"）
　　　魏鹤龄（饰赵大爷）
　　　李纬（饰海福）

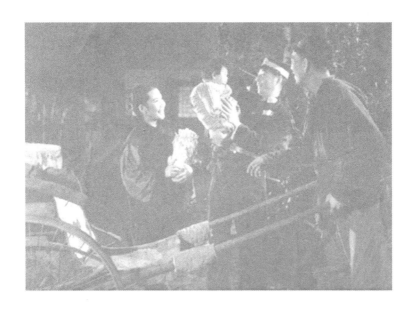

【影片内容】

天黑了,一个花甲老人衣着破烂,踯躅在街头。他不想回家,回到家里也是空无一人。饥饿难忍,他跌坐在路灯底下,回想起40年前,在同一个地点,他22岁时的情景……(本片采用第一人称画外音自述)

当年我年轻力壮,在一家铺子里学手艺。但铺子倒闭了,找不到事情做,只好坐在路灯底下发呆。同院的赵大爷在警察局当巡警,建议我也去做巡警,好歹每个月有六块大洋的收入。我考虑再三,决定去试试,结果被录用了。我穿上新发的黑制服,扛着长枪,感觉挺神气。

我能说会道,腿脚也利索,在街面上维持治安,这巡警干得还起劲。不料,北京城里起了兵变,辫子军作乱。我眼睁睁看着辫子军杀人放火,还杀了邻居家的孩子小锁子,却敢怒不敢言,只能忍气吞声看着他们为非作歹,欺压百姓。很快,辛亥革命爆发了,建立中华民国,改朝换代了,老百姓都盼望能过上好日子。我被提了三等警,饷钱也比以前多了一块大洋。我新派的工作是给秦大人家看宅门,负责站岗、守夜。秦大人府上气派得很,排场挺大,达官贵人川流不息,打牌呀、抽大烟呀。我看着他们这种花天酒地的生活,想到咱四合院里街坊邻居要吃没吃、要穿没穿……唉!看来这民主、共和、自由,敢情就是老爷们自由地吃,自由地穿,自由地搂钱呐。

那年头,世事变换真叫快呀!秦大人府上开始同日本人来往,秦大人在日本人跟前点头哈腰,极力奉承。这天,学生们到秦府门前示威游行,我才知道中国和日本签了丧权辱国的"二十一条",国家被卖了。看到秦大人要调集军队镇压学生,我赶紧劝学生们离开。但领头的那个学生还是带领大伙冲进秦府。后来军队杀到,手无寸铁的学生死伤无数。秦府门口的石狮子张着血盆大口耀武扬威,但爱国的学生打不走、压不垮,更多的学生赶来了,他们喊着口号,宣传救国救民!"五四"运动爆发了,卖国求荣的曹汝霖被赶下台,秦大人也灰溜溜地搬走了。我升任巡长,以为这下子有好日子过了。可没想到,很快时局大变,那个学生领袖申先生成了缉拿对象,到处东躲西藏。秦大人又回来了,当上了大官,还封自己的小舅子当警察署长。这家伙一上任,就在警署安插自己的亲信,我又降为三等巡警,重新回到秦公馆门口站岗。

屋漏偏遭连夜雨,家里穷得揭不起锅了。我隔壁邻居更惨,一家子饥寒交迫,迫不得已只好卖孩子,用得来的钱抓药吃。我那苦命的老婆跟着我没过上一天好日子,操劳过度病死了。

局子里四处派人抓申先生,但我敬佩他的爱国行为,冒险救了他,从此与申先生结为患难之交。

1927年,国民政府迁都南京,北京城越来越萧条,许多铺子关了门,老百姓的日子更穷了。赵大爷夫妻俩也死了,房子破败空在那儿。可苦日子终究还有一丝希望,我的孩子都长大了,闺女大妞嫁了人,儿子海福成了个壮小伙子,和邻居的女儿小玉定了亲。海福子承父业,也当上了巡警,他和申先生挺投缘,两人成了好朋友。

1931年"9·18事变"后,日本侵略军侵占东三省,国民政府的不抵抗激起民众义愤。申先生依然领导学生运动,他引导海福走上了革命道路。

1937年"卢沟桥事变"爆发,日本鬼子占领北京。小日本逼着我们抓中国妇女当慰安妇,挨家挨户对照户口簿搜查。他们来到我家院子时,我偷偷把户口簿那页撕下来,没想到被发现了。小日本抓走了小玉,海福恨得咬牙切齿,决定参加抗日组织去为小玉报仇。

八年全面抗战过去了,申先生却被抓起来关进牢里,海福也没有回来。京城百姓念叨着"盼中央,盼中央,中央来了更遭殃"。抗战胜利后,国民党接收大员个个发横财,吃亏的仍是咱老百姓。更令人想不通的是,秦大人的小舅子明明给日本人当过翻译官,却摇身一变被提拔为警察局分局长。我邻居揭发他是汉奸,反而被他抓进警察局受刑罚。我替邻居去说情,结果也受到拷打,说我的儿子是共产党。在大牢里,我意外地遇见申先生,他宁死不屈,英勇就义。

后来我被放出来了,但丢了巡警差事,只能流浪街头。我盼望着海福早点回来见上一面,不知道还能不能等到这一天?哎!这就是我的一辈子……

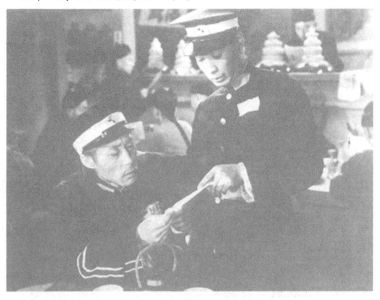

【影片赏析】

《我这一辈子》是建国初期私营电影公司出品的最后一批影片中的一部,由著名电影艺术家石挥编导并主演(编剧杨柳青是石挥的笔名)。本片改编自老舍先生同名小说,从文字到影像的转换,保持了老舍一贯的平实风格,温厚诚挚地关注小人物的命运,叙事质朴无华而又意味深长,充满浓郁的老北京地域特色。老舍在小说中倾注了对平民大众的人道主义情怀,深刻揭露旧社会的黑暗及统治阶级的腐败,对民众逆来顺受的品性予以反思。石挥的改编在忠实再现小说精髓的同时,为紧跟主流意识形态,相应增加了适合当时社会需要的内容,但影片精巧的表现形式弥补了艺术与政治之间的缝隙,使《我这一辈子》成为中国电影的经典之作。

本片以旧社会一名普通巡警从清朝末年到新中国成立前夕的大半辈子经历作为主线,以纵横交错的叙事手法勾勒了京城百姓在历史变迁中的命运遭际,既是一部个人历史,也是一部社会演变史,主人公的遭遇折射了那个动荡的战乱时代。全片采用第一人称自述视角,这是一种并不多见的电影叙事形式,以小见大,从"我"日常的平庸生活中透视历史沧桑,展现了"我"在世事更迭面前的卑微渺小,犹如无根的浮萍随波逐流。在旧中国,一次次政权更替始终没有给贫苦大众的生活带来丝毫改变,无论是手握枪杆子的军阀还是打着"民主、自由、共和"幌子的统治者,都骑在人民头上作威作福,玩弄权势,靠出卖国家和民族的利益来谋取私利。"我"是处于社会最底层的普通巡警,迫于生计为当权者卖命,面对社会不公往往敢怒不敢言,抱着对生活仅存的一丝幻想,陷入逆来顺受的窘境而难以自拔。

影片开场是一组老北京城区景象的空镜头,饱含苍凉忧患的画外音历数一处处历史文化古迹,镜头摇过故宫、天坛、颐和园、万寿山、石舫……,随后切换到京城中一片破旧颓败的胡同穷巷。从辉煌的皇家建筑到萧条冷落的街市,空间的转换意在揭露当权者对民众的剥削和压迫。无论朝代如何变换,对安分守己的老百姓来说,也只能默默忍受贫困无奈的生活。影片中多次出现"我"在小酒馆里对时事大发感慨的场景,表达了劳苦阶层对黑暗世道的困惑及愤懑不平的心绪。屋脊上安插的"国旗"换了一面又一面,暗喻旗帜虽然变更,老百姓的生活却一成不变,只是历史的旁观者而不是创造者。本片中与画面相匹配的音乐很讲究,选用各个历史时期的代表性歌谣,如第一次国内革命战争时期的《打倒土豪》、"9·18事变"后掀起抗日救亡运动的《义勇军进行曲》、抗战胜利时期的《团结就是力量》、解放战争时期的《解放军进行曲》等等,通过观众耳熟能详的乐曲衔接来展现中国历史进程,声画对位相得益彰。

石挥在镜头语言上,时常运用近景和特写表现"我"面临时事遽变时的惊恐与茫然。例如"辫子兵兵变"那场戏,主人公走在空无一人的街上,四周一片死寂,火焰燃烧的噼啪声和远处乍起的枪声格外惊心,特写镜头凸现"我"恐慌不安的神情。再如,"我"在小酒馆里议论时事也多采用特写镜头,表现"莫谈国事"氛围下小民的谨慎与宣泄。本片蒙太奇组接颇具特色,大都运用相似景物进行场景转场。例如,"我"在饥寒交迫中回想往事,同样的黄昏、同样的胡同口,垂垂暮年的"我"与青年时代的"我"遥相并列,此间仅穿插两个不同款式的路灯,便让时光跨越了数十年。又如,"我"接受邻居赵大爷建议去当巡警,镜头并未直接表现这一过程,而是在街坊闲聊"要是挑上了可要剪辫子噢"的场景之后紧接"我"被剪辫子的镜头,干净利落地表明"我"已经当了巡警。影片结尾时,枪声响起,前一个镜头中共产党人申先生倒地牺牲,后一个画面是解放军战士海福从战壕里一跃而起冲向敌阵,象征革命志士前赴后继。石挥在片中还有意识地运用对比蒙太奇手法,典型的一例是借助鞋子的对比进行叙事。当辛亥革命成功后进入民国时期,"我"被指派为秦大人家站岗,表面看来很省鞋,可秦小姐外出闲逛"我"得跟在黄包车后面跑个不停,此时镜头推到"我"脚上,只见脚指头露在磨破的鞋子外;接下去,画面上出现另一只穿绣花鞋的脚,秦大人正陪太太买鞋,太太抱怨"这么大的北京城就挑不出一双好鞋!"鞋店柜台上堆满她挑过的鞋子;紧接着,镜头又转到另一张放着破鞋的桌子,拉黄包车的邻居抱怨"鞋破了,车份钱也涨了,这日子可怎么过?"再往下,这边秦大人花50块大洋给太太买一瓶香水;那边邻居家忍痛卖孩子,摆在桌上的30块钱是孩子的身价——达官贵人奢华的生活和平民百姓贫穷悲哀的生活,透过蒙太奇对比给人以强烈印象。

《我这一辈子》叙事跨越半个多世纪,涉及中国近代史诸多重大历史事件,展现小人物在历史流转中的命运浮沉。导演对重大历史的交代巧妙运用以虚带实的方式,比如用中国地图上标注的武昌地名和孙中山照片,简洁交代了武昌起义和孙中山领导的辛亥革命;表现"9·18"事变背景时又一次出现中国地图,一只绘有日本军旗的黑手遮住了东北三省,接着是蒋介石照片和"不抵抗"三个大字,讽喻积弱无能的国民党政府一味退让。抗战胜利后,物价飞涨通货膨胀,画面迭现一张张国民党政府发行的金圆券,票面金额从10元、100元、1000元、10000元直到50万元,老百姓手里的钱很快变成一堆废纸,民众在水深火热中煎熬。与此同时,石挥很注意把握"乐景写哀,哀景写乐"的辩证关系,着力刻画平民苦中作乐的生活情趣,用不少细节表现四合院生活的平凡场景和邻里之间相濡以沫的温情,京腔京味的对白令人倍感亲切。"我"第一次当差,在达志桥胡同站岗,街头拉车的、赶路的、做小买卖的,叫卖声此起彼伏,市井百态犹如一幅风俗画。又如"我"给女儿定亲那场戏,两亲家在后景中坐在炕桌两边商议婚嫁事宜,一双小儿女则处于前景中,分立两边眉来眼去,心中窃喜而又羞涩忸怩,画面构图对称,让人感到情趣盎然。石挥还别具匠心地在忧伤基调中掺入揶揄戏谑成分,将有些场面处理得亦悲亦喜,意味深长。例如秦小姐过生日,"我"在秦府大门口站岗,贵宾们进进出出,"我"要不停地向他们敬礼,后来府上做饭的大师傅出来"我"也下意识立正敬礼,使人在莞尔一笑的同时又感觉几许心酸。

  石挥(1915—1957)一生的经历和老舍有颇多相似之处,对北京平民阶层的生活感同身受,有着深厚的生活积累,他俩艺术气质的契合以及真诚的人道主义精神,共同造就了这部中国电影史上的现实主义力作。事隔三十多年,海外电影学者方有机会在1982年意大利举行的"中国电影回顾展"上首次观摩《我这一辈子》,法国电影史学家米特里惊呼:"我发现了中国电影,也发现了石挥!"日本影评家佐藤忠男也连连感叹:"过去我只知道中国有个赵丹,现在我知道了还有个石挥。"

(廖海波)

南征北战

上海电影制片厂　1952年摄制
导演：成荫、汤晓丹
编剧：沈西蒙、沈默君、顾宝璋
主演：陈戈（饰我军师长）
　　　冯喆（饰高营长）
　　　张瑞芳（饰赵玉敏）
　　　项堃（饰敌军军长）

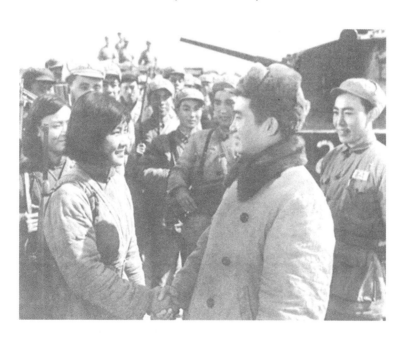

【影片内容】

　　1947年初春,我人民解放军华东部队在苏北七战七捷之后,奉命进行战略性转移。一营高营长率部北撤,在山东境内的桃村集结待命。不少战士对运动战的意图缺乏理解,一路上牢骚不断。高营长耐心开导大家:"我们是用小米加步枪对付美式飞机大炮,光凭勇敢不成,最要紧的是把上级的战略方针变为全营的行动,这是战胜敌人的关键!"

　　在师部召开的作战会议上,师长向各级指挥员通报:蒋介石军队共出动25个师的兵力企图造成南北夹击;我军的对策是在桃村阻击南线之敌,将主力部队集中到凤凰山去围歼北线敌军。

　　与此同时,敌方指挥部也在开会,少壮派张军长趾高气扬地鼓吹速战速决,老谋深算的李军长则力主步步为营,两人争执不休。这时参谋官送来一份急电:"委员长电谕:鲁南决战只许成功不许失败。"

　　高营长率领一营坚守桃村,打退了敌人一次次进攻。鏖战持续到第六天,师长亲临前线下达命令:"预定任务已完成,你们立刻向北转移,450里山路限五天赶到!"见高营长面露难色,担心战士们对往北撤想不通,师长又作指示:"告诉大家,不要怕家里坛坛罐罐被敌人打烂,不要计较一城一池的得失。今天丢开眼前这个敌人不打,为的是将来彻底消灭它!"

　　一营战士星夜兼程,赶在指定时间抵达摩天岭一带,随即加速向陡峭的主峰攀登。此刻,敌军先头部队也在摩天岭南麓爬行。我军一鼓作气抢先登顶,居高临下向敌人狠狠扫射,将张军长的人马遏止在摩天岭跟前。无奈之下,张军长急忙同被围困在凤凰山的李军长联络,不料,从步话机里传出威严的声音:"缴枪不杀!"张军长顿时泄气,明白对方已当了解放军的俘虏。进退两难之际,指挥部电令他们回撤,张军长冷笑:"共军的腿跑得再快,总跑不过我们的汽车轮子吧?"午夜时分,张军长意外接到部下报告:"将军庙车站附近发现共军主力!"他闻知后大惊失色:"共军难道是从天上掉下来的?!"

突袭将军庙车站的正是高营长部队,战士们发扬连续作战的铁脚板精神,迈开双脚跋山涉水,抄近路超越敌军军车,抢先一步截断了他们的退路。困兽犹斗,张军长马上下令炸桥,企图以水淹来阻止解放军的攻势。不料,他的算计又落空了。游击队长赵玉敏早已察觉敌人的阴谋,她冒着枪林弹雨排除桥上安置的炸药。就在敌军工兵合上电源闸刀的当口,赵玉敏及时铰断炸药导火线,终于保住了这座铁桥,使我军主力顺利地开赴南岸。

拂晓时分,将军庙车站已成一片火海。敌军出动飞机与装甲车,掩护步兵拼命突围。高营长重伤不下火线,率领战士们浴血奋战,最后配合主力部队全歼顽敌。在俘虏行列里,自杀未遂的张军长垂头丧气地躺在担架上,面对胜利者鄙视的眼光,这个不可一世的家伙只得闭目装死。

师长赶来慰问,向一营全体指战员传达了军部的嘉奖令。师长豪情满怀地发表讲话:"今天我们能获得这么大的胜利,主要是忠实执行了毛主席的战略方针!只要有毛主席和朱总司令的指挥,只要有广大人民的支援,今后我们就能歼灭更多的敌人,夺取更大的胜利!"军民们群情振奋,高呼:"毛主席万岁!毛主席万岁!"晴空万里,在激昂的战歌声中,高营长又率领队伍出发了……

【影片赏析】

《南征北战》是中国电影史上第一部具有史诗气派的战争片,它的问世显示了鲜明的时代特征。新中国成立前夕,中共中央宣传部于1949年8月下达了《关于加强电影事业的决定》。文件中指出："电影艺术具有最广大的群众性与普遍的宣传效果，必须加强这一事业，以利于在全国范围内及在国际上更有力地进行我党及新民主主义革命和建设事业的宣传工作。"新中国成立后最初两年间，电影工作者接连摄制了《中华儿女》、《钢铁战士》、《赵一曼》、《新儿女英雄传》等一批战斗故事片，在银幕上集中歌颂抗日战争与解放战争时期涌现的英雄事迹。

电影《南征北战》的创作，是由一台四幕话剧《战线》引发的。该剧表现解放战争时期华东野战军奋勇歼敌的故事，1951年初在南京公演后受到广大指战员的欢迎，也引起陈毅同志的关注。陈毅是位儒将，对文艺创作抱有强烈的兴趣和独到的见解，他专门邀约作者沈西蒙等一起商讨电影改编。据当事人回忆，陈毅强调这个剧本要争取更高的成就，应当正面地、大胆地表现毛主席关于运动战的战略思想。陈毅具体建议故事结构从鲁南撤退写起，写到莱芜战役为止。他还针对人物的塑造，认为描写敌人也应该采取现实主义方法，敌人也是有性格的。不难发现，陈毅这些意见基本上都体现在电影改编中了。

当时，文化部"电影指导委员会"提出"写重大题材"的要求，明确指示不能停留在描写小事件与小人物上，要筹拍全面表现毛主席战略思想、宏观反映解放战争三大战役的影片。正是在这一背景下，集体创作的电影剧本《南征北战》数易其稿，经主管部门审查通过后于1952年3月开拍，赶在当年国庆节上映。值得一提的是，《南征北战》摄制组阵容庞大，由成荫、汤晓丹两位艺术家联合导演，解放军总部特地调遣多个兵种近万名官兵及大量武器装备予以配合，如此规模的战争片实属中国电影史无前例的大制作。

《南征北战》在样式上奠定了我国史诗战争片的第一块基石。与国际影坛横向比较，它同苏联摄制的《斯大林格勒战役》、《攻克柏林》等片属于同一层次。《南征北战》以大手笔展开叙事,在极为广阔的空间中真实地再现了当年华东地区的一场大决战。银幕上硝烟弥漫的战斗气息扑面而来,整部影片充满革命激情,洋溢着人民军队的胜利感与自豪感,让刚刚走进新时代的各阶层观众体味了革命战争的氛围,获得一种崭新的审美感受。

《南征北战》的立意是正面歌颂毛主席军事战略思想的英明伟大,编导为此设置了几组不同级别的指战员,借电影人物之口表达了我军将士对运动战的认识,其中有三段台词很有代表性。第一段出自铁牛饰演的战士甲,当他听到周围战友对奉命北撤不理解而发牢骚时,就朴实地表了个态:"一句话:相信上级,我们一定能胜利。"至于运动战的奥妙所在,这个普通士兵毕竟道不出个究竟;第二段话是高营长对张连长的开导:"现在最要紧的是我们怎样把上级的指挥意图、战术思想,通过你我,把它变成全连全营的行动。师长说,这是战胜敌人的一把钥匙。"这里透出了中级指挥员肩负的职责;第三段话是师长视察前线时讲的:"告诉战士们不要怕跑路,不要怕家里坛坛罐罐给敌人打烂,不要计较一城一池的得失。今天丢开面前这个敌人不打,就是为了以后彻底消灭他!"在另一个场合,他还笑谈:"蒋介石的算盘珠子多少年来就是靠我们来拨的!"师长说的这番话可以视作对运动战的形象化注解。

当然,台词说得再怎么形象,也无法替代银幕造型的表现力。在《南征北战》中,人民解放军的群体形象不是一个班或一个连,而是以整整一个野战营作为基本单位。影片中多次表现高营长率领战士们急行军的场景,编导刻意将战士们迈开"铁脚板"的特写画面同国民党部队靠汽车轮子驱动的画面相并列,以此渲染人民解放军吃苦耐劳、一往无前的英勇气概。人们看到,这一双双铁脚板硬是赶过了汽车轮子,从桃村到摩天岭,又从摩天岭到将军庙,一次次领先敌军一步,显示了运动战克敌制胜的威力。周恩来总理曾谈过文艺作品如何表现革命战争:"将来我们的子孙后代很可能会嘲笑我们,当年你们用梭镖长矛去进行战争,不是落后得可笑吗?但是,有一种东西我们的子孙后代永远也不会嘲笑我们,那就是用梭镖长矛去夺取胜利的精神!"周总理强调的这种精神贯穿于《南征北战》之中,使该片在相当长时间里成为革命传统教育的首选。

毋庸讳言,《南征北战》上映至今,评论界对它的评价并不一致,有些批评意见还相当尖锐。如钟惦棐1953年发表文章《电影〈南征北战〉所达到和没有达到的方面》指出:"因为《南征比战》侧重从军事方面去说明战略思想,却没有艺术地、动人地去表现关系于这一战略思想得以最后实现的人,因而它就没有戏。"另据主创人员披露,当年陈毅同志审阅剧本之后,曾批评编剧"不敢写内部的矛盾冲突",为此陈老总还提出:"你们的戏里要设计一个团级干部,在大踏步后退的时候搞不通思想,丧失了信心,临阵脱逃投敌叛变,最后在我军大踏步前进的时候又俘虏了他,受到军事审判。这样写才有说服力,才有艺术魅力。"作为一家之言,这些批评意见都有一定道理,代表了某种审美期待。但也有论者持不同看法,认为《南征北战》并非戏剧式情节片,而是一部从宏观角度描绘革命战争的史诗巨片,因此不能按常规尺度来衡量其戏剧性以及对人物的塑造。我们用历史眼光来审视,应该肯定在新中国电影起步阶段,《南征北战》实际上已达到当时主客观条件所允许的最高水平。

《南征北战》的可看性很强,全片以高营长部队为主体,有声有色地表现了三次大规模的战斗,即桃村阻击战、摩天岭争夺战、将军庙车站决战。在成荫、汤晓丹两位导演精心组织下,这三次战斗场面拍得各有特色,极具视觉冲击力。第一场桃村阻击战重在"守",突出我军将士以寡敌众,誓死坚守阵地的钢铁意志。第二场摩天岭争夺战重在"夺",运用交叉蒙太奇手法渲染敌我双方抢占制高点的紧迫感,突出我军兵贵神速的气势;这个段落中的音乐设计颇具匠心:当我军出现时配以昂扬的军歌进行曲,当敌军出现时则配以国民党党歌的低沉旋律,两者频频交替,音乐与画面的匹配可谓天衣无缝。第三场将军庙车站决战是发生在拂晓时分的遭遇战,画面上微曦的晨光同枪炮火光相辉映,运用剪影式构图凸现我军战士的威武形象。在影片高潮段落,导演要求拍摄一个全景式画面,其中既表现我军横扫残敌的磅礴气势,又能看到敌军丢盔卸甲的狼狈形状。摄制组群策群力,用土办法制造了一台用树墩作机座的升降设备,终于拍成一个堪称经典的中国战争片的长镜头画面:

>（摄影机俯拍）广阔的原野上铁流滚滚,我军出动步兵、骑兵、炮兵向逃敌追击;(摄影机降至地面)大批蒋军俘虏被押解着逆向走过;(镜头摇摄)枪支弹药等战利品堆积如山;(摄影机升起)民兵及乡亲们从四面八方如潮水般涌来;(摄影机摇拍,推近)敌军一辆坦克被人群包围,一面小白旗从掀开的坦克顶盖下伸出,随后张军长灰溜溜地钻出来举手投降。

如此繁复的内容通过一个长镜头得到多层次、立体化的展示,这种富有表现力的造型语言在此前的中国电影里尚属罕见。

半个世纪以来,我们对《南征北战》所取得的艺术成就,有一个不断发掘、不断认识的过程。在导演艺术方面,我们将完成片同原著剧本加以对照,发现了不少可圈可点之处。例如,游击队长赵玉敏奋不顾身排除敌人炸桥阴谋的惊险情节,原剧本设计如下:

>赵玉敏口衔铁钳穿过铁丝网,朝铁轨爬去……
>
>敌军指挥部里,敌参谋长通过电话下令:"军长命令炸桥!"
>
>赵玉敏从地上跃起,冲过去一把抓住炸药导火线,用钳子剪断。
>
>桥头堡内,敌连长伸手合上电源闸门,紧捂双耳,半晌不闻动静,怔然。

这样的叙事交代清楚,也有一定的紧张感。但导演在二度创作时将剪辑次序作了更动,把赵玉敏剪断导火线的镜头挪至敌连长引爆炸药之后,利用短短几秒钟的时间差,营造出强烈的悬念,是蒙太奇技巧化平庸为神奇的佳例。在表演方面,全体演员下了一番苦工夫,在正式开拍前分三路深入生活:演解放军战士的下连队当兵,演老区群众的到山东农村与老乡同吃同住,演国民党将领的则去俘虏营里观察揣摩角色。正是有了深入细致的体验,才使这部群像戏做到了人各有貌,整体表演风格真实质朴,其艺术感染力是"文革"后期江青指令重拍的彩色宽银幕版《南征北战》(1974)所不能企及的。

(李亦中)

城南旧事

上海电影制片厂　1982年摄制
导演:吴贻弓
编剧:伊明
主演:沈洁(饰英子)
　　　郑振瑶(饰宋妈)
　　　张闽(饰秀贞)
　　　张丰毅(饰小偷)

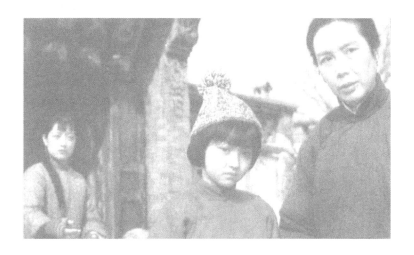

【影片内容】

  半个多世纪过去了,我是多么怀念住在北京城南那会儿的景色与人物啊。那些童年琐事,无论是甜的、苦的、辣的,都永久地刻印在我这个远方游子的心头……

  那年我6岁。我家住的胡同口,有个井窝子。隆冬时节,井窝旁遍地冰凌,独轮水车穿梭似的挨户送水。拉煤的骆驼来了,我顶喜欢模仿骆驼上牙与下牙不停咀嚼草料的有趣样儿。隔我家不远是"惠安馆",里面住着些大学生。有个叫秀贞的大姑娘,是门房的女儿,她老是将辫子甩在胸前,痴痴地倚在大门口。人家都叫她"疯子",可她每回见了我总冲我笑,还管我叫"我的小桂子"。宋妈一再叮嘱我别去招惹她,我倒觉得她没啥可怕。

  一天,秀贞把我引到她屋里,指着贴在炕后那张"胖小子骑大鲤鱼"的年画,一本正经告诉我:"这就是小桂子,瞧瞧,多胖多淘气。"正说着,她忽然闭口不言,坐在炕沿上发呆。我有点莫名其妙,又很同情她。一来二去的,我跟秀贞搞得很熟,时常瞒着母亲与宋妈,悄悄上她家去听她说那些傻话。后来,我总算弄明白了,小桂子是她的亲生女儿,不知怎么丢失了。小桂子的爸爸是北京大学的学生,名叫思康,一天深夜被人抓走了,至今没回来。秀贞特别认真地问我:"英子,人家都说我得了疯病。别的疯子都乱打人,你看我疯不疯?"我想了想说:"不!"她挺感动,马上把我搂在了她的怀里。

  妞儿是我另一个好朋友,年纪跟我差不多。她爹可凶呢,成天逼她吊嗓子学唱戏。只有当妞儿上井窝子提水的时候,我俩才能说上几句悄悄话。偶尔,她会溜到我家西厢房来跟我玩,一块儿看几只孵出的小油鸡啄米吃,或是在房梁底下荡秋千,那儿是咱们小孩的乐园。有一天,妞儿来西厢房,眼里滚动伤心的泪珠,浑身都是鞭痕,原来刚挨了她爸爸的打。我觉得妞儿的爸爸真狠心,不像我爸爸,他打我就跟掸土似的,一点儿也不疼。妞儿抽泣着,半晌,又凑到我耳边小声说:"你不许告诉别人,我不是我妈生的,我爸也不是亲的。"我愣住了,想不出一句话来安慰她。屋里静静的,只有小油鸡在欢快地啄食……

　　大暑天,烈日当空。井窝子旁边水槽里的水干了。傍晚下起一场雷阵雨,我正在家里看雨景,妞儿冒雨跑来了,衣服淋得湿透,好像有什么急事。她告诉我:"我从家里逃出来,死也不回去了。我要找我的亲爹妈去!"我很吃惊:"你上哪儿去找呢?"妞儿摇摇头:"我不知道,我光知道他们是在齐化门那儿把我捡来的。"我立刻回想起一个换洋火的老太婆曾向宋妈说过,秀贞生下的孩子刚落地就被扔到齐化门城根底下。那么,妞儿会不会是秀贞的"小桂子"呢?记得秀贞亲口告诉我,小桂子脖子后面有块青记,我立刻拨开妞儿的头发,果然有一块指头大的青记。没错,妞儿就是小桂子!我高兴极了,连忙告诉妞儿:"我知道你亲妈是谁,她天天在盼你呢。走,我领你去!"我拉着妞儿一口气跑到秀贞家,妞儿很害怕,躲在我身后。我还没来得及开口,秀贞就抱住妞儿亲个不停,哽咽着说:"我苦命的小桂子哇!"这时远远传来尖厉的火车汽笛声,秀贞仿佛惊醒过来,赶紧替妞儿换上她亲手做的新衣服,连声说:"快,有一趟车上天津,咱娘儿俩一块找你亲爹去,快!"说罢,她随手提起一口旧皮箱,拖着妞儿就冲出门。我连忙追出去,外边漆黑漆黑的,她俩的身影消失在雨夜中。这时,一阵头晕袭来,我栽倒在地,只听得隆隆轰响的火车声盖过四周的一切……

　　我醒来时,发现自己躺在洁白的病房里。爸爸、妈妈守在病床前,说我已经病了10天。我吃力地回想那个雨夜,惦念秀贞与妞儿的下落。妈妈却老是打断我,不让我细想往事。我很累,就合上了眼睛。朦胧中,窗外传进报贩的吆喝声:"看报看报!有母女俩遭火车轧死啦!……"

出院后,我们全家搬到新帘子胡同,我进了厂甸小学读一年级。我最喜欢念的一篇课文是《我们看海去》,因为听爸爸说起,我家从前住在一个很远很远的叫台湾的海岛上,是坐轮船渡过大海才来到这儿的。我们班有几个调皮捣蛋的男生,老在我家门口踢皮球,吵得我爸爸睡不好午觉。我让他们上对门荒宅院去踢,结果他们不小心把球踢没了,可又怕后院有鬼,不敢进去捡。我笑话他们胆小,自告奋勇爬进荒宅院,结果皮球没捡到,却在草丛深处发现一堆东西,有铜茶盘、桌毯、自鸣钟什么的。我有点害怕,赶紧退出来。回到家里,我听见宋妈正在告诉母亲:"胡同口张家闹贼了,丢了不少东西。"我不明白,贼干吗要偷人家的东西呢?贼是什么模样呢?这些问题搅得我没心思做功课了。

第二天傍晚,我又跑进荒宅院。在一棵大树底下,有个小伙子正蹲伏在草丛中,我吓得转身就逃。那人却喊住了我,他嘴唇厚厚的,说话挺和善。当他问明我是来捡球的,便从身后那堆东西里找出皮球还给我。他又送我一把玻璃球,我不要,因为爸爸不准我随便拿别人的东西。那人反复叮嘱我:"千万别跟人说看见我了,我也是好人。"我使劲点点头。

那个神秘的人十分吸引我。隔了一天,在老地方我又见到了他。那人向我说起他的家境:"我家很穷,常常吃了上顿没下顿。我走到这一步,也是身不由已啊。我娘不知道我干这一路,我兄弟也不知道。我供弟弟念书,一心想让他成个像样的人。"他重重地叹口气,又问我:"小英子,你说我是好人还是坏人?"见我摇摇头,他竟抱头哭起来。我说:"人太多了,我分不清。"他这才抬起头来望着我:"小妹妹,将来总有一天你会分清的。我忘不了你。"

这阵子,街上常有"过红差"的队伍。早先"过红差"的死囚大都是些喝得醉醺醺的粗汉,现如今全是大学生,被五花大绑地押往刑场。晚上,我睡不着,心里寻思:"好好的人干吗要把他们枪毙呢?"我听到屋外有动静,从床上透过门帘,正好看见父亲把一沓钱塞给几个学生模样的人,我还听见妈妈小声埋怨:"今儿个又枪毙学生了,你还招他们到家里来。"爸爸不以为然。

学期结束,全校举行"毕业典礼游艺会"。我们低年级同学唱起了《骊歌》:"长亭外,古道边,芳草碧连天。问君此去几时来,来时莫徘徊。……"主席台上,校长亲手将毕业文凭授给获得考试第一名的毕业生。我好羡慕那位毕业生,只见他兴冲冲跑到礼堂后边,将文凭交给一个人——正是荒宅院里认识的那人!他小心翼翼地抚摸着兄弟的文凭,满脸欣喜。

又是一个黄昏。我在老地方见到那人,他心事沉沉地问:"小英子,你动过我的包袱没有?"我摇摇头。记得前几天我在这儿捡到一个小铜佛,后来被胡同口戴草帽的陌生人拿走了。那人苦笑着说:"小妹妹,这地方我不能久待了,你往后也别再到这儿来找我了。记住,我可不是坏人呀。"不料,当我离开时迎面撞见那个戴草帽的陌生人领着警察往里走。不一会儿,就见那人被警察押了出来。原来戴草帽的家伙是个密探,我好后悔,不该把捡到的东西交给他。那人被押着走过我家门口,他回头冲我挤了挤眼睛。我实在忍不住,跑回家伤心地大哭了一场。

我读二年级了。弟弟刚两岁,家里又添了小妹妹,而爸爸的肺病总不见好,宋妈操持家务,更忙了。我见宋妈哄弟弟、妹妹的时候暗暗掉泪,她是牵挂自己的亲骨肉呀。我听宋妈讲过,她儿子小栓子在乡下替人家放牛,闺女丫头子由别人带养。我问宋妈:"你的孩子为什么不自己带?你为什么到我家当老妈子?"宋妈叹口气:"俺乡下人命苦呀,小栓子他爸又没出息,唉!"宋妈的男人叫冯大明,往年每到秋后,他就会牵着小毛驴进城来,将宋妈挣的工钱全拿走。今年不知什么缘故,他没有来,来的是侄儿。宋妈向侄儿打听小栓子和丫头子,他吞吞吐吐说不上来。宋妈跟我母亲商量:"今年一开年我心里就不顺,几年没回去,我想回趟家。"她还托我给她男人写封信,要他一定把小栓子带来瞅瞅。

深秋的一天,宋妈领着我们姐弟在槐树下唱儿歌。胡同口来了匹小毛驴,赶驴的正是冯大明。宋妈见小栓子没来,顿时发火了。傍晚,我放学回家,见冯大明坐在门口发呆,宋妈蒙着脸哭。我好奇地向妈妈打听,才知道小栓子早已死了两年,丫头子送给了不知什么人,冯大明一直瞒着宋妈不说。我恨死了这个冯大明,赶紧去找宋妈。只见她呆呆地坐在炉灶前,仿佛一下子老了许多……

冬天到来,爸爸的肺病愈来愈重,住进了医院。我非常爱爸爸,可妈妈不带我去医院,说这病会传染。我放学后独自去探望,爸爸看过我的成绩报告单,夸奖了几句,轻轻抚摸我的头:"英子,你已经长大了,是不是?"爸爸的话语充满殷切的期望,我禁不住眼泪夺眶而出。

爸爸终于还是离开了我们,他安息在"台湾义地",满山遍野的红叶陪伴着他。

我们一家同宋妈也分手了。我依依不舍,看着宋妈消失在崎岖的山道上。

我不再是小孩子了,我将牢牢记住我度过童年的地方,记住这儿每一个我喜欢的人,记住这儿的一次次离别……

【影片赏析】

人们常以品尝龙井茶来形容散文精品给予读者的审美享受,这样的评价完全可用于散文式影片《城南旧事》,本片风格清新淡雅,略带苦涩而回味无穷,能引起我们一再欣赏的欲望。散文是印在纸上的一行行铅字,容许读者细细阅读,反复吟诵,从容领会悠远的意境;散文式影片是电影胶片上由蒙太奇连接的一组组画面,观众只能"一次过"

要让观众从流转的影像中品出含蓄深沉的意境来,对导演的功力无疑是一大考验。

《城南旧事》是大陆电影工作者第一次拍摄根据台湾文学作品改编的影片。导演吴贻弓反复研读台湾女作家林海音1960年出版的同名自传体小说,准确把握原著精髓,提炼出"淡淡的哀愁、沉沉的相思"这10个字作为影片总基调。吴贻弓是一位学者型导演,向来重视案头工作,每逢新作面世,都伴有一篇《导演阐述》开路,一篇《导演总结》垫后,对艺术探索表现出高度的理性自觉。他这次在导演阐述中,以散文笔调形象地描述了自己的艺术感觉:"我设想未来的影片应该是一条缓缓的小溪,潺潺细流,怨而不怒。有一片叶子飘零到水面上,随着流水慢慢地往下淌,碰到突出的树桩或堆积的水草,叶子被挡住了。但水流又把它带向前去,又碰到了一个小小的旋涡,叶子在水面打起转转来,终于又淌了下去,顺水淌了下去……"这段描述是导演构思的核心,对我们理解本片的艺术特点很有帮助。

《城南旧事》透过一个孩子的眼睛看世界,剧情不存在中心事件,而由三个独立成章的小故事构成(即秀贞和妞儿的故事、小偷的故事、宋妈的故事)。吴贻弓匠心独运,为了把本片拍成如同一条潺潺流淌的小溪,他把握"形散神不散"的叙事手法,以情感脉络为主线,表现了英子和其他人物善良淳朴的天性和他们之间的情感。在外部形态上,镜头逼真模拟英子的视点(英子的主观镜头占全片60%以上,特意采用低角度拍摄),非常吻合原著中儿童第一人称叙述的韵味。其次,吴贻弓提炼三个小故事所共同具备的"离愁"作为全片统一的内在情绪,英子与周围的人一个个相识了,又一次次离别了,最后亲爱的父亲也离她而去,一种"淡淡的哀愁"笼罩整部影片。吴贻弓认为:"藤箱里的小油鸡、屋檐下的夜雨、宋妈的皱纹、归鸦的聒噪、火车的轰鸣、庙会、操场、儿歌、红叶等等,这一切可见可闻的形象——人、景、光、色、声、构图、单镜头以至由此构成的特定环境氛围,使影片在总体上获得了一种通过观众实际感受补充和加强的共鸣效果。"吴贻弓还精心运用"重复"手段,让观众在不知不觉中感受散文电影的意蕴。例如"井窝子"这个场景在银幕上重复出现四次,造成一种物是人非的岁月流逝感。再如音乐主题,由弘一法师李叔同填词的《骊歌》自上世纪 20 年代起风行校园,歌曲透出的惆怅情绪很能代表青年学生和知识分子的特定心境,饱含时代的气息。《骊歌》在全片重复了七次,那伤感的旋律犹如一条无形的纽带,将表面上缺少关联的一个个场景贯串到了一起。

吴贻弓在艺术追求上有一股狠劲,正如苏联电影导演 C.尤特凯维奇强调的:"不仅需要有一个明确的导演构思,而且需要在拍摄影片的过程中把这一构思贯彻到底,这是一个真正的艺术家必须具备的品格。"吴贻弓刻意追求一个"淡"字:"对这部影片,我不主张拍得太满、太长、太实,必要的省略反而能引起观众的想象。"为此,他对许多充满戏剧性的场景都作了淡化处理。例如,秀贞与大学生思康的热恋、妞儿遭后父的虐待、秀贞携妞儿出走惨死火车轮下、小偷与警察的冲突、宋妈的儿子溺毙等等,都不在银幕上作直观展示。上述情节本身具有强烈的戏剧性,但吴贻弓舍弃不用,宁愿借助观众自己的想象去补充,绝不去硬挤观众的眼泪。全片恪守用英子童真的眼睛看世界这一原则,做到了凡英子视听范围之外的镜头一概排除。这样,观众就通过英子的眼睛、耳朵去看、去听。从秀贞口中,我们听到了她对思康的一往情深;从报贩吆喝声中,我们知晓了秀贞与妞儿意外身亡;至于小偷与宋妈的不幸,我们跟英子一样,耳闻目睹的都是悲剧发生过后的余波。小偷被捕后那无可奈何的眨眼,宋妈痛失爱子后呆坐在炉灶前的画面,都令我们倍感辛酸。当然,英子的视野也是有局限性的,但对于上世纪 20 年代处在军阀统治下的旧北京,仍提供了一定程度的历史写照。我们不难得出观感:"疯女人"不疯,她对未婚夫的痴情,以及对小桂子牵肠挂肚的母爱,其实是人世间最正常的感情,她的"疯"乃是社会旧势力逼出来的;"小偷"不坏,他的偷盗行为是他对这个不公平世道的愤懑发泄与反抗;宋妈抛家失子的不幸遭遇,表面看来是她不成器的丈夫造成的,实质上从一个侧面反映了当时农民所处的水深火热的境况。

回顾中国电影史,在中国五代导演薪火相传的谱系中,有几位导演恰好处于承前启后的历史位置。20世纪80年代是个重要节点,吴贻弓作为第四代导演的领军人物,其创作实践极具代表性。吴贻弓属于大器晚成,历经"文革"蹉跎岁月,他不无幽默地感慨:"1979年,当我已经是一个41岁的'青年'的时候,永远不能算迟到的春天终于来到我身边。"吴贻弓独立执导的处女作是一部短片《我们的小花猫》,其时他已拥有20年之久的生活积累,此后便一发不可收,凭《巴山夜雨》、《城南旧事》两部力作奠定了在影坛的地位。吴贻弓是中国电影史上第一批科班出身的导演,1960年他从北京电影学院导演系毕业后进入海燕电影制片厂,"几乎跟遍了所有有名的老一辈导演如沈浮、孙瑜、郑君里、徐韬,直至吴永刚,作为一名超级助手名扬全厂"。吴贻弓师从风格各异的前辈大师,打下了厚积薄发的坚实基础。《城南旧事》的成功,标志着吴贻弓导演艺术的成熟,在第三届中国电影金鸡奖评选中,他荣获最佳导演奖。评论人士尤其称赞他"继承了我国古典文学艺术的传统,特别是古典诗歌的传统,导演是在用电影语言谱写有浓郁民族风格的诗篇"。

本片演员阵容整齐,小演员沈洁十分出色地塑造了英子这一银幕形象,原著作者林海音对她扮演的"小英子"非常赞赏和认同;饰演宋妈的郑振瑶被誉为"以高度的文化素养演了一个没有文化的老妈子",当年荣获金鸡奖最佳女配角;影坛新秀张闽与张丰毅在片中也有不俗表现;连宋妈丈夫冯大明这么一个配角中的配角,尽管在银幕上仅露背影三次,连一句完整的台词都没有,亦给观众留下深刻印象。

本片摄制组成员大都是南方人,但他们深入"老北京"中间熟悉体验生活,使影片透出十足的"京味",地域民俗色彩十分浓郁。1983年,《城南旧事》参加第二届马尼拉国际电影节,角逐最佳故事片,捧回了金鹰奖。外国同行们交口赞誉"《城南旧事》美极了!"认为本片所表现的生活内容、人物感情与艺术意境都是中国式的,但又能为各国观众所理解。这就启示我们:影片越是具有民族特色和民族风格,就越具有国际意义和审美价值。

(李亦中)

风柜来的人

台湾万年青电影公司　1983 年出品
导演：侯孝贤
编剧：朱天文
主演：钮承泽(饰阿清)
　　　张世(饰阿荣)
　　　林秀玲(饰小杏)
　　　庹宗华(饰锦和)

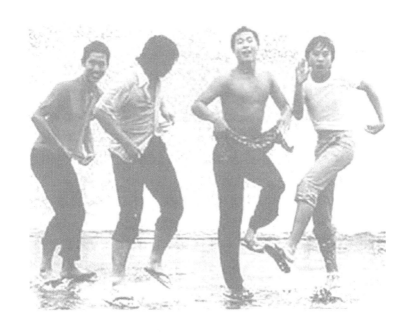

【影片内容】

  风柜是澎湖列岛上一个安宁的小渔村,是个无忧无虑的地方。阿清、阿荣和郭仔三个男生在初中毕业后的短暂夏日,享受着没有家庭和家长束缚的自由时光。他们精力过剩,整天无所事事,一会儿在村路上飙摩托车,一会儿在海滩边跳舞取乐,想博得邻家小妹的关注,却遭到小妹嫌恶的白眼。村口有日本观光客路过,陪伴的女导游上前请阿荣代为拍照留影,结果他恶作剧,故意只拍那两人的下肢,其他伙伴心照不宣乐不可支。

  阿清的父亲原是棒球运动员,一次被球意外击中,头部严重受伤致残,终日瘫坐在家门口藤椅上,仿佛"植物人"一样。久病无孝子,阿清给父亲喂饭时很不耐烦,使父亲呛得喘不过气来。阿清老是在外边惹是生非,回到家里又和姐姐斗嘴。母亲听见阿清骂人,气得拿起菜刀向他掷去,误伤他的小腿顿时血流如注,犟脾气的阿清硬是一声不吭。

  一天,阿清他们与邻村人打群架,受到警方惩罚。他们三人决定暂离风柜,去台湾南部大城市高雄投奔阿荣的姐姐。

  高雄果然和老家有天壤之别,五光十色的环境和复杂的人际关系令他们眼花缭乱。出乎意料的是,阿荣的姐姐、姐夫待他们冷若冰霜,看来家家有本难念的经。无奈之下,三人只得自己设法租房子,寄宿在一间狭小的阁楼中。幸得邻居锦和及女友小杏热心相助,介绍他们进一家电子工厂当了小工。下班后,三人在街头闲逛,遇见一个中年汉子向他们兜售色情电影电影票。三人信以为真,付了高额票价徒步爬高楼来到放映点,结果发现此地一无所有是一座烂尾楼,聊以自慰的是透过一扇宽大的窗户框架可以俯瞰高雄市景,貌似观看"宽银幕电影"。

阿清渐渐适应了打工生活，还利用业余时间进修日文，却遭到阿荣的奚落。郭仔比较早熟，很快交了个女朋友。阿清情窦初开，暗恋小杏，但只敢隔着走廊远远偷窥小杏，见到小杏与同居男友锦和发生口角被殴打，他默默痛在心上。

　　阿清父亲去世了，他收到讣告马上赶回家奔丧，披麻戴孝地为父亲落葬，情不自禁感念父亲生前对自己的关爱。

　　阿清返回高雄后，得知锦和因盗窃厂里的零件被开除，小杏也与他分手了，将到台北去另谋出路。这一系列变故使阿清陷入迷茫之中，他心情不佳，在渡轮上将不合时宜开玩笑的阿荣失手推入海里。

　　夏天即将过去，郭仔收到应征入伍的通知。三个伙伴黯然作别，阿清不知道自己未来的路在何方。画面外响起李宗盛主唱的主题曲，"我从风柜走来，就不会慢下脚步，我向风里走去……"

【影片赏析】

　　《风柜来的人》英译片名为 *All the Youthful Days*，1984年该片在法国南特举行的三大洲电影节上荣获最佳影片和最佳导演奖。此后又应邀参加第四届夏威夷电影节，选片委员会给出的理由是"这个故事发生在台湾，但它的两个过程——青年人从渔村进入电子工厂、踏入成人世界的过程——却是世界性的"。这也是读解本片的一个切入点。《风柜来的人》是上世纪80年代初在台湾发轫的"新电影运动"的一部力作，由初出茅庐的年轻导演侯孝贤执导。台湾著名影评人焦雄屏曾指出："新电影导演与上一代导演最大的不同，是他们彻底抛弃了商业企图的逃避主义，不再强做浪漫编织的爱情幻境，也不依赖钢索弹簧床制造飞天循地的英雄。他们都努力从日常生活细节或是既有的文学传统中寻找素材，以过去难得一见的诚恳，为这一代台湾人的生活、历史及心境塑像。"侯孝贤在影片中着重表现年轻人在即将跨入社会走向独立的过渡阶段中出现的种种困惑，揭示年轻人与社会大环境的关联。主人公们生活的风柜是一个渔村，与外界连接只有一条陆路。阿清和伙伴生于斯长于斯，在这个相对闭塞落后的小岛上，不可避免地对前途产生迷茫。他们在海滩给女孩跳舞取乐的场景中，汹涌的波涛在他们身后一阵阵涌动，象征了青春期躁动不安的欲望。当他们失意倦怠时，三个人常常闷坐在海岛山顶上极目远眺，四周传来海浪拍岸的阵阵涛声，似乎是他们内心情绪的外化。这些场面情景交融，充满诗化意境。

　　从叙事层面来看，《风柜来的人》既没有激烈的戏剧冲突，也没有贯穿全片的戏剧性悬念，而是像生活本身一样自然流淌。阿清等人的行踪分布在风柜、高雄两大空间，在夏季短短两个月时间里，风柜海景依旧，老家环境依旧，而年轻人的心态却发生了显著变化，从对社会茫然无知到初经生活磨炼，逐渐具备了独力承担生活的自觉意识。影片结尾，小杏含着隐痛乘车去台北，阿清在车站外若有所失。他信步来到阿荣与郭仔"当兵大甩卖"的叫卖音乐磁带的摊位，加入"三卷50块！三卷50块！"的吆喝。阿清性格内向，此刻却一反常态扯开嗓门起劲招揽顾客，意味着他开始勇敢面对不可捉摸的前程。侯孝贤以温厚包容的态度关注普通小人物在社会变迁中的命运，平淡中寄寓了艺术家的人文情怀，引导观众尤其青年人产生认同感。

　　本片大部分内容表现人物的日常生活，侯孝贤运用最多的是全景景别的平视镜头，在画面中同时呈现人物以及所处的环境，揭示特定背景下人与人的关系。例如，阿清在镇上赌钱遭到地痞欺负，当那帮痞子凶狠地追打他的时候，摄影机稍稍横移一下便停顿在原地不动，仿佛一个明哲保身的过路人留在街巷里旁观，任剧中人跑出画面。不一会儿，阿清又奔逃回来穿过画面，这时才切换到下一个镜头，运用镜头的风格非常独特。不过,侯孝贤的电影语言并不单调,当剧情需要时,他也恰到好处地使用特写镜头来强化叙事。比如阿清在高雄打工,离家生活了一段日子之后萌生思乡之情,他难得地铺开信纸写家信,打算向母亲问候致歉。然而动笔时他又犯难了,侯孝贤在这里用了一个特写镜头,表现阿清将手里那支笔对着信笺上一只干瘪的昆虫不断画线,画了一圈又一圈,他的思绪随着画圈频频闪回童年往事,一下子将观众带入阿清平时深藏不露的内心世界。

《风柜来的人》洋溢着浓浓的乡土气息,剧中两辈人交互使用闽南方言和台湾国语,有时甚至不避粗话脏话,活灵活现地表现草根阶层的身份与个性。饶有意趣的是,侯孝贤还让剧中人吃饭的场景在片中一再出现,因为吃饭状态可以反映人物的生存环境与生活态度。例如,阿清在家中喜欢独自蹲在院子里吃饭,有意回避热衷于与邻居打麻将的母亲,他端着海碗用筷子飞快地往嘴里扒饭,简直不愿意在家里多待半分钟。到了高雄以后,阿清他们就餐往往在街边啃面包、喝罐装奶,背景是嘈杂不堪的马路,与老家不无慵懒的生活方式形成鲜明对照。这种城乡落差同样体现在影片的色调处理上,表现风柜小岛旖旎的自然风光以青绿色为基调,充满乡土野趣;表现工业城市高雄则渲染车水马龙光怪陆离的氛围,凸现主人公进城后的不适应。本片配乐以西方古典音乐为主,在风柜的日子里,侯孝贤选用维瓦尔弟的《四季套曲》,音乐旋律传达四季的变化轮回,以此暗喻年青人流逝的青春岁月,感慨宇宙无穷,人生苦短。影片结尾,阿清凝望小杏离去的身影时,背景音乐是巴赫的《G弦上的咏叹调》,一种难以名状的惆怅失落泛起在主人公的心头,也让观众感同身受。

侯孝贤祖籍广东梅县,两岁时随家人移居台湾。他是一位科班出身的导演,1972年毕业于台湾艺专影剧科,1974年起进入电影圈,师从著名导演李行,自1981年开始独立执导影片。侯孝贤成名之后数度访问北京电影学院,向大陆学子传授其创作经验。针对人们关于他习惯运用长镜头的提问，侯孝贤坦率相告："由于职业演员不够，也不见得好，我就找非职业演员来演。但因为这些人没有表演经验，所以要设法让他们能演出来。这时我发现两条办法：其一，镜头不可太靠近，以免他们紧张；其二，尽量安排跟日常生活有关的场景，比如在厨房煮东西，不用导演教，但镜头要长。镜头长了，演的人才能慢慢出情绪。这样，我发现一个镜头拍下来很有魅力，后来就愈益喜欢长镜头，也愈益感觉长镜头难度很大，必须有足够的自信和戏剧张力，才能维持这种长度。"侯孝贤还特别提到《风柜来的人》："我的要求是'冷'和'客观'，这是受了沈从文自传的影响。所以，我的镜头尽量远、远、远，尽量冷、冷、冷，这样就有意识地拍长镜头。"由此可见，台湾新电影的血脉里饱含着中华民族文学传统的基因。

（董必成）

黄土地

广西电影制片厂　1984年出品
导演：陈凯歌
编剧：张子良
主演：王学圻（饰顾青）
　　　薛白（饰翠巧）
　　　谭托（饰翠巧爹）
　　　刘强（饰憨憨）
安塞县农民腰鼓队参加拍摄

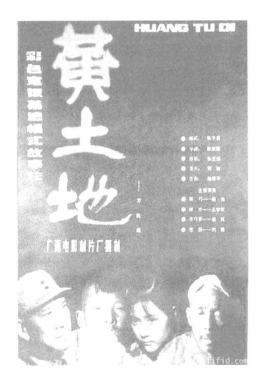

【影片内容】

  凄厉的西北风刮过广袤无垠的黄土高坡，千沟万壑庄严地沉默着。山峁顶上立着一株孤零零的杜梨树，远处传来一声高亢而又悲怆的信天游"哎——"，仿佛出自黄土地博大厚实的胸怀。

  一支数十人的迎亲行列蜿蜒行走在山梁上。唢呐劲吹，花轿颠簸，吸引了四下看热闹的庄稼汉。翠巧挤在围观的人堆里，她那双水灵灵的大眼睛愣愣地盯着大红轿帘出神。

  庄院里，一位站礼先生按老规矩正在主持繁琐的婚礼仪式。新郎和遮着红盖头的新娘被亲属按着跪倒在天地牌位前三叩头。淳朴的庄稼汉们双手揣在黑棉袄袖筒里，目光呆滞地注视着这亘古不变的一幕。婚宴上出现了一位身穿棉军装的八路军文工团队员顾青，他是到这个地处陕甘宁边区与国民党统治区边缘的山村来采风的。站礼先生向乡亲们介绍："这位是南边延安府来的公家长官。"顾青被尊为上宾坐了首席。席间，有个光棍汉亮开嗓门唱起喜歌，顾青听得入迷，赶紧掏笔记录下来。一盘红烧鱼端上了桌，筷子触及鱼身发出"梆梆"声响！有人向顾青解释："是木头的，摆着是个意思。"当站礼先生引见那对新人时，顾青更为惊讶——新郎年近四十，新娘只不过十三四岁！婚礼在继续，那喜庆的鼓乐声此刻听来却有几丝凄惶。

  薄暮笼罩的黄河滩头，浑黄的河水缓缓流淌。翠巧小小的身影叠现在这条母亲河上，她一边用木桶打水，一边想着心事。低吟浅唱的信天游流出了她的心田："六月里黄河冰不化，扭着我成亲是我大。五谷里数不过豌豆圆，人里头数不过女儿可怜，女儿哟……"

  站礼先生安排顾青投宿翠巧家，这是个穷得一无所有的独家村。窑洞里油灯如豆,47岁的翠巧爹看上去足有60岁,饱经风霜的脸上布满刀刻般的皱纹。老汉拙于言谈,对顾青的到来似乎表现得十分冷淡,宾主陷入无言的尴尬之中。这时,翠巧担水进门,见家中破天荒来了男客,禁不住露出喜悦之情,但迫于父亲的威严,她始终低垂双眼,只能在暗中关注顾青的动静。翠巧的弟弟憨憨是个放羊娃,他身披一件拖到膝盖的老羊皮袄,毫无表情地盯着顾青。看来这一家三口都不爱开口,顾青只得自说自话,对着犹如泥塑般呆坐在炕上的翠巧爹扯开了:"听说这里的女子有个顶会唱歌的人尖尖,大叔您知道吧?"翠巧爹避而不答。翠巧忍不住张嘴却又闭住,依旧埋头拉风箱烧水。顾青见状又另起话题:"晌午我在邻庄看人娶亲,那女娃还小呀。咱南边现在可不兴了,女子们自己瞅对象。大叔,南边变了,咱北边也得变变啦。"翠巧爹眼神乱了,透出几分不屑与惶恐,连声念叨:"咱庄稼人有规矩。"他随即吩咐女儿:"给公家长官倒水洗脚,睡觉。"有意不让顾青再往下述说南边的新鲜事。热水洗脚解乏,顾青十分舒坦。当他从翠巧口中得知这两桶水是她往返20里山路担回的,顿觉过意不去。翠巧爹瞥见顾青神色有异,误会他嫌水不烫,便把锅里剩下的最后一勺热水倒进了洗脚盆,顾青心头猛地一热。

　　夜深了。一阵"嗡嗡"的纺车声和着翠巧的轻唱从偏窑里传出:"绣衣的荷包方里个圆,不嫁我再苦也是甜。芦花子公鸡窗台上卧,我受艰难对谁说,对谁说?"这是翠巧度过的无数长夜中的一夜,但今夜除了她自己,她似乎还希望有谁也能听见她的歌声……

　　初春的早晨,黄土地上升腾起一股温热的地气。顾青挥鞭使牛犁地,翠巧爹精神抖擞一步一个脚印点种,憨憨紧跟在后面撒粪。目睹公家人干活是把好手,老汉先前的隔阂消除了,话也渐渐多了起来。顾青这才得知老汉不幸的家事,老伴去世早,大女子嫁了个穷女婿常挨打。顾青有意启发他:"您那大女子为啥受苦?"老汉斩钉截铁地回答:"命。"

翠巧担着瓦罐送饭来了。这是一顿天地之间的晌午饭,伴着崖下黄河东去的流水声。翠巧爹肃立着端起一海碗小米粥,满脸虔诚面对上苍,用筷子挑了点粥甩向半空,喃喃地祈祷"五谷发芽,早降雨水"。他又谆谆开导顾青:"就说这老黄土吧,让你这么一脚一脚踩,一犁一犁翻,你不敬他?"顾青望着他,感慨万分。随后,在一片痛快淋漓的"吸溜"声中,这顿小米粥顷刻间吃得碗朝天。翠巧爹脸上浮现出庄稼人饭后的平静与安详,他来了兴头,主动问顾青:"公家后生,昨晚你说来咱这儿搜个啥?"听说顾青专程来搜集民歌,老汉不以为然:"啥民歌? 酸曲儿呗。"顾青问道:"陕北民歌上千论万,您说咋才记得住呢?"老汉回答:"日子艰难了,就记下了。"顾青点点头,觉得挺辛酸。在一旁收拾碗盏的翠巧忍不住问:"你搜那些酸曲儿有啥用?"顾青乘机解释:"咱八路军搜集了民歌,编上新词儿唱出去,让天下人知道咱穷人为啥受凄惶,婆姨女子为啥挨打,受苦人为啥要闹革命。咱毛主席、朱总司令都爱听民歌咧。"翠巧听着心驰神往,蓦然又察觉父亲嗔怪的眼神,连忙低头担起瓦罐离去。翠巧爹珍惜地脱下女儿替他做的新鞋,光脚踩进温软的黄土,又开始了辛苦的劳作。半晌,他似信非信地问顾青:"你说南边的女子们能念书识字,这话当真?"

夕阳西下。翠巧爹"哦——哦"的吆牛声回荡在天地尽头。山峁顶上现出一行三人渺小的剪影,千百年来,黄土地的子民就是这样日出而作,日落而息……

翠巧在黄河边打水。景物依旧,心绪大变。一曲信天游唱出了她的隐衷:"浮水上的鸭子刮水上的鹅,公家人不知我会唱歌。青杨柳树十八根穿,想说心事我开口难,女儿哟……"

顾青帮着憨憨赶羊,很快同这个从不吭声的男娃混熟了。这天,憨憨在坡地上背朝顾青,突然扯开嗓门唱起一首诙谐的《尿床歌》,引得顾青哈哈大笑,敢情这小家伙也藏着一肚子酸曲哩。顾青亲热地搂着憨憨,一字一句教他唱

"镰刀斧头老镢头,砍开大路工农走。芦花子公鸡飞上墙,救万民靠咱共产党。"翠巧担水路过这儿,深情地倾听顾青的歌声,对山外的新生活无比向往。

翠巧神采飞扬,脚下生风似的担水回家。不料,当她推开窑门,突然发现炕沿上坐着个涂脂抹粉的媒婆,一些红红绿绿的嫁衣杂物摊放在爹的面前。翠巧脸上顿时涌现难以名状的痛苦。翠巧爹向女儿发话:"婆家送来了衣物,四月初一就迎过,你娘这回闭上眼了。为这事,爹打过你。家家女子都是这条路……你的命比你姐好,女婿家是好人家,就是岁数大点儿,大点好,老成。你定的是娃娃亲,定钱一半发送了你娘,一半凑数给你兄弟定婆姨了。巧,……"翠巧藏住眼泪不出声,点了点头。她拿起红得耀眼的新嫁衣比试,笑了,笑得又苦涩又辛酸。呆了很久,翠巧似乎打定了什么主意。

黄昏时分,翠巧独自坐在窑门前的麦墩上,飞针走线绣着一对"丹凤朝阳"鞋垫。她久久等待的顾大哥终于回来了,看得出她有满腹心事要对他诉说。翠巧一边做手工活,一边话中有话地向顾青探问:"你们队伍上有女兵?会唱歌的要不要?下延安远吧?……"顾青在窑里忙着收拾东西,随口应答着翠巧的问话,然后告诉她:"明天我要走了。"翠巧一怔,眼圈立刻红了。顾青对此毫不察觉。

当夜,顾青和翠巧爹坐在炕上默然道别,翠巧在灶下烧火。翠巧爹问:"你在这儿搜不到酸曲儿,回去了,公家还不撤你的差啊!"顾青诚恳地说:"我在这儿长见识哩。"过了一会儿,翠巧爹突然闷头唱道:"正月里来就正月正,大花眼眼就两盏灯,弯弯眉毛就两盏弓,你看心疼就不心疼?"顾青甚感意外,怎么也没想到老汉会唱得如此动情。翠巧爹声腔苍凉悲怆,流露出万般无奈:"十三上定好就十四上迎,十五上守寡就到如今。高哭三声就人人听,低哭三声就跳枯井。哎……"翠巧凝神听着,她明白爹明里唱给公家人听,暗里是唱给女儿听的呀。

翌日清晨,憨憨送顾青上路,送了一程又一程。分手的时候,憨憨从怀里摸出两块黄米糕塞进顾青的小挎包,顾青送给他一只缝有红五星的针线袋。憨憨迎风屹立在峁顶上,目送顾青走出好远好远。途中,顾青猛地发现身穿红袄的翠巧守候在山坡下,她眼中仿佛燃烧着一把火,迫不及待地央求顾青:"你带我走!洗衣挑水做饭,我都行。"顾青面露难色:"翠巧,咱公家人有公家人的规矩。等领导批准了,我一定来接你。"翠巧大失所望,唯有苦笑。两人无言告别,顾青掉头离去。他身后传来翠巧的喊声:"顾大哥,把你的小本本拿出来!"她放开喉咙高唱:"芦花子公鸡当院里站,共产党来了个自由汉,马里头挑马就不一般高,人里头就数咱公家人好,咿吱哟……"余音在空空的山谷里久久回荡。顾青转身回望,只见翠巧的身影在山梁上成了一个小红点点,哀怨的歌声不绝如缕:"太阳那个落在云里头,嘴里不说心里愁。青草牛粪救不了火,山歌也救不了翠巧我,女儿哟……"

数十人的迎亲队伍来到了翠巧家的五尺小院。身穿新衣的憨憨呆呆地看着迎亲婆姨掀起了大红轿帘,唢呐呜咽。洞房内,一只糙黑大手猛地扯下新娘的红盖头,露出了翠巧惊恐的脸,她连连后退却无路可退。

延安的蓝天下,"咚咚"的鼓声犹如阵阵惊雷!顾青的神情为之一振,只见翻身农民组成极其壮观的腰鼓阵,无数只腰鼓翻飞搏动,刚烈的步子搅起尘土飞扬,一色的黑袄白羊肚毛巾衬出鼓手们纯朴英武的脸庞与龙腾虎跃的身姿……

西风残照的黄河边,憨憨在担水。翠巧出现了,她已是一身妇人打扮,眼神里深藏着悲哀。翠巧二话不说,从弟弟肩头接过了担子。她急急地担水回家,在家门前停下脚步,取出一条剪得整整齐齐的辫子递给憨憨:"爹娘给的东西还给爹娘。跟爹说,姐过河东找八路军去了。"又特意叮嘱:"憨憨将来问婆姨,要自己做主。"翠巧星夜赶到黄河边,月色下涛声拍岸,闻之令人心惊。翠巧毅然解缆下船,临别前又托憨憨将那双"丹凤朝阳"鞋垫转交给顾青:"姐苦啊,姐等不得了。告诉顾大哥,翠巧要当公家人!"憨憨目睹一叶小舟渐渐溶入黄河之中,河面上飘来姐姐的歌声:"镰刀斧头老镢头……"突然,歌声中断了,憨憨撕心裂肺地大喊:"姐姐!!"

炎夏时节,赤地千里。顾青风尘仆仆地来到翠巧家,只见窑洞内外空无一人,门扇旁那副用碗底沾墨印成两行黑圈圈的红对联已斑驳不堪。这时,远处隐约传来某种声浪,顾青循声而去。

烈日炙烤的黄土地上,匍匐着无数个光脊背的庄稼汉,他们正在求雨。翠巧爹淌着混浊的热泪领头祈神:"海龙王下甘雨,清风细雨救万民!"在苍劲的歌声中,庄稼汉们虔诚无比地朝着神牌与圣水瓶不住地叩头。终于,静止不动的圣水瓶渐渐下沉,庄稼汉们惊喜万分地欢呼起来。人声鼎沸,大伙儿盲目地撒腿奔跑。憨憨被裹挟在人流中无法脱身,他无意间转身,突然发现了远远地从地平线那儿迈步走来的顾青。憨憨拼命挥动细小的胳膊,逆着人流吃力地向顾青奔去……

【影片赏析】

第五届中国电影金鸡奖评委会围绕《黄土地》提名最佳故事片曾展开过一场学术论争。有位评委激动地大声疾呼:在艺术评价的天平上,《黄土地》小小秤砣压千斤!确实,当初由一家小厂启用几个刚从电影学院毕业的小伙子投拍的这部低成本小制作影片,在国内首映时反响甚小。不料,以1985年春该片参展第九届香港国际电影节为契机,影坛形成一股赞誉鹊起的"《黄土地》冲击波",令人对魄力很大的广西电影制片厂,对出手不凡的陈凯歌、张艺谋、何群等"第五代"电影人刮目相看。随后,《黄土地》在世界各地大小电影节上不断捧得奖杯,国内影院纷纷再度排片上映,电影报刊竞相发表影评与专访,电影出版社亦史无前例地推出了一本《话说〈黄土地〉》专集。经历过这番柳暗花明的戏剧性遭遇,《黄土地》终于在中国电影史上占有了重要一页。更有论者预言:"《黄土地》之后,无论对它持何种态度的人,都不能再用过去的眼光,也就是没有拍出过《黄土地》时的眼光,来看待中国电影了。"

创新是艺术的生命,也是艺术家的天职。陈陈相因既是艺术家缺乏自信、缺乏才华的表现,也是某一时期社会大环境缺乏宽容所致。中国电影呼唤创新已久,但历来举步维艰。当年瞿白音一篇《创新独白》给作者招来文祸的荒唐事诚然再不会发生了,但审美惯性心理却不是在短时间内所能轻易改变得了的,电影观众对过于"陌生化"的视听信息常常加以本能的排斥。毋庸讳言,《黄土地》问世后,在专家与普通观众中引出了见仁见智、毁誉交织的评价。即以憨憨这一形象而言,贬之者责为"违反生活真实,是导演强加于他的呆滞";褒之者却认为"憨憨高度真实,是具有国际水平的"。类似争议不胜枚举,表明《黄土地》确是一部富有超前探索意识的创新力作。

初生牛犊不怕虎,本片几位主创人员跃跃欲试的心态不仅表现在影片片头公开打出"青年摄制组"的旗号,还见诸于不同场合的公开张扬。陈凯歌直言:"粉碎'四人帮'以来,某种文人式的自怨自艾的陶醉感和大难之后获得解脱的侥幸感,曾弥漫于中国的文坛和影坛。这种现象毕竟不符合时代和人民的要求。"张艺谋宣称:"在画面构图上要注入一种现代感,起码拍出的画面不能让人觉得是过去时代的人拍的。"何群说得更坦率:"我们有些逆反心理,你拍小桥流水、城市题材,我拍农村;你拍农村桃红柳绿,我拍苍凉贫瘠黑白灰。我们要寻找一条出路,有一种撞击欲望。"正是这种创作初衷,决定了他们在内容与形式上的探索并非渐进式的,而是一下子推向极致。因而,《黄土地》在立意、叙事、影像、风格等方面同观众习见的常规影片相比,的确大大"出格",成为新时期中国影坛上备受瞩目的焦点。

《黄土地》的"出格",首先表现在编导对一个传统题材进行了全新的阐释。他们并不沿袭以往对农村题材单纯从阶级斗争或政治斗争角度加以开掘的套路,而是顺应20世纪80年代国内兴起的"文化寻根"思潮,从文化人类学角度去反思民族历史与民族精神的内在冲突。《黄土地》是根据老作家柯蓝的长篇纪实散文《深谷回声》改编的,尽管影片的名声目前已大大超过了它的文学母本,尽管编导改编的结果,影片无论在人物、环境、细节等方面已明显区别于原著,我们仍要指出影片的戏核保留了原著的精华,当然内涵更为深广丰富了。

柯蓝那篇散文有个副标题"回忆采录《兰花花》民歌时一个插曲",《兰花花》是流行于陕甘宁边区的一首古老情歌,叙述兰花花姑娘和心上人相恋,因地主看中她的绝色美貌,用丰厚财礼收买其父母强逼成亲;兰花花百般反抗无效,最后吞鸦片自杀。想不到,这一出悲剧当年在作家眼皮底下活生生地重演了——柯蓝投宿的房东家的女儿不堪忍受后爹、亲娘贪图财礼为她安排的婚事,竟也走上了兰花花的绝路!值得注意的是,《兰花花》民歌里有个反面人物地主,而在柯蓝笔下并未点明男家的阶级地位,最终导致姑娘自尽的直接起因是后爹"用绳子把她捆起送到男家",如此愚昧的行为,在某种程度上较黄世仁迫害白毛女更加发人深省,更具悲剧震撼力。正如柯蓝在文末痛心疾首地呐喊:"百多年来,我的前辈和同辈在反对封建黑暗势力中,付出了千千万万的生命,那么,要到什么时候这场斗争在中国才会结束呢?"《黄土地》在立意上显然是忠于原著的,影片中没有通常意义上的反面人物,编导通过前后两次重复"无喜无悲"的婚嫁场面,揭示葬送"翠巧们"青春、爱情、自由、生命的,正是那种"温暖的愚昧",正是那套超稳定的延续数千年的"庄稼人的规矩"!比起散文里的翠巧姑娘,影片里的翠巧或许更痛苦,因为她难以违抗的"父命"不是来自后爹而是出自亲爹。但翠巧爹并非铁石心肠,朝夕相处的八路军干部顾青多少在他麻木的心灵中激起一丝波澜。然而,传统观念与落后习俗毕竟根深蒂固,最后翠巧爹依然"认命"了,绝不敢越"老规矩"半步,只能眼睁睁看着那顶抬走了无数穷女子的大红花轿抬走了他的翠巧。对于翠巧过门后的生活遭遇,编导没有展开任何写实层面的具体描绘,而是采用抽象化表现手法。在"洞房"一场中,惹人注目地出现了男人一只糙黑大手猛揭翠巧红盖头的造型符号,影像表意直指男权中心与夫权中心的封建旧文化。

我们进一步分析,酿成翠巧个人命运悲剧的因素,除了她亲爹信奉的"庄稼人规矩"之外,还有顾青恪守的"公家人规矩"。如果说,身陷买卖婚姻的其他女子确实是走投无路的话;那么,翠巧还算是幸运的,因为她家来了个公家人,完全有可能助她一臂之力投向新生活。然而,顾青在关键时刻犹豫了,面对翠巧提出的"私奔从军"的央求,他首先想到的是"公家人有公家人的规矩"。这里不妨引用柯蓝散文中的内心独白:"我怎么可以随便答应一个人参加革命?这是违反纪律的";"我打算回去找边区西北文工团的领导,向他反映我在这个山沟发现一位绝顶漂亮的歌舞演员,他们就可以把她招收到延安去,这肯定不会有什么问题"。公家人按组织程序办事是无可指摘的,因为战争年代严明的纪律性乃是革命军队无往不胜的保证,况且此事还涉及军民关系(翠巧爹包办女儿的婚事),因而顾青不能先斩后奏贸然应允翠巧与他同行。但翠巧等不及了!散文里的她,步兰花花后尘喝了洋烟;电影里的她,冒险渡黄河被河流吞没。(有论者认为,"翠巧之死含有极重的自尽色彩,她用投奔八路军来掩饰自尽的意图,使父亲和弟弟有所安慰",不失为一种独到的见解。)

那么,促使顾青婉拒翠巧的缘由,除了部队纪律的约束之外,是否还有别的心理障碍呢?这深层障碍其实就源自千百年来封建礼教所谓"授受不亲乃男女大防"的观念。我们可以设想:假如向顾青提出离家从军的是男娃(比如憨憨),或者翠巧碰见的是八路军女干部,那么这种心理障碍可能就不会产生,至少当事者不会太顾忌"公家人的规矩"。当然这只是一种假设而已,因为翠巧眼下遇到的偏偏是一位男性公家人。我们注意到,在柯蓝笔下,作为八路军战士的"我"与房东闺女翠巧在短暂相处时确实互有好感,产生过一种异性之间朦胧的感情,这一点恰恰使"我"不敢轻率答应翠巧的热切要求。作家痛定思痛,40年过后仍追悔莫及:"一个人的青春的生命,在生死歧路上发出最后的呼救,可是我当时竟然一点也不知道,竟然从这呼救声的面前逃跑了。于是,在睡梦中我受到一种心灵的谴责……"对照散文原著,影片对翠巧之死的情节有意淡化,力图从更为宏观的角度去加以审视。按导演的说法:"我们之所以让翠巧消失在黄河中,是为了进一步深化主题。能够孕育一切的,也能够毁灭一切。只有清醒地看到这一点,才算得上是对黄河有了深刻认识。"因此,黄河的形象在影片中成为一种历史文化的象征,"翠巧溶入黄河"的含义是要靠观众自行感悟的,这也是被冠以"探索片"的《黄土地》与一般剧情片分野的地方。不过陈凯歌矫枉过正,在竭力避免戏剧式煽情的同时,显得过于深藏不露。比如对翠巧出嫁后的遭遇,仅靠一句简短台词"姐苦啊,姐等不得了!"一笔带过。至于翠巧之死在父亲、兄弟、顾青身上必然引起的反应,更缺少最低限度的表现,因而导演的意图难免受到不同程度的架空。

《黄土地》的另一出格之处,是导演明确要求"摄影机尽量不动",刻意造成一种沉重感与压抑感,以此再现那个年代的历史氛围与情绪氛围。这种以长镜头为主的镜头语言体系,被某些批评者讥为"呆照",再加上故事情节淡化,甚至有论者提出"《黄土地》不能算故事片"。对此有必要强调，叙事性、运动性固然是电影艺术的本体属性，但其间存在相当大的宽容度，不能光凭表层印象一概而论。仅就塑造人物而言，《黄土地》仍在一定程度上体现了"塑造典型环境中的典型人物"这一现实主义创作原则。陈凯歌一班人在筹拍阶段，曾有一次"千里走陕北"之行，翠巧爹原型正是他们走村串乡时遇见的一位陕北老汉，诸如举止迟缓、拙于言谈、待人"外冷内热"等特点，在当地农民中是普遍存在的，没有必要去掩饰或拔高。陕北农民过日子并不宽裕，但言行举止仍"流露出一种不可替代的安适感和满足感"，这一点深深触发了陈凯歌一班人的思考。思考的结果之一，便是真实地再现黄土地上那种近乎凝固的生活方式与人的心态。例如，"窑洞之夜"那场戏中令人窒息的沉闷，既表现了一个觉悟不高的老农对公家人的隔阂，又刻画了他作为一家之主在子女面前的威严，同时还形象地表现了陕北女子在陌生异性跟前"用耳多于用眼"的习惯，整场戏的基调堪称"此时无声胜有声"。翠巧爹同顾青相处时，乍看给人一种冷漠感，深入接触之后，便发现他具有淳朴厚道的秉性。编导运用白描手法，表现翠巧爹将女儿从十里外担来的最后一勺水全部倒进顾青的洗脚盆，这一细节具有内在的感染力。顾青离别前夕那场戏更为感人，翠巧爹心里明白当初村里安排公家人到自家投宿的用意，他虽有满肚子"酸曲儿"远近闻名，可庄稼人的信条是"不喜不悲唱个啥"，所以翠巧爹始终没有在顾青面前开口唱过。今夜却不同，一则公家人明早就要返回部队，老汉设身处地替他着急："你在这儿搜不到酸曲儿，回去了，公家还不撤了你的差啊！"二则他替女儿定下"娃娃亲"，眼看要过门了，老汉再也无法抑制平素难得流露的父女亲情。正是在这双重因素作用之下，老汉突然间为顾青唱起了一首哀愁悲凉的"酸曲"，明里让顾青得以向公家交差，暗里向女儿倾吐为父的一腔无奈与苦楚。由于编导先前一味铺垫翠巧爹的沉默寡言,此刻他石破天惊的唱腔一下子爆发出情感的力度,是塑造翠巧爹形象的重要一笔。

如果将《黄土地》视作"音乐故事片"未免显得轻俗,但编导的确动用了大量信天游素材。其中除个别段落(如憨憨唱《尿床歌》)起点缀调剂作用外,其余皆构成影片叙事的有机部分。从主导情节上看,顾青下乡采风原是为着民间流传的信天游,最终他不虚此行,从翠巧一家人的口中搜集到宣泄黄土地民生疾苦的种种"酸曲"。从人物刻画上说,信天游成为剧中人尤其是翠巧抒发心底波澜的最佳方式。翠巧在不同场合吟唱的信天游计有五六段之多,撇开民歌里惯用的比兴手段不说,每一个唱段均丝丝入扣地道出了翠巧的心声:从"扭着我成亲是我大,人里头数不过女儿可怜"的痛苦之情,到"不嫁我再苦也是甜,我受艰难对谁说"的徒劳挣扎;从"公家人不知我会唱歌,想说心事我开口难"的微妙情愫,到"共产党来了个自由汉,人里头就数咱公家人好"的朦胧憧憬;从"嘴里不说心里愁,山歌也救不了翠巧我"的绝望哀叹,到高歌"镰刀斧头老镢头"投向黄河对岸的毅然决然,这些唱段层次分明地表现了翠巧这个弱女子反抗"温暖的愚昧"所处的孤立无援的处境,以及她的心路历程与命运轨迹。在音乐处理方面,导演的把握颇为游移。翠巧的唱段是由专业歌手演唱的,还动用了大乐队伴奏,这就不及翠巧爹、憨憨的清唱更具质朴本色,且有损全片音乐风格的统一。

《黄土地》整体构架采用大块写实与大块写意相结合的做法,这使看惯了常规影片的观众难免感觉陌生。尤其写意部分,导演游离叙事链,插入了两个象征场面:其一是"腰鼓阵",着重渲染农民掌握自己命运的生气勃勃的潜力;其二是"祈雨",着重表现农民听天由命的盲目愚昧。两相对照,旨在揭示民族性的正、负面状态。这样的艺术探索曾引出不同评价,批评者指出有"思想大于形象"之嫌;推崇者则认为冲破了该时期对国产片形成某种束缚的"纪实美学"误区,张扬了艺术家的鲜明个性与创造力,还摆脱了中国电影长久以来模仿的好莱坞叙事模式。香港电影人对此尤为敏感,他们赞叹"《黄土地》在影像和电影语言运用方面,有着令人惊异的大突破!"值得一提的是,荣获金鸡奖最佳摄影的张艺谋,其艺术才华在本片中得到淋漓尽致的发挥,他对画面构图、镜头运动、光线色彩等元素一一作了精心设计。例如,为凸现农民与黄土地、黄河不可分离的关系的意蕴,张艺谋大胆运用高地平线构图及长焦距镜头,使剧中人与黄土地、黄河在同一画面空间里紧紧叠合,是"造型参与剧作"的成功尝试。

《黄土地》也是年青的第五代电影人借鉴古今中外优秀文化的产物(包括电影文化)。透过银幕上流转的画面,我们不难捕捉到世界经典电影如弗拉哈迪的《北方的纳努克》、杜甫仁科的《土地》、新藤兼人的《裸岛》等作品的某些神韵以及与本土"长安画派"、罗中立油画巨作《父亲》、史铁生"知青系列小说"的相通之处。而溢出于这一切之上的,分明是陈凯歌、张艺谋对我们的民族、土地、人民所怀有的那份真挚的赤子之爱。

(李亦中)

红高粱

西安电影制片厂　1987年出品
导演：张艺谋
编剧：陈剑雨、朱伟、莫言
主演：巩俐（饰"我奶奶"）
　　　姜文（饰"我爷爷"）

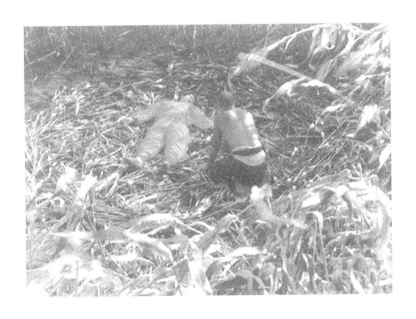

【影片内容】

我奶奶小名叫九儿,19岁那年被他爹做主嫁给在"十八里坡"开烧酒作坊的李大头,用闺女换回了一头骡子。这李大头有麻风病,50多岁才娶上这门亲。迎亲这天,九儿怀揣剪刀上了路。一路上,轿夫们起哄唱起《颠轿曲》,天旋地转般的颠簸整得九儿在轿子里犯晕欲吐。路过青杀口那儿,突然从密密匝匝的高粱地里窜出一个强盗,要抢走新娘子!领头的轿夫余占鳌奋不顾身扑上去,和众人一起打死了那个强盗。九儿重又坐回轿里,余占鳌暗中捏住她穿着绣花鞋的脚,两人对视的目光中闪过了一丝激情。

新婚当晚,九儿在洞房里揣剪子自卫,李大头没敢近她身。按当地风俗,新娘子三天后要回门,九儿骑着小毛驴跟爹回家。路过青杀口的高粱地,又窜出个蒙面大汉,搂着九儿飞快地钻进了青纱帐。九儿定神一看,那蒙面大汉正是余占鳌,她顺从地躺倒在地,两个人在肆意飘舞的高粱丛中激情野合,从此余占鳌就成了我爷爷。

几天后九儿从娘家回来,李大头已经被人杀了,不知道凶手是谁。九儿留住要散伙的伙计,烧酒作坊准备重新开锅。不料,土匪头子秃三炮劫走了九儿,要3000块大洋赎人,罗汉大叔和其他伙计东拼西凑凑齐了赎金才将九儿赎了回来。余占鳌来到秃三炮的肉铺,将一把菜刀架在他脖子上,秃三炮用脑袋保证没有动过九儿,这才被饶了一命。余占鳌得胜归来,正赶上烧酒作坊出新酒,便恶作剧地在刚酿好的酒窖里撒了泡尿,没想到竟酿成喷喷香的好酒,九儿给它取名"十八里红"。

余占鳌和九儿结为夫妻,生下了我爹豆官。

豆官九岁那年,日本鬼子来了,他们用刺刀逼着乡亲们踩倒高粱地,把领头抵抗的秃三炮吊了起来,还胁迫肉铺掌柜将他剥皮示众。肉铺掌柜一刀捅死了秃三炮,破口大骂日本鬼子,结果遭乱枪打死。日本军官又逼肉铺伙计把加入共产党的罗汉大叔剥皮,罗汉大叔宁死不屈。

　　日本鬼子惨无人道,激起村民们强烈的仇恨。为了给罗汉大叔报仇,九儿搬出当年罗汉大叔亲手酿的"十八里红",让伙计们喝了壮胆。大伙放开嗓子唱着"喝了咱的酒,见了皇帝不磕头;喝了咱的酒,一人敢走青杀口……"斗志昂扬地去打日本鬼子。

　　九儿在家做好饭菜,黄昏时挑着担子去犒劳余占鳌和众伙计。半路上,她被日本兵的机枪打死了。愤怒的余占鳌像疯了一样,率领大伙抱着火罐、土雷冲向日本鬼子的军车!经过一场浴血搏斗,日军的军车被炸飞了。夕阳如血一般,染得高粱地一片通红。

　　我爷爷肃立在我奶奶尸体旁。我爹豆官唱起一首古老的童谣:"娘!娘!上西南,宽宽的大路,长长的宝船……"

【影片赏析】

　　《红高粱》是根据当代作家莫言的中篇小说系列"红高粱家族"改编的,以全新的立意和艺术形式,表现旧中国北方农民野性的生命力和不屈不挠反抗日本侵略者的大无畏精神。影片格调昂扬明快,色彩与光影构成浓烈的视觉冲击力,在国内上映后引起强烈反响,在国际影坛也引起极大轰动,标志着第五代导演走向成熟,也是中国电影昂首走向世界的开始。

　　张艺谋谈及本片创作初衷时曾说:"我当初看中莫言的小说,就跟在高粱地里的感觉一样,觉着小说里的这片高粱地,这些神事儿,这些男人女人,豪爽开朗、旷达豁然,生生死死狂放出浑身的热气和活力,随心所欲透出做人的自由和快乐,我这个人一向喜欢具有粗犷浓郁的风格和灌注强烈生命意识的作品,《红高粱》小说的气质正与我的喜好相投。"相对中国数千年儒家正统教化之下"安分守己"、"随遇而安"、"克己循礼"等中庸价值观,中国民间文化则呈现出率性真挚、大胆泼辣的特征。电影《红高粱》实质上张扬了在中国传统文化中久被压抑的蓬勃生命力,这也是中华民族生生不息、延绵不止的民间根基。影片塑造了一群不受礼法拘束、敢爱敢恨的男男女女,充分表达了对生命活力的礼赞,浓墨重彩地渲染了一种未被传统礼教驯服的阳刚浩然之气。

《红高粱》采用低沉平实的第一人称画外音叙述,讲述"我爷爷"、"我奶奶"一段传奇故事。影片中突出"颠轿"、"野合"、"酿酒"等仪式性场面,有评论家解读为:"血红的高粱地、粗犷的颠轿、酿酒仪式以及红高粱成片倒下暗示野合等等,都是为了透出一种中国西北风俗画中民族生命力的意象化造型,这也可以说是暗示中的暗示。"在上述场面中,张艺谋充分调动造型语言和听觉要素,构筑了一个个充满张力的空间,爱恨情仇轰轰烈烈地上演。尤其"颠轿"和"野合"两个场面,着力表现"我爷爷"和"我奶奶"激情迸发,展示人的感性冲动压倒理性制约的生命情状。在生龙活虎的"颠轿"场景中,强悍的汉子个个光着脊背,汗珠跳动着太阳的光斑,舞动的脚步伴着飞扬的黄土,浑然一体传达出生命力的勃发,充满动感效果。在"野合"这场戏里,举止粗野的余占鳌一把将九儿夹在腋下,猛兽般钻进密不透风的高粱地,在欲望的喘息声中,踩倒了大片大片的高粱秆。九儿仰面朝天呈"大"字躺在圆形空地上,余占鳌双膝跪地,仿佛生命的祭奠,是对人类原始性爱的崇拜。此时,高亢的唢呐声拔地而起,阳光洒在随风起舞的高粱叶秆上,那血红的高粱好似注入了人的血气精华,骚动不安地起伏着,跳起了热烈狂放的生命之舞,情景交融地升华影片的主题。"酿酒"那场戏洋溢着东方的神秘气息,其中"撒尿造酒"的细节遭人诟病,被视作虚构编造的"伪民俗"。其实,这一神来之笔超越客观真实达到艺术真实的层面,来自民间的"酒神"精神是与官方礼教对立的一种自然生命状态,追求心灵自由不受羁缚,正如《酒神曲》所唱的"喝了咱的酒,见了皇帝不磕头……"

如果按照传统题材样式分类,《红高粱》可归为抗战影片。但本片形态与众不同,从"打鬼子"那几场戏来看,分明具备某种仪式感。正面主人公"我爷爷"、"我奶奶"、罗汉大叔等,他们宁可选择与敌人同归于尽,也不愿苟活于世。而秃三炮、肉铺掌柜等中间人物,内心亦潜藏着舍生取义的良知。如土匪秃三炮平日打家劫舍,当日本鬼子到来时却挺身而出;肉铺掌柜也以死抗争日军的暴行。影片末尾,张艺谋完全运用写意手法来表现中国农民与日本鬼子拼命的场面,在慢镜头呈现的画面中,"我爷爷"率领弟兄们以血肉之躯抱着燃烧的酒坛冲向日军,画面外配上激昂悲壮的唢呐声作赞歌。随着一声巨响,大地复归平静,未及消散的硝烟和如血的残阳,见证了这片汪洋恣意的高粱地里掩埋的抗日英魂。张艺谋的创作主旨是:"我想换一个路子,拍一种既有一定思想,又有比较强的观赏性的电影。"《红高粱》比较完美地做到了这一点,影片中既有传奇故事和人物,包含着重塑民族精神的宏大主题,也有轰轰烈烈的爱情故事,以及"颠轿"、"野合"那样充满视听冲击力的观赏性场面。

张艺谋在艺术形式上也是积极的探索者,擅长运用影像表意,将电影的视听造型功能发挥到极致。在《红高粱》里,张艺谋刻意强化红色主基调,挖掘红色对于人的视觉美感效应以及象征意义。广袤无边的高粱地始终笼罩在炽烈的阳光下,焕发出一片金红。红色是太阳的颜色,象征燃烧的生命力和火一般的激情;红色也是华夏民族传统节庆中表达喜庆、欢乐心情的首选颜色。在张艺谋的镜头下,红高粱、红棉袄、红盖头、红花轿、红剪纸、红对联、红辣椒、红红的高粱酒,这一切都鲜明地烘托了影片主题。此外,还有不少画面都透出缤纷的色彩:野性汉子淌着汗珠的古铜色脊背、桀骜不驯泛出青色的光脑壳、被逆光切割成无数碎片的抖动的高粱叶、苍凉悠远的夜空和银白色的月亮、十八里坡凝聚千百年风霜的黄土拱门……。摄影师出身的张艺谋将视觉元素表现得酣畅淋漓意蕴深厚,令人回味无穷。

《红高粱》电影音乐极具民间特色,配乐演奏未使用任何西洋乐器,只用了几件民间吹打乐器唢呐、笙和鼓。片中音乐素材源自北方农村,尤其对中原地区的唢呐乐曲移植得十分成功,乡土味十足的旋律与唱腔富有感染力。例如,饰演男主人公的姜文用粗哑雄浑的嗓子"吼"出来的《妹妹你大胆地往前走》:

> 妹妹你大胆地往前走哇,
> 往前走,莫回头,
> 通天的大路九千九百九哇!
> 哎……妹妹你大胆地往前走哇,
> 往前走,莫回头。
> 从此后,你搭起那红绣楼哇,
> 抛撒着红绣球哇,
> 正打中我的头哇,
> 与你喝一壶哇,
> 红红的高粱酒哎……

这已经不是寻常意义上的歌唱,而是冲破礼教大胆吐露心声的呐喊。再如,迎亲路上的"颠轿"曲粗野诙谐,充满生命的欢乐;酿新酒敬酒神唱的"酒神曲",直抒男子汉天不怕地不怕的英雄气概。在"打鬼子"一场戏中运用民间娶亲的喜乐,这种错位式音画对位更具艺术表现力,引导观众去体验战争状态下人类心灵深处对美好的向往。唢呐是我国传统乐器,其音色多变,时而热烈高亢,时而低沉呜咽,有着丰富的表现力。唢呐在《红高粱》中共出现过三次:九儿出嫁时,唢呐声令人感觉喜庆氛围下带有一种悲哀;男女主人公野合时,唢呐声渲染了激越张扬之情;"我奶奶"在战火中饮弹倒下时,唢呐声传导出一种悲壮愤懑之意,是对生命不息的咏叹。

《红高粱》礼赞敢爱敢恨、激情燃烧的个体生命,张扬一个民族奋发向上的朝气和活力。只有深深植根于这块土地的人,才会饱含这种喷薄欲出的赤子情感。新时期以来,年轻的第五代导演高举文化反思和关注人性的旗帜,《红高粱》在这股时代大潮中应运而生,一举成为第五代导演的扛鼎之作。本片相继荣获国家广播电影电视部优秀影片奖(政府奖);第8届中国电影金鸡奖最佳故事片、最佳摄影、最佳音乐、最佳录音奖;第11届《大众电影》百花奖最佳故事片奖。1988年2月在第38届西柏林国际电影节上,《红高粱》又荣获最佳影片金熊奖,打开了中国电影走向国际影坛的大门,也使张艺谋、巩俐两人双双赢得国际声誉。广电部特为此举行庆功会,主管领导在致词时强调:"《红高粱》在著名国际电影节获大奖,其功绩与中国女排夺得世界冠军同样重要,都是为国争光,为中国人争气。"

(廖海波)

阳光灿烂的日子

中国电影合作制片公司　1994年出品
导演:姜文
编剧:姜文、王朔
主演:夏雨(饰马小军)
　　　宁静(饰米兰)
　　　耿乐(饰刘忆苦)

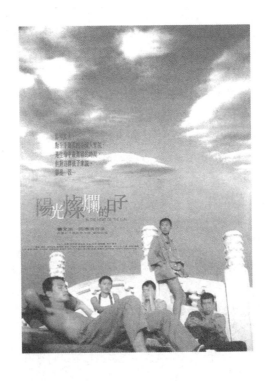

【影片内容】

上世纪70年代初,"文化大革命"在炎热的夏天轰轰烈烈地持续进行。北京某个军事单位的大院里,大人们忙于"备战备荒",常年不在家,一帮十五六岁的男孩子如脱缰的野马,在阳光灿烂的日子里尽情抒发青春期的躁动。由于"文革"期间停课闹革命,正常的教学秩序早被打乱,学生们无心读书。马小军就是其中的一个,他整天沉湎于江湖义气,甘为哥们打抱不平,寻衅打架的事经常发生。马小军的另一嗜好是偷开父母的抽屉,将避孕套像吹气球一样吹着玩儿,把"避孕套气球"当作导弹来玩军事演习游戏。或许嫌刺激性不够,他还像做贼一样瞅空子溜进别人家里,玩过瘾了再走,只因为他严格遵守"不拿群众一针一线"的纪律,所以从未被邻居发现过。

这天,马小军闲得无聊,又偷偷潜入一户人家,看到墙上挂着一张女孩子穿泳装的照片。马小军着魔般爱上了这个早熟的女孩,当他在街头偶然撞见那女孩时,就大胆向她表白自己的好感。不料,这个名叫米兰的女孩根本不拿他的"马路求爱"当回事,只将他当作一个顽皮的小男孩来交往。马小军却犯了单相思,像对待恋人一样对待米兰,时常在她面前吹嘘自己。为了炫耀自己泡妞的本事,他把米兰带给伙伴们看,从此米兰也加入了他们的小圈子。

米兰对孩子头刘忆苦颇有好感,渐渐喜欢上了他。马小军想竭力挽回米兰的心,便开始向刘忆苦挑战。为比试胆量和勇气,他徒手爬到几十米高的烟囱顶上逞能;为呵护米兰,他可以骑自行车送米兰到距离市区几十公里的远郊农场去上班。出于自卑心态,马小军的挑战常常显得那么不经意,有时这种挑战只是存在于他的幻想之中。一天,米兰特意为马小军和刘忆苦过生日，马小军嫉妒米兰对刘忆苦的痴情，与情敌展开一场肉搏。当父亲得知这件荒唐事后，将马小军狠狠地训了一顿。

马小军精力过剩无处发泄，继续与米兰和伙伴们泡在一起玩耍。有一天，他又发现米兰与刘忆苦单独约会，两人的举止十分亲昵。一股抑制不住的骚动向马小军袭来，给他带来前所未有的胆魄。他犹如一个突然长大的强壮男人闯进米兰家，向米兰扑去！米兰奋力抵抗，马小军未能得逞，反而被米兰暴打一顿。从此以后，米兰与马小军彻底疏远，伙伴们也开始孤立马小军。

不知怎么回事，米兰突然和这帮男孩断绝了往来。年底刘忆苦当兵入伍，很快有了正式的女朋友。其他伙伴也先后去部队当兵，彼此间断了音讯。

在这个特殊岁月，马小军他们就此告别无拘无束的生活，在混沌中长大。

【影片赏析】

《阳光灿烂的日子》是著名演员姜文出演了10多部影片后，首次担任导演的处女作。国外不少导演在执导自己的第一部作品时，只要条件允许，总会将自我的成长经历和感受展现给观众。姜文也没放弃这种权利，他选择王朔的小说《动物凶猛》作为蓝本，在银幕上抒写"60后"一代人的青春篇章。

本片主角马小军的成长是以"文革"年代为背景的，他犹如一匹未经驯服的野马，呈现出生猛状态。马小军在家里缺少父母的关爱，在学校里受不到最起码的教育，因为当时狠批"师道尊严"，整得老师人人自危。马小军有一位心仪的情人米兰，但只是一种单相思。唯一能带给他欢乐的是在大院里一起玩耍的那帮哥们，大家脱离师长的约束,肆意挥霍着宝贵的青春年华。在停课闹革命的日子里,英雄主义的幼稚幻想、青春期的生理骚动、暴力攻击欲的宣泄、急于"长大成人"的愿望,统统在灿烂的阳光下尽情展露。本片塑造了中国电影史上未曾出现过的"问题少年",尤其马小军这一形象大大突破了传统范式。以往在新中国银幕上树立的少儿形象,大都是"好好学习天天向上"的优秀少年,他们在团队组织、学校老师和家长无微不至的关怀下健康成长。马小军出生于革命军人家庭,从小受到了父辈理想主义和英雄主义的熏陶,在"文革"非常时期养成了叛逆的性格,对现存秩序产生莫名的反抗情绪,与父辈所缔造的传统规范和伦理法则形成激烈冲突。不过,马小军这个人物与王朔小说中描写的市井"顽主"和"痞子"存在质的区别,他身上有着浓重的英雄主义情结。在影片中,姜文把一个"男孩"渴望成为"男人"的心路历程刻画得入木三分。

"性与暴力"源于人的基本欲望。"性"可延伸至性爱与爱情;"暴力"可延伸至战争与生死,两者是艺术创作的永恒母题。姜文大胆表现潜藏在青少年生命中的"性与暴力"欲望,揭示了这种欲望对其行为的影响。本片有一场戏颇有意味:马小军偷配钥匙打开父母的抽屉,他首先拿了两把刀玩耍(暴力的象征),后来又拿了父亲的军官肩章,佩到自己肩上扮演军人,模仿故事片《英雄儿女》中的台词:"请首长放心,我们保证完成任务!851,851!我是延安!我是延安!向我开炮!向我开炮!"英雄情结油然而生。随后,马小军又从抽屉里找到避孕套(性的象征),把避孕套当气球吹了起来(顽主的心态),他一边拍打"避孕套气球",一边模拟枪弹音效。此时,在房间里四处飘浮的"避孕套气球"成了性与暴力的象征物,频频从马小军眼前闪过。后来马小军玩腻了,飞起一脚踢爆气球,为他以后参与打群架、疯狂迷恋米兰的行为预设伏笔。

姜文在表现马小军追求米兰的情节时,注意把握他尚不成熟的心态,那种故作深沉的老练、那种炫耀自己的豪言,恰恰是心理上没有"断乳"的体现。马小军赶去米兰家表露心迹,半路上大雨滂沱,他骑自行车疾驶不小心掉进泥坑,便下意识叫喊:"米兰,米兰!"喊声里带着哭腔,呼叫的对象好像不是"米兰"而更像是"妈妈",是一个未成年人向母亲发出的求助信号。当马小军看到站在楼门口的米兰时直喘粗气,米兰问他到底发生了什么事?马小军嚷着:"我喜欢你!"此时电闪雷鸣,米兰听不清他的回答。她再次追问,马小军却一扭身:"我的车掉进沟里了!"男人(求爱)与男孩(求救)的心态交织在一起,导演通过这些细节的设置将马小军的心理矛盾与身份矛盾表露得淋漓尽致。自卑与自尊构成马小军的性格基调,他在智商和情商、容貌与品性方面都不甚出众,原本已经认同孩子王刘忆苦的权威性,然而,当米兰开始与刘忆苦交往之后,这种平衡被打破了,马小军一心想在米兰跟前与刘忆苦较劲。这种较量是在看似不经意的状态下进行的,比如刘忆苦要帮助米兰进部队文工团,马小军却故意向米兰揭老底,说刘家两兄弟是他爹和两个老婆生的,暗示刘忆苦的家庭不纯洁。但这种旁敲侧击的暗招,不能使马小军如愿以偿。在一次米兰为他和刘忆苦举行的生日聚会上,压抑已久的马小军终于爆发了,他与刘忆苦互相扇对方耳光,拿破碎的啤酒瓶猛戳刘忆苦,这一罕见的举动令伙伴们目瞪口呆。此时,成年马小军的声音颇具戏剧性地在画外响起:"哈哈!千万别相信,我从来就没有这样勇敢过、这样壮烈过,我不断发誓要老老实实地讲故事,可是说真话的愿望有多么的强烈,受到的各种干扰便有多大,我悲哀地发现根本就无法还原现实……"姜文在这里通过间离效果的运用,让幻想与现实形成强烈反差,以此揭示马小军矛盾的心态。

　　本片叙事架构整体上采用成年马小军画外音叙述,他回述往事时不仅仅是一个回忆者、讲述者,也是一个评判者、修正者。因为讲述者难免产生一种冲动,试图去改变或修正"历史",用成年人的理性去补充少年曾经的不足。从表面上看,马小军和伙伴们是在阳光灿烂的日子里成长起来的,那个特殊时代赐给他们无拘无束的空间。但是,从成年马小军画外音的"修正"中,不难看出那个时代并没有让他们真正长大成人,他们放纵自己却没有获得真正的快乐,他们憧憬神秘的爱情却达不到两情相悦。少年马小军的性格中的负面因素逐步增强,心态日趋失衡,他无法克服自我、超越自我。因而,虽然"阳光灿烂",但剧中人的心志并不"阳光",也没有"童真",懵懵懂懂地步入世俗社会。影片结尾,成年马小军和其他几个哥们坐着"大奔"喝着"XO",他充满沧桑感的画外音是对昔日青春时光的解构。

姜文初次执导电影,视听语言运用已相当老道。在"打群架"大场面里,双方参与者骑自行车穿过一条条胡同,雄赳赳气昂昂奔向"战场",动用一切"武器"如菜刀、砖头等投入"血战"。画外音乐用《国际歌》旋律贯串少年们这场拼杀场面,渲染"文革"年代的特殊氛围。《国际歌》是号召全世界无产者团结起来推翻剥削阶级的神圣战歌,而现在伴随歌声的却是"红卫兵"、"红小兵"们打群架,他们踏着雄壮的节拍宣泄青春的野性。在搏斗中,马小军表现得异常凶猛,用弹簧锁暴打一个手无寸铁的无辜少年,声画冲击力让人震撼。

姜文认为,电影是梦,是一个想象中的世界,但它比现实世界更真实。《阳光灿烂的日子》所表现的是上世纪70年代部队大院里的生活场景,是姜文亲身体验过的。在影片中,姜文刻意让"阳光"担当一定的表意功能,随着剧情演进,阳光变化莫测,时而灿烂夺目,时而温情柔和,时而又恍惚迷离。以米兰在水房里洗头发那场戏来看,是马小军第一次被允许进入她的私人空间。这间水房相当简陋,在阳光映照下却显得明亮温馨,是马小军心境的自然反映。米兰请马小军替她把水壶里的水浇到头发上,水滴缓慢往下淌，阳光的光斑不断闪射在米兰的发梢，画面唯美，阳光与米兰在马小军的心中已融为一体。后来，马小军与米兰的关系发生了变化，此时阳光不再纯情，而变得刺目灼人，体现了姜文独具匠心的艺术构思。本片在一定程度上也可视为"作者电影"，融入姜文强烈的艺术个性，但他的创造力并未让观众感觉艰涩难懂。美国《时代》周刊评价道："中国导演姜文的《阳光灿烂的日子》，堪称1994年度全世界令人赞绝的影片之一。这是一部从内容到形式都全新的中国电影，它的出现标志着中国电影跨入了一个新的时代。"本片主演夏雨获得第51届威尼斯国际电影节最佳男演员奖。

（邵奇）

无间道

香港寰亚电影有限公司　2002年出品
导演：刘伟强、麦兆辉
编剧：麦兆辉、庄文强
主演：刘德华（饰刘健明）
　　　　梁朝伟（饰陈永仁）

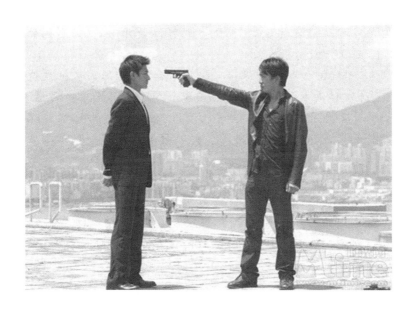

【影片内容】

　　香港某黑帮老大韩琛的非法生意深受警察查处之苦，便将手下若干身家清白的古惑仔送到警校受训做内应，刘健明是其中表现最突出的。与此同时，警校优秀学员陈永仁被重案组黄警司挑中，担任香港警方在黑社会的卧底。于是陈永仁被警校"开除"，他的真实身份只有黄警司知道。此后数年间，陈永仁成功地在黑帮内卧底，始终处于警方追缉和黑社会帮派斗殴的双重压力之下。而刘健明则以自己在警队的优异表现，很快得到职位晋升，伺机为自己的"老板"效力。

　　一日，刘健明在音像店巧遇陈永仁，两人同为音响发烧友，陈永仁向刘健明推荐了一套音响，颇有惺惺相惜之感。厌倦了卧底生活的陈永仁意欲退出，他向黄警司密报韩琛即将和泰国人进行毒品交易。黄警司答应他这个案子告破以后，便让其恢复真实身份。

　　警方抓获一个口风很紧的疑犯，刘健明假扮律师，利用独自掌握的黑社会消息源，巧妙骗取疑犯的信任，拿到联络电话号码以此确定对方藏匿窝点。是夜，黄警司部署围捕韩琛与泰国毒贩，刘健明所属的情报科负责目标监听，而重案组要等卧底确定交货地点后才可以展开行动。刘健明试图用手机将警方计划通知韩琛，在韩琛身边的陈永仁也寻找机会向黄警司传递情报。黄警司率警队在码头伏击，突然发现对方提前获知警队信息，立即更换通话频道，但仍被韩琛截获，黄警司发出更改行动的命令。此时，陈永仁从一个懂泰语的马仔口中得知真正的交货地点在龙鼓滩；刘健明则从黄警司发出的摩尔密码获悉新的围捕计划，马上报告了韩琛。最终韩琛一伙抢先将毒品投入江中洗脱罪名，警队的围捕行动告吹了。

韩琛因损失惨重十分恼火,重案组也意识到必须揪出警队潜伏的"内鬼"。韩琛指令刘健明尽快查出自己身边的卧底,刘健明让韩琛提供所有下属的个人资料以作调查。刘健明的女友是位作家,她正在写一本剖析主人公多重性格的书,这个想法对一直隐瞒真实身份的刘健明是个很大触动。同样过着双重生活的陈永仁终日处在巨大的心理压力之下,他常去李医生诊所接受心理治疗,只有在那里他敢袒露心声,甚至以开玩笑的口吻告诉李医生自己是个警察。

警局高层将业绩突出的刘健明调到内务部工作,负责侦缉警局暗藏的"内鬼"。在电影院里,韩琛将手下人的档案资料交给刘健明;陈永仁暗中跟踪刘健明,反被刘健明察觉,但两人都害怕被对方认出,未敢面对面相见。韩琛自上次失手后惶恐不安,他决定再次利用毒品交易诱使身边的卧底暴露。刘健明凭借内务部特权进入重案组电脑系统,着手查找韩琛身边的卧底留下的蛛丝马迹。

刘健明派助手跟踪黄警司,试图找到那个与黄警司单线联系的卧底。陈永仁将韩琛再次出货的消息通知黄警司,此时韩琛派来的傻强一伙赶到,黄警司与陈永仁立刻分头离开。黄警司选择乘电梯,结果行踪暴露,遭受一顿毒打后又被傻强从高楼抛下致死。一阵枪战过后,陈永仁与傻强乘车逃脱,傻强受枪伤半途毙命。黄警司遇害让重案组同仁对刘健明十分不满,这一来刘健明于公于私都必须查出卧底,他用黄警司遗留的手机拨通卧底的号码,说服陈永仁与其合作。与此同时,警方在媒体上散布假消息,称"因公殉职"的傻强系警方卧底探员,以此掩护陈永仁。

这次韩琛出货的机密是由陈永仁提供给刘健明的,刘健明说服重案组同仁不要跟踪韩琛,否则韩琛不会轻易暴露货仓的位置。陈永仁和刘健明延用以前黄警司用摩尔密码联系的方式,顺利锁定韩琛的下落。当设伏的警察突然出现时,完全没有心理准备的韩琛一伙慌不择路,韩琛用手机拨通刘健明的电话,这是他最后一张王牌了。没想到手机铃声在附近响起,刘健明出现了,他一枪击毙韩琛。此举一箭双雕,既表明他想成为一个好人,也是通过杀人灭口来掩盖自己的过去。

韩琛案告破,使刘健明重新在警队赢得了尊重。陈永仁来到警队找刘健明恢复自己的身份,却意外发现他和傻强交给韩琛的个人档案竟然在刘健明桌上,这才意识到原来刘健明就是潜伏在警队里的"内鬼"!警觉的刘健明也察觉到自己的真实身份暴露了,当即将陈永仁留在警队电脑系统中的档案悉数删除。

走投无路的陈永仁将自己的真实身份和遭遇告诉李医生以防不测,因为李医生是他唯一可以信赖的人。刘健明收到陈永仁寄来的录音光碟,录下了他与韩琛不为人知的绝密通话,这个惊人的发现使刘健明的女友无法接受。刘健明为了过上"好人"的生活,私下和陈永仁约定,由他帮助陈永仁恢复警员身份,陈永仁须将原始录音交还他。双方在天台上摊牌时,陈永仁用手铐将刘健明扣住,欲将他绳之于法。刘健明的助手意外出现,双方对峙着。就在陈永仁押着刘健明进电梯的瞬间,助手向陈永仁开枪。助手告诉刘健明自己也是韩琛的手下,多年来一直没有得到老大赏识,从今往后就跟定刘健明干了。不料,一心想"归正"的刘健明将助手杀死,并伪造他和陈永仁互相射杀的假象。

六个月后,李医生在陈永仁的遗物里发现了他的档案,证实了他卧底的真实身份。在安葬陈永仁的葬礼上,已经"归正"的刘健明警官向自己昔日的敌手敬了个礼。

【影片赏析】

在2003年春举行的第22届香港电影金像奖颁奖典礼上,《无间道》成为最大的赢家,一举赢得最佳影片、最佳导演、最佳男主角、最佳男配角、最佳原创电影歌曲、最佳编剧、最佳剪接 7 项大奖,被香港电影圈视为"救市之作"。

黑帮警匪片作为香港电影业最为成熟的类型片,见证了香港本土电影的发展和社会历史的变迁,早已成为香港电影产品的重要标志。吴宇森、林岭东、杜琪峰等导演拍出的各具风格的警匪片力作,为香港电影市场的繁荣作出了重要贡献。然而,随着黑帮片的泛滥以及日趋僵化的剧情模式,观众渐渐失去兴趣。《无间道》异军突起,以极具原创性的故事情节和独特的拍摄手法,为这一类型影片开拓了新的生路,重新唤起观众的欣赏兴趣,也让香港电影人重拾对本土电影市场的信心。

《无间道》不仅具备很强的娱乐性,也是一部严肃的电影。影片开头,引用佛教经典《涅槃经》第十九卷释义片名:"八大地狱之最,成为无间地狱,为无间道遭受大苦之意,故有此名。"本片两个主人公都过着不属于自己身份的生活,既丧失了过去,亦看不到未来,无时无刻不在无间地狱中苦苦挣扎。香港警匪片常见的卧底题材,最早在章国明导演的《边缘人》与林岭东导演的《龙虎风云》中便已出现,并引来跟风者无数。在这类故事中,一般侧重表现被从警方派到黑社会当卧底的主人公在黑白两道之间承受的双重心理折磨和扭曲的精神世界和人格的分裂。在《无间道》中,梁朝伟扮演的陈永仁也属于这种典型人物。但《无间道》区别以往卧底题材影片的最大不同,是构思了"卧底双雄"的戏核,不单单只有警察被派到黑社会当卧底,还有黑社会派到警队潜伏的"内鬼",两个人物、两条线索交叉互动。片中由刘德华饰演的刘健明这个角色,既有替恶势力效力的一面,同时又具备受人尊重的警员身份,拥有一段美好温馨的恋情,总想寻找机会"归正"做个好人。这一原创性人物设置,在香港出产的大量警匪片中可谓独树一帜,编导得以挖掘更深层次的人性。

《无间道》采用全知叙事,悬念设置并不局限于"谁是卧底?",让观众单纯去玩猜谜推理,而是利用两个"卧底"

针锋相对所产生的剧情张力,激起观众关注两位主人公命运的走向。人的"身份"是一种社会属性,假如一个人同时拥有两种完全对立的社会身份,必然会产生认知的紊乱。陈永仁究竟是警还是匪?刘健明到底是匪还是警?在"天台摊牌"那场戏中,陈永仁说:"我是警察。"刘健明说:"我现在想做一个好人。"陈永仁是想找回自己的过去,刘健明则想忘掉自己的过去。陈永仁的困境在卧底题材影片中并不少见,他站在正义一边,他的痛苦源于生活和精神上的折磨,并未产生价值或情感方面的迷失。亦正亦邪的刘健明则显得更为复杂,他徘徊在当好人或当坏人的十字路口,他已经习惯并留恋自己稳定的生活,厌倦为黑帮老大韩琛卖命,想做个真正的好人,他为掩盖自己的隐秘而不惜将黄警司、助手和陈永仁统统置于死地。剧中人物双重身份的设置亦折射出香港作为前殖民地的身份危机,人物命运何去何从暗合"九七回归"后港人一度产生的文化迷失及思考。《无间道》对传统警匪片中"非黑即白"的二元对立模式进行颠覆,解构了以往同类影片中所宣扬的义薄云天的兄弟情谊和浪漫的"黑帮英雄主义"。编导将叙事重心放在探究"无间地狱"中的人性,充满因果循环的宿命感。正如《无间道》片尾曲唱的那样:"谁能改变人生的长途?谁知道永恒有多么恐怖?谁了解生存比命运还残酷,只是没有人愿意认输。我们都在不断赶路,忘记了出路。"

本片选择的叙事空间颇具意味。天台是反复出现的一个重要空间,警方卧底陈永仁和上级黄警司每次秘密会晤的地点都在高楼天台上;最后刘健明和陈永仁正面对峙的高潮戏也发生在这里。刘健明说:"你们卧底真有趣,都喜欢上天台。"陈永仁答道:"我不像你,我见得光。"这一问一答将陈永仁对自我身份所持的坦荡之心和渴望重新见光的想法表露无遗,也将刘健明内心不为人知的阴暗面昭示出来。而黑帮卧底刘健明和老大韩琛见面的地点是在一家幽暗冷清的戏院,是那种见不得光的地方。此外,编导选择电梯作为表现人物命运的特殊空间。黄警司是被韩琛的打手堵在电梯中暴打致死的;同样,陈永仁也是在电梯里被韩琛派到警方的另一名卧底射杀的。电梯狭小幽闭、人处于其中不能自控只能被动升降的特质,使得这个移动空间充满危机感,人物身处电梯等于被某种外力挟持了。

在《无间道》中,几位女性角色尽管戏份不多,但恰如其分地反衬了两位男主人公的内心世界,并且起了调节叙事节奏、延宕叙事高潮的作用。在双重身份下生活的陈永仁精神备受重荷,需要通过心理医师的治疗得到缓解,只有在李医生那里,陈永仁才能获得片刻放松和安慰。陈永仁对李医生抱有好感,在走投无路的时候唯一想到能够托付秘密的也是她。由萧亚轩饰演的陈永仁前女友短暂出场,将陈永仁因当卧底而牺牲当年一段美好情缘的前史交代给观众。同样,编剧也在刘健明身边安置一位写小说的女友。刘健明的生活看上去很完美,其实内心非常不安,他害怕因为自己的前史而丧失这一切,因而他不择手段地自我保护。女友告诉刘健明想写一个男人拥有 28 种不同性格,不知道他到底是个怎样的人? 是好人还是坏人? 刘健明内心受到的触动可想而知,他不得不思考自己未来的路该怎么走。如果说,李医生之于陈永仁是一处躲避世俗纷扰的心灵港湾;那么,刘健明的女友则象征着美丽而遥不可及的未来。

传统警匪片的常规叙事总是以正义战胜邪恶,满足观众的观影期待为最终目标。《无间道》却摆脱这种"大团圆"模式,作了反处理,结尾时陈永仁的真实身份得以确认,警方以英雄待遇为他厚葬,而站在墓碑前向他敬礼的却是最后活下来的赢家——身穿警服的刘健明。在本片里,陈、刘两人都是警,同时又都为匪,谁能在这个混乱的规则里战胜对方,谁便能够生存下去。这种略带悲观的宿命论为整部片子增添了黑色电影的味道,发人深省。

继《无间道》之后,主创班底又马不停蹄投拍前传《无间道 2》和后集《无间道 3·终极无间》,构成了《无间道》三部曲。值得指出的是,《无间道3·终极无间》的情节不断穿插在前两部影片的剧情之间,致使观众在凌乱无序的线索中仿佛也被拖入"终极无间"世界,难免有续貂之嫌。

《无间道》在亚洲票房告捷,让美国片商看到了香港电影人的创作才华。好莱坞及时购买《无间道》的翻拍版权,由著名导演马丁·斯科塞斯翻拍成《无间道风云》(2006)。该片由马特·戴蒙、莱昂纳多·迪卡普里奥和老牌影星杰克·尼克尔森联袂主演,遵循港版《无间道》的故事框架,将时空置换为美国波士顿,描述这个城市里爱尔兰黑帮与警察局内部腐败人士之间的纠葛。从整体风格来看,与略带诗意和宿命感的港版相比较,美版《无间道风云》偏向纪实风格,导演手法娴熟,镜头运用简单有力,演员表演出色,虽然属翻拍之作,却夺得第79届奥斯卡最佳影片、最佳导演、最佳剪辑、最佳改编剧本四项大奖。

(苏竞元)

云水谣

中国电影集团、台湾龙祥娱乐公司、香港英皇影业公司、中央电视台电影频道 2006年联合出品
导演：尹力
编剧：刘恒、张克辉
主演：陈坤（饰陈秋水）
　　　李冰冰（饰王金娣）
　　　徐若瑄（饰王碧云）

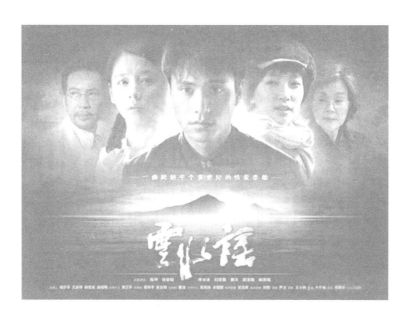

【影片内容】

　　电话铃声打断了在音乐声中作画的王碧云,是侄女晓芮从香港打来的。晚年独居曼哈顿的王碧云在古旧温馨的寓所中,每日坐在轮椅上不停地画画。对着电话筒,王碧云叮嘱侄女:"找个安静的地方住下来,找个安静的男人嫁出去。世界这么大,总得给自己找个落脚的地方。"晓芮却对姑妈提出了一个盘桓于心的疑问:"人世间,把生者和死者隔开的是什么?把相爱的人隔开的是什么?"晓芮的疑问引发王碧云对往事的深情回忆,引出了海峡两岸60年时空隔绝不断的一首爱情史诗。

　　那是20世纪40年代末的台北,家道中落的医科学生陈秋水来到王家当家庭教师。东家是牙医,家境富裕,秋水给王家的少爷雨萌辅导英文。秋水和雨萌的姐姐碧云第一次在楼梯上相遇,两人擦肩而过,碧云像一朵水莲花般娇羞纯洁。秋水幽默、生动的教学方式打动了雨萌,也俘获了碧云的芳心。碧云的邻居薛子路也是她的追求者,他托秋水转交给碧云的情书被碧云扔进了垃圾桶。碧云和她开明的父亲都中意秋水,然而母亲觉察到女儿的心思后,却婉转地辞退了秋水。母亲的决绝让碧云惊诧伤恸,无奈的秋水在雨夜黯然离开王家,与痴心守候在门外的薛子路扭打在一起发泄痛苦。王家父女赶到门外,目送这两个伤心的青年远去。

　　秋水回到乡下,整天郁郁寡欢,直到碧云突然到访。在风景如画的村口桥畔,这对真心相爱的恋人终于相逢了。碧云一路艰辛寻来,秋水托词没有当日回程的火车,秋水母亲只好留她住下。碧云发现秋水是左翼份子,主张让更多的人过上更有尊严的日子,但她不关心政治,只想过安安静静的小日子。两人在乡下度过了一段难忘的幸福时光。

返回台北的秋水还没来得及和碧云订婚,"2·28"事件爆发。恐怖气氛笼罩台北,进步学生受到追捕,秋水决定偷渡回大陆。临行前,他托薛子路给碧云带信见最后一面。又是凄冷的雨夜,王父开车送碧云冒死前来和秋水道别。"秋水,我永远等着你!"碧云将婚戒戴在秋水手上,许下了终身不变的誓言。岂料一语成谶,海峡变天堑,永久地隔绝了碧云和秋水。

海峡这边,碧云痴情地等待着秋水,薛子路也始终爱慕碧云决意为她守候。

海峡那边,秋水成为抗美援朝战场上的一名军医。

……

满脸是炮灰的王金娣龇牙咧嘴地躺在手术台上喊疼,突然被名叫徐秋云的军医打了两巴掌,脸上露出惊恐的表情。"徐秋云"正是陈秋水把母亲的姓和碧云的名字合起来取的新名字。这是王金娣和陈秋水第一次相遇。伤愈后金娣又找到徐大夫,用一块米饭团作礼物,感谢他给自己缝合伤口。一年多没见过米饭的秋水很高兴地接受了这份礼物,金娣真挚热情,与风趣幽默的秋水很快建立了同志加战友的关系。战争残酷艰苦,对碧云的思念支撑着秋水日复一日地辛勤工作。秋水将被调到战俘管理所工作,金娣前来告别,叮嘱他给自己写信。秋水敷衍道:"算了吧,我忙,你也忙,写信干什么啊?"不料金娣直言:"我喜欢你!"

战争结束了,欢送部队开拔的场面热闹喜庆。金娣忽然听到有人喊"徐秋云",她寻声找去,恰见秋水上了火车。情急生智的金娣呼喊着"哥",边跑边追开动的火车,忙不迭把好吃的东西塞给秋水。为了让他给自己写信,她还把一支钢笔塞给秋水,还不由分说地将秋水的钢笔拿走了,殊不知那是碧云送给秋水的信物。

在台北,碧云仍痴心等待秋水归来,替他尽孝侍奉陈母终老,以"活要见人、死要见尸"的信念找遍台湾的大小监狱。

秋水也没闲着,他遍寻杭州美专和厦门大学的学籍卡,因为当初临别时碧云曾说要来大陆读书,但他的希望屡屡落空。

金娣和秋水再次相会在西安军医大学,秋水劝金娣嫁人,金娣却说:"你能等,我也能等。"秋水又被调往西藏工作,金娣心疼秋水,流着眼泪叮嘱他照顾好自己。秋水默默承受着她这番深情,却无以回报。

一日,秋水从外面回到援藏医院,忽然听到有人告诉他"有个叫王碧云的女同志找你"。一时间,他仿佛觉得天旋地转,难道刻骨铭心的等待终于迎来了这一天?激动不已的秋水在空气稀薄的高原上奔跑着去迎接王碧云,不料来者却是王金娣!金娣追随秋水来到西藏,并将自己的名字改为"王碧云"。金娣恳求秋水:"从今往后,不用再等她了,我就是王碧云。王碧云在天上,她照顾不了你,我在你身边,我替她照顾你,照顾你一辈子。"面对金娣的赤诚,秋水流下了眼泪。"如果你真的爱王碧云,你就爱我吧!"秋水终于接受了金娣的爱情,泪水中的热吻是说不尽的苦楚,命运以这种令人辛酸的方式安慰了这对苦情伴侣。

当王碧云辗转打听到秋水的消息时,得到的却是秋水夫妇葬身雪崩的噩耗!

时空又切换到当下的西藏,追寻爱情真谛的晓芮在这里找到了陈秋水的儿子昆仑。相貌酷似乃父的昆仑对着ICQ视频对王碧云说:"我是陈昆仑,陈秋水和王碧云的儿子。"

大洋彼岸,终身未嫁的王碧云仿佛看到了秋水再生,仿佛她坚守一生的爱情获得了一个美好的结局。

【影片赏析】

主旋律电影一度被认为是普遍缺乏商业价值的电影品种,而主旋律电影长期以来在我们国家投拍的电影中又占有相当大的比例。《云水谣》的出现,为主旋律电影市场化、商业化提供了非常成功的范例。有专家认为《云水谣》避免了枯燥的政治和道德说教,成功拓展了主旋律电影的叙事空间和市场空间,对中国主旋律电影的市场化生存有着不可估量的意义。

《云水谣》的成功之处,在于结合了主旋律电影的意识形态导向和类型片叙事规范,并成功运用了商业大片的视听表现手段。导演尹力在阐述本片创作时谈到,这是一个命题创作,大主题就是"海峡两岸骨肉亲情"。如何将这样一个宏大的政治命题以具有艺术感染力的视听手段表现出来,编导的高明之处在于把主旋律的核心命题成功置换成一个表达主流价值观的爱情故事。例如,影片通过晓芮寻找爱情真谛这条线索所暗示的现代爱情观,反衬了陈秋水、王碧云、王金娣的"古典"爱情,歌颂了三位主人公对爱情的忠诚和执著。本片更耐人寻味的是通过对隐藏于爱情故事、爱情主题背后的政治背景的勾勒,完成了主旋律政治主题和意识形态的表达。剧情发生在中国现代史上政治环境变化最剧烈的一段时间,跨度达60年,其间主人公们历经多个重大历史事件,如台湾"2·28"运动、抗美援朝战争、支援西藏等等,人物的个体命运和爱情悲欢为时代大潮所左右。本片结尾是一个航拍镜头,一只雄鹰腾空而起,越飞越高,俯瞰画面从西藏雪原经万水千山、波涛汹涌的大海再到宝岛台湾,最后是整个中国的版图,不仅解答了影片开头晓芮的疑问——"在人间,把生者和死者隔开的是什么,把相爱的人隔开的是什么?"而且呼唤和平统一的命意也是不言而喻的。就这样,一个感人至深的爱情故事被提升为海峡两岸骨肉亲情的家国历史寓言。

在情节结构上,编导将历史和现实时空交织在一起,以倒叙、插叙展开剧情。《云水谣》和《泰坦尼克号》相似,以在世的女主角作为叙述者,追溯一个纯洁的爱情故事。伴随这条主线索,穿插了当代青年晓芮追寻爱情真谛这条副线,从而引出王金娣和陈秋水的故事。叙述策略错落有致,既避免了单纯回忆的平铺直叙,又为情节发展增添了不少悬念。《云水谣》可以简单概括为一个男人和两个女人的故事,"一个苦等一生,一个苦追一世"。影片分前后两部分讲述陈秋水两段爱情,编导精心设置了两场偶遇、两场分离(追车)、两场重逢的煽情戏,以鲜明的对比手法表现两段不同风格的爱情,并细腻地以钢笔、日记、戒指、纽扣等道具加以衔接。如果说,陈秋水与王碧云的相恋仿佛不食人间烟火;那么,他与王金娣的结合则透出相濡以沫的人生况味。金娣不计付出的追寻,对应碧云遥望守候的坚贞。两位不同个性的女主角的相同追求,阐释了爱情的真义。在"云水恋"的男女主角身旁,还有一个配角薛子路,他和陈秋水同时追求碧云。先是秋水帮子路给碧云传信,碧云拒绝子路,间接促成了碧云和秋水的姻缘;随后秋水受追捕匆忙逃离台湾,子路却替这个情敌送信,前后呼应的细节表现出子路的高尚品格,也为这个人物此后数十年间守候在碧云身边设下伏笔。子路的戏份并不多,但编导寥寥几笔就刻画出这个人物的性格。

陈坤、李冰冰在《云水谣》中凭出色演技双双荣获第12届中国电影华表奖优秀演员奖,这种情况以往并不多见,可见演员的真挚表演也是《云水谣》这样一部主旋律影片打动观众的原因之一。男主角陈秋水贯穿于全片不同时期的不同情境,人物命运发生很多变化,陈坤恰如其分地表现了角色的感情波澜,赋予陈秋水非常丰满的形象塑造。在影片前半段陈秋水和王碧云的初恋戏中,他的表演风格颇有一种"琼瑶剧"的夸张和矫情,虽然这种风格有些矫揉造作,却和王碧云饰演者徐若瑄的表演风格相当协调,一定程度上也符合观众对男女主人公"台湾人"身份的认知。在影片后半段,陈秋水主动到条件艰苦的西藏工作,与台湾音讯隔绝,为了不给台湾亲人带来麻烦他甚至改名换姓,在绝望中仍苦苦坚守对王碧云那份爱情思念。随着陈秋水人物命运的曲折发展,他的台词越来越少,但内心活动异常丰富,陈坤主要通过肢体语言和眼神来表现人物复杂的内心世界。例如,当陈秋水面对王金娣直率的表白时,他躲闪的眼神表现了逃避爱情选择的矛盾心理。又如,陈秋水与王金娣在西藏小屋内相拥而泣的高潮戏里,陈坤的肢体处于一种僵硬麻木状态,表现出陈秋水内心被两个"王碧云"牵扯的焦灼感。再如他在片中的两次奔跑,一次是在台湾西螺乡下迎接碧云,脚步急切慌乱,表现少男初恋时的冲动;另一次是在西藏,他忽然听到"有个叫王碧云的女同志找你"的消息,顿时精神恍惚,奔跑时跌跌撞撞,既符合"高原缺氧"这一特定因素,又表现出恋人苦苦等待多年,一朝相见如在梦中的心理状态。陈坤在片中还饰演秋水和金娣的儿子昆仑,他通过不同的眼神赋予父子俩完全不同的性格特质。青年秋水眼神清澈执著,中年秋水眼神坚毅沧桑,昆仑的眼神则豪爽精明,体现了陈坤在表演技巧上的突破。

  李冰冰的表演亦可圈可点,她将金娣这个人物的率真、热情和痴情表现得活灵活现。金娣在这部苦情戏中并不讨巧,若处理不当很容易成为观众心目中的"反面"角色。李冰冰演绎了角色真诚可爱的一面,例如对秋水表露爱慕之情的场面,前一句"给我写信吧"遭到秋水婉言谢绝后,下一句"我喜欢你"单刀直入,令秋水措手不及,而她的表情落落大方,郑重其事而又充满小儿女的娇憨之态。金娣"苦追一世"的执著并非一成不变,从最初"你能等,我也能等"的倔强,到一路追随秋水到西藏,不惜自己改名字的俏皮,再到淌着热泪向秋水倾诉"从今往后,不用再等她了,我就是王碧云"的赤诚,情感发展层层递进,最后推向高潮。

《云水谣》开场以一个令人叹为观止的六分钟运动长镜头,向观众展示上世纪四五十年代台北的独特风光,镜头上天入地、穿街走巷,由远及近又由近到远,充满层次感地重现了当年台湾特有的世俗风情:歌仔戏、布袋戏、婚嫁、街头商贩……,同时以声音转场过渡到男主人公入戏。镜头推拉摇移非常有节奏感,就像一幅《清明上河图》徐徐展开,以质朴、鲜活的视听语言为整个故事酝酿了一种情绪,使观众心理上造成一种期待。这个"长镜头"其实是将八个镜头用电脑合成为一个运动长镜头的,是将真实场景与虚拟景象融为视觉一体化的叙事空间的成功典范。技术与艺术的完美融合。这个镜头从陈秋水的纪念碑前拉起,一只雄鹰越过珠峰雪山,飞过祖国的群山峻岭、丘陵平原、江河湖海,最后用"太空视点"俯瞰大陆与台湾作为全片结束。雄鹰、万水千山及壮烈的雪崩场面等都是动用电脑三维制作合成的。在《云水谣》里,数字中间片技术的运用已相当成熟,不同场景的色彩控制以及抽色处理,都为这部主旋律影片在艺术表现力方面加分,达到了画面影调与影片情绪的高度统一。

《云水谣》的音乐跌宕起伏大气磅礴,对烘托气氛起了很好的作用。影片开头用一段快速渐进的音乐,一下子将观众带入特定的情绪。凄风冷雨的黑夜、波涛汹涌的海面,秋水愁苦地站立在船头,音乐旋律营造的悬念紧紧抓住了观众的心。在秋水和碧云热恋的片段里,秋水辅导碧云弟弟时唱了一首英文歌 *One day when we were young*,这是美国影片《翠堤春晓》的主题曲,在剧中由陈坤和徐若瑄亲自配唱。歌曲旋律优美欢快,是全片情绪色彩最明亮的片断,和"云水恋"的美好时光十分吻合,表现了恋情的浪漫、欢乐和纯真,而歌词也恰恰暗示了他俩相守短暂的爱情结局。

秋水和金娣殉职于雪崩是全片最悲壮的段落。秋水背着金娣行走在皑皑雪山，此时画面外响起了"唵嘛呢叭咪吽"六字真言的音乐，女声反复吟唱着圣洁的音乐，让人感到灵魂得到了升华。就在音乐达到最高潮时，雪崩突然发生了，秋水和金娣的牺牲令人无比震撼。影片结尾的音乐辉煌壮丽，配合着画面中海峡两岸的宝岛台湾和祖国大陆的壮观图景，再次渲染了和平统一的爱国主义主题。

《云水谣》上映后好评如潮，先后获得第12届中国电影华表奖优秀故事片、优秀导演、优秀男女演员、优秀编剧、优秀电影技术等六项大奖；第10届精神文明建设"五个一工程"电影特等奖；第26届中国电影金鸡奖最佳故事片、最佳导演、最佳录音等奖项。

（余莉）

狗小的自行车

国家广电总局电影卫星频道 2007 年出品
上海高清公司、上海交通大学电影电视系联合摄制
导演:梁山
编剧:李亦中　杰米
主演:顾艳(饰狗小娘)
　　　毛坚(饰狗小爹)
　　　章海东(饰狗小)
　　　高亮(饰海天)
　　　赵艳红(饰帼玲)

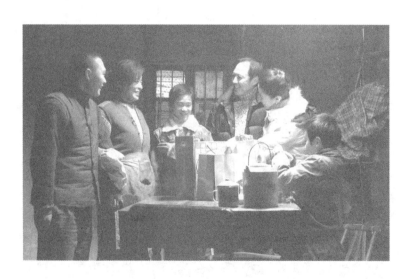

【影片内容】

  城市近郊，磁悬浮列车呼啸驶来。高架轨道下，有五个男孩仿佛听到发令枪，奋力骑自行车往前冲。其中一人蹬一辆旧车一马当先，将伙伴们远远甩在身后。他就是狗小，跟着进城打工的爹娘来到这座繁华的都市。他家借住在一处即将拆迁的破旧院落，与周边的摩天大楼显得格格不入。

  一天，狗小心爱的自行车丢失了！为此，他遭到爹娘一顿责骂。从家里到学校至少有十里路，失去代步工具，他只能穿着母亲捡来的破球鞋徒步上学。更让他伤心的是，车没了，他再也不能当"赛车王"了，班里同学全是城里的孩子，会愈加看不起自己。狗小发誓，踏破铁鞋也要找回自行车！

  一转眼，半个月过去了。正当狗小陷入绝望之中时，某天居然在马路上发现了自己那辆自行车！他一路尾随那个偷车人来到住宅小区，待那名中年男子上楼之后，立刻骑上被偷的自行车飞快离去。中年男子名叫海天，是个出租车司机，他扛着液化气罐正往楼下走，恰巧瞥见狗小在光天化日下偷车。经过一番追逐，狗小被海天逮个正着。正当海天揪住狗小欲理论一番时，他突然怔住了，双手捧住狗小的脸蛋，表情陡变，眼神里充满慈爱。海天从衣袋里掏出一张小孩的照片，连声盘问狗小："你是不是叫小天？"狗小以为对方是个神经病，挣脱身体拔腿就跑，不小心将一只鞋跑丢了。海天一路追踪过去……

  狗小丢了车，又丢了鞋，眼看躲不过爹娘一顿打。这时，不速之客海天上门来了。他向狗小的父母道明来意，声称狗小是他丢失六年之久的儿子小天！这种说法立刻在狗小家激起轩然大波，海天成了不受欢迎的人，只得悻悻离去。

眼看找回自行车的希望落空，狗小沮丧地走出校门。只见一辆出租车停在他面前，等候者正是海天。在周围同学好奇目光的注视下，狗小坐上了海天的车。一路上海天问寒问暖，狗小却有些不理不睬，可海天仍然得到巨大的满足，毕竟重温了当父亲的感觉。隔天，海天再次上门，将那部"偷来的自行车"送还给狗小。狗小爹娘依旧坚持狗小根本不是海天的儿子的说法，不过双方的交往渐趋缓和。

过了几天，海天和妻子帼玲上狗小家正式拜访。帼玲声泪俱下诉说儿子丢失的遭遇，听得狗小娘直抹眼泪。她向两位客人出示了狗小的出生证，这下子让海天夫妇哑口无言。

谁也没想到，一场意外降临。狗小爹蹬车送水时不慎翻车，摔断了腿骨。昂贵的医疗费让两口子一筹莫展，万一狗小爹丧失劳动力，今后狗小将没法上学了。万般无奈之下，狗小娘想到了海天。她主动上门，顺水推舟说"狗小就是小天"。海天欣喜若狂，马上拿出几万元补偿费给狗小娘。当天晚上，海天夫妇便将狗小接回了自己的家。在狗小记忆中，自己决不是"小天"，他对这场变故困惑不解。可面对泪眼婆娑的亲娘，他只能乖乖地去了新家。

当上了海天的儿子的狗小日子今非昔比，他穿上了崭新的衣服，自行车也换了一辆新的，过去的生活渐渐淡忘了。一天，他独自在家，从抽屉里偶然翻出了海天的自行车的牌照，这时候方才明白，原来那辆"被偷的"自行车是属于海天的。但狗小顾不上细想，反正现在这个家里的一切都是他的了。

过新年的时候，狗小跟随海天和帼玲携大袋礼物回原来的家看望。两家人相处很是融洽，狗小觉得自己有了两个爹、两个娘。

某天，帼玲吃惊地发现狗小身上有块胎记，而小天根本就没有！刹那间，她明白了一切。其实海天早就发现了这个秘密，可夫妇俩谁也不愿说破，一家人还是平静地过着日子……

狗小爹娘时常感叹:"村里多少人做梦都想成个城里人,咱狗小真是个有福气的孩子啊。"

【影片赏析】

国家广电总局于 1996 年 1 月在中央电视台开设电影频道(CCTV-6),以其收视率之高、传播范围之广,成为全国观众"打开电视看电影"的中华"第一大影院"。为了开拓片源,电影频道自 1998 年开始投资拍摄"电视电影"。1999 年春节,第一部电视电影《岁岁平安》与观众见面。此后电影频道每年加大投资力度,迄今已投拍了 1000 余部电视电影(目前"电视电影"已被规范命名为"数字电影")。CCTV-6 这个面向全国的电视卫星频道,一举成为中国影视业新的传播平台,成为中国电影希望之星的摇篮。《狗小的自行车》是由上海交通大学高清影视制作团队策划摄制的,也是国内综合性大学推出的第一部在国家主流媒体播映的数字电影。本片根据浙江作家卢江良的同名小说改编,讲述农民工子弟由"乡下人"变成"城里人"的戏剧性故事,关注现实民生,在艺术追求及人文情怀上透露出学院派电影独有的内在风格与气质。《狗小的自行车》在第十届上海国际电影节新片单元展映;2008 年入围中国第八届数字电影"百合奖"优秀影片、优秀编剧、优秀导演、优秀女演员四项奖提名,评选结果荣获优秀儿童片奖、优秀导演奖(梁山)与优秀女演员奖(顾艳),在"百合奖"评奖史上首开同时赢得三项奖的记录,被媒体视为"夺标的一匹黑马"。本片获奖后在中央电视台电影频道黄金时间重播,收视率位居该周排行榜首位。此后,《狗小的自行车》又获得中国高校影视学会第二届"学院奖"剧情类作品一等奖。

本片剧情一波三折。影片开场干净利落,狗小的自行车丢了！这辆并不起眼的二手车对这个农民工的孩子来说，价值无可计量。在这里，编剧设置了一个巧合，狗小和海天多年前丢失的儿子小天容貌相似。俗话说"无巧不成书"，影视剧情节的推进常以假定性巧合为前提。观众们看到，先是狗小在车水马龙中找到了那辆丢失的自行车，接下来，海天在茫茫人海里也找到了失踪已久的儿子。一个找车心切，一个寻子心切，两人不期而遇均产生错觉，将原本不属于自己的误会成自己所有的。编剧的高明之处在于，既抓住这层巧合关系，又适度淡化这种巧合，使之成为一个市民家庭和一个农民工家庭之间产生纠葛的戏剧性契机，以此切入城市边缘人群的生活。

从上世纪80年代起，大批农民离乡背井进城务工。现在的大都市里，市民日常生活已经离不开吃苦耐劳的农民工了，举凡做早点卖大饼油条的、手提肩扛爬楼送桶装水的、穿梭登门投递快件的……农民工为城市生活带来了许多便利。但人们在接受便利服务的同时，对进城务工的农民包括他们的孩子，有过多少关心或者起码的关注呢？上海市政协委员作出一项《外来常住人口新生代的社会融合与社会和谐》调研课题，发现有63%的农民工的孩子乘公交车时有过被别人不喜欢或者排斥的感觉；有48%的孩子平时没有机会和本地小朋友接触。城乡隔膜致使农民工第二代对生活于其中的城市没有归属感，很多孩子觉得"自己既不是城里人，也不是老家那里的人"，对家乡的记忆与感情远不如父辈，文化心理被边缘化，对城市现代文明既向往又不适应。在中国城市化不可逆转的进程中，亟需文艺作品表达对这个庞大边缘人群的关注与关爱，真实反映这个弱势群体的生存状况和利益诉求，让更多城里人了解农民工的情感世界，促进社会不同群体的融合，共同分享"城市让生活更美好"的愿景。从这个意义上说，《狗小的自行车》是有深刻内涵的草根题材。狗小的奇遇真正打动人的地方在于狗小爹娘作出的"让子"抉择。其实，一个孩子被他人过继或领养,在各种社会体制下都有过类似的故事。当前中国社会处于高速转型期,在全民奔小康的过程中,每个人都希望过上体面的生活,为此要付出各种应有的或不应有的代价,当事人往往面临复杂而艰难的选择。在狗小爹受伤住院,夫妻俩急筹医疗费的重场戏中,狗小娘连说四个"咋办?咋办?!"接下去她说了句:"你残了,你儿子永远读不了书了!"这就是这一位母亲作出选择的终极动机,她指望下一代在城市里生活得更美好,而且要名正言顺。本片播出后,有位评论家指出:"中国社会的弱势群体是随着中国社会的变革而产生的,在某种程度上,他们也为中国社会的变革作出了牺牲。对于这些几乎没有任何话语权的人们,有着社会责任感和人文情怀的艺术家应该进行关注与反映,既要表现时代弄潮儿,也要表现'沉默的大多数',对社会主义和谐社会的建设将有所裨益。"

  本片故事主线围绕"狗小是不是小天"这个疑团铺展开去,海天夫妇登门"认子"的行为充满了戏剧性。故事发展到狗小娘拿出狗小的出生证,狗小爹将那辆自行车归还海天的时候,似乎一切都告一段落了。然而,接下去的情节发生陡转,狗小爹干活时摔断了腿!为了治好狗小爹的腿,更为了让狗小能够过上"城里人的日子",狗小娘把狗小当作小天"归还"给海天。一个好的故事大都遵循起、承、转、合的脉络,在本片中,"狗小丢车"是起,"海天认子"是承,"狗小母子离别"是转,也是全片的高潮戏,不少观众在看到狗小娘忍痛送别狗小后潸然泪下。此后,狗小在海天家的生活发生了变化,狗小爹娘虽然心中不舍,但满足于自己的孩子过上了好日子,是个"有福气的孩子"。直到有一天,帼玲发现狗小根本就不是小天,一场误会真相大白。与原小说冷峻的结尾有所不同的是,本片编导基于构建和谐社会的审美理想,在影片结尾采用虚实相间的象征手法,表现经历此番戏剧性波折的两个平民家庭,可望在新的起点上继续交往下去。

  与意大利新现实主义电影《偷自行车的人》一样,《狗小的自行车》表现的也是社会最底层人群中发生的故事，无论题材、人物还是拍摄手法，都体现了贴近现实、贴近社会、贴近生活的特点，导演在艺术处理上力避煽情与矫情。从刻画人物来看，无论是进城打工的狗小爹娘，还是出租车司机海天和妻子帼玲，都是生活中随处可见的普通人。狗小爹娘是都市中农民工的缩影，他们为摆脱贫困来到陌生的都市讨生活，承担了城市社会里最沉重的体力劳动。他们文化程度不高，憨厚的性格中带点狡黠，直爽中略具圆滑，有着朴素诚信的处世之道。在影片里，狗小爹娘时常拌嘴打闹，甚至口不择言，冒出几句粗俗的俏皮话逗得观众哄堂大笑。可他们做人堂堂正正，在城里人海天夫妇上门"认子"时态度不卑不亢，一方面对狗小的出生据实以告，另一方面也按捺不住同情心，安慰对方失子的痛苦。剧情推进到高潮部分，进一步表现了他们对孩子的爱以及"让子"的无奈。当狗小娘向海天提出"归还"孩子之后，她一个人孤独地走在马路上，这时园林工人正在修剪行道树，一根根被锯下的梧桐枝伴着刺耳的电锯声，暗合她此时此刻的心境，母亲失去儿子的痛苦犹如树木生生地被砍掉了枝干。我们能感受到狗小爹娘对孩子的爱，尽管他们平时数落孩子、打骂孩子，在迫不得已面临抉择的关头，他们出于一种最实际的考虑，就是希望自己的孩子将来可以过上好日子。海天夫妇是城市中的普通市民，他们为找回丢失的孩子不惜代价，甚至失去了城里人原有的那份精明。夫妻俩长年来的焦虑、烦恼与执著，同样让人动容。影片结尾耐人寻味，海天夫妇发觉"失而复得"的儿子并非亲生，但谁都不愿意也不忍心说破。这一开放式的结尾体现了生活的无奈与苦涩，也体现了人性的美好与善良，使这部影片既有一种直面现实的冲击力又不乏动人的温情。

影视艺术是综合艺术，既讲究"单项美"，更看重"综合美"。饰演狗小娘的中年演员顾艳早在1988年就曾获得中国电视"飞天奖"最佳女配角，在阔别影坛多年以后，塑造狗小娘成为她突破自我、超越自我的良机。顾艳为了演好这个与以往银屏形象有极大落差的角色,主动去农贸集市收购菜农穿的衣服,还多次穿戴成农妇的模样实地体验生活,揣摩感受剧中人在现实中的境遇和心态。影片实拍时,她顶着零乱的头发,穿着破旧的夹袄,拎着蛇皮袋捡拾矿泉水空瓶,狗小娘这个形象立刻鲜活了起来。顾艳把握狗小娘那种世俗又不失温情的母亲形象,将人物情绪变化的层次细腻传神地表现出来,这个"丑母"形象获得观众与专家的认同与好评。值得一提的是,本片中几位无名无姓的配角来历不凡,如出租车上一位乘客由华裔好莱坞明星卢燕友情客串,扮演海天师傅的则是当年红遍大江南北的"牛百岁"梁庆刚,老一辈艺术家的敬业精神与炉火纯青的演技,为这部低成本文艺片增色不少。《狗小的自行车》画面造型也非常考究,影像基调整体采用暖色调,摄影师大胆采用大反差布光,在不同环境下衬托人物的心理。影片中出现的磁悬浮等大场面视觉冲击力很强,动感构图与色调运用给人留下深刻印象。此外,摄制组不惜工本动用"斯坦尼康"拍摄设备,运动长镜头似行云流水一气呵成,处处体现摄影师的匠心。

梁山导演一向关注民生题材,他在导演阐述中强调:"对中国农民工的同情,是这部电影的一大核心,我们要用不经意的笔调把农民工在城市里的普遍状态尽量多地表现到。"全片结尾时,出现一组用纪录片手法抓拍的表现城市各个角落男女农民工辛勤劳作的镜头,不禁让人联想到影片里多次展现的"城市让生活更美好"的巨大广告牌。有位观众为此特别撰文,提出:究竟是"城市让包括广大农民工在内的千百万人民的生活更美好"呢,还是"包括作出贡献的广大农民工在内的千百万人民让城市的生活更美好"呢?观众的期望显然是两全其美,这也是《狗小的自行车》深层意蕴所在。

(惠慧)

中外影视精品赏析 | **纪录菁华**

北方的纳努克

美国纪录片　1922 年摄制
编导:罗伯特·弗拉哈迪
摄影:罗伯特·弗拉哈迪
出镜:纳努克及其家人

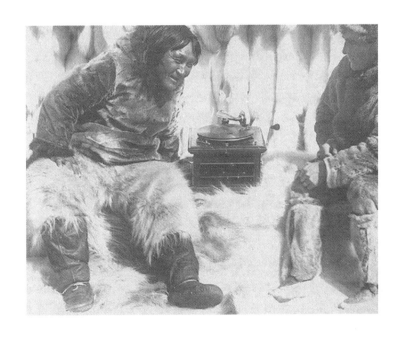

【影片内容】

在地球最北端的广袤世界,是一片神秘的不毛之地,这里渺无人烟,遍地冻土,寒风呼啸。如此贫瘠的土地和恶劣的气候,似乎没有人能够生存下去。然而就在这里,生活着世界上最快乐的人,他们就是无畏的、纯朴的、随遇而安的爱斯基摩人。

爱斯基摩(Eskimos)是印第安语,意谓"吃生肉的人"。爱斯基摩人并不喜欢这名字,而将自己称为"因纽特"(Inuit)或"因纽皮特"(Inupiat),即"真正的人"。纳努克就是爱斯基摩人中的一个,他的绰号叫"大熊",是爱斯基摩伊维姆特部落最著名的猎手。他和家人住在昂瓦那,这片区域的面积差不多有英国那么大,而居住的人口却不满三百人。

纳努克有两个妻子,还有三个子女。一家子的生活十分艰辛,每年必须面对长达半年之久的黑夜,抵御零下数十度的严寒及暴风雪。冬季全靠狗拉雪橇在冰天雪地里寻找食物,一旦打不到猎物,全家人乃至整个部落就会活活饿死。

在短暂的夏季,纳努克和伙伴划一条小舟置身汹涌澎湃的大海,为的是捕杀海象。一头海象足有两吨重,它在水里异常凶猛,但在陆地上就无招架之力了。纳努克操着原始的渔叉,拴上用海豹皮拧成的绳索向海象投掷,海象在海浪中拼命逃窜。爱斯基摩人奋力追赶,硬是将挣扎的海象力气消耗殆尽,然后借助海浪的冲力将猎获的海象拖上岸来。海象身躯庞大,纳努克他们无法将它抬回家,便就地用锋利的刀切割海象,新鲜的脂肪和带血的肉此刻成了最好的美味。

爱斯基摩人就像游牧民族一样,走一处安一个家。他们的住房是用雪块砌成的,称为"伊格鲁"。纳努克负责堆砌雪屋,女人和孩子们用雪粒将缝隙填满,防备暴风的侵袭。更绝的是,雪屋的窗户是用洁白透明的冰块替代的。这样一间半埋在地下的"伊格鲁"建好之后,全家人点燃干苔藓,取来少量的雪放在石罐子里烧热后饮用。他们小心控制温度,否则会导致雪屋溶化。

一天,纳努克率家人坐雪橇去猎杀海豹。海豹这种动物在水里每隔一段时间就须浮出海面呼吸,在极地气温下,海豹用嘴将水面的冰舔化,透过一个拇指大小的孔洞呼吸。纳努克对冰底下是否藏着海豹有精准的判断力,他发现一个孔洞之后,先将洞口稍稍弄松,随后将绑着绳子的渔叉奋力一刺,任凭海豹在水下挣扎也决不松手。纳努克的家人们见状,一个挨一个像拔河一样,用力将那头硕大的海豹拖出冰窟窿。他们剥皮剔骨大吃海豹肉,连雪橇狗也饱餐了一顿。

爱斯基摩人就这样日复一日地生活在北极圈,与大自然共存。他们是地球上最顽强、最勇敢、最坚忍不拔的民族。

【影片赏析】

《北方的纳努克》是电影史上第一部纪录片,英国人约翰·格里尔逊在1926年将这种不同于摄影棚制作的影片命名为"纪录片"(Documentary)。该片创作者是美国人罗伯特·弗拉哈迪,他由此被公认为是纪录片的先驱者。

弗拉哈迪1884年2月16日出生于美国密歇根铁山脚下,其父是采矿工程师,他从小就跟随父亲在野外奔波,练就了在艰苦条件下生存的本领。弗拉哈迪成年后子承父业,从事地质勘探工作,也是一位探险爱好者,这种经历对他日后拍摄纪录片产生了很大影响。

《北方的纳努克》是一部独立制作,但弗拉哈迪周围的人也出力不少,其中一位是他的雇主维廉·麦肯齐爵士,1913年当弗拉哈迪启程赴加拿大为修建铁路作前期勘探时,爵士建议他带上一台摄影机,既可以用于勘探,又可拍摄当地的风土人情,一下子激发了弗拉哈迪的兴趣。他购买了一架摄影机及照明、洗印器材,还专程到纽约短期进修电影摄影技术。正是在加拿大北极圈勘探时,弗拉哈迪邂逅了爱斯基摩人,拍摄了一些他们的生活片段,从此开始了他的电影生涯。法国的皮草商雷维永兄弟对《北方的纳努克》拍摄也出力不小。遇到这两兄弟时,弗拉哈迪正遭遇挫折,他拍摄的三万英尺底片全部毁于火灾,自身也大面积烧伤。雷维永兄弟在关键时刻施以援手,向弗拉哈迪提供一大笔资金,使他坚定了重拍一部理想影片的信心与决心。1920年,弗拉哈迪再次上路,赶赴哈得湾东北岸的亚北极,在那里和爱斯基摩人共同生活了整整16个月,终于拍成这部在纪录片历史上具有里程碑意义的《北方的纳努克》。

弗拉哈迪的可贵之处,在于以非职业电影人的身份去干一件职业电影人的事。虽然是业余创作者,但他的创作态度非常严谨,全身心地投入拍摄工作。弗拉哈迪是电影发烧友,他借鉴故事片手法来拍摄纪录片,成为这部影片的一大特色。弗拉哈迪首先设计用一个主人公来结构全篇,他物色到纳努克这一位主角,试图通过对纳努克的跟踪拍摄,以点带面来表现爱斯基摩人的生活、文化与价值观。弗拉哈迪首创"插队落户"式的拍摄方法,与纳努克一家同吃同住,很快赢得拍摄对象的信任。每拍完一个场景,弗拉哈迪都将样片冲洗出来让纳努克观看,甚至让他帮助做一些拍摄辅助工作,提高他的兴趣。在弗拉哈迪悉心指点下,纳努克很快适应在镜头前如何表现,成为一个真实生动的"纳努克"电影形象了。

弗拉哈迪在拍摄过程中运用了不少故事片表现手法,精心设计了每个段落的高潮点和动情点。这样一来,在纪录片"真实性"方面便引起了争议,争议焦点在于弗拉哈迪拍摄时曾采用过"搬演"手法。实际上,搬演与扮演是有很大区别的。例如纳努克猎获海象这段惊心动魄的场景,由于爱斯基摩人的生活此时已经发生变化,他们不再像父辈那样使用渔叉这种原始的工具捕猎海豹。为还原历史真实,纳努克主动提议用这种原始手段再现一次。曾有人质疑那头海象是死的,纳努克从冰窟窿里拖出海豹一段是摆拍的。然而在弗拉哈迪的日记里可以读到如下一段记载:

> 1920年9月26日 天气好极了。在晴朗温暖的早晨,大约有20头海象熟睡在岩石上,走近不到100英尺的地方用望远镜头拍摄。纳手持渔叉潜近猎物,在不到20英尺远的地方,它们惊慌失措向大海踉跄爬去。纳的渔叉叉到猎物时,它已逃到水边,一场搏斗开始了。爱斯基摩人在岸边拼命拉着叉绳,猎物像一条大鱼激起浪花,翻滚着。逃走的海象远远地围着,猎人们"好!好!好"的喊叫声相互呼应。一头雄的大海象赶到猎物旁,呲着牙前来营救,我不停地拍呀拍呀,人们呼喊着,让我用步枪来结束这场搏斗,他们都担心被拖进大海里去。

在实拍之前,弗拉哈迪特意叮嘱纳努克:"如果影响拍摄,你和你手下的人可要放弃猎获物。你要知道,我要的是你捕海豹的镜头,而不是它的肉。"可见弗拉哈迪想反映的不仅仅是纳努克单个人,而是通过他来反映爱斯基摩人群体,表现爱斯基摩人从古至今的生活和劳动方式。所以,从这一点上来说不存在虚假性。另一个引起争议的场景是纳努克砌雪屋,当时爱斯基摩人确实不再居住于这种住所内,但砌雪屋的手艺并未忘却。拍摄时出于构图需要,弗拉哈迪要求他们造一间面积更大的雪屋,而且因采光问题,还创造性地将雪屋砍掉了一半。有人据此认为这种摆拍是不真实的,其实,弗拉哈迪恪守的信条就是"结果"真实。

《北方的纳努克》并非一部单纯的纪录爱斯基摩人日常

生活的影片,而是一部抢救爱斯基摩人传统文化和精神生活的人类学纪录片。电影学者贝拉·巴拉兹指出:"纪录片艺术不在于虚构,而在于发现。艺术家必须在经验世界的广阔天地中发掘出最有特征意义的、最有趣的、最可塑造的和最有表现力的东西,并且把自己的倾向性和思想意图异常鲜明地表现出来"。弗拉哈迪正是这么做的,他将自己探险的经历以及他对爱斯基摩人的认识借助电影载体传达给了观众,让观众分享他观察到的爱斯基摩人的生活。弗拉哈迪来自文明世界,对所谓的"现代文明"有着自己的理解和判断。当他第一次见到在冰天雪地中生活的爱斯基摩人时,情不自禁产生了一种感慨:"这些人拥有地球上最贫瘠的资源,却享有最大的快乐,他们是我所见过的最无忧无虑的人。"这种感慨使他完成了角色转换,从一个探险者转变为纪录电影工作者。尤其经历了第一次世界大战后对工业文明的反思,弗拉哈迪对爱斯基摩人在天然原始的生活状态中所表现出来的与大自然同生共存的豁达乐观气质,以及诚实尊严的健康人格有了更深的理解。他目睹工业化进程正在摧毁这种传统生活方式,吞噬这种人格精神,一种历史责任感油然而生:赶快用电影摄影机将正在迅速消失的文化传统及时记录下来! 弗拉哈迪坦言:"我并非是想拍摄白种人对未开化民族的所作所为……白种人不单破坏了这些人的人格,也把他们的民族破坏殆尽。我想在尚有可能的情况下,将他们遭受破坏之前的人格和尊严展现在人们面前。我执意要拍摄纳努克,是由于我的感触,是出自我对这些人的钦佩。我想把他们的情况介绍给人们。"出于这样的动机,弗拉哈迪的拍摄并不是对异域风光人情的猎奇,而是主动关注爱斯基摩人,关注他们的生活,关注他们与自然的关系,关注他们这个民族的过去、现在和未来。由此《北方的纳努克》体现出弗拉哈迪的人文情怀。

全片分为三部分,弗拉哈迪在结构上作了精心布局。第一部分是天暖时节,夏季是北极地区一年中最舒适的日子,这一部分叙事基调轻松欢乐,融入许多幽默的细节成分,表现爱斯基摩人乐观积极的人生态度,也让观众在一种新奇的感觉中进入纳努克的世界;第二部分是天凉时节,渐渐把严酷的环境和严峻的现实呈现给观众;第三部分是暴风雪时节,也是全片最重要的部分,生存成为爱斯基摩人的第一需要。弗拉哈迪运用平行蒙太奇手法,将狗群的争斗与人们寻找食物的活动串联在一起。影片最后一个镜头是纳努克安详睡容的特写,表达了弗拉哈迪对他的崇敬,以及对爱斯基摩人前途命运的忧虑,既让人感动又令人沉思。

《北方的纳努克》倾注了弗拉哈迪对电影艺术的理解与追求。首先,影片总体风格表现为浪漫情怀与现实记录共存。弗拉哈迪是一个云游四海投身于大自然的探险者,他在记录现实的同时充满了英雄主义的浪漫色彩。纳努克在摄影机面前流露出了刚强、自信、充满力量的征服欲,也流露出豪放豁达的儿女之情。影片通过对纳努克一家生活的跟踪记录,让观众近距离观察爱斯基摩人真实的生存状态,体验到那个神秘民族正在逝去的生活,一种与现代文明渐行渐远的传统文化。纳努克生活在天人合一的大自然中,镜头抓拍他捕海象时的强悍、猎海豹时的艰辛、抓马哈鱼时的细致、砌雪屋时的灵巧、教孩子射箭时的温情、聆听留声机唱片时的天真,特别是他多次绽露的灿烂笑容都给观众留下了深刻的印象。

其次,弗拉哈迪善于将写意、写实交融在一起,他对画面运用别具匠心。例如在广阔无垠的冰天雪地中,几个小小的身影冒着疾风暴雪顽强地蠕动,这种极大的视觉反差,是对人类强大生命力的赞歌。又如海浪中翻滚的一叶小舟、纳努克昂立冰岩极目远眺……这些画面不断穿插出现在纪实场景之中,将观众带入一种悠远雄浑的审美意境,成为影片主题的点睛之笔。此外,弗拉哈迪非常讲究长镜头的拍摄处理,在猎取海象的场景中,他使用了一个长达1200英尺的长镜头,将纳努克和伙伴们从发现海象直到捕获它的全过程完整地记录下来,而且人和海象同时出现在画框内一气呵成,观众犹如身临其境,具有很强的感染力。为了使长镜头不显得单调冗长,弗拉哈迪还精心选取具有情节因素或戏剧成分的场景,例如影片开头纳努克一家老小从一条皮筏里鱼贯而出的滑稽场面、纳努克猎捕海豹杂耍般翻滚的场景等等,这些长镜头段落使影片的真实性、观赏性大大增强。

1922年6月11日,《北方的纳努克》在纽约国会大厦剧院首映,一炮打响引起轰动,成为纪录电影的开山之作。该片公映两年后,纳努克不幸在一次出猎途中断粮饿死,他留在电影拷贝中的鲜活影像就此成为永恒。

(张亚光)

迁徙的鸟

法国纪录片　2001年出品
编导：雅克·贝汉
音乐：布鲁诺·柯拉斯

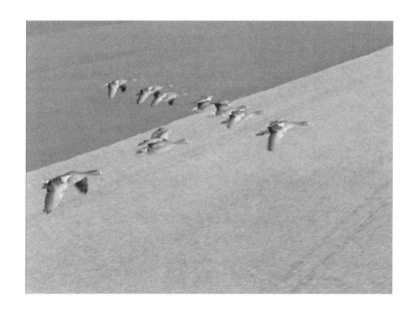

【影片内容】

　　冬去春来，万物复苏，冰封的河流又开始在茫茫大地上融化流淌。

　　一群灰雁从它们栖息的小河边起飞，飞过田野，飞过沼泽，飞过湖泊，飞向地平线的另一端。当北半球的春天来临时，它们要飞回自己的出生地北极。路途遥远，灰雁夜以继日地飞翔，途经地中海等海域，要耗费几个星期的时间才能抵达目的地。

　　与此同时，鹤群也出发了，它们从伊比利亚半岛向北方的森林飞去。在飞行间歇时间，它们在草丛中嬉戏觅食，时而还用击打喙的方式向异性表达好感。

　　黑雁、天鹅、环头鹅也按照它们特定的路线，飞越冻土地带，飞过草原、山谷、河流，向着各自的目的地前进。

　　迁徙的鸟类有一些共同的本领，比如利用太阳和星星作为飞行坐标，从一个纬度飞向下一个纬度。它们对地球磁场也非常敏感，这可以保证在数千公里的飞行途中从不迷失方向。它们还本能地理解团结协作在长途飞行中的重要，总是排列成"人字形"或"一字形"编队飞行，以节省宝贵的体力。在飞行过程中，遭遇各式各样的危险乃是家常便饭，比如雪崩、鸟类天敌、恶劣气候等等。但鸟儿们并未踌躇不前，它们在飞行中一贯保持着优雅从容的姿态，相互之间充满关爱，在嬉戏中寻找着乐趣。

　　在地球的另一个角落，白头鹰在美国西部大峡谷中翱翔，目光锐利凶悍，不放过峡谷中任何一头可能捕获的猎物。加拿大黑雁和雪雁也从墨西哥湾向北极圈进发，在美国西部旷野中，水源是相当珍稀的资源，有时黑雁不得不从人类废弃的汽车水箱里寻觅几滴水。

　　来自各大洲的鸟类到达北极以后，就开始分头行动，安家产卵孵化自己的后代。过了不久,鸟宝宝们就在父母的呵护下钻出蛋壳,来到了这个世界上。它们还很弱小,还不会游泳和飞行,但很快就会长出和父母一样漂亮的羽毛,可以在天空中自由穿梭了。接下来的日子,是父母们最忙碌的时间,为了让宝宝快快长大,它们必须尽一切努力去获得食物,不仅让自身保持足够的能量,更要满足鸟巢里一只只嗷嗷待哺的小嘴,为此父母甚至付出生命的代价。

  北极的夏季时光是短暂的,不久寒冬便会降临。鸟儿们还没来得及回味新生命诞生的喜悦,又要踏上向南迁徙的遥遥路途了。此时小鸟们还来不及掌握飞行的本领,它们扑腾着稚嫩的翅膀,为了生存,必须跟随父母出发前往第二故乡——气候温暖的南方。北极燕鸥是最辛苦的旅行者,等待它们的将是跨越两万公里的漫漫旅程。

  灰雁沿着半年之前飞来的路径,开始返程。大海上波涛汹涌,乌云密布,狂风巨浪几乎使它们无法飞行。这时,一艘航空母舰成了灰雁临时的落脚点,它们可以在这里歇息片刻。然而,在更多的时候人类是鸟类最大的敌人。除了冷冰冰的猎枪之外,愚蠢的人类还发明了各种机器将地球污染得不堪入目,到处是浓重的废气和污秽的废水,连呼吸一口新鲜空气、寻觅一口清洁饮水,对鸟儿们来说都成了一个难题。当然,也有善良的人愿意帮助迁徙的鸟群。瞧,白鹤们在伊比利亚半岛又遇到那位每年在此守候的老婆婆,她早就准备好食物,热情款待这些又饥又渴的大鸟。

  每年秋季有上百万只鸟从欧洲北部出发,迁徙到非洲温暖地带。但总有不少鸟儿不能飞完全程。一只矶鹞从北国一路飞来,它因翅膀受伤,提前走完了生命之路,不幸成为在海岸边蛰伏的螃蟹的美餐。

  在热带地区,也有从南半球迁徙过来的鸟群。无论是非洲白鹈鹕还是安第斯秃鹰,鸟儿们不断迁徙的目的都是同样的——为了食物,为了生存。在冰封万里的南极大陆,王企鹅在迁徙之后,也要和其他企鹅一样担负孵养后代的重任。为了避免企鹅蛋被地面的严寒冻坏,公企鹅将蛋放在自己的脚蹼下达数星期之久。当小企鹅破壳而出时,饥饿不堪的公企鹅不仅要用口水来滋润刚出世的企鹅宝宝,还要时刻提防空中的海鸥突然袭击小企鹅。

夏去秋来,灰雁队列历经数千公里长征,又回到了出发时那条小河边。明年开春,它们还将重复迁徙征途。对鸟儿们来说,虽然迁徙之旅那么遥远、那么艰辛,但为了"回家"的承诺,它们仍将一年又一年地继续这样的旅程……

【影片赏析】

美国电影理论家劳逊指出:"纪录片的对象可以是地球上的一切事物,也可以是高空或海底的一切事物。纪录片可以使用的题材,随着人类知识的每一步进展而增加。"动物题材是纪录片的特殊类型,主要考察动物世界里动物们觅食、择偶、生育、竞争等一系列鲜为人知的过程。从表面上看,动物是影片的主角,其实背后隐含着纪录片编导的视角,因此,动物题材的纪录片往往运用拟人化叙述手法,比照人类生存的方式来理解并阐释动物世界。这类纪录片之所以吸引观众,是因为在动物身上处处有人类的投影。此外,动物世界也是地球生态环境的重要组成部分,有必要借助纪录片来呼吁人类善待动物,尤其是保护濒临灭绝的珍稀动物。

《迁徙的鸟》是由法国著名电影艺术家雅克·贝汉策划的自然史诗三部曲"天·地·人"的第一部(其余两部为《微观世界》和《喜马拉雅》),雅克·贝汉和他的合作者发挥常人难以想象的坚忍毅力,运用令人惊叹的摄影手段,真实记录鸟类迁徙过程中所遭遇的各种状况,以及为生存付出的艰苦努力,讴歌了大自然无与伦比的美。

雅克·贝汉(1941—)多才多艺,他在1966年主演

《男人的一半》崭露头角,摘得威尼斯电影节最佳男演员奖。迄今为止,他已在 100 多部影视剧中出演,还担任 10 多部影片的制片人。雅克·贝汉的代表作还有《Z》、《卢米埃尔的孩子》、《放牛班的春天》等。2001 年推出的这部《迁徙的鸟》在世界影坛产生轰动,获得法国电影恺撒奖最佳剪辑、最佳音乐等多项大奖,以及美国奥斯卡金像奖最佳纪录片提名,他本人还获得恺撒奖最佳新锐导演称号。雅克·贝汉谈到这部纪录片时,强调其目的是"获取真实、获取自然美好的瞬间"。为此,摄制组从全球聘请三百多名优秀飞行员和科学考察队员,环绕五大洲四大洋长期跟踪迁徙的鸟群,不计成本耗用 46 万米电影胶片,历时四年方完成全片拍摄。在最初一年间,摄制组几乎没有拍摄任何镜头,而是追随候鸟辗转迁徙,设法亲近它们,了解它们的习性,消除候鸟对人类的戒备。直到第二年,摄制组人员摸透了候鸟的行动规律,才开始使用动力伞、小型飞机,以及像鸟一样大小的内藏摄像机的航模等特殊工具进行拍摄。与此同时,还驯养了一批野生鸟类作为"群众演员",用于拍摄鸟儿们中途在航空母舰上歇息等场景。

出于艺术表现和人道主义的考虑,影片中有几个场面是导演组织拍摄的。比如在非洲海岸受伤的那只矶鹬,实际上并未落入螃蟹之口,而是受到工作人员的救助。又如,陷入工厂排污口废弃物中的一只小鸟,实际上是被困在一堆巧克力糖酱中。而伊比利亚半岛上那位喂鸟的老婆婆,是由当地非职业演员扮演的。然而,这些人为安排的细节并未损害影片的真实性,相反使影片的艺术表现力更加完美。《迁徙的鸟》另一特色是惜字如金,全片解说词总共不到十句,外加一些字幕作辅助说明,向观众解释画面中出现的候鸟种类以及它们迁徙的路线。银幕上只有美轮美奂的画面配以荡气回肠的音乐,向人们展现难以言表的大自然之美,展现候鸟在迁徙过程中遇到的各种天象地理。

电影音乐家布鲁诺·柯拉斯对本片贡献重大。作为导演的老搭档,柯拉斯在《微观世界》、《喜马拉雅》、《放牛班的春天》等片中的配乐都可圈可点。他创作的电影配乐简单质朴而又充满时代气息,特别喜爱使用单纯的音乐语言,如无伴奏童声合唱、单乐器主奏加少量乐器伴奏等,音乐旋律初听并不华丽,却总能给人留下深刻印象。他对影片画面的感受极为敏锐,谱写配乐不仅与画面完美结合,还令观众对画面以外的广阔空间产生遐想,从而大大提高整部影片的艺术感染力。为配合本片的自然主义风格,柯拉斯为《迁徙的鸟》选择了"新世纪"风格作为创作主线,插入艺术摇滚、流行歌曲和器乐演奏,并配合鸟类飞行、鸣叫、嬉水以及自然界丰富的自然音效,使配乐效果既清新自然又充满时代感。影片开头是澳大利亚歌手 Nick Cave 演唱的一首温暖而略带感伤的歌曲《跃过海洋,跃过黑森林》,跌宕起伏的旋律仿佛让观众变成一只飞翔的鸟,随着气流在海洋、森林的上空翱翔。接下去,艺术摇滚大师 Robert Wyatt 带来一首凝重的《大地的主人》,排成"人字形"的灰雁队列随着悠扬的乐声,自由自在地从田野、湖泊、草原上空掠过。在影片其他段落中出现的轻快跳跃的童声合唱、清亮悠远的北欧民歌、沉重惊险的管弦乐合奏,都使观众"过耳难忘"。当然最打动人的是片尾主题曲《回到你身边》,在简约的颤音琴和鸟类羽翅扇动声的伴奏下,歌手 Nick Cave 深情的演唱透露出淡淡的伤感和坚忍的毅力,让你感叹生命的伟大,对迁徙的鸟类和神奇瑰丽的大自然肃然起敬。整段歌词充满人文情怀与抒情意味,附录如下——

  越过海,跨过洋,飞过黑色的森林。我们屏住呼吸穿过山谷,为了回到你的身边。

  越过沙漠和平原,跨过阳光下的山脉。穿过狂风和暴雨,为了回到你的身边。

  所有的路程和时间,对于眼含热泪的每个人,我不能解释这一切。亲爱的,我甚至将不再尝试。

  夜晚当星星相遇时,我们穿过国境与边界。石林正巍然耸立,为了回到你的身边。

  因为我只知道一件事,是羽翼托举起我们的爱。今夜我将回到你的身边,可明天我又将继续飞行。

  从最深的海洋到最高的山峰,穿过你睡眠的边界,进入我们不敢出声的山谷,为了回到你的身边。

  横跨无尽的荒地,在所有动物都难以生存的地方。亲爱的,我也不会停下休息,直到回到你的身边。

  所有的路程和时间,时间和距离都会消失。我不能解释这一切,亲爱的,我甚至将不再尝试。

  我只知道,是羽翼托举起我们的爱。今夜我将回到你的身边,可明天我又将继续飞行。

  爱和太阳一同升起,今夜我将回到你身边。可明天我又将继续飞行,我将继续飞行。

(金桥)

华氏 9·11

美国纪录片　2004 年摄制
编导：迈克尔·摩尔

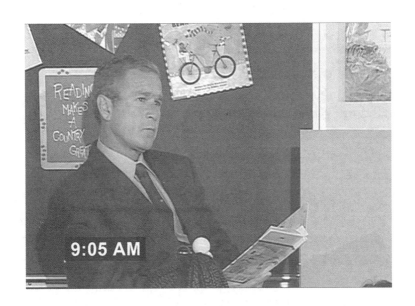

【影片内容】

2000年美国举行总统换届选举。尽管民主党候选人戈尔的支持者众多，在势均力敌的关键时刻，小布什却因为美国最高法院的判决，侥幸赢得了此次大选。在史无前例的大规模游行示威声中，小布什及其内阁粉墨登场。

布什总统开始了他的白宫生涯。在一次回答记者有关恐怖活动的提问时，他自信地回答："一切都在可控制的范围内。"

2001年9月11日早晨，两架飞机先后撞击纽约世贸大厦！人们顿时陷入一片混乱与恐惧之中，而后在废墟里寻找失踪的亲人。

当天上午，布什正在视察一所小学，他坐在教室里听课，准备给学生们领读课文《我的宠物》。9点05分，总统的助理悄悄进来耳语，告诉他恐怖袭击的消息。布什听后表情呆滞，手里还拿着那本教科书。时间一分一秒地过去，学生们继续朗读着……此刻距离世贸大厦被袭已经过去整整七分钟。布什不知道在想些什么，面部表情茫然不知所措。这个历史性画面恰被随同视察的电视记者记录在镜头中。

其实布什家族与沙特皇室以及本·拉登家族长久以来就有着暧昧关系。

"9·11"事件过后，美国民众惊魂未定。有关下一轮恐怖袭击的传闻不绝于耳，人们采取各种方式保护自己，美国中央情报局也加强了各方面的监控。

伊拉克战争爆发，美军陷入战争泥潭不能自拔。

当布什向美国民众宣布打击伊拉克的主要目的已经实现时，出战伊拉克的美国士兵却不断遭到袭击，阵亡人数逐日上升。当布什威胁说袭击美军的伊拉克人绝无好下场时,美国士兵的尸体依然被伊拉克人吊起示众。当布什宣布伊拉克国土已经被美军完全占领时,多名外国记者遭到绑架,伊拉克抵抗组织要挟美国及其盟国迅速撤军,否则将杀害人质。与此同时,更多美军士兵开始反省自己的行为,面对伊拉克城市被摧毁、平民被滥杀,他们感到内心的不安。

美国国内经济不景气,失业人数增多。军队缺少兵源,大量招募新兵。这些新兵稍加培训后即派赴伊拉克前线。一位名叫莱拉·利普斯科姆的美国妇女,因儿子当兵入伍在伊拉克丧生,彻底改变了对这场战争的看法,她专程来到白宫前进行抗议。那些支持布什发动伊拉克战争的高官大肆鼓吹"美利坚国家利益",却没有一个人将自己的孩子送往前线。

【影片赏析】

2004年,美国纪录片导演迈克尔·摩尔拍摄的《华氏9·11》在第57届戛纳电影节爆出冷门,获得以往主要授予故事片的金棕榈大奖。本片以一种反讽的语调,叙述美国从2000年大选、"9·11事件"及发动伊拉克战争后产生的社会动荡,编导摩尔力图通过这部政治纪录片引发公众对布什政府执政的深层思考。在美国本土,《华氏9·11》一度因发行受阻差点未能公映,这一波折反而为它积攒了人气。结果,该片在首映周以2180万美元的惊人成绩荣登北美票房排行榜之首,这也是美国电影史上第一部夺得票房冠军的纪录片。

迈克尔·摩尔在美国享有很高的知名度,从事纪录片创作之前是位有名的笔杆子。他曾自作主张选登一名普通工人的照片作为旧金山某著名杂志的封面,被老板炒了鱿鱼。上世纪80年代中,郁郁不得志的摩尔赋闲在家,恰逢通用汽车公司总裁罗杰·史密斯关闭一家历史悠久的老厂,造成三万名工人失业。于是,他决定自费拍摄一部纪录片,记录这件事。1989年,这部名为《罗杰和我》的纪录片一经推出就引起巨大轰动,几乎获得了当年北美地区所有重要电影节评选的最佳纪录片奖项。该片一炮打响,更加坚定了摩尔用电影摄影机揭露社会弊病表达自己政治倾向的抱负。摩尔可能是最让美国当局头疼的电影人,他以嬉笑怒骂的手法针砭时弊,尖锐抨击商业巨头、右翼政治家及其他社会高层。2002年他根据真实的"校园枪击惨案"拍成《科伦拜恩保龄球》,又在美国引起极大反响,不仅赢得1290万美元票房,还赢得当年奥斯卡最佳纪录长片奖。

在《华氏9·11》中,摩尔延续其在畅销书《愚蠢的白人》(2002)的批判锋芒,对现任总统布什在内政、外交方面的政策及执政能力给予辛辣嘲讽,可以视作扔向布什的一枚重型炸弹。2001年9月11日是美国历史上最惨痛的一天,本片片名乃借鉴科幻小说《华氏451》之名,那本出版于1953年的小说描绘了一个丑陋的未来世界,一些纵火者烧毁图书馆,焚毁馆里的藏书,让人们无法独立思考。华氏451度正是书籍燃烧的温度,摩尔称自己给电影取名《华氏9·11》是因为"在这个温度下自由也会燃烧"。本片投资600万美元,片长达两小时,用充裕的篇幅抨击布什政府的"反恐"政策,画外音解说尖锐犀利,用摩尔的话说,本片的主题就是"乔治·布什应该下台!"摩尔在戛纳电影节上获奖致辞时说:"在这个时代,我们得到的是虚假的选举结果,我们选出了虚假的总统。这个人找到一个虚假的理由把我们带入了战争,无论是伪造的录音带还是伪造的橙色警戒,布什先生,我们为你感到羞耻,为你感到羞耻啊!只要你遭到罗马教皇的反对,遭到美国南部各州的反对,你当总统的时间马上就要结束了。"

摩尔曾自称"我这个混蛋什么都干得出来",他以纪录片为武器,扛着电影摄影机就像扛了把枪一样,有的放矢,狠狠打击目标。在本片中，他寻觅到不少尚未对大众公布过的原始素材，给布什揭短。例如，有个镜头表现布什坐在白宫椭圆形办公室里，让化妆师替他修饰脸部，几分钟过后他将在电视上公开对伊拉克宣战。他一会儿挤眉弄眼，一会儿又一本正经地酝酿情绪，其形象怪诞而滑稽。为了完整而真实地记录美军在伊拉克的生存状态，摩尔聘用多名摄影师和战地记者，组织摄制组 26 名成员赴伊拉克采访美国军人及伊拉克普通民众，重要场合他还亲自上阵拍摄。片中有个场景是在美军救护站采访一位伤兵，他脸上带着困惑的神情说："我支持共和党已经好几年了，他们做事情非常不诚实。"另一个场景和日后揭露的阿布格莱布监狱美军虐俘事件非常相似，镜头虽然很短，却激起媒体强烈反响。摩尔透露是从一位外国独立记者手中得到这段录像带的："我们得到这些胶片是在两个月之前，早在阿布格莱布监狱曝出丑闻之前我们就看到了这样的事情。像我这样一个只有高中文凭，而且从未受过新闻职业训练的人能够得到这些实在让人尴尬。"其潜台词暗指美国官方媒体向公众隐瞒真相。为了强化预期效果，摩尔在本片中大量使用画外音介入叙事，他本人的旁白直接引导观众接受影片传达的观点。举例来说：影片结尾布什在一次演讲时说："我在田纳西州听到一句谚语，'欺骗了我们一次，你会感到羞耻。但下一次，我们不会选择一个愚蠢的人'。"画面中布什话音刚落，画外就响起摩尔的旁白："只此一次，我们信你！"摩尔采用这种咄咄逼人的姿态有自己的考虑，正如他将自家的公司命名为"Dog Eat Dog"（狗咬狗）所表明的，他喜欢讲述血淋淋的、丑陋的、震撼人心的故事。

《华氏9·11》公映后毁誉交加，有的评论家认同此片批判现实的犀利风格，摩尔证明了"真实的才是最有力的"；而白宫有官员却诋毁说，"影片如此虚假，根本不值得去评论。"据《纽约时报》报道，共和党还曾施加压力试图禁映此片。2005年度诺贝尔文学奖得主品特指出："大部分政治家，就我们看到的证据而言，都对真实不感兴趣，而只重权力，对保持权力感兴趣。为了保持权力，就要让人民处在无知状态，让他们保持对真实的无知，甚至对他们自己的生活无知。"他还列举伊拉克战争，"美国开战的理由是说萨达姆有非常危险的大规模杀伤武器，有些可以在45分钟内发射，给我们带来灾难。开战者对我们保证这是真实的，但这不是真的。我们也被告知，伊拉克和恐怖分子'基地'组织有关系，和2001年纽约'9·11'事件有关。开战者对我们保证这是真实的，但这不是真的。美国对伊拉克的入侵是一种土匪行为，是一种无耻的国际恐怖主义行为，显示了他们对国际法的绝对轻蔑。"美国一位普通观众表示："9·11"以后，当美国所有的媒体一边倒地谴责"基地"恐怖组织时，摩尔向美国公众提供了另一种看问题的视角，他从来没有假装要进行所谓"不偏不倚"的调查，这正是摩尔说服大众的信服力所在。

  传统意义上的纪录片试图排除任何主观见解，要观众自己作判断。而摩尔编导的这部带有强烈主观色彩甚至具有闹剧性质的纪录片，显然冲破了这种陈规。它也许从电视"真人秀"节目中学到了吸引观众的方法，知道如何兜售骇人听闻的"真相"，这有可能成为纪录片今后的一个发展方向。

（邓林）

筑梦 2008

中央新闻纪录电影制片厂　2008 年出品
总导演：顾筠
摄影指导：罗凌
剪接：冯文
作曲：梅林茂（日本）

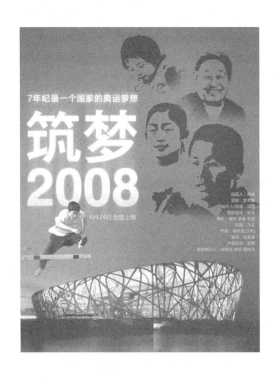

【影片内容】

2001年7月13日晚22点——这是一个让亿万中国人难忘的时刻,国际奥委会主席萨马兰奇宣布:"The Games of the 29th Olympic in 2008 are awarded to the city of Beijing."("2008年第29届奥林匹克运动会主办权授予北京")。话音一落,天安门广场欢声雷动,绚烂的焰火绽放在城市夜空,人们终于迎来一个充满喜悦与激情的不眠之夜。

2002年10月15日。北京市朝阳区洼里乡居民高桂兰的家,一个普通的四合院。高大妈拎着一桶蜂窝煤在院子里忙活,老人家开朗健谈,回忆起申奥成功的那一刻:"那天我们院里放炮了,连人都给崩了,高兴!开奥运会,我们这儿是重点啊,我们洼里乡要盖一个奥林匹克公园。"

2002年11月28日。北京市规划委员会召开新闻发布会,介绍奥林匹克公园和国家体育场的规划。在各国设计师紧锣密鼓投入场馆设计竞标的同时,高大妈和乡邻们更关心祖屋搬迁时能否得到合适补偿。高大妈不太愿意离开这片土地:"从我爷爷那辈儿起就住这,已经住三代人了,根就在这儿。"怀有身孕的儿媳妇眼瞅着要给这里增添第四代人口了,她对于动迁显然持有一份向往。

为备战2008奥运会,国家体操队从2003年就开始选拔11岁左右的小运动员,着手组建奥运体操储备军团。由于女子体操运动的特点,在接下来的几年中,初选入围的100多个人最终只有6人能获得奥运会参赛资格。一轮轮选拔非常严酷,小运动员很快从几十名淘汰为10名,又从10名淘汰为3名——活泼的江钰源、执著的邓琳琳、乐观的乃若愚获得参赛资格。

体育竞赛有成功、有失败,国家体育场的设计投标也不例外。全球有14家建筑设计单位参加竞标,只有1家能胜出。2003年3月1日，中外13位建筑专家对方案进行评审，经过激烈而审慎的讨论，最终"鸟巢"方案以其大胆、新颖、完整的设计理念和技术创新，获得大多数专家的认可。来自瑞士的"赫尔佐格和德梅隆公司"与中国建筑设计研究院共同承担国家体育场的设计，著名设计师德梅隆认为"鸟巢"从建筑学角度来看，"内部、外部、结构、空间，以及外表都是统一的"，体现了一种和谐完美。

一转眼，高大妈的孙女瞳瞳已经九个月大了，高大妈一家也要搬迁了。2003年9月，一台台铲土机伸出长长的"手臂"，顷刻间推倒洼里乡一片片老宅院。在3973户居民全部动迁的同时，北京市政府批准了"鸟巢"的施工方案。在这同一片土地上，2003年12月24日，国家体育场正式破土动工。北京开始变成一个繁忙的大工地，一幢幢新建或改建的体育场馆，以及配套市政设施、首都机场航站楼等都投入紧张有序的施工中。充满视觉冲击力的"鸟巢"，其建造过程象征了中国人"奥运梦想"的筑造，在工期短、任务重的情况下，中国建筑铁军克服从材料制造到钢结构施工方面一个个难题，以优异的施工水准和高效严谨的组织能力，出色地完成了这项21世纪伟大的工程。

在2004年雅典奥运会上，刘翔夺得110米跨栏冠军，从此他被国人寄予厚望。刘翔在上海莘庄田径训练基地埋头苦练，他接受摄制组采访，自信地说自己很适合跨栏这个项目，而且遇到了一位好教练孙海平。这一对师徒情同父子，憧憬着2008年在北京奥运会上再创辉煌。

奥运会的安保工作是重中之重。北京市公安局特警总队一支队在朱队长指挥下进行各种针对性训练。特警队员荷枪实弹，身手矫健犹如超人。但他们的血肉之躯也会喊疼，甚至还受"恐高症"困扰。戴眼镜的朱队长外柔内刚，他像兄长一样，对部下既严厉又关切。强将手下无弱兵，队员们在一次次反恐防暴演习中交出了令人满意的答卷。

国家女子体操队宿舍，在训练中受伤的乃若愚寂寞地躺在床上。2008年快到了,她心里非常焦急,只盼早日痊愈恢复训练。邓琳琳在教练跟前又哭了,这个看似脆弱的女孩承担着不应属于她这个年龄的巨大压力,她暗暗自责"总是练不好"。一脸调皮的江钰源也嘀咕着"我快撑不住了",在训练中借机偷懒。备战进入倒计时,体操队训练馆墙上镌有16个醒目大字"卧薪尝胆,奋发图强,从负开始,奋起直追!"午休时段,未完成规定课目的江钰源在教练督促下加紧练习。

高大妈家搬进新住宅已经三年,小孙女瞳瞳上幼儿园了。高大妈对这几年的生活很满意,人也显得年轻了。此时,北京奥运会志愿者培训开始了,北京市民积极参与,高大妈也快乐地"掺和"在全民学英语的热潮中。

2007年9月,上海国际田径黄金大奖赛开幕。观众们起劲地为刘翔加油,比赛结果古巴小将罗伯斯夺冠,刘翔名列第三。颁奖时,观众的欢呼声明显低落。国家田径运动管理中心主任罗超毅和孙海平教练接受采访,从专业角度分析刘翔的现状,他们明白老百姓的期待,但仍然客观地指出:"2008刘翔有实力,没把握。"刘翔更需要人们的理解。

奥运会准备工作持续六年多了,高大妈的孙女也迎来了六岁生日。小家伙吹灭生日蜡烛,用稚嫩的英语自我介绍:"我是瞳瞳,我六岁了,很高兴认识你,你喜欢我吗?我爱和平,2008奥运会,同一个世界同一个梦想。"

音乐声中,落成的"鸟巢"出现在我们面前——雄伟漂亮的身姿,体现着美感与力量的结合。

北京准备好了,鸟巢准备好了,高大妈一家准备好了,运动员准备好了,安保准备好了……北京欢迎你!从2001年7月13日到2008年8月8日,一共7年零25天。这是一条承载着光荣与梦想的路,无数中国人走在这条路上,伸出双手,捧着自己的梦,和着汗水和泪水,筑成了中华民族宏大的奥林匹克之梦,让全世界感知中国人的信念、勇气与力量。

【影片赏析】

在影视奇观化大潮席卷银幕的今天,纪录片越来越像孤独的精神贵族。然而,一部融新闻性、史料性、思想性、艺术性于一体的纪录片,往往比剧情片具备更持久的艺术魅力、更震撼人心的感染力,以及传诸后代更深远的影响力。《筑梦2008》就是这样一部力作。

北京申奥成功后不久,中央新闻纪录电影制片厂及时组建摄制组,计划拍摄一部反映中国人筹备奥运会过程的大型纪录片。最初取名为《奔向2008》,意在表达一种追求;后来又更名为《2001 + 7》,但这个片名也不能贴切反映影片内涵;经再三推敲,最后定名为《筑梦2008》。"筑"与"梦"这两个关键词,从动作和目标两方面体现出这部纪录片的深刻含义。

亲历了自2001年7月13日至2008年8月8日这7年零25天历史的所有中国人,在北京奥运会顺利结束后再来回望这段日子,一种参与历史的自豪感油然而生,共同拥有的民族记忆更让人感动不已。《筑梦2008》真实记录了中国普通百姓、国家体育场设计施工人员、国家队运动员教练员、执行安保使命的特警官兵一起备战奥运期间所发生的事情。本片以四组群体人物作为主人公、以国家体育场"鸟巢"作为主体空间,以时间顺序作为结构走向,将多条叙事线有机交织在一起。摄制组花了七年时间、20万米胶片跟踪拍摄,大手笔记录了"鸟巢"的建筑过程,以及四组人物为2008同一个梦想而奋斗的生活轨迹。本片是中国电影史上首部使用故事片叙事架构的纪录片,五条叙事线交叉进行,有条不紊。最先出场的是动迁户高大妈一家,接着出现国家体育场征集设计方案的竞争场面,至第8分钟体操小运动员登场,至第21分钟刘翔亮相,第33分钟一群特警队员现身,点、线、面全部到位。

麦茨提出的电影叙事组合段理论,对平行组合段、交替叙事组合段作了严格区分。平行组合段是指两个以上场景交替呈现,但其时空关系并不具有确定无疑的直接相关性;交替叙事组合段是指同一时间内在两个不同空间中发生的相关事件交替呈现。本片五条线索的叙事组合虽然相互之间不存在直接关联,但从影片主旨来看,它们共同构成了平行蒙太奇结构。因而,如何将繁复的叙事线索和叙事内容组织起来,既达到叙述流畅,又保证段落之间转换自然,并形成一种总体节奏,成为本片的一大特点。《筑梦2008》全片镜头数超过1200个(常规影片镜头数一般为700—800个),这种短镜头剪辑风格使影片叙事具有很强的节奏感。编导主要运用以下三种蒙太奇手段进行剪辑。

第一种是"关键词超链接式"剪接。当不同叙事段切换时,以一种互联网关键词超链接的方式进行剪接。例如高大妈出场时说:"我们洼里乡占地九平方公里啊,这是一个奥体公园。"话音刚落,画面就切换到北京市规划委员会新闻发布会,有关人员正在介绍:"奥林匹克公园的位置是在北京市市中心的北部地区,东面是我们现在评审的奥林匹克主体育场,就是国家体育场。"镜头从高大妈这条叙事线自然过渡到国家体育场的设计竞标。再如刘翔那个段落,教练孙海平接受采访时说:"刘翔2008年如果能夺下这块金牌的话,那是我一生最大的荣幸了"。紧接他的话音,画面转到"世界冠军榜"前面国家女子体操队队员奔跑的镜头,由孙海平口中的"金牌"链接到"世界冠军榜",使两个叙事段流畅地衔接。

第二种是"内含相似性"剪接。本片完整地介绍国家体育场选址规划、方案招标、建筑施工的进程,其中"鸟巢"方案脱颖而出是人们深感兴趣的内容。从标书发放到投标的环节中,编导对多名设计师作了采访。观众第一次看到"鸟巢"的设计图,此时"鸟巢"尚处于襁褓中。设计师赫尔佐格阐释其设计理念时,提到他们结合了中国传统建筑的元素,此时画面切入一个摇镜头,展示几件具有浓郁民族色彩的婴儿棉袄,画外音是高大妈诉说给即将出世的小孙女准备对襟小棉袄。这两个段落都与"襁褓"、"出世"有着含义的相似性,而且在视觉表达上都与"中国元素"相关。

第三种是"画面关联性"剪接。当"鸟巢"破土动工后,奥运场馆建造工程全面铺开。与此同时,提高北京城市运营能力的市政工程也纷纷启动,地铁、城铁、首都机场T3航站楼等都投入紧张有序的施工。对应本段解说词,画面剪辑一一表现相关施工场面,最末一个镜头是施工中的T3航站楼;紧接着切入一架飞机全景和起降轮的特写,一位手捧雅典圣火火种的奥运官员走下舷梯,此后是圣火在北京传递的一组画面;接下去是雅典奥运会刘翔决赛的电视画面,镜头又一转,是体操集训队的运动员正在观看电视。从机场航站楼到飞机降落,从空运雅典圣火火种到圣火在京城传递,从雅典奥运会比赛的电视画面到观看电视转播的运动员,这一连串镜头天衣无缝地剪接在一起,影片叙事在观众不经意间已完成四段内容的切换,剪辑风格简洁利落。

纪录片通常分为新闻纪实、历史文献、人文、自然、科普等不同类型,《筑梦2008》堪称复合型。例如"鸟巢"叙事段中,引用详尽的数据"78个塔架支撑鸟巢14000吨钢结构的重量,经过110个工人5昼夜焊接,鸟巢最大下沉仅271毫米,符合设计规范下沉286毫米的安全范围",并结合电脑三维演示手段,深入浅出地讲解鸟巢的建造难度,发挥了科普纪录片的功能。影片首次披露的某些"幕后新闻",又有着文献纪录片珍贵的史料价值。例如以往的新闻报道,对"鸟巢"从设计到开工很少报道反对的意见,本片则把评审过程中各位专家的意见如实表现,包括反对者尖锐的提问,非常真实并且具有戏剧性。此外,刻画典型人物也是编导最为着力的一个方面,片中国家体操队那位男教练和三个性格各异的女运动员艰苦备战奥运的场景,格外具有张力,以人文纪录片的细腻情感打动了观众。

中国纪录片学术委员会副会长冷冶夫对纪录片创作手法作过精辟的归纳:

  主题事件化——事件故事化——故事人物化——人物细节化——细节画面化;

  节目故事化——故事戏剧化——戏剧情感化——情感人性化——人性细节化;

  拍摄记录化——记录故事化——故事细节化——细节镜头化(画面化);

  剪辑故事化——故事画面化——画面细节化;

  采访背景化——背景故事化——故事细节化。

从影片细节表达上看,中国迎接奥运的过程正是积极融入全球的过程,高大妈的故事恰好契合这一主题。无论应对祖屋动迁还是评价"鸟巢"这种后现代风格的建筑,她老人家的第一反应都是保守的、拒绝的,而她的儿媳作为新一代北京人,态度完全是热情的、赞同的。但高大妈并不落伍于时代,最终还是改变了自己的观念。国家体操队的故事尤其能体现"人性细节化",常年不在父母身边的小队员在艰苦训练中表现得非常顽强,但她们在上文化课学习《游子吟》时,情不自禁触动了内心情愫,眼圈都红了。编导善于捕捉人物特征,江钰源活泼、邓琳琳爱哭、乃若愚乐观,对她们的刻画十分细腻。女子体操项目的特点决定了奥运参赛队员选拔的残酷性,对于十几岁的少女来说,心理压力特别沉重。当江钰源快活地收拾行李出发参加比赛时,一同入队的乃若愚却因伤病卧床。摄制组采访江钰源,她调皮地回答:"体操太累了,但是呢,可以先有苦,后有甜。"当编导追问她什么是甜时,她显然忘记了身边的乃若愚,随口答道:"甜就是比赛出成绩了,如果没出成绩,就感觉累了这么半天,什么都没有。"当江钰源说这番话时,语调是轻松稚气的,此时摄影师却将镜头缓缓推向乃若愚表情凝重的面部特写。这部感人的纪录片是编导用平实朴素的态度创作的,影片中有些段落潜台词丰富,平静的叙述下暗流涌动。例如在上海举行的全国体操锦标赛上,当江钰源调整紧张心态准备上场时,编导插入一段画面与字幕,交代一名运动员刚才在高低杠上不慎落杠,以至当场昏迷。寥寥几个镜头不动声色地揭示了竞技体育的高风险性,反映了运动员为荣誉所付出的献身精神,引发人们更深层次的思考。

《筑梦2008》用长达七年的拍摄时间获得了厚度,以多线索交织推进的内容获得了广度,靠生动的典型人物及细节获得了鲜活度,用中国人民构筑百年梦想的主题演绎获得了深度。《筑梦2008》是国际奥林匹克史上第一部跨越七年时光全程记录奥运会筹备过程的电影,也是我国电影主管部门破例指定参加第81届奥斯卡奖最佳外语片评选的纪录片。总导演顾筠还以亚洲地区第一位女性导演的身份,被指派担任中国奥组委官方纪录片《北京奥运会》的总导演。

(余莉)

中外影视精品赏析 | **卡通园地**

三个和尚

上海美术电影制片厂　1980 年出品
编剧:包蕾
导演:阿达
造型:韩羽

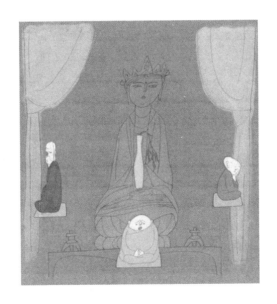

【影片内容】

在孤零零的小山顶上,有一座寺庙,山脚下淌着清澈的山泉,真是个修行念佛的好地方。一天,庙里来了个小和尚,他发现这里久无人迹,水缸已经见底,连观世音菩萨面前供奉的花瓶里也没有一滴水,耷拉着一支干枯的柳条。小和尚马上行动起来,他挑着水桶到山脚下挑水,勤快地挑了一趟又一趟,水缸很快盛满了。花瓶注入清水,原先干枯的柳条萌生出嫩绿的新芽。小和尚白天挑水劳作,夜晚在佛像前诵经,庙里有只小老鼠与他做伴,日子过得自由自在。

不久,庙里又来了个瘦和尚,小和尚见他远道而来,好客地为他递上一大碗清水。瘦和尚喜欢牛饮,一碗水根本不够他喝的。在小和尚示意下,瘦和尚挑起扁担去山下打水。小和尚想到从此可以让他承担体力活,心中一阵窃喜。翌日,瘦和尚正要下山挑水,忽然觉得自己有点吃亏,便提出要小和尚一起去抬水。小和尚尽管不乐意,也只好跟着瘦和尚下山。两个人在抬水上坡的时候,暗暗将水桶往对方那头移动,这样就可以减轻自己肩上的重量。一路上,双方斤斤计较水桶在扁担上的位置,结果半途撂挑子,赌气地背对背坐在地上,为对方的"小心眼"而愤愤不平。小和尚忽然想出个主意,他精确测量扁担的长度,在正中央位置做了记号,这样在抬水时谁也不会吃亏了。当晚诵经的时候,两个和尚发现敲木鱼的节奏敲不到一个点子上了,诵经的声音也不再合拍。

过了几天,庙里又来了个胖和尚。那天艳阳高照,爱出汗的胖和尚口渴难耐,刚进庙就喝干了一缸水,随后躺到一边呼呼大睡。小和尚与瘦和尚面面相觑,非常生气。他俩摇醒酣睡的胖和尚,将水桶和扁担扔到他面前,要他到山下去挑水。胖和尚独自挑回一担水,开始大口大口猛灌,小和尚与瘦和尚见状,唯恐被他一个人独吞,就上前去抢水喝。无奈胖和尚力气大,索性捧起水缸统统倒进自己的大肚皮,惊得另外两个和尚目瞪口呆!挨到吃晚饭时间,三个和尚谁也不愿意下山打水。他们各自取出干粮充饥,但没有水喝难以下咽,三个和尚都被噎住了。还是小和尚脑筋灵活,他取下观世音菩萨前供奉的花瓶,将瓶里的水一饮而尽。

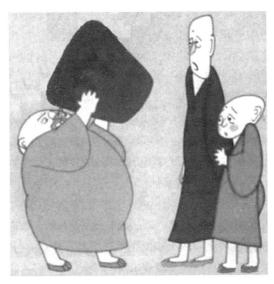

三个和尚在庙里无精打采地打坐,因为断水断食,精力渐渐耗尽。这时,一只小老鼠幸灾乐祸地窜了出来,爬到佛像前的烛台上啃蜡烛玩耍,不料蜡烛被它啃断,烛火引燃帷幔顿时燃起熊熊火焰!危急关头,三个和尚捐弃前嫌奋力救火。他们飞快地奔到山脚下打水,采用接力法,齐心协力一桶又一桶地泼水灭火,总算扑灭了这场火灾。

经历这次意外风波,三个和尚终于明白团结就是力量。他们在山顶和山脚之间安装了运水轱辘,三个人分工合作——胖和尚在山脚下用水桶取水,小和尚在山顶上摇轱辘将水提上来,瘦和尚负责将一桶桶水注满水缸。就这样,三个和尚天天有水喝了,观音菩萨脸上也露出了久违的笑容。

【影片赏析】

　　1979年春节,文化部举行迎春茶话会,侯宝林先生说了一段相声,其中讲到"一个和尚挑水喝,两个和尚抬水喝,三个和尚没水喝"。在座的动画片导演阿达听了很受启发,脑子里闪过一个念头:为何不用这三句话来构思一部动画片呢?阿达意识到这个谚语之所以在民间广为流传,不仅因为它有深刻的含义,同时它的叠句具有独特的表现力,为动画片提供了通俗易懂的情节构架,幽默含蓄,单纯质朴,寓教育于娱乐之中。

　　《三个和尚》片长约18分钟,主题单纯,细节丰富。编导创造性地根据动画叙事的特点,设计了很多生动谐趣的细节。为表现三个和尚斤斤计较、不愿"吃亏"的劣根性,编导设计了三人暗自吞吃干粮的场面:小和尚首先掏出干粮吃,瘦和尚、胖和尚见状也悄悄拿出干粮,三个人背对背吃开了。由于没水喝,小和尚被干粮噎住了,接着瘦和尚、胖和尚也未能幸免。三个和尚捶胸揉腹,打噎声此起彼伏,宁愿受渴受噎,也不愿主动下山打水,这番得不偿失的举动让人忍俊不禁。片中还有一个场面,两个和尚下山抬水,瘦和尚与小和尚抬一只水桶时,双方都坚持水桶必须搁在扁担中央,谁都不愿吃亏,不愿多出一点儿力。编导在此又渲染了"丈量"扁担这一细节:由于两个和尚身材高矮悬殊,抬水上山时水桶难免会滑落一边,为了不让对方占便宜省力气,两人议定按照扁担的中线摆放水桶。一开始两人分别用自己的手掌去丈量长度,但因一只手大、一只手小,丈量结果相互都不认可。正在僵持时,小和尚拿出一把尺子划分扁担中线,这下总算取得公平。不料,当两人抬水走山路时,一会儿下坡小和尚居前,为求公平瘦和尚只得拼命弯着腰;一会儿上坡瘦和尚居前,小和尚只得费力地挺举扁担。编导运用这一细节,淋漓尽致地刻画了两人既不利己、又不利人的窘况。

编导还设计了一个贯串全片的形象——寺庙里供奉的一尊观音菩萨,她的表情随着三个和尚的行为不断发生变化。起初,小和尚一个人勤快地挑水,缸满水溢,观音菩萨脸上显露出赞许的微笑;后来她目睹三个和尚哄抢饮水,斤斤计较,不禁皱紧眉头。观音菩萨的喜怒哀乐为故事建立了一种道德评判,与此同时,观音座前净瓶里的一枝杨柳亦时荣时枯,也烘托了情节的演变。

在《三个和尚》中,编导用夸张手法塑造人物,每个和尚都有其鲜明的个性,都有行动细节伴随。第一个出场的是小和尚,他单纯天真,赶路时左顾右盼,一不小心摔了一跤,原来脚下踩到一个小乌龟,他连忙趴在地上帮助它翻过身来;第二个和尚身材瘦长,表情严肃,赶路时有一只蝴蝶缠着他不停地打转扰乱视线,细心的瘦和尚发现是自己衣袖中的一支花朵吸引了蝴蝶,灵机一动将花朵插在路边,蝴蝶顿时被引飞开去;第三个是长相憨厚的胖和尚,步态笨拙走到哪儿烈日追到哪儿,被烤得满头大汗脸色通红,前方出现波光粼粼的小河,他狂奔过去一头扎进清凉的水中,只听"嗤"一声河面上冒出了一团热气。胖和尚趟水时,一条顽皮的小鱼窜到他鞋子里,他轻轻地将小鱼放回河里。这三个夸张的细节合情合理,生动地表现了出家人"扫地不伤蝼蚁命,爱惜飞蛾纱罩灯"的善心,既见共性又见个性,观众不禁会心一笑。

在本片中,那只引起火灾的小老鼠也是重要配角。它象征某种潜在的威胁,时刻窥测人性的弱点乘虚而入。"一个和尚挑水喝",当小和尚独居寺庙时,他每天挑水、念经、敲木鱼,给观音菩萨供桌上的净水瓶添水,夜晚小老鼠不敢出来偷东西,生活过得安稳自在;"两个和尚抬水喝",此时小老鼠有了可乘之机,幸灾乐祸溜出来捣乱;"三个和尚没水喝",三人各念各的经,各敲各的木鱼,观音菩萨面前的净水瓶又见底了,柳枝也枯萎了,小老鼠胆大妄为偷东西,三个和尚谁也不愿管。结果,小老鼠打翻烛台,燃起了熊熊大火。危急时刻,三个和尚团结起来奋力救火,终于将大火扑灭。此时小老鼠又溜出来了,面对这个罪魁祸首,三个和尚幡然醒悟大喝一声(因出家人不能杀生),小老鼠竟被活活吓死了!这一细节设计极富幽默感,小老鼠就此完成了承担情节起承转合的使命。

《三个和尚》作为一部用常规工艺制作的动画片,以今天的眼光来看手法是比较传统的。片中三个和尚分别用红、黄、蓝三原色描画,画面线条极其简约,几乎没有背景渲染。然而就是这样一部似乎有些"简陋"的作品,在国际影坛上屡屡获奖,成为中国传统动画片的经典之作。究其原因,主要是因为本片所具有的浓郁的"中国特色"。画面造型大气诙谐,人物镌刻精细流畅,颇有几分中国北方皮影戏的味道。几乎"留白"的背景,明显脱胎于中国传统戏曲,舞台上一般不用直观的实物布景,而是通过演员程式化的表演来体现。例如,和尚挑水上山的往复动作,是靠人物在画面中来回走动加以表现的,与传统戏曲人物的表演方式如出一辙。

本片的音乐给人留下深刻印象,由著名作曲家金复载创作,他曾为上海美术电影制片厂70余部动画片谱曲,如《画廊一夜》、《哪吒闹海》、《雪孩子》、《金猴降妖》、《山水情》等。金复载的作曲风格以主题鲜明、形象生动、音画配合完美著称。在《三个和尚》中,他充分运用民间音乐与佛教音乐素材,与情节画面相匹配,大大加强了动画片的艺术表现力。此外,本片音响设计也别具匠心,和尚念经的配乐旋律充满浓郁的庙堂气氛,配合木鱼的打击,通过声音细节来渲染剧情。当一个和尚念经时,木鱼声清脆响亮;两个和尚念经时,木鱼声互相干扰总不合拍,怎么敲也不能发出和谐之声;当三个和尚一起念经时,由于隔阂更甚,索性各自向隅念经,连木鱼都懒得敲了。在音乐配器上，三个和尚分别用三件不同的中国民族乐器来指代：小和尚用的是板胡，瘦和尚用坠胡，胖和尚用管子。虽然音乐主题一样，但演奏乐器不同，惟妙惟肖地渲染了三个和尚不同的个性。

《三个和尚》上映后好评如潮，在国内外获奖无数。主要奖项有1981年首届中国电影金鸡奖最佳美术片奖；1982年第32届西柏林国际电影节短片银熊奖、葡萄牙第6届国际动画电影节最佳影片奖；1983年第2届马尼拉国际电影节特别奖；1984年厄瓜多尔第7届国际儿童电影节荣誉奖等。

（金桥　李亦中）

谁陷害了兔子罗杰

美国影片　1988年出品
导演:罗伯特·泽米基斯
动画导演:理查德·威廉斯
主演:鲍勃·霍斯金斯(饰侦探埃迪)
　　　查尔斯·弗莱歇尔(兔子罗杰配音)
　　　凯瑟琳·特纳(兔子杰西卡配音)

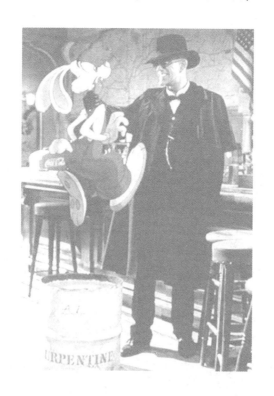

【影片内容】

　　1947年,洛杉矶卡通城。卡通明星兔子罗杰因怀疑妻子杰西卡有外遇,在演出时经常走神出差错,致使新拍的卡通片《夏文宝贝》超过预算成本。卡通公司老板马隆心急如焚,雇用私家侦探埃迪前去调查,要求他偷拍杰西卡有外遇的照片,让兔子罗杰就此斩断情丝,专心投入新片拍摄。埃迪自从亲弟弟被不知名的卡通人杀害后消沉了很久,此项调查任务又勾起他痛苦的回忆。

　　杰西卡在卡通城夜总会唱歌献艺,娱乐业大亨马文为杰西卡的性感而倾倒。埃迪偷偷跟踪马文,伺机拍下马文和杰西卡"幽会"的照片。兔子罗杰看到这些照片后不觉妒火中烧,借酒浇愁。不料一杯闷酒刚喝下,它便大发酒疯像陀螺一样飞转,将马隆的办公室搅得一团糟。当晚,马文突遭意外被暗杀了。

　　兔子罗杰的搭档向埃迪作证,认为罗杰不可能是杀死马文的凶手。它又告诉埃迪,马文是靠经营玩具起家的,整个卡通城的地产统统归属他,报纸上称马文未留下遗嘱乃是彻头彻尾的谎言,马文在生前曾立过遗嘱,他死后要将卡通城捐赠给全体卡通人。实际上,媒体和警方都是根据埃迪拍的那些"绯闻"照片推测马文是被吃醋发狂的罗杰杀害的,并不了解那份遗嘱才是他被害的真正原因。

　　大法官杜姆也认定兔子罗杰是杀人凶手,派出黄鼠狼警探小分队上门拘捕罗杰。埃迪冒险掩护兔子罗杰,将它带到女友多洛丝的酒吧里隐藏。杰西卡闻讯来找埃迪,希望他能帮忙找到罗杰。原来,杰西卡是受老板马隆胁迫去勾引马文的,故意让埃迪拍下那些"绯闻"照片。她深爱丈夫罗杰,从来没变过心。马隆雇用埃迪出山,精心伪造兔子罗杰的杀人动机,真正目的是企图拥有马文名下的卡通城。

埃迪不甘心被坏人利用，决意去找马隆查实真相。半路上埃迪遇到多洛丝，她刚从公证处得悉接受卡通城的是另一家卡弗公司，假如午夜之前找不到马文的遗嘱，卡通城就将归卡弗公司所有。埃迪听了大吃一惊，事态发展越来越复杂了。

此时，大法官亲自带领黄鼠狼警探小分队闯进多洛丝的酒吧，终于搜出躲藏在此的兔子罗杰。人们一向以为卡通人是无法被伤害的，它们砸不扁、煮不烂、扯不断，但大法官发明了一种足以让卡通人毙命的"溶汤"，配方用多种化学毒剂混合而成，一瞬间就能使卡通彻底溶化。就在兔子罗杰即将被扔进"溶汤"之际，埃迪及时给它喝了一杯酒，兔子罗杰又像陀螺一样飞转起来，它歇斯底里发作，力大无比地挣脱大法官一伙的包围，吓得他们逃之夭夭。

埃迪终于找到卡通公司老板马隆逼问真相，正当马隆张口要说出幕后指使者时，却被人从窗外开黑枪打死了。埃迪瞥见窗外闪过杰西卡的身影，便一路追踪过去。

在马隆公司的仓库里，大法官指使黄鼠狼警探把兔子罗杰、杰西卡夫妇吊起来受刑，用"溶汤"威胁他们说出马文遗嘱的下落。大法官本人正是卡弗公司的幕后老板，他想接收马文遗产的目的是要用"溶汤"摧毁整座卡通城，然后在原址上建造住宅区和高速公路以牟取暴利。埃迪临危不惧，他掌握了黄鼠狼警探有个致命的笑穴，一旦发笑就再也止不住。于是，埃迪乔装打扮成卡通人，巧设计谋诱使黄鼠狼警探们狂笑至死，随后驾驶一台碾路机朝大法官碾压过去。不料，大法官居然压不死，原来他也是卡通人，被碾压成尸体后自行充气又恢复了人形。大法官得意洋洋，宣称埃迪的亲弟弟、马文、马隆这三个人全是他杀害的。埃迪义愤填膺，在和他搏斗的过程中趁机泼浇"溶汤"，终于让这个恶魔自食其果，尝到了"溶汤"的滋味。

兔子罗杰和杰西卡得救了，马文的遗嘱也在罗杰写给杰西卡那封情书的背后显露出来，原来马文是用隐形药水撰写遗嘱的,怪不得怎么也找不见。按照马文的遗嘱,这座卡通城果然捐赠给所有的卡通人,大家载歌载舞,欢庆胜利。

【影片赏析】

　　1988年迪斯尼公司为庆祝"米老鼠"诞生60周年而推出的《谁陷害了兔子罗杰》(港台译名《梦城兔福星》),是电影史上最成功的真人和动画结合的杰作,被美国影评界誉为"电影技术发展史上的一个里程碑",接连获得该年度奥斯卡金像奖最佳视觉效果、最佳剪辑、最佳音效奖和洛杉矶影评人协会特别奖。本片根据1981年加里·K.沃尔夫创作的同名漫画小说改编,影片主角兔子罗杰遭到陷害,英雄侦探埃迪锲而不舍追查真凶,最后好人们齐心协力,在警察到达前最后一秒钟惩处了大坏蛋杜姆法官,夺回了属于自己的卡通城。影片制作成本为4500万美元,当年票房收入高达1.7亿美元,叫好又叫座。

　　《谁陷害了兔子罗杰》采用20世纪80年代电影科技最新手段,创造了真人演员与卡通角色完全融合在一起的新电影品种,开拓了卡通电影的新纪元。影片中的卡通角色具有立体感,和真人一样在灯光照射下会产生阴影,撞击桌子能够把真实的桌子压塌。更绝的是,兔子罗杰还能顺手使用埃迪那条真手帕揩鼻涕。卡通人物也有七情六欲悲欢离合,真人与卡通角色之间时时形成互动,双方动作配合默契,达到天衣无缝的程度,使观众产生真人和卡通人物并存于世的感觉。本片由好莱坞故事片导演罗伯特·泽米基斯和英国动画片导演理查德·威廉斯联合执导,另一位著名导演斯皮尔伯格担任本片执行制片人,他一手促成两家竞争对手华纳公司、迪斯尼公司旗下的卡通明星联袂出演,唐老鸭和太菲鸭、米老鼠和巴尼兔等"卡通大腕"几乎都在本片中亮相,让影迷们大大过了把瘾。

真正意义上的动画片是在电影发明之后才问世的,动画的雏形则可以追溯到电影摄影机发明之前。1824年,英国人彼德·马克·罗格特最早提出"视觉暂留原理",指出当人的肉眼观察运动物体时,每一瞬间物体消失之后形象仍会在人的视网膜上保留1秒钟不到的时间。在这种生理和心理的综合作用下,人们能够看到连续运动的影像。在19世纪相继出现并流行的视觉玩具如走马盘、活动视镜等等,都可视作利用"视觉暂留原理"形成的动画雏形。20世纪初,动画片随着电影的诞生发展逐渐成熟,摆脱街头杂耍的功用而成为一门独立的电影样式,在世界范围内形成多种风格流派。一个世纪以来,动画电影从二维赛璐珞时代发展到三维电脑动画时代。伴随着科技的进步,终于解放了制约动画片发展的两大瓶颈,即制片效率和创作人员的劳动强度。

1914年,美国人埃尔·赫德发明了透明的赛璐珞胶片(以醋酸纤维为原料)。到了20世纪50年代,动画片制作技术日趋完备,分工进一步细化。企划、文字剧本、故事脚本、造型与美术设定、场景设计、构图、背景、原画、动画、影印描线、定色着色、总检、摄影与冲印、剪接与套片、配音配乐与音效、试映发行等17个步骤,形成一套完整的动画片制作流程。在这一流程中,制作人员先将运动物体和背景分别绘制在不同的赛璐珞胶片上,然后在专用摄制台上将这些胶片叠加在一起进行拍摄,每道工序相互匹配,使大规模生产动画成为可能。制作人员利用赛璐珞胶片的透明性,还发明了许多特效手段。例如最基本的分层技术,就是迪斯尼为拍摄《白雪公主和七个小矮人》而发明的,通过一台五米高的垂直拍摄装置,让电影摄影机从上往下逐层移动拍摄,这样一来,前景和背景的赛璐珞胶片就不须贴在一起,每一层都可以移动,摄影机对之作不同的对焦,既符合透视原理,也增加了空间立体感,丰富了画面。

《谁陷害了兔子罗杰》的创造性突破离不开幕后英雄动画设计师们的非凡努力,他们在前人基础上开发出全新的动画特效,一举攻克真人表演与卡通角色在同一个画面里协调一致这个老大难问题。为了使卡通角色、真人演员和背景之间产生流畅完美的互动,剧组在拍摄过程中使用"替身"来加以配合,选择充当替身的有机器人、特制道具、塑料模型,甚至真人演员。比如,拍摄兔子罗杰在酒吧里拿瓷盆砸自己脑袋的动作,创作人员首先借助一个手臂上带金属钳的机器人当替身,模拟瓷盆实物砸到兔子头上破碎落地的状态,在后期合成时,再用绘制的卡通人物把"替身"遮盖掉,这样一来达到以假乱真的完美效果。再如,杰西卡在夜总会一边歌唱、一边同埃迪调情的场景,就是请来一位女演员担任杰西卡的替身。性感妩媚的杰西卡造型设计惟妙惟肖,美国影评人戏称其为"历史上第一个能把真人迷得神魂颠倒的卡通人物,她的完美身段和充满挑逗的眼神,让电影中的所有荡妇变得黯然无光"。

在《谁陷害了兔子罗杰》中,各种匪夷所思的视觉噱头令观众目不暇接。卡通角色和真人演员互动演出的真实感,还要依靠其他手段——阴影、烟雾、焦点虚实变换来辅助,这些因素是传达空间真实感和立体感所不可或缺的。在银幕上,兔子罗杰等卡通角色和真人演员在彼此的身上投下阴影,使观众产生画面同时拍摄的错觉。为此,制作人员改进原来的黑白阴影动画而采用彩色片拍摄,刻意制作出带有某一种色彩的阴影,这样就能在合成时使阴影与实景的色调相吻合,依靠全新的光影技术营造更为逼真的影调。此外,有了"替身"的配合和定位,摄影师拍摄时就如同拍摄真人一样,可以在片场施放烟雾,可以将镜头焦点在"替身"和真人演员(或物体)之间任意变换,最后经后期加工合成,模拟出三维立体效果。

摄制组要解决的另一个难题是摄影机的运动。本片打破拍摄卡通角色和真人合成画面摄影机不能移动的惯例,用大量移动镜头替代比较呆板的静止镜头。为了使摄影机在卡通角色和真人演员及场景之间的移动不露破绽,摄影师设计出一种新的定位方法,可以灵活自由地进行各种特殊角度的拍摄。例如兔子罗杰在埃迪床上不停走动的摇镜头,制作人员将兔子脚步移动的路线和床的位置绘成"导拍图",用它来精确控制摄影机的运动路径,使这个移动镜头看上去浑然天成。

《谁陷害了兔子罗杰》从拍摄到后期制作,总共动用了300多名优秀的动画设计师,前后历时近三年有余。本片是卡通片制作历史上传统光学特效时代和数字特效时代的一个分水岭。七年过后,世界电影史上第一部完全运用数字技术制作的三维动画长片《玩具总动员》(1995)问世,正式宣告电脑动画时代的来临。此后,更多的真人与卡通合成影片纷纷上映,如《乔丹大灌篮》、《精灵鼠小弟》、《华纳巨星总动员》、《加菲猫》等等。如今拍摄真人演员与卡通角色同场表演可谓易如反掌,然而"第一个吃螃蟹"的首推这部《谁陷害了兔子罗杰》,它的艺术成就与创新价值将载入电影史册。

(陆晨兮)

海底总动员

美国迪斯尼/皮克萨公司 2003年出品
导演:安德鲁·斯坦顿
编剧:安德鲁·斯坦顿
　　　鲍勃·彼德森
配音:阿尔伯特·布鲁克斯
　　　亚历山德勒·高登
　　　艾伦·德杰尼勒斯

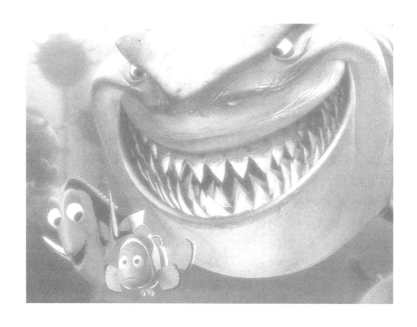

【影片内容】

　　故事发生在亚热带美丽的海底世界。那里有处长满珊瑚的大堡礁，是小丑鱼马林和儿子尼莫的栖息之地。马林本来有一个幸福的家，但在一次遭遇鲨鱼的袭击后，爱妻和一群可爱的孩子都遭遇不幸。马林特别担心再失去最后一个孩子，变得谨小慎微，成为远近闻名的胆小鬼。尼莫常与他发生争执，甚至有点瞧不起老爸了。

　　海底世界色彩斑斓，同时变幻莫测，充满危险。尼莫像所有年幼的小鱼一样，顽皮贪玩，渴望探索大堡礁外面的世界。终于有一天，向往冒险的尼莫游出了自家的住地。正当尼莫想舒展一下小尾巴的时候，却被一位潜水员捕获，又被辗转卖到澳洲悉尼湾一家牙医诊所，投入一口鱼缸之中。

　　马林虽然胆小怕事，但为了救回心爱的孩子，决心豁出去了。它计划跟随澳洲洋流，踏上寻找儿子的征程。马林难以在一夜之间抛弃怯懦的性格，途中遭遇大白鲨惊险的追逐，令他萌生退意。幸运的是，马林遇到了多莉，她是一条热心助人的好鱼。多莉患有健忘症，常使马林哭笑不得，但有她在身边做伴，鼓舞马林用勇气去战胜自己内心的恐惧，也懂得了一生中有些事情是值得自己去冒险的。在辽阔的太平洋上，马林和多莉结交了形形色色的朋友，也碰上过各式各样的危机，躲过了一次次来自恶鱼的追击……最后在海龟的帮助下，它俩到达了悉尼湾。

　　尼莫成为鱼缸里观赏鱼的一分子，与一群新朋友一起策划逃离鱼缸的计划，第一次尝试以碰壁结束。正当尼莫在鱼缸中非常失落时，鹈鹕告诉它一条好消息：老爸马林历经艰险前来营救它了！兴奋的尼莫又一次鼓起勇气，决心再次实施逃跑计划。尼莫故意把鱼缸搅得肮脏不堪，牙医只得换水,这是鱼儿们逃跑的极好机会。不料,当尼莫它们从睡梦中惊醒后,发现新装的净水设备已经将鱼缸清理得非常干净,逃跑计划又意外受挫了。此时,被鱼儿们称为"凶手"的鱼牙小女孩来到诊所,伸手将尼莫捞起装进塑料袋里。尼莫趁机装死,恰巧被千里迢迢赶来营救的马林看见了,信以为真,不禁万念俱灰。鱼缸中的鱼儿和前来救援的鹈鹕奋力与暴牙小女孩展开搏斗,尼莫得以逃进通往大海的下水道。

马林误以为尼莫已丧命,绝望地提出与多莉分手,独自返回故乡。从下水道脱险的尼莫巧遇再次失忆的多莉,直到多莉恢复记忆之后,才帮助尼莫找到了老爸,父子俩终于劫后重逢!

马林带着尼莫回到大堡礁,恢复了平静的生活。经历过这场磨难,父子之间的矛盾化解了,亲情交流更为温馨。过去那个连自己儿子都瞧不起的胆小鬼马林,现在成了儿子眼中的英雄。

【影片赏析】

《海底总动员》是美国迪斯尼公司和皮克萨工作室继《玩具总动员》、《虫虫危机》、《玩具总动员2》、《怪物公司》之后合拍的第五部电脑动画大片,在全美上映后票房收入高达3.287亿美元,打破了《狮子王》(1994)保持的3.285亿美元的票房纪录,还众望所归地摘得第76届奥斯卡奖最佳动画长片桂冠。

亲情与友爱可以引发神奇的行为动力,可以创造生存的神话——这便是《海底总动员》传达给观众的主题。"亲情"原本特指带有共同血缘的群体之间一种特殊的情感,是人们形成某种奉献行为的强烈动机,也是建构和谐生存环境的重要情感基础。当亲情被浓墨重彩书写在影视作品中时,它也就非常自然地成为最能与观众形成情感互动的共鸣点,尤其当亲情跳出原有的范畴,展现在没有任何血缘关系的生命体之间时,一种对传统亲情关系的颠覆性认知,会带给观众更为强烈的心灵震撼。《海底总动员》正是紧紧围绕亲情这一母题,讲述了一个感人至深的故事,成为一部令人耳目一新的动画精品。

  本片设置了两条平行的线索来展开叙事。线索之一,讲述一个父亲寻找儿子的感人故事(英文片名为《寻找尼莫》),情节比较单纯:充满幻想的小丑鱼尼莫因任性被人类捕获,谨小慎微的父亲在强烈的父爱驱动下,不远万里冒险去寻找失踪的儿子,历经千辛万苦,最终父子团圆。线索之二,围绕"成长"和"团结"主题(亲情的拓展性表现),讲述尼莫如何在身陷鱼缸的困境中与新朋友相处,齐心协力完成"胜利大逃亡"的故事。

  这两条线索基本上都是以三段式叙事结构展开的。头一条线索的主旨可以归纳为:谨小慎微、爱子心切的马林为了寻找儿子而勇敢地挑战大海、挑战危险最终成长为一个宽容的、鼓励儿子勇敢成长的开放型父亲马林。第一段叙事着重描写马林对尼莫"有点过分"的父爱,为了说明其原委,编导在开头特意加进一段引子,向观众展现一个残酷场面:在美丽的海底世界,马林和妻儿们过着宁静的生活。突然一条鲨鱼闯入他家,妻子和一群可爱的孩子遭袭击丧生,只剩下马林和尼莫相依为命。为表现马林的谨小慎微,影片着力渲染尼莫上学的过程:清晨,尼莫心急火燎地叫醒睡着的父亲,它渴望认识外面的世界,渴望接触新伙伴,行为和言语透出激动与兴奋;与之相反,马林却紧张担忧甚至有些神经质,一次次阻止儿子的"过激"行为,唠唠叨叨用心良苦。到学校后,马林的懦弱让尼莫在同学面前丢尽面子,因此对父亲非常反感。为了向同学证明自己是勇敢的,尼莫不顾父亲的劝告,任性地只身游向大海,终于发生了意外——被潜水员抓走了。

尼莫失踪后进入第二段叙事,马林出发寻找儿子,这是一段充满刺激的冒险旅程。马林与异性搭档多莉一起躲过了鲨鱼等各种凶恶鱼类的追击,和善良的海龟一起遨游暖流,后来又数次从人类的口腹中侥幸逃生。在这段艰险历程中,观众产生强烈的情感共鸣。煽情点来自马林前后性格的反差:一个懦弱的父亲,面对儿子受难会变得勇敢无比。当我们看到马林眼中浸满泪水在茫茫大海中徒劳地寻找儿子的踪影时,相信每位观众都会被这种无私的父爱深深打动。

第三段叙事描述马林在寻找儿子的过程中结交了很多朋友,虽然陌路相逢,却让他感受到胜似亲情的关怀,观念上也发生了很大变化。大海龟放手锻炼孩子的经验,使马林从中悟出"教子"的正确方法,认识到不让孩子接触外部世界,整天生活在父辈溺爱的狭小空间里对其健康成长不利,真正领会了多莉的告诫:"当你希望尼莫不出任何差错时,那就等于让他什么事情都不做。"可以说,这段表现了马林情感与人格的升华。对父爱的刻画,使本片受众群超越了儿童范畴,吸引了无数成年观众。尤其是那些为人父母的观众,或多或少都能从马林身上看到自己的影子,马林接受的教训也为许多缺乏"教子"理念的家长上了一课。正如给马林配音的中国演员张国立所言:"进行配音工作时,我居然有三次被剧情感动得配不下去,简直是热泪盈眶。我觉得除了小孩要看,父母和一般成年人更要看这部电影。孩子们有他们看的乐趣,我们有我们看的乐趣。"

《海底总动员》的第二条线索以尼莫为主角,依旧采用三段式叙事结构,来表达"成长"与"团结"的主旨。与任何孩子的成长经历一样,尼莫在成长过程中同样表现出淘气、任性以及儿童特有的逆反心理。只有当自己"撞得头破血流",见识风雨之后,才渐渐成熟并理解父辈的良苦用心。

编导在第一段叙事中,着力刻画尼莫对老爸的反感,时时渴望挣脱父亲的管制,甚至对马林生出"我恨死你了"的愤懑之情,结果却因任性出走而沦为人类鱼缸里的俘虏。然而,离开了家长的呵护,尼莫独自在陌生的环境中结交新朋友,在成长的道路上迈出了有意义的一步,不仅体会到老爸唠叨的"外面很危险",也理解了父亲那份深深的爱,得到了在家庭"温室"中不可能得到的经验,这便是第二段叙事表达的寓意。第三叙事段是上述两条线索的交汇点,突出表现父子俩历经磨难后的大幅度转变。马林从溺爱型老爸转变为鼓励儿子经受风雨的开放型父亲;尼莫从一个任性的小淘气转变为勇于抗恶的小英雄。当尼莫奋不顾身冲进渔网救助其他鱼儿时,对马林喊道:"老爸,相信我!"而父亲此时自豪地向渔网中高喊:"听我儿子的,大家向下游!"这一细节强化了父子两人性格的转变,渲染了父子相互间的信任。影片结尾处,特意安排尼莫与马林的深情对话:"老爸,我不恨你。""孩子,我爱你,你该回去了。"余音袅袅,感人肺腑。

在《海底总动员》中,主要配角多莉的塑造也相当成功。多莉为本片注入了活力,她说起话来滔滔不绝,却常常前说后忘;她乐于助人,加入马林沉闷孤独的寻亲之旅,在帮助马林的同时也为自己找到了"家"的感觉,纠正了失忆的老毛病。多莉演绎的故事促使观众在欢快中思考:亲情对每个人究竟意味着什么。《海底总动员》其他配角也个个出彩:鱼缸里伤痕累累的"难友";宣称"鱼儿是朋友不是食品"却又改不掉嗜鱼习性的大鲨鱼;性格开朗的乐天派大海龟;机灵敏感的鹈鹕;喜欢功夫招式的螃蟹,以及剑鱼和海鸟们,他们在马林寻子途中轮番出场,构成一个充满人情味的鱼禽群体,为全片锦上添花,显示了编导非凡的艺术想象力。给尼莫配音的徐帆感叹:"我们从试映室里走出来时,每个人都笑得合不拢嘴,特别地开心。"

分析《海底总动员》的成功因素,除了精彩的故事内容之外,高科技手段功不可没。在 CG 技术运用方面,本片向所有电脑动画师最感头疼的"水"元素发起挑战,因为用动画影像模拟水面下的活动是一件异常艰巨的任务,由于水是透明的,营造诸如水面、潮流、波浪折射的光线以及水中的距离感等等特效,都是难以克服的技术难题。以往几乎没有一部动画片敢将故事背景设定在海洋底下发生。这次《海底总动员》全面表现"水"元素,海平面上下的一切"水"质感,都是运用电脑特效制作的,大手笔创造了这个变幻莫测、美轮美奂的海底世界,带给观众无限惊喜。

(彭玲)

中外影视精品赏析 | **赏析范本**

《罗马11时》学习札记(节选)

谢 晋

《罗马11时》是研究意大利新现实主义电影的最好教材。不论从创作方法、技巧、样式方面还是风格上都值得研究和学习。此片50年代中期在我国放映后,引起电影界的震动。我把它作为锻炼基本功的重点学习影片。

内 容 简 介

罗马,一个会计师事务所招考一名女打字员。清早,几百个姑娘集结在大街上、楼梯上排队应考。一个排在后边的少妇,丈夫失业,怕人数过多,轮不上考试,借口与会计师说句话抢先进去应考。楼梯上的姑娘们听到打字声,方知受了愚弄,愤愤不平。为了争夺这唯一的空缺,姑娘们纷纷拥上楼去;前边的姑娘奋力阻挡,以致挤坏了楼梯扶手,造成楼梯坍塌的严重伤亡事故——时值罗马11点钟。

市政当局进行抢救,伤员被送往医院,但费用均须本人负担。姑娘们气愤地纷纷回家。警察局局长调查事故的责任者,但谁都没有责任,结果不了了之。大家都可以回家了,而大楼门外,仍有个姑娘在等着,希望得到这个唯一的女打字员职位。

如何塑造众多人物

观众看完电影,不谈主题思想是什么,矛盾冲突是什么;他们谈论的是影片中的人物,关心的是人物的命运。一部作品要使观众对所描写的人物有深刻的印象,首先要有鲜明的性格。观众要了解的是人物的经历和命运。不但要知道人物做了什么,还要知道人物为什么这样做——合乎生活逻辑和性格特征的根源。

创作者是否熟悉所描写的人物的生活,是作品成败的关键。《罗》片作者对罗马的生活十分熟悉和了解,描写的是生活在他们周围的、天天看见的人物,根据打字员需要一定文化、受过一定教育的特点,精心设计了 12 个出身、经历、性格、教养、文化程度等各不相同的姑娘和妇女。

《罗》片首先表现的是社会冲突。失业,找工作,几百个素不相识、平日当然也无纠葛的姑娘们在特定的时间、特定的地点聚集一起,因争夺唯一的空缺而产生纠葛——社会性冲突。她们共同的对立面是资本主义社会制度下的严重失业问题。为了反映这个社会冲突,创作者巧妙地精心安排了不同关系的人物:父亲、母亲、姐姐、情人、丈夫、追求者、狎客等人。通过不同人物关系之间展开的纠葛,让观众不仅看到她们的现在,还了解她们的过去,猜测她们的未来。

人物设计和安排是平面的,要使创作意图形象化,选择演员就成为导演的头等工作。导演选择的演员,若和人物的气质相似或相近,可收到事半功倍的效果,否则吃力不讨好。导演选择演员,切忌"一道汤",尽拣漂亮的选,以至脸形相仿,使形象缺少色彩变化。中国古典小说对人物外形的描写各有特点,极少雷同。

《罗》片导演选择演员重气质,力求自然多彩。试将片中人物形象特征列表比较于下。

《罗马11时》学习札记(节选)

影片中的人物			导演选择的演员形象				
姓名	身份	年龄	容貌	身材	眼神	说话动作	气质特征
嘉娜	少女	十七八岁	平庸一般	娇小纤弱	忧愫迟疑	拘谨畏缩	学生本色
洛列塔	外地来的	十八九岁	比较漂亮	修长健壮	忧愁焦虑	机灵利索	落拓粗俗
乔杰塔	退休将军之女	二十岁左右	庸而不俗	适中挺拔	明亮温驯	寡言恬静	彬彬有礼
柯尔涅丽雅	与水兵谈恋爱的少女	十六七岁	悲剧型的	瘦弱轻盈	新鲜好奇	坦率娇憨	稚嫩无知
柯拉拉	公务员之女	十七八岁	妩媚甜润	个头适当	含情脉脉	矜持少言	傲气自露
安吉琳娜	女佣人	十八九岁	瘦削老气	结实骠悍	坚毅灵活	干脆敏捷	倔强愤激
阿德里阿娜	马车夫之女	二十三四岁	丽而不邪	匀称端庄	深邃多疑	沉默严峻	痛苦抑郁
卡杰琳娜	妓女	二十五六岁	枯槁憔悴	妖娆苗条	精灵倦怠	尖利泼辣	愤世嫉俗
西蒙娜	富家女	二十三四五岁	雍容艳丽	典雅适度	温柔多情	落落大方	大家气派
露茜娜	失业工人妻子	二十二三岁	清秀自然	刚健婀娜	焦虑不安	朴实柔和	体贴贤惠
"老机枪射手"	中年职业妇女	四十余岁	老气横秋	略微干瘦	凶光毕露	咄咄逼人	老于世故
戴结婚戒指的少妇	新婚妇女	约三十岁	较为秀丽	颀长健朗	疑惑恐惧	沉静细语	怅惘无主

其他众多应考姑娘,导演也很注意选有特征的,如:戴眼镜的、脸上有痣的、身材很高的、戴帽子的、穿皮大衣的、脸面有雀斑的、大鼻子而且身躯肥胖的、容颜丑陋的、带了妹妹的,等等。总之,形象上一眼均可区别,不致混同。

形象的总体设计使各个人物的身份、性格不同,必然导致不同的态度和独特的行动,从而产生纠葛,促使矛盾发展。下面根据人物的出场、性格展示和结局略作叙述,探索编导如何刻画塑造人物,又如何把她们糅合在一部影片之中。

嘉 娜

形象的总体设计:一个没有妈妈无法过日子、应该上学却出来找工作、没有社会经验的少女。

人物关系的安排:母亲,饱经世故、生怕女儿吃亏的中年妇女。

人物出场:冬天的清晨,她紧裹薄呢大衣,身子蜷缩,双手抱膝,头靠围墙打瞌睡。腿上放着一张报纸,上面印有招考一名女打字员的广告。她惊醒过来,冻得发抖,往街上走去,向小贩买栗子。先要了10个,一问价钱,立即退了5个,小贩加她1个。她把剥下的栗子壳随手乱抛,觉得不妥,又把栗子壳踢到路边去。她一边吃栗子,一边看旁人贴广告。看到有人来了,她立刻回到大楼门前排队。(影片从报纸广告引出人物,点出事件起因,简洁明快。通过动作点出她没吃过早饭,身上钱又不多;踢壳是学生的习惯动作;边吃边看,神态悠闲,一见来人,立即慌乱地去排队,显然是个没社会经验的还在求学的女生。)

性格展示:1.排队——她最早来,排第一个,却落到后边,偷偷抹泪。母亲一来就咋咋呼呼把她推到前边去。别人说她不该打瞌睡,她哀求:"妈妈,别这样!"在母亲的坚持下,她又排到了最前面。后来,当大家跟着洛列塔涌进大楼时,她又被挤在后边。又是母亲把她推到前边去。(看来是一夜没睡,才打瞌睡,为此落后,自知理亏,显得软弱和腼腆,真是个没有妈妈无法过日子的少女。)

2. 考试——她不敢第一个进去应考。听到事务所内传出考试的打字声时,她紧张得老看母亲的脸色。(可见没有经历过这种场面,点出她的胆怯性格。)

3. 在医院里——楼梯坍塌,她幸未受伤,母亲却被送进医院。母亲宽慰她说,只要一个月就会好的。她惊愕地:"你要在这里躺一个月?!"母亲大声说:"我什么都不想,不管那些债,也不管那些倒霉的事情。只要我们都活着就行啦!"一个律师来兜生意,被母亲打发走了。母亲感慨地说:"没有妈妈,你怎么过日子?你怎么能一个人去和生活斗争呢?"(通过妈妈的嘴,点出经济状况和女儿缺乏独立生活的能力。)

人物结局:女儿理解妈妈的苦衷,依旧来到大楼外徘徊。天黑了,警察局局长和记者开完调查会出来,见到她问:"你在这里干什么?"嘉娜吞吞吐吐地说:"打字员的位置还空着呢,或许他会用我。"夜色茫茫,局长、记者走了。嘉娜决意等着。她坐下来,姿势完全和影片开场时一样——紧裹大衣,身子蜷缩,双手抱膝,头靠围墙……影片结束。(巧妙地利用这个人物开场和收场:坐着打瞌睡——挤到后边去——不敢第一个应试——病房母女会面——再次坐等,一共五场很短的戏,嘉娜只说了几句话,而她的过去、现在都清楚了。未来呢?楼梯坍塌事件似乎过去了,街上霓虹灯照样闪烁,收音机照样播放着轻音乐,想找工作的少女照样在坐等。明天会不会再排起长蛇阵?嘉娜这样的女孩子能被录用吗?创作者在影片结束时,通过局长之口要记者"想一想"的提示,既含蓄点题又令人深思。)

阿德里阿娜

形象的总体设计:原来有工作,受过被侮辱的创伤,想重新找工作。

人物关系的安排:父亲,马车夫。50 多岁,正直善良的小市民。

人物出场:站在咖啡馆门前探视。她眼神深邃,神情暗淡,似有忧伤。她走进咖啡馆,向柜台要了一杯咖啡。一个姑娘招呼她:"你新烫了发,真漂亮。"并向同伴解释她们曾一起工作过,自己已被辞退。"如今我也不在那里工作啦!"她的回答使那个姑娘感到惊讶。但她似乎不大愿意与她们搭讪,喝完咖啡就走了。那个姑娘像揭秘似的告诉同伴说:"她怎么不在那里工作了?她和老板可热乎哩!"(她出场仅几个镜头。几句对话,点出她过去不烫发,很朴实;有过工作,而且和老板很"热乎"。为什么不干了?为什么很忧伤?还是个"谜"——悬念。)

性格展示:1. 排队——她和戴结婚戒指的少妇排在一起。会计师乘电梯上楼后,见到姑娘们盘着楼梯追上来,一个个气喘吁吁地重新在楼梯上排队时,现出一丝无可奈何的微笑。少妇很不理解地问:"他看到什么可笑的事啦?"阿德里阿娜却轻描淡写地说:"看样子,他的公事很顺心。"(仅此一句话点出她富有阅历,懂得老板的心理,而且善于察言观色。)

姑娘们在议论"需要漂亮女秘书"的广告,听到有人诉说求职时老板提出非分要求后,少妇吓得目瞪口呆。她暗暗将戒指摘下来,以免被人看出结过婚。阿德里阿娜一直在静听,看到少妇摘下戒指,她的目光更深沉了,头也慢慢低下来。(导演运用镜头强调摘戒指和低下头的动作,引导观众去思索其中的含义,并产生疑问:这是为什么?使悬念加深。)

2. 考试——阿德里阿娜走进事务所,神态紧张,有些发抖,好像时时提防会计师有什么举动。应考时,她打字技术熟练。会计师问她在哪里做过打字员?

她有些慌乱:"在菲欧里大律师的事务所。"原来是大律师事务所里出来的,难怪有如此熟练的打字技能。可是为什么又到这里来应考？会计师带着疑问："他把您辞退啦？"

"我不干了！"她答道。会计师觉得奇怪："那样好的工作会不干？"她声音有些呜咽："是的。"会计师追问："为什么？"她突然掩面哭出声来。会计师既窘又气，立即命女秘书带她出去。阿德里阿娜哭着出来，引起姑娘们的误会，以为她挨了打。（几个镜头，几句对话，进一步写出人物的前史。究竟是怎么一回事？观众更关心她的命运了。）

3. 出事以后——她和妓女卡杰琳娜站在一块没有坍塌的平台上，救火员伸手救援时，她却吓得全身发抖，连声说："不，不。"救下来以后，她就昏厥过去，被送往医院。（吓得发抖，为什么？）

4. 在医院病房——马车夫找到了女儿，趁医生检查时，父亲低声问："你工作的地方本来很好，为什么还要另外去找？你被辞退了吗？"（这也是观众想知道的"谜"。）阿德里阿娜痛苦地："我自己不干的。"马车夫："怎么不告诉我一声！"

医生检查完毕，对马车夫低声说："她只是受了点轻微的震伤，很快就会好的。你最好马上把她接回家去。没有流产，真是万幸。"（原来她怀孕了。）医生走了。"没有流产"这句话却使马车夫愣住了！阿德里阿娜伏在枕上抽泣。马车夫装作没听清楚医生的话，故意问女儿，医生说了些什么。得到的回答是："真的。"马车夫呆若木鸡。（医生不知隐情，把"没有流产"当作喜讯，谜底初步被揭开，构成了悲剧性的情节。但观众和马车夫一样，要知道究竟。）

马车夫愤恨地逼女儿说出实情。女儿痛苦地说："我现在还有什么可说的。至于孩子，我自己会想办法的，只要我能找到工作。"马车夫克制着："我想知道，他是谁？"女儿："将来再告诉你……"马车夫恼了："不！现在说！"他猛地打了女儿一记耳光，以发泄胸中怒火。

静场——女儿忍着委屈，瞪眼看父亲；马车夫对自己粗鲁的举动似乎有些后悔。女儿没有哭,迅速从病床上下来,穿起衣服。医生过来干涉,父亲默默地向外走去。医生问女儿:"他不知道吗?"女儿却低声问:"大夫,请您告诉我,孩子到底有危险没有?"医生:"没有,你身体很结实,安心回去吧。"(马车夫从忍着怒火发展到打女儿耳光,最后默默地走出去,表现了正直的意大利劳动者受人欺侮的愤恨之情和善良的本性。女儿的隐秘被揭露,已是痛苦万分,又遭责打,但演员没有表演哭,而是瞪眼看着父亲,内心之复杂,尽在不言中。这段静场很精彩,使观众联想很多。)

5. 回家——马车夫赶着马车和女儿一起回去。(父亲马车夫的职业至此点明。)他向女儿嘀咕:"当你看出这个人有什么打算的时候,就该离开他的事务所。"(点出"他"就是那个大律师。)女儿:"我怕被辞退!"(为了不失业只得忍受。)父亲又火了:"另外再找事么!"(谈何容易。)女儿苦笑:"找工作并不那么容易。今天在那个楼梯上就有二百人。你也知道,原来那个工作,我是找了两年才找到的。"(揭露了资本主义社会的失业问题。)

父亲火气更大了,勒住马车,要把女儿赶下车。这时街坊邻居拥来围住马车,向父女俩道贺:"没有受伤真是万幸。"这一来迫使父女间的僵局不解自破。女儿强装笑容,马车夫也不得不笑了。马车继续往前走。马车夫仍在嘀咕:"他要是不娶你,我就打死他!"女儿含着眼泪倾诉:"他已经结过婚了。他说,他会离开他的妻子,跟我同居……可是临到我有了孩子,他却对我说,谁能证明孩子是他的?"(过去的事情全部清楚了。)

人物结局:到家了,又一群邻居围着马车道贺。父女俩下了车,面对面站着。人们把他俩往一边挤,终于使父女二人紧紧挨在一起了。(场面调度颇有含义。)父女俩先后进了家门,父亲推了女儿一下:"去,去安慰你妈吧。"然后谢了门外的邻居,关上家门。(阿德里阿娜在排队时很少说话——考试时哭——在医院中查出有身孕,后来挨父亲打——回家路上交代实情,几乎被赶下马车。这个人物共有四节戏,表现出意大利妇女为就业付出的代价。情节是悲的,但没有哭哭啼啼的表演,而是巧妙地利用邻居们两次欢呼道贺,强使人物装出笑容,真是啼笑皆非。结尾合情合理,尽管悲恨交集,终得吞下这个"苦果"。)

柯尔涅丽雅

形象的总体设计:在家不出门,做家务,连一双较好的袜子、鞋子都没有,连爱情是什么样都不知道的少女。

人物关系的安排:姐姐,20多岁,低级职员。水兵,调皮可爱的青年。

人物出场:乘公共汽车前来。她跳下车就弯下身察看自己的破袜子。这个当街撩裙子的稚嫩举动,使路人侧目惊奇,也引起一个乘车脱班的青年水兵的注意。她发觉水兵露出俏皮的笑容,急忙放下裙子。她向一个老妇人借针线补袜子。老妇人劝她还是买双新的吧。她想要看水兵,又想假装不看,真是矛盾至极。(出场很有喜剧性,描写了少女的矛盾心理,有中国古典戏曲中一见钟情的味道。)

性格展示:1. 排队——她排在队伍中,心不在焉地偷看水兵。姐姐来找她换鞋,她一边望着吹口哨的水兵,一边向姐姐哀求:"你就不能让我穿一天吗?"姐姐要穿着鞋上班去,柯尔涅丽雅只得当着众人的面与姐姐换鞋。(破袜、穿姐姐的鞋子,姑娘的境况由此可见。从姐姐特地来找她换鞋以及穿的旧大衣来看,境况也不佳。)

当姑娘们冲开围墙门涌进大楼时,柯尔涅丽雅被挤在门口,不时望着水兵;水兵跑过来说:"我想跟您通信,能把地址告诉我吗?"她脉脉含情地望着初识的水兵,却又搭架子:"不能。"然而潮涌般的人群把他俩冲开了。她被带进大门后,才叫喊着报了自己的姓名和地址。她被挤上楼梯,心仍在水兵身上。她出现在楼梯转角处的窗口,望着楼外的水兵。水兵把写有自己地址的纸包扔给她,然后搭上公共汽车走了。这时,一缕阳光照在手里捏着水兵扔来的纸包、初次尝到恋爱滋味的柯尔涅丽雅的脸上。画外传来柯拉拉的唱歌声。(此刻无限幸福,创作者用了先扬后抑的手法。)排队的姑娘们都跟着柯拉拉唱起来,歌声越来越响。(似乎是祝贺的歌声。)她把水兵扔来的纸包给新朋友露茜娜看,问:"你相信有一见钟情的爱情吗?"此刻,柯拉拉的歌声停了。(歌唱完了,恋爱也完了,用了一石二鸟的手法:既作恋爱的赞歌,又点明柯拉拉的歌唱才能。这一节戏刻画了连爱情是什么都不知道的少女初恋时的激动心情,展示她缺乏社会生活经验和单纯质朴的可爱性格。)

  当别的姑娘议论"需要漂亮女秘书"的广告时,她很不理解,问露茜娜:"为什么一定要找漂亮的?"(点出她的无知。)露茜娜耍花招抢先应考受到众人的指责,柯尔涅丽雅却大声为她辩解:"她丈夫失业了!"(创作者有意将她和露茜娜安排在一起,她替新朋友辩解的理由是不充分的,以至引起更大的愤激,终于酿成惨祸。她自己恰恰在这次事件中伤重死亡,使得自认为是肇事者的露茜娜更加内疚和悲痛。这也是一石二鸟的手法。)

  2. 出事以后——她受了重伤,担架经过露茜娜身边时,露茜娜痛苦万分。

  3. 在医院里——也是人物的结局。姐姐在手术室门外焦急不安地徘徊,手里摆弄着水兵扔给柯尔涅丽雅的纸条……柯尔涅丽雅被抬出手术室,安置在病房最后一张床上。护工用屏风遮住病床,其他受伤的姑娘们静静地看着,显出悲恸的神情……一个姑娘低声哭了起来,哭声越来越大……画外传来警车的警笛声……(姐姐手中的纸条、刺耳的警笛声,使观众联想起柯尔涅丽雅的纯真形象。不明写死亡,由报贩的叫喊声作交代。看袜、补袜——换鞋——与水兵恋爱——丧生。以喜剧开始,以悲剧告终,塑造出一个纯真、质朴、善良、家境艰难的少女形象。)

柯 拉 拉

形象的总体设计：穷公务员的女儿。有歌唱才能,但患了扁桃腺肥大症,因父亲养不活一家人而来找工作的少女。

人物关系的安排：父亲,一个无力为女儿医治扁桃腺的穷公务员。三个上小学的妹妹。欧古斯特,在抢救柯拉拉时与她相爱的啤酒厂青年工人。

人物出场：柯拉拉由父亲和三个背着书包的妹妹陪同。他们在报亭买了本歌谱。父亲替柯拉拉整了整大衣,叮嘱女儿在报名时说明父亲是政府职员,母亲已故,自己还懂法文,以便给人留下好印象。父亲又叮嘱:"如果那里的情形不大正经……"他望着女儿,"你明白我的意思吗?"女儿只是摇头,这使父亲不知如何开口才好,只得说:"难道有些事情还需要我来给你解释吗?你已经是个大孩子了!"柯拉拉似乎明白了:"好的,爸爸。"(买歌谱是伏笔。安排三个上学顺路送她的妹妹,巧妙地说明她家里人多负担重。加上父亲的叮嘱,柯拉拉的应考目的自然很明显。同时也点明柯拉拉是个尚未涉世的少女。)

性格展示：1. 排队——当柯尔涅丽雅接到水兵扔来的纸条陷入陶醉中时,画外响起柯拉拉悦耳动听的歌声。然后镜头转向这个和柯尔涅丽雅年龄相仿的少女,她正放声高歌,引得姑娘们跟着唱,还夸她是天生的歌唱家,问她为何不去电台试试。(进一步描写她的歌唱才能。)柯拉拉回答:"电台我当然很愿意去,可是到那里去找谁?另外我的扁桃腺有毛病,先要把它割掉才行。"(点出扁桃腺症。)

2. 出事以后——她受了点轻伤,被啤酒厂青年工人欧古斯特抢救出来,送上啤酒厂的送货车。柯拉拉问他:"带我到哪里去?"欧古斯特愣住了,同伴说送到医院去,柯拉拉就被送去医院。(他热情体贴,傻呵呵的,赢得了她的好感。)

3. 在医院里——医生为柯拉拉检查后,父亲趁机要求为她治扁桃腺。医生敷衍一下走了,父亲却信以为真。他转身看大女儿时,却惊呆了,只见三个小女儿静坐一边,看着一个男青年殷勤体贴地服侍柯拉拉。当他知道那青年是女儿的救命恩人后,虚与委蛇地道谢一番,随即下了逐客令。但女儿却握住欧古斯特的手不放。他心领神会,借口今天休息仍然不走。一位电台记者来采访,请柯拉拉谈谈希望和理想,还让她唱了一支情歌。记者请公务员也谈谈,公务员却说了一句大白话:"应该给所有的公务员加薪!"记者一把夺过话筒就走了。

为割扁桃腺,公务员要求护士给柯拉拉换单间病房。护士告诉他,除了有救济证明享受社会保险者以外,住院费、医药费均须本人负担。这下引起受伤姑娘们的愤慨,纷纷出院回家。公务员激动地抗议:"临了倒要我们的女儿出钱,原来这都是她们的过错!"(要求为公务员加薪和抗议自付医药费,触及社会问题实质。)

4. 回家——欧古斯特跟随柯拉拉一家走着。突然一处工地响起收工的汽笛声,本来和公务员并排走的柯拉拉惊慌地转身投入欧古斯特的怀抱。(她不就近投入父亲怀抱,一个动作说明了问题。)公务员很尴尬,再次下逐客令。不料欧古斯特告别后重又追赶上去,找借口继续跟着走。(到了难分难舍的地步。)公务员盘问:"你是在试工期?"欧古斯特急忙表白:"不,我是正式工。"柯拉拉跟在后边,注意两人的谈话。公务员:"你的薪金多少?"欧古斯特:"每月两万五,外加一箱啤酒。"公务员似乎动了心:"两万五,外加一箱子酒,是空瓶子吗?"欧古斯特:"当然是酒,还能有假?"公务员满意了:"这么说,要是一共凑起来,你一个月能拿三万了,比编制内的二等公务员还挣得多!"这时,电台开始播放柯拉拉的讲话和唱情歌的录音,似乎象征恋爱的阻力消除了。紧接着,公务员兴奋地告诉旁人将要播放自己的讲话录音,没想到被删剪掉了。

人物结局:到家了,天也不早了,情丝难断的欧古斯特仍不想离去。公务员只好邀请他到家里吃点东西,他知道他俩都不会反对,带着三个小女儿径自走进家门。柯拉拉和欧古斯特交换了一下幸福的眼光,双双跟了进去……(喜剧性的。父亲和妹妹陪着来,父亲的嘱咐、买歌谱——排队时唱歌——在医院唱情歌,和欧古斯特恋爱,想割扁桃腺——回家路上排除了父亲的阻力,恋爱成功。影片围绕她的歌唱才能来展示她的性格。柯拉拉一共只有十多句话,在离开医院后的回家路上,几乎没有说过一句话。但这个有歌唱才能、依靠父亲微薄薪水勉强够得上温饱、无钱割治扁桃腺、缺乏社会经验、不知天高地厚的少女形象出来了。创作者把她和柯尔涅丽雅作明显的对比。同样谈恋爱,一个放在前半部描写,结局是悲剧性的;一个放在后半部描写,结局是喜剧性的。柯拉拉虽恋爱成功了,但她将过上一辈子家庭妇女的生活,歌唱才能被永远埋没了,这仍是带有悲剧意味的。)

卡 杰 琳 娜

形象的总体设计:不甘心长此下去,想找正当工作摆脱妓女生涯的风尘女子。

人物关系的安排:狎客,一个秃顶胖子。外地推销员。

人物出场:秃顶胖子陪同她坐老式汽车出场,胖子轻薄地拍拍她的屁股。下车后,她用手指弹弹车门,胖子将钞票跟司机兑换成小票,给了她一张,又加上一张。她显然很满意,吻一下胖子:"我的最后一个情人!你真是最后一个啦!"(开门见山写出人物身份,不是一个高等妓女,以及她的愿望。)

性格展示:1. 排队——下雨了。她撑起伞去排队,在报亭前站住,擦掉口红,发现有人(茜蒙娜和穷画家)在屋檐下用报纸遮着接吻。她对茜蒙娜的高级衣料和漂亮的手提包发生了兴趣。画家走后,她让茜蒙娜一同撑伞,借此探问手提包价钱。茜蒙娜说:"是别人送的。"卡杰琳娜神情疑感,指着穷画家离去的方向:"他送的?"茜蒙娜:"不是。"她笑了:"我想他口袋里恐怕连一分钱也没有。"接着又说:"我是多么喜欢你的皮包呀!"(羡慕手提包,看出画家是穷光蛋,表现了妓女的观察能力。)

她们两人排进队伍,不同的服饰与气质引起众人注意。茜蒙娜态度大方,卡杰琳娜却不耐烦地冲着姑娘们说:"从来没见过两位小姐是怎么的?"(泼辣。)

因为下雨,大家吵着要进大楼去。看门女人担心吵醒大楼里的房客,卡杰琳娜偏要尖着嗓子嚷:"房客们起来!"引得姑娘们一齐叫喊。(流气,捣蛋。)

当大家议论女打字员每月薪水多少时,她神气十足,带着不屑的口气说:"没有15000里拉,我不干!"(妓女挣的当然比这多。)

茜蒙娜嫌热解开大衣扣子,露出连衣裙。卡杰琳娜惊叫:"我的天,多么好的衣料!腰带也漂亮。"她试探地问,"请原谅我的好奇,你真的需要找工作吗?"茜蒙娜笑笑:"如果不是真的需要,我大概不会到这里来的。"她像发现秘密似的:"我知道你是什么人啦,你是个破产的贵族小姐。"(猜中一半。)茜蒙娜收起笑容:"不,你不用再动脑筋了。"为了扯开话题,她取出半包香烟:"抽烟吗?"卡杰琳娜取出一支,慷他人之慨,将其余的烟扔给别的姑娘。为此引起大家对茜蒙娜的议论。茜蒙娜既窘又伤心,转身欲走,卡杰琳娜急忙拉住了她。

当大家议论"需要漂亮女秘书"的广告时,她自负地说:"我算漂亮的。"她挺挺胸脯,表示很美。随即拉过一个容貌不漂亮的姑娘,问大家:"那么她就该饿死吗?"(对现实的愤懑之情,溢于言表。)

2. 考试——阿德里阿娜考试后哭着出来,大家误会以为她挨了打。卡杰琳娜也愤愤不平地叫嚷:"这里还打人哩!"她拦住阿德里阿娜:"告诉我,谁打你了?"俨然像个保护人似的。(好打抱不平的江湖气。)

3. 出事以后——她腰部受了伤,被救出来后,踉跄行走。她只顾揉着腰,一头靠在一个外地来的商人肩上,说:"我什么都没有了,不论手提包,还是鞋子。"(妓女搭客动作。)她在广场上一边向人群诉说遭遇,一边重新抹唇膏。那个外地商人为她捧着镜子。一个消防员给她送来一个比较蹩脚的皮包,她说:"你看我像那种女人,就只配用这样的手提包吗?还是去给我找回我的那个,你们不给我找到,我是不会离开这里的!"(处处显出妓女的习惯品性。)她见摄影记者在寻找拍摄对象时,连忙摆出"红颜薄命"的姿势,可记者连看都不看一眼就走开了。外地商人劝她明天再来拿皮包,她不肯:"我要是没有皮包,就没法上街,就像没穿衣服一样。"为找回皮包,她气势汹汹地和救援人员吵架,一再说:"找不到,我不走!"可是,当一个警察过来要找她为这次惨祸作证时,她的神气马上收敛了。警察说明:"您要回答几个问题。"她紧张起来:"什么人问?"警察:"局长。"她更为紧张:"他找我干什么?"警察:"没什么,为了调查……"她以为暴露身份了,向警察做个手势说:"等一等,我马上就来。"随即溜之大吉。她对商人说,"我得离开这儿。这里有警察局的味道,我不喜欢受他们审讯。"商人问:"您到哪儿去?"卡杰琳娜:"回家。"商人又问:"我可以送你回去吗?"卡杰琳娜欣然同意。于是两人乘上出租汽车走了。(这场戏把妓女既泼辣、又怕见官的外强中干的性格刻画得淋漓尽致。)

4. 回家——出租车在豪华的大门前停下,两人下车。外地商人以为是座漂亮别墅,可越往前走,越觉得失望。这里原来是跑马场,一边堆着战争遗留的破烂坦克、大炮、卡车等等;另一边是难民营。难民营旁边是"花柳巷",几个浓妆艳抹的妓女正在门口拉客。卡杰琳娜告诉商人,这里还不知道外边发生楼梯坍塌的事件。外地商人目睹"花柳巷"的妓女,明白了卡杰琳娜的身份,故意装作若无其事。卡杰琳娜问他:"能不能帮我找个工作呢?随便做什么,不在罗马都可以。"接着感叹,"已经有四年啦,每天早晨起来我都对自己说:够啦,从今天起,我要开始过新的生活。可是,每天晚上我都得再回到这里来。"她指着一个向她打招呼的女人说,"她是我的同乡,我们是在打仗的时候来到这里的。不过,她没有我这套哲学,她只会哭。我总是说:今天不成,还有明天。你说,对不对?"(辛酸的叙述,使我们知道了她的过去,以及想过正经人生活的强烈愿望。)

人物结局:到家了,一间简陋的小屋。两人进屋,一个老妇人(她母亲)知趣地避了出去。卡杰琳娜钻到一块帘幕后面一边更衣,一边隔着帘幕和外地商人说话。等她更好衣,叫外地商人进去时却无应答。掀帘一看,商人已经走了,桌上放着一张钞票。她拿起钞票,赶出门去,向商人离去的方向望了一会儿,然后疲倦地叹息:"今天晚上我不见任何人了,我想休息,我累啦。"(外地商人不告而别,是意外之笔。"今天不成,还有明天",明天怎么样?还不是继续她所厌倦的"神女生涯",走老路。)

(坐汽车来——谈论皮包——找皮包,与人争吵——想改行——要睡个好觉。创作者赋予这个人物以丰富的色彩,并运用富有特征的细节和性格化语言塑造了一个因战争流落到罗马、住在难民营里、迫于生活当妓女、不甘心长此下去、迫切想找工作以便过正常人生活的妇女形象。她有妓女的习气,有江湖的流气,有尖利泼辣的口语,有随时观察人的习惯,有对事物的判断能力,有同情弱者的性格,有外狠内虚的心理等等。创作者并没有把她写得悲悲戚戚,而是通过她表面上玩世不恭的态度,来完成形象的总体设计。这是影片中刻画得最好的一个形象。)

细 节 运 用

符合人物生活实际、性格特征、思想感情的细节,能达到相应的艺术效果。《罗》片中的细节运用,很有启示价值。

1. 姑娘们与电梯赛跑的细节。会计师笃悠悠走出电梯,姑娘们个个跑得气喘吁吁,其景可笑,其情可悯,强烈地表现出姑娘们求职的迫切心情。

2. 少妇摘下结婚戒指和阿德里阿娜慢慢低下头的细节。反映了已婚妇女在谋求职业时的心理压力,未婚先孕者的沉重心情。

3. 打字考试的细节。按生活实际,打字有两种,一是看稿子打,比较容易,但打字员必须熟悉各种文件格式;二是口授打字,打字员除打字技术外,还须具备较高的文化才能胜任。《罗》片中考试者为洛列塔安排口授打字,一下子就把技术不熟练的洛列塔难倒了,由此展示人物的窘迫心情,引发出她苦苦哀求会计师的一场戏。阿德里阿娜也考口授打字,这一段不仅表现她有熟练的技能,还因为会计师必须当面口授,两人的位置接近,使得受过创伤的阿德里阿娜时时提防对方的非分举动,引发出她哭着出门的戏。"老机枪射手"则考看稿打字,这样有助于表现人物。由于考过两个技术熟练的,迫使露茜娜抢先插队应考,于是剧情急转直下,可见所有这些细节创作者是经过精心设计的。

4. 分半包香烟的细节。抽劣质香烟,说明画家很穷。茜蒙娜大方地请人吸烟,既反映出她的富家出身,又遭到姑娘们的讽刺,引出妓女卡杰琳娜打抱不平的戏。

这种以平淡、常见的生活细节来刻画人物的技巧,是值得借鉴的。

音响细节也运用得合拍、逼真,扣人心弦。

1. 在渲染气氛中表现人物。如"老机枪射手"飞速的"哒哒哒"打字声,使伫立在楼梯上的姑娘们都很惊愕:嘉娜神色惊讶;柯拉拉神情不安;柯尔涅丽雅瞪大眼睛,咬着手指;卡杰琳娜和茜蒙娜默默对视;露茜娜咬着嘴唇,紧张地朝上面望着……表现人物不同的心情。

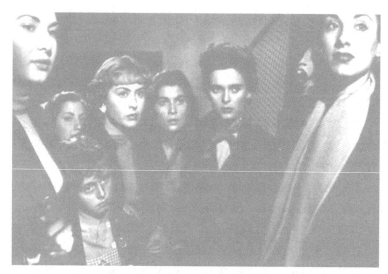

2. 在关键时刻,以音响推动剧情发展。如柯拉拉本来和父亲并肩走着回家,突然响起工厂放工的汽笛声,她误以为警车鸣笛,像惊弓之鸟,浑身颤抖,本能地返身投入跟在后边的欧古斯特的怀抱以寻求保护,表现了两人之间难分难解的恋情,亦使柯拉拉的父亲十分尴尬,促使他对欧古斯特下逐客令。

3. 利用音响制造气氛。如楼梯坍塌时的巨响;警车、消防车、救护车出动的警笛声;报贩叫卖声;电台广播声等。又如在柯尔涅丽雅去世时,出现水兵扔给她的纸条,此刻除了音乐,还有刺耳的警笛声,加深了悲凄的气氛。

深度和广度

《罗马11时》以事件发生的地点和时间作片名,别致含蓄。剧情从清晨开始,傍晚结束,全过程大约也是11个小时。

影片表现十几个女性的命运,至于造成这场悲剧的原因,艺术家没有直接说,而是用种种手法揭示没有直接表现的东西：谁是罪魁祸首？而实际上，火力集中于抨击意大利腐朽的资本主义制度。艺术家的倾向性是明显的，影片歌颂了意大利正直善良的人民，描写为了生活而寻找工作的少女，受骗上当、饱经创伤的姑娘，被迫卖淫的妓女，贫无立锥之地的农村姑娘，穷而有志气的女佣人，忠于爱情的富家女，有技能但人老珠黄的中年妇女，热情纯朴的青年工人，老实懦弱的政府小职员，爱体面又受生活煎熬的退休将军，热爱艺术的穷画家，以及受欺侮的正直的马车夫等众多人物。影片创作者对会计师、房东、建筑师等人不褒不贬；对大富豪进行鞭挞，但又不贯串全剧；对属于统治阶层的警察局局长的态度则含糊不清，既表现他要将露茜娜当替罪羊，继而又因同情心将她释放回家，因而全片没有一个令人厌恶的"反面人物"。

艺术家在影片中以含蓄的、寓意深刻的笔法，揭露意大利严重的失业问题，使观众看到了一些现象，也产生了许多联想，具有一定的深度和广度。